Entrepreneurs Nouvelle Génération

Vivez Vos Rêves et Créez un Monde Meilleur par Votre Entreprise

La Modélisation des Facteurs de Succès Tome I

de
Robert B. Dilts

Conception et illustrations :
Antonio Meza

Édité par :

Dilts Strategy Group
P. O. Box 67448
Scotts Valley CA 95067
USA
Téléphone : (831) 438-8314
E-Mail : info@diltstrategygroup.com
Adresse du site : http://www.diltstrategygroup.com

Copyright © 2015 by Robert Dilts and Dilts Strategy Group. Tous droits réservés.
Imprimé aux États-Unis (USA). Tous droits réservés. « Toute représentation ou reproduction intégrale ou partielle faite sans le consentement de l'auteur ou de ses ayants droits ou ayants cause est illicite » (art.L. 122-4 du Code de la propriété intellectuelle).

Numéro de contrôle de la Library of Congress : 2015904441

I.S.B.N. 978-0-9962004-3-1

Entrepreneurs Nouvelle Génération

Vivez Vos Rêves et Créez un Monde Meilleur par Votre Entreprise

La Modélisation des Facteurs de Succès
Tome I

de

Robert B. Dilts

Conception et illustrations :
Antonio Meza

Titre original :
« Next Generation Entrepreneurs, live your dreams and create a better world through your business »
Traduit de l'anglais (USA) par Anne-Brigitte Lubrez

Table des matières

Dédicace	i
Remerciements	iii
Préface	v

Introduction – Un Monde Changeant — 2
Un Monde Changeant — 4
Relever les Défis du Changement — 5
Modéliser — 6
La Modélisation des Facteurs de Succès (SFM™) — 7
Étapes de base de la Modélisation des Facteurs de Succès — 10

Chapitre 1 – De la Vision à l'Action : Niveaux clés des Facteurs de Succès — 12
Niveaux Clés des Facteurs de Succès — 14
Synthèse des Facteurs de Succès — 17
Questionnaire sur les Facteurs Essentiels de Réussite — 18
L'Allégorie des Six Tailleurs de Pierre — 20
Holons et Holarchies — 22
L'Ego et l'Âme — 24
Vision, Mission, Ambition et Rôle — 28
L'exemple du « Miracle sur l'Hudson » — 30
Aligner l'Ego et l'Âme — 32
Exercice : L'État COACH -
    Intégrer l'Ego et Âme en un « Holon » — 34

L'Ego, l'Âme et les Organisations — 36
Définir la Vision, la Mission, l'Ambition et le Rôle — 41
    Vision — 41
    Mission — 45
    Ambition — 47
    Rôle — 52
Explorer Vos Propres Vision, Mission, Ambition et Rôle — 56
Guide de Travail sur l'Ego et l'Âme pour les Individus — 57
Réflexions et Conclusion — 58
Références et Lectures Complémentaires — 59

Chapitre 2 – L'Entrepreneuriat de la Nouvelle Génération et le Cercle de Succès SFM™ — 60
Le Phénomène de la Silicon Valley — 62
L'Entrepreneuriat — 64
Une Nouvelle Génération d'Entrepreneurs — 66
Les « trois Joyaux » du Zen-trepreneuriat — 70
Cinq Clés pour « Créer un Monde Auquel les Gens Veulent Appartenir » — 72
Modéliser la Nouvelle Génération d'Entrepreneurs — 74
Le Cercle de Succès (SFM Circle of Success™) — 76
Le Cercle de Succès SFM™ et les Cinq Clés pour Créer un Monde Auquel les Gens Veulent Appartenir — 78
Intégrer la Passion, la Vision, la Mission, l'Ambition et le Rôle avec le Cercle de Succès SFM™ — 80

Table des matières

Soi(-Même) et l'Identité	82
Les Clients et le Marché	84
Les membres de l'Équipe et les Employés	87
Les Parties Prenantes et les Investisseurs	89
Les Partenaires et les Alliances	91
Exemple de Cercle de Succès SFM	95
L'Influence du Contexte et du « Champ de l'Innovation » sur le Cercle de Succès	96
La Loi de la Variété Requise et le Champ de l'Innovation	100
Exemple d'un Cas de Facteurs de Succès : Barney Pell de Powerset	102
Le Cercle de Succès de Barney Pell	111
Exemple d'un Cas de Facteurs de Succès : Samuel Palmisano d'IBM	116
Le Cercle de Succès de Samuel Palmisano	120
Conclusion : Commencer Votre Propre Cercle de Succès	122
Références et Lectures Complémentaires	125

Chapitre 3 – Atteindre la Réussite — 126

Qu'est-ce que la Réussite ?	128
Résultats Gagnant-Gagnant	130
Le Succès et «Soi(-Même)»	131
L'« Esprit » de la Prospérité	133
Rester Fidèle à Soi-Même et à ses Rêves	136
Prendre des Risques et Faire Face à L'Échec	137
Échecs Célèbres	138
Percevoir L'Échec comme un Feed-Back	141
Trouver du Soutien et du Sponsoring	144
Rassembler Vos Alliés	147
Faire Face à l'Incertitude et Devenir « Chanceux »	148
L'importance de la Préparation et de l'Entrainement	149
Cultiver Votre « Facteur Chance »	150
Exemple d'un Cas de Facteurs de Succès : Mark Fitzpatrick de Tidal Wave Technologies	156
Le Cercle de Succès de Mark Fitzpatrick	160
Exemple d'un Cas de Facteurs de Succès : Cindana Turkatte de Xindium Technologies	163
Une Trame de Réussite	165
Les Facteurs de Réussite Essentiels	166
Le rôle des Femmes en tant qu'Entrepreneures	169
Le Cercle de Succès de Cindana Turkatte	170
Réflexions sur les Exemples de Cas de Facteurs de Réussite	172
Se Connaître et Trouver sa Passion	172
Le Processus d'Élicitation du Niveau de l'Identité	175
Exprimer et Ancrer Votre Passion	178
Explorer le Centre de Votre Cercle de Succès à travers la Matrice de l'Identité	180
Les Complémentarités Génératives	182
Transformer les Polarités en Complémentarités Génératives	186
Tableau d'Évaluation de l'Identité	187

Table des Matières

Résumé du Chapitre 188
Références et Lectures Complémentaires 189

Chapitre 4 – Créer l'Avenir **190**
Le Voyage vers l'Identité 192
La Vision Entrepreneuriale 193
   Identifier les Clients Potentiels et leurs Besoins 196
   Exercice de Vision Générative 200
   Catalyseurs de Créativité 202
   Tableau des « Plus de / Moins de » 206
   Composer une Expression de la Vision 208
   Connecter Votre Vision à Votre Charisme 210
   Communiquer votre Vision avec un Charisme Authentique 212
Clarifier la Mission de votre Entreprise ou Équipe 213
   Identifier des Membres Potentiels de l'Équipe 216
   Communiquer Votre Mission 218
   Guide d'Expression de la Mission 220
Ambition, Vision et Motivation 221
   Poser Vos Ambitions 222
   Ambition, Passion, Croyances et la Matrice de l'Identité 225
   Modèles de Rôles, Concurrents et Conseillers 229
   Identifier des Parties Prenantes Potentielles 231
   Guide d'Évaluation de la motivation 233
Établir le Rôle de Votre Projet ou Entreprise 236
   Identifier des Partenaires Potentiels 238
   Explorer des Relations Gagnant-Gagnant 240
Guide de travail sur la Vision et l'Ambition pour les Nouvelles Entreprises et Projets 245
Étoffer Votre Cercle de Succès 246
   Exemples de Constructions de Cercles de Succès Génératifs 248
Exemple d'un Cas de Facteurs de Succès :
Steve Jobs d'Apple 252
   Améliorer le Monde par la Technologie 253
   Mon Voyage avec Apple 254
   Un Leader Transformationnel 256
   Voir l'Avenir avant qu'il ne Devienne Évident 259
   Une Passion pour la Perfection 261
   Au Service de Quelque Chose de Plus Grand 262
   Créer un Environnement d'Excellence 263
   Un Orchestrateur d'Innovation 266
   L'Innovation Ouverte et la Puissance des Partenariats 268
   L'iPod et l'Élargissement de la Mission d'Apple 270
   L'Importance de l'Intelligence Esthétique 271
   Synthèse des Facteurs de Succès de Steve Jobs 273
   Le Cercle de Succès de Steve Jobs 275
   Dernières Remarques à propos de Steve Jobs 280
Résumé du Chapitre 281
Références et Lectures Complémentaires 283

Table des Matières

Conclusion – Construisez votre « Elevator Pitch »   284

Qu'est-ce qu'un Elevator Pitch ?   286

Construire Votre Pitch   288

Exemple de Préparation de Pitch pour le « Communauté Générative d'Entreprises »   289

Présenter Avec Passion   291

Et Après...   292

Postface   293

Annexes : Les projets de Modélisation des Facteurs de Succès en cours   297

Glossaire   300

À propos de l'Auteur et de L'Illustrateur   316

Dédicace

Ce livre est dédié avec beaucoup d'amour et d'estime à

John Dilts

Puisse son enthousiasme pour l'esprit entrepreneurial vous inspirer, lecteurs de cet ouvrage, de saisir votre chance de vivre vos rêves et créer un monde meilleur par vos visions et entreprises.

Remerciements

Je remercie chaleureusement Benoit Sarazin, Michael Dilts, Glenn Bacon et Antonio Meza d'avoir pris le temps et fait l'effort de lire la première ébauche de ce livre et de m'avoir offert leurs commentaires et suggestions. Grâce à eux, ce livre s'est grandement amélioré.

Bien entendu, j'adresse une reconnaissance spéciale à Antonio Meza pour son travail sur la conception de la mise en page de l'ouvrage et pour ses illustrations brillantes et créatives. Ce livre serait nettement moins riche et moins intéressant sans elles. Antonio a également été un conseiller précieux tout au long du processus qui a conduit à la publication de cet ouvrage.

De toute évidence, ce livre n'existerait pas sans les nombreux « entrepreneurs de la nouvelle génération » – tels que Steve Jobs, Elon Musk, Richard Branson, Jeff Bezos, Muhammed Yunus, Blake Mycoskie, Marwan Zebian, Ronald Burr, Ed Hogan, Brian Chesky, Joe Gebbia et Samuel Palmisano – dont le travail a inspiré cet ouvrage. J'aimerais remercier en particulier Barney Pell, Mark Fizpatrick, Cindana Turkatte, Steig Westerberg, Steve Artim et Don Pickens pour les entretiens approfondis qu'ils ont acceptés pour nos Exemples de Cas de Facteurs de Succès et pour l'expérience et les connaissances qu'ils ont généreusement partagées. Ils ont tous pris des risques et défriché de nouvelles pistes avec leur vision, leur ambition et leur cœur.

Enfin et surtout, je tiens à remercier mon frère John Dilts dont la passion de créer un monde d'entrepreneurs visionnaires est à l'origine et demeure l'esprit de la Modélisation des Facteurs de Succès.

Préface

Ce livre est la réalisation d'un rêve qui a commencé en 1999 lorsque mon frère John et moi-même avons fondé le *Dilts Strategy Group*. John avait travaillé dans un cabinet juridique de la Silicon Valley qui représentait des start-up financées par du capital risque et gérait des fusions, des acquisitions, et des introductions en bourse. De ce fait, John avait acquis une expérience considérable des deux cotés de la table des négociations entre des entrepreneurs pleins d'espoir et des investisseurs potentiels. Il a commencé à remarquer qu'après une rencontre infructueuse avec un entrepreneur, un investisseur potentiel disait parfois quelque chose comme, « si seulement il avait abordé X ou fait preuve de Y, j'aurais été intéressé ». John s'est mis à se demander, « Et bien, pourquoi est-ce que vous ne leur dites pas, pour leur permettre de réagir au feed-back et de saisir la possibilité de s'améliorer ? » Il s'est rendu compte que personne ne proposait vraiment ce type de coaching pour les entrepreneurs en devenir, et qu'il s'agissait d'informations qui pourraient s'avérer très précieuses. Et que cela pourrait aussi se révéler très lucratif, notamment pour les entreprises à fort potentiel de développement.

Au cours de ces réunions, John a également pris progressivement conscience de l'importance pour les entrepreneurs de savoir communiquer leur vision de façon inspirante, au lieu de se contenter de présenter leur produit ou leur plan de financement. Il a réalisé que les investisseurs de capitaux risques et les business angels investissaient rarement juste dans une idée, un produit ou un plan. Au contraire, ils misaient sur l'entrepreneur, sa vision et son implication à la concrétiser. Les investisseurs ne voulaient pas prendre de risque sur un seul produit ou un plan particulier, ils voulaient investir dans une entreprise ; ce qui suppose bien plus qu'un plan ou un produit dans un environnement qui évolue rapidement. Le plan et le produit avaient leur importance, mais au final les investisseurs investissaient dans les personnes.

Ces expériences ont donné à John l'idée d'un type particulier de « catalyseur d'entreprise ». Un *catalyseur d'entreprise* est une personne ou un groupe de personnes qui investissent à la fois de l'argent et d'autres ressources dans une start-up pour accélérer son développement et augmenter ses chances de réussite. L'idée de John était non seulement d'investir de l'argent dans les petites start-up à haut potentiel et de leur fournir un accompagnement juridique et financier, mais également de coacher les entrepreneurs pour leur permettre d'acquérir les compétences comportementales et managériales nécessaires au développement de leur entreprise.

C'est à ce stade que je suis intervenu. Je travaillais depuis près de 20 ans avec des entreprises et des organisations, généralement dans le domaine du développement des compétences comportementales. J'avais écrit plusieurs livres sur le leadership, l'innovation et les techniques de présentation efficaces, et les compétences en communication. Le socle de mon approche est la Programmation Neuro-Linguistique, qui accompagne à la fois le développement personnel et professionnel par un processus appelé modélisation – une méthodologie qui étudie, met à jour et identifie les schémas de pensée et de comportement des réalisateurs de performances exceptionnelles.

John Dilts
Co-Fondateur du Dilts Strategy Group

Lorsque nous échangions nos expériences et observations issues du travail avec nos clients respectifs (ainsi que de nos propres activités entrepreneuriales), John et moi en venions souvent à nous demander quels types de compétences, outils et accompagnement étaient nécessaires pour réussir pleinement le développement d'une entreprise. Nous avions grandi tous les deux dans la Silicon Valley et assisté aux réussites phénoménales de sociétés comme Apple, Yahoo, Hewlett Packard, Oracle, Cisco et bien d'autres. J'avais même fait du conseil et de la formation pour certaines de ces sociétés. Notre père était avocat dans le domaine de la propriété industrielle, spécialiste de l'électronique de pointe, et s'était installé dans la région de la Baie de San Francisco à la fin des années 1950 au début de la révolution technologique. Son travail le mettait en contact avec de nombreux entrepreneurs et start-up. Nous avons donc passé la majeure partie de nos vies au milieu des histoires de développements technologiques et de réussites spectaculaires d'entreprises qui avaient démarré par des notes griffonnées sur une serviette en papier. Bien sûr, il y avait aussi les histoires de ceux qui auraient dû réussir mais avaient échoué faute d'un élément clé.

À la fin des années 1990 nous étions au cœur de la révolution Internet et de la « bulle » technologique. John et moi étions fascinés par le fait que des personnes apparemment ordinaires puissent créer aussi rapidement une entreprise exceptionnellement florissante. Ce qui jusque-là demandait des années se produisait en mois, voire en semaines. Mais il était également évident que tout le monde ne réussissait pas. En fait, il y avait plus d'échecs que de succès. Nous avons commencé à explorer les questions suivantes : « Quelle est la différence qui fait la différence ? », « Quels sont les facteurs essentiels de réussite pour le démarrage ou le développement d'une entreprise ? » Nous avons commencé par examiner quelques unes des grandes histoires de succès de la Silicon Valley, et questionner certains de nos clients et relations qui avaient développé des entreprises couronnées de succès.

Au fur et à mesure que nous partagions nos découvertes avec nos collègues et amis, ils se sont pris de passion pour le sujet et ont voulu savoir ce que nous faisions et comment nous allions l'appeler. Nous avons décidé de baptiser cette exploration « *la Modélisation des Facteurs de Succès* ».

C'était une période d'euphorie, et un travail captivant. Nous avons commencé à tester la mise en pratique de nos idées. John et moi menions entretiens et coachings d'entrepreneurs en recherche de financement pour leurs idées. Ce que font les entrepreneurs qui réussissent, comment ils réfléchissent et ce qui les motive est devenu de plus en plus évident. Ce qui, en retour, a alimenté notre passion pour ce que nous faisions. Nous en sommes venus à considérer qu'une vague d'entrepreneurs visionnaires serait le moyen le plus efficace d'apporter un changement positif dans le monde, d'une façon à laquelle les gouvernements, les religions, les grandes entreprises et autres institutions importantes ne pourraient jamais parvenir. Nous partagions le même amour des idées neuves et nous sentions appelés à aider les autres à concrétiser leurs rêves.

John a finalement quitté son cabinet juridique pour lancer un petit fond d'investissement en amorçage. Et nous avons créé le Dilts Strategy Group pour accompagner les sociétés dans lesquelles il investissait et pour partager les stratégies de réussite que nous mettions à jour avec nos clients et ceux qui souhaitaient créer et développer des entreprises couronnées de succès.

J'ai commencé à écrire la première ébauche de cet ouvrage en 2001 pour expliquer le processus de la Modélisation des Facteurs de Succès et garder la trace de nos découvertes. Depuis il y a eu deux crises financières mondiales majeures, de nombreux changements et de nouvelles évolutions dans la technologie, les affaires, la société et le monde. Le socle de la synthèse que John et moi avons tirée de nos premiers travaux sur la Modélisation des Facteurs de Succès a résisté à l'épreuve du temps. Nous avons également continué à appliquer le processus de la Modélisation des Facteurs de Succès à de nouvelles générations d'entrepreneurs. John a même lancé son propre groupe de Business Angels, Maverick Angels, qu'il a dirigé jusqu'à son décès soudain et prématuré durant l'été 2010.

La vision de John pour la Modélisation des Facteurs de Succès est cependant toujours d'actualité, comme en témoigne cet ouvrage. Lorsque j'ai terminé la première version de ce recueil de la Modélisation des Facteurs de Succès en 2013, elle comportait plusieurs centaines de pages. En recherche de feedbacks et suggestions, je l'ai envoyée à différents membres de la famille et collègues, notamment mon frère aîné Michael Dilts, mon beau-père Glenn Bacon et mon confrère Benoit Sarazin, qui avait collaboré à différents projets du Dilts Strategy Group. Je l'ai également adressée à Antonio Meza, un confrère et ami, illustrateur et dessinateur de talent, mais également formateur et coach. Antonio a commencé à suggérer des dessins pour illustrer les principes et concepts fondamentaux de l'ouvrage, de façon à les rendre plus clairs, plus accessibles et plus attrayants. Comme vous le verrez, le travail d'Antonio s'est transformé en contribution majeure à ce projet, et facilite la compréhension des idées et des modèles. Le concours d'Antonio sur la structuration et l'organisation de l'ouvrage s'est également avéré inestimable, en particulier sa suggestion de le diviser en trois tomes.

Ce premier tome *la Entrepreneurs de la Nouvelle Génération : Vivez vos rêves et Créez un Monde Meilleur par Votre Entreprise* transmet l'esprit et l'euphorie (ainsi que l'investissement et la compétence) liées au lancement d'une entreprise basée sur votre passion et votre vision. Les tomes suivants exploreront *La puissance de la Collaboration Générative* et *Rebondir dans l'Adversité en Développant la Résilience et le Leadership*.

Cette publication est également une forme de redémarrage du Dilts Strategy Group après le décès de John. J'ai déjà mis en place des programmes de certification de la Modélisation des Facteurs de Succès dans différents pays du monde entier. Au cours de ces programmes, les participants acquièrent guides et outils nécessaires au soutien et au développement – chez eux et chez les autres – de la confiance, de la compétence et des ressources nécessaires pour lancer un projet ou une entreprise couronnée de succès. Je prévois de remonter le réseau mondial de consultants et coachs que John et moi avions commencé à construire peu avant son décès. Ce réseau facilitera la transmission de l'information et répondra à la demande croissante concernant les outils et stratégies de la Modélisation des Facteurs de Succès.

J'ai également lancé plusieurs nouveaux projets de recherche sur la Modélisation des Facteurs de Succès dans différentes parties du monde. L'un d'eux sur la « nouvelle génération d'entrepreneuriat » est parrainé par l'Institut REPÈRE à Paris. Un autre sur « l'intelligence collective dans les organisations » est parrainé par Vision 2021 à Avignon. En fait, certains résultats de ces études sont déjà intégrés dans ce livre. (Vous trouverez des informations sur ces projets dans les annexes.)

J'espère que vous trouverez cet univers de la Modélisation des Facteurs de Succès et de la nouvelle génération d'entrepreneuriat aussi exaltante et gratifiante que John et moi. Puisse-t-il vous apporter le succès et la satisfaction de vivre vos rêves et construire un monde meilleur par votre activité.

Robert Dilts
Santa Cruz, Californie

Introduction
Un Monde Changeant

« Les choses changent constamment... mais elles ne progressent pas toujours. »
Anthony Robbins

« Les gens qui sont assez fous pour penser qu'ils peuvent changer le monde sont généralement ceux qui le font. »
Steve Jobs

« Incarnez le changement que vous voulez voir dans le monde. »
Mahatma Gandhi

Un Monde Changeant

Les développements sociaux, industriels et économiques apportent constamment de nouveaux changements dans le monde des affaires et dans la façon dont les personnes, les équipes et les organisations, anciennes et nouvelles, doivent fonctionner. Le progrès technologique fait constamment « reculer les limites », engendrant à la fois des opportunités et des défis pour les nouvelles entreprises et obligeant les sociétés traditionnelles à s'adapter.

Ces dernières décennies ont vu une augmentation spectaculaire du rythme du changement et de la demande de réponse. Du fait du « temps internet », ou « vitesse du net », des évolutions qui prenaient autrefois des années se produisent maintenant en l'espace de quelques mois. La rapidité du changement technique accentue davantage la nécessité, pour les individus et les organisations, d'innover et d'« apprendre à apprendre » pour suivre l'évolution permanente.

Les fluctuations récurrentes de l'économie mondiale créent des défis supplémentaires pour les entreprises qui cherchent à s'adapter au changement, en leur demandant de faire plus avec moins de ressources. Les entreprises doivent s'appuyer de plus en plus sur les alliances stratégiques et l'externalisation pour piloter des pans fondamentaux de leur activité. Par voie de conséquence, les frontières entre entreprises synergiques deviennent plus flexibles, amenant les notions d'« entreprise étendue » et d'« innovation ouverte ». Cette tendance renforce l'accent sur le développement des relations et des alliances, faisant appel à la capacité à créer des partenariats réellement « gagnant-gagnant ».

Une telle vitesse d'évolution technique, sociale et économique demande de plus en plus aux individus comme aux entreprises d'apporter des réponses rapides et innovantes pour suivre les nouveaux développements, gérer les ressources plus efficacement et conserver leur avance sur la concurrence.

Ces changements apportent également des opportunités d'innovation aux individus et aux entreprises, qui peuvent envisager de nouvelles solutions et créer des produits et services révolutionnaires qui vont vraiment changer le monde. Si vous avez la bonne combinaison de vision, motivation et compétence, il y a aujourd'hui d'innombrables possibilités de réaliser vos rêves.

C'est précisément le sujet de ce livre – comment développer et mettre en œuvre l'imagination, la passion et les compétences nécessaires pour vivre vos rêves et créer un monde meilleur par votre activité.

Relever les Défis du Changement

De nombreux défis se présentent aux entrepreneurs, équipes et organisations lorsqu'ils tentent de s'adapter et de tirer parti de l'évolution de l'économie, et des transformations dans la façon de gérer les affaires et des règles qui l'accompagnent. La taille de beaucoup de grandes sociétés établies, par exemple, fait qu'il leur est difficile de changer rapidement, et elles manquent souvent de flexibilité pour réagir rapidement à un environnement dynamique. De nombreuses organisations, par exemple, développent des cultures qui mettent l'accent sur la stabilité et la sécurité. Ceci tend à contrecarrer toute tentative de développement de la flexibilité et de la diversité.

On a dit que « si vous faites toujours ce que vous avez toujours fait, vous obtiendrez toujours ce que vous avez toujours obtenu ». L'une des corollaires de cette affirmation est que si vous voulez obtenir quelque chose de différent, vous devriez favoriser le changement. Cela dit, c'est également important de prendre conscience que dans un monde en évolution, faire ce que vous aviez l'habitude de faire ne vous donnera même pas les résultats que vous aviez l'habitude d'obtenir. Si les entreprises essaient de travailler de la façon qui fonctionnait il y a 20 ans, elles ne réussiront pas aujourd'hui.

Une société comme Apple Inc. en est une bonne illustration. Il y a 20 ans, elle s'appelait Apple *Computer*. Aujourd'hui, ses produits phares ne sont plus les ordinateurs mais plutôt les smartphones, les tablettes et les lecteurs MP3. La société a dû changer de nom pour exprimer cette évolution. Si elle essayait de survivre en continuant à vendre l'ordinateur Macintosh d'il y a 20 ans, elle ferait faillite. Les entreprises comme Apple ont survécu et prospéré grâce à leur capacité à s'adapter et innover rapidement.

D'autres sociétés comme Google, Facebook, ou Paypal, etc., qui sont aujourd'hui des leaders mondiaux, n'existaient même pas il y a 20 ans. Elles doivent leur réussite à des entrepreneurs novateurs qui ont vu les opportunités de créer quelque chose de nouveau qui élargisse les perspectives pour de nouvelles générations de clients potentiels.

Tout ceci soulève des question clés, telles que : « Comment rester en phase avec un monde qui évolue rapidement ? » « Comment trouver les clés de la réussite dans l'économie actuelle ? »

Les entrepreneurs et les organisations doivent apprendre à intégrer la diversité et encourager l'innovation afin de survivre et réussir dans une économie mondiale en rapide évolution.

C'est pour répondre aux besoins nés d'un environnement de plus en plus complexe et en constante évolution que la Modélisation des Facteurs de Succès (SFM™) s'est développée.

Quand Steve Jobs a lancé l'ordinateur Macintosh en 1984, le nom de la société était « Apple Computer ».

Lorsque Steve Jobs a lancé l'iPad en 2010, le nom de la société est devenu « Apple Inc. ».

Modéliser

Le dictionnaire Webster définit le *modèle* comme une « description simplifiée d'une entité ou d'un processus complexe » – comme un « modèle informatique » des systèmes circulatoire et respiratoire. Le terme vient de la racine latine *modus*, qui signifie « une façon de faire ou d'être ; une méthode, forme, mode, façon, manière ou style ». Plus précisément, le mot « modèle » vient du Latin *modulus*, qui signifie en résumé une version « réduite » du mode d'origine. Le « modèle » d'un objet, par exemple, est généralement une version ou une représentation miniaturisée de cet objet. Un « modèle de travail » (comme celui d'une machine) est quelque chose qui peut faire à petite échelle ce que la machine fait, ou devrait faire.

La notion de « modèle » signifie également « une description ou une analogie utilisée pour permettre de visualiser quelque chose (comme un atome) qu'on ne peut pas observer directement ». Elle peut aussi désigner « un ensemble de postulats, données et déductions présentées comme une description formelle d'une entité ou d'un état des choses ».

De fait, un train miniature, une carte des gares principales, ou un indicateur des chemins de fer, sont des exemples des différents modèles possibles d'un système ferroviaire. Leur raison d'être est de mettre en avant l'un des aspects du système ferroviaire réel et de donner des informations utiles pour mieux gérer les interactions avec ce système. Un circuit de train miniature peut, par exemple, servir à évaluer les performances d'un train dans certaines conditions physiques ; la carte des gares principales peut permettre de déterminer le meilleur itinéraire pour se rendre dans une ville donnée ; on peut utiliser les horaires et trajets de trains pour calculer la durée d'un voyage. De ce point de vue, la valeur essentielle de n'importe quel modèle est son *utilité*.

Un « modèle » peut être une version miniature d'un système, qui nous aide à étudier et comprendre le fonctionnement dynamique à petite échelle.

Un modèle peut aussi être un type de carte qui nous aide à gérer nos interactions avec un système donné.

La Modélisation des Facteurs de Succès
(Success Factor Modeling™)

La Modélisation des Facteurs de Succès (SFM™) est une méthodologie que j'ai développée avec mon frère John pour identifier, comprendre et mettre en œuvre les facteurs de succès déterminants qui pilotent et soutiennent la réussite des individus et des organisations. La Modélisation des Facteurs de Succès (SFM™) repose sur un ensemble de principes et de subtilités particulièrement adaptés pour analyser et identifier les schémas fondamentaux des *pratiques des affaires* et *des compétences comportementales* mises en œuvre par les personnes, équipes et entreprises qui réussissent. La méthodologie SFM™ est utilisée pour identifier les caractéristiques et compétences clés partagées par les entrepreneurs, les équipes et les entreprises qui réussissent puis définir des modèles, outils et savoir-faire précis que d'autres pourront utiliser pour augmenter significativement leurs chances de produire un impact et d'atteindre la réussite.

Par l'analyse des sociétés, projets et entreprises réussis et l'observation des individus et des équipes très performants, SFM™ aide les individus et les organisations à mettre en évidence les facteurs qui ont généré un succès particulier et à identifier les orientations à suivre pour faire perdurer cette réussite. Ces facteurs peuvent ensuite être « incorporés » dans les activités quotidiennes des personnes sous forme de stratégies, outils et soutien adaptés.

L'un des points forts de la méthodologie SFM™ consiste à associer des savoir-faire professionnels efficaces à des savoir-être fondamentaux. Comme le dit Benoit Sarazin, ancien Directeur Marketing du Département Communications Solutions Services d'Agilent Technologies, « Il existe de nombreuses méthodes pour aider les gens dans le savoir-faire du monde des affaires. Si vous vous rendez dans une bibliothèque ou une librairie, vous trouverez toutes sortes de ressources pour construire un business plan, élaborer une stratégie de commercialisation, protéger la propriété intellectuelle, etc. Mais il n'y a pas de méthodes pour les compétences comportementales. C'est ce qui distingue la Modélisation des Facteurs de Succès ».

La modélisation des compétences comportementales passe par l'observation et la cartographie des processus mentaux et physiques qui conduisent à une performance réussie ou remarquable. L'objectif de la modélisation du comportement est d'identifier les principaux éléments de réflexion et d'action nécessaires à un individu ou un groupe pour parvenir à la réponse ou au résultat souhaité – c'est-à-dire mettre à jour « *la différence qui fait la différence* ». Cela consiste à décomposer une performance ou une interaction complexe en éléments suffisamment petits pour pouvoir en dresser un récapitulatif. Le but de la modélisation du comportement est de créer un guide pratique ou un « modèle » de ce comportement pour permettre à une personne intéressée de reproduire ou imiter une partie de cette performance. En fait, cela passe par le benchmarking des comportements et des idées, autant que celui des pratiques des affaires.

La Modélisation des Facteurs de Succès (SFM™) étudie la question « quelle est la différence qui fait la différence ? » pour trouver les facteurs de réussite qui différencient les performances médiocres et moyennes des performances remarquables.

Performance médiocre, moyenne ou remarquable ?

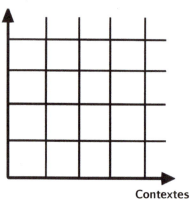

La Modélisation des Facteurs de Succès (SFM™) relie les compétences comportementales aux contextes appropriés.

Un modèle efficace fournit une description de la serrure (les défis et objectifs stratégiques) et de la clé qui l'ouvre (compétences et actions).

Nombre des caractéristiques fondamentales de la Modélisation des Facteurs de Succès (SFM™) viennent du domaine de la Programmation Neuro-Linguistique. La *Programmation Neuro-Linguistique* (PNL) est une méthode pour mieux comprendre et utiliser votre cerveau et votre système nerveux – particulièrement vos systèmes de représentation sensoriels (visualisation, sons, sensations, etc.) – et les processus linguistiques, tels que la persuasion, la négociation et autres formes d'influence verbale. Les outils et savoir-faire de la PNL ont été utilisés pour aider les personnes à surmonter des peurs, augmenter leur productivité personnelle et leur réussite, se rétablir de sérieux problèmes de santé, lancer des affaires prospères, et se développer personnellement à de nombreux égards. Les modèles et les méthodes de la PNL sont à la base de nombreux programmes d'évolution des comportements dans des grands groupes et organisations comme Apple Inc., IBM, Hewlett Packard, Fiat, La Banque Mondiale, Weight Watchers, l'armée américaine (US Army), ainsi que pour les individus, dont de nombreuses célébrités sportives et le célèbre formateur-conférencier international Anthony Robbins.

Les techniques de la PNL ont été développées par la modélisation de ce que font les personnes qui réussissent pour réaliser leurs objectifs (voir *Modéliser avec la PNL*, Dilts, R., 2014). J'ai moi-même étudié des guérisseurs, des innovateurs, des leaders du monde des affaires et certains des plus célèbres génies (dont Einstein, Mozart, Léonard de Vinci et Walt Disney) avec la PNL.

L'objectif de la modélisation n'est pas d'aboutir à une « bonne » ou une « vraie » description du fonctionnement d'une personne, équipe ou organisation, mais plutôt d'établir une *carte pratique* qui nous permette de mettre en œuvre utilement les stratégies que nous avons modélisées. Une « carte pratique » nous permet d'agir plus efficacement – son « exactitude » ou sa « réalité » sont moins importantes que son « utilité ». Ainsi, pour mettre en pratique les comportements ou les stratégies modélisés à partir d'une personne ou d'un groupe en particulier, il faut les structurer sous une forme exploitable. Le but peut être similaire ou différent de celui de la personne ou du groupe qui les a utilisés au départ.

La Modélisation des Facteurs de Succès (SFM™) approfondit le processus de modélisation des comportements en plaçant les actions et compétences à modéliser dans un contexte approprié. Ainsi, la Modélisation des Facteurs de Succès (SFM™) relie, dans un objectif de réussite, les compétences comportementales au contexte ou à l'activité qu'elles sous-tendent le plus directement et pour lesquels elles sont les plus nécessaires.

On peut comparer la Modélisation des Facteurs de Succès (SFM™) à la recherche de la bonne clé pour ouvrir une porte donnée. Dans la vie, nous rencontrons des portes qui ouvrent sur différents domaines de réussite. Les serrures de ces portes sont les questions critiques et les contraintes contextuelles sur lesquelles nous devons nous pencher pour atteindre notre objectif dans ces circonstances données. La « clé » d'une « serrure » donnée correspond à la combinaison appropriée de comportements pour répondre à ces questions et faire face à ces contraintes.

Une clé qui ouvre une porte n'en ouvrira pas forcément une autre, même si elle fonctionnait parfaitement avec la porte précédente. Donc, pour faire face à un contexte changeant, un modèle pertinent doit fournir non seulement la description de la clé mais aussi celle de la serrure correspondante.

Du point de vue organisationnel et entrepreneurial, les serrures à déverrouiller pour ouvrir les portes de la réussite se décrivent sous forme de défis et objectifs stratégiques. Les clés qui ouvrent les portes sont définies par les comportements et pratiques des individus et des équipes. Il s'agit des actions « clés » nécessaires pour relever les défis stratégiques et atteindre les objectifs stratégiques (les « serrures ») dans leur contexte et sur leur marché.

Comme nous l'avons souligné plus tôt, l'objectif de la Modélisation des Facteurs de Succès (SFM™) est d'établir une *carte pratique* – portée par un ensemble d'exercices, de grilles et d'outils permettant aux personnes de mettre en œuvre les facteurs modélisés pour parvenir aux résultats-clés dans un contexte donné. C'est une autre corollaire importante de l'analogie avec une clé. Les gens doivent pouvoir l'utiliser pour ouvrir la porte. Par conséquent, l'identification et la création d'outils et techniques qui permettent aux autres de réussir sont aussi essentielles à la Modélisation des Facteurs de Succès (SFM™).

En résumé, la Modélisation des Facteurs de Succès (SFM™) vise à :

- Identifier les facteurs clés associés à une performance réussie
- Organiser ces facteurs en un modèle exhaustif et intelligible
- Définir les outils et techniques de transfert des facteurs clés de réussite du modèle à d'autres personnes
- Soutenir la mise en application des facteurs clés de réussite par différents chemins de développement traçant une trajectoire de progression dynamique et durable.

Il est important de faire appel aux bonnes compétences dans le bon contexte.

Tout le monde est un génie. Mais si vous jugez un poisson par sa capacité à grimper à un arbre, il passera sa vie à croire qu'il est stupide.

– Albert Einstein

Étapes de base de la Modélisation des Facteurs de Succès (Success Factor Modeling™)

Les étapes de base du processus SFM™ sont :

1. Réaliser une *analyse des besoins* pour déterminer les questions, contextes et compétences spécifiques à prendre en compte. La première étape consiste à identifier des « histoires de réussite » pour déterminer le type de réussite souhaité et choisir les personnes ou les équipes à modéliser.
2. Préparer et réaliser des *recherches* par des entretiens de modélisation, des études de cas et autres méthodes de collecte d'information pour identifier les capacités ou la performance à examiner et rassembler les données pertinentes.
3. *Déterminer les schémas pertinents* de comportement, stratégies et croyances des personnes ou des équipes modélisées, qui constituent la référence pour la réussite des futures actions dans l'entreprise.
4. *Structurer les schémas* mis à jour de façon descriptive et prescriptive ; c'est à dire sous forme de « modèle ». Il s'agit de construire un modèle personnalisé et de définir les savoir-faire et compétences qui le sous-tendent.
5. Concevoir des *procédures et outils d'installation/intervention* concrets pour transmettre ou appliquer les éléments clés du modèle à d'autres. Il s'agit de mener à bien l'ingénierie pédagogique et l'élaboration des outils d'évaluation ainsi que les profils de développement des compétences pour différentes personnes et équipes.

Durant ces quinze dernières années, mon frère John et moi-même avons reproduit ces étapes avec d'innombrables entrepreneurs, leaders et organisations et construit un socle de coaching et de conseil – *Le Dilts Strategy Group* – à partir des résultats que nous avons découverts. Dans ce livre, je vais partager avec vous la façon dont nous avons utilisé la Modélisation des Facteurs de Succès (SFM™) pour identifier les facteurs de réussite déterminants dans différents domaines. Je vais également expliquer comment nous les avons structurés sous forme de modèles et outils que vous pouvez utiliser pour mener à bien vos propres projets.

Tout cela a pour principal but de vous amener à acquérir et mettre en œuvre les compétences et les facteurs de réussite utiles pour réaliser vos propres projets, entreprises ou affaires, et ce faisant, vivre vos rêves et créer un monde meilleur.

Vous trouverez tout au long de ce livre des exemples, des principes, des modèles et des outils qui vont vous guider et vous aider à penser et agir comme un entrepreneur qui réussit. Préparez-vous à entreprendre un des voyages les plus enthousiasmants et transformateurs de votre vie.

C'est parti !

Les étapes de la Modélisation des Facteurs de Succès sont conçues pour identifier et transmettre les schémas clés de comportement, stratégies et croyances des personnes, équipes et organisations qui réussissent.

L'intérêt principal d'étudier la Modélisation des Facteurs de Succès est de pouvoir apprendre et mettre en œuvre les facteurs de réussite utiles pour mener à bien vos propres projets, entreprises ou affaires, et ce faisant, vivre vos rêves et créer un monde meilleur.

ÉTAPES DE BASE DE LA MODÉLISATION DES FACTEURS DE SUCCÈS (SFM™)

1. Réalisez une analyse des besoins. Qu'est-ce que le succès pour eux ? De quoi veulent-ils obtenir plus ?

2. Collectez de l'information par des entretiens et des études de cas et identifiez leurs capacités actuelles.

3. Déterminez les schémas de comportement, stratégies et croyances appropriés, à modéliser.

4. Structurez les schémas sous forme de « modèle » descriptif.

5. Concevez des procédés efficaces pour transmettre les éléments clés du modèle à d'autres.

01
De la Vision à l'Action
Niveaux Clés des Facteurs de Succès

« J'ai dormi et j'ai rêvé que la vie était joie.
Je me suis réveillé et j'ai vu que la vie était service.
J'ai servi et j'ai vu que le service était joie. »
Rabindranath Tagore

« Être l'homme le plus riche du cimetière ne m'intéresse pas.
Aller me coucher en me disant que nous avons fait
quelque chose de merveilleux... c'est ce qui compte pour moi. »
Steve Jobs

Niveaux Clés des Facteurs de Succès

Dans le système SFM™, une performance et un changement efficaces et réussis impliquent un certain nombre de niveaux de facteurs de succès. Ces facteurs sont liés à notre **environnement** (*où* et *quand* nous agissons), notre **comportement** (*ce que* nous faisons), nos **capacités** (*comment* nous pensons et planifions), nos **valeurs et croyances** (*pourquoi* nous pensons et agissons de la façon dont nous le faisons), notre **identité** (*qui* nous pensons être) et notre sens de notre **finalité** (*à qui* et *à quoi* nous nous consacrons). Ces différents niveaux se retrouvent dans la vie des membres d'une équipe ou d'une organisation, et en fait dans la vie de l'équipe ou de l'organisation elle-même.

Le premier niveau est l'*environnement* dans lequel les individus et les organisations agissent et interagissent, à savoir, *quand* et *où* les opérations et les relations se déroulent au sein d'une entreprise ou d'une organisation. Les facteurs environnementaux déterminent le contexte extérieur qui crée les opportunités et les contraintes et au sein duquel les personnes exercent leurs activités. L'environnement local d'une équipe ou d'une organisation comprend l'implantation géographique de ses activités, les bâtiments et installations qui définissent le « lieu de travail », l'aménagement des bureaux et de l'usine, etc. L'environnement élargi comprend les tendances du marché, les conditions financières mondiales, la structure sociale, les développements technologiques, etc. Selon l'état de ces facteurs, les portes peuvent s'ouvrir sur des opportunités et de nouvelles possibilités émerger. À d'autres moments, par exemple en période de récession économique, les personnes et les entreprises doivent faire face aux restrictions et aux perturbations. Le principal facteur déterminant dans la réussite d'une entreprise ou d'une organisation est probablement sa capacité à réagir de façon créative et judicieuse à l'évolution de l'environnement. De fait, la première définition de l'intelligence est : *La capacité à interagir avec succès avec son environnement, en particulier face à un défi ou un changement.*

Outre l'influence que les facteurs environnementaux ont sur les personnes et les organisations, il est également important d'étudier l'influence que les personnes et les organisations ont sur leur environnement. Cela comporte les produits ou les créations qu'ils apportent dans l'environnement et les conséquences de ces créations sur l'environnement extérieur.

À un autre niveau, on peut examiner spécifiquement les *comportements* et les actions d'une organisation, d'une équipe ou d'une personne – c'est à dire, *ce que* la personne, l'équipe ou l'organisation fait pour modifier ou répondre à son environnement. Cela se rapporte aux schémas particuliers de travail, d'interaction et de communication. Au niveau individuel, les comportements prennent la forme de routines professionnelles, d'habitudes de travail ou d'activités liées à l'emploi. Pour une entreprise ou une organisation, les comportements peuvent être définis en termes d'activités nécessaires pour fabriquer ses produits ou fournir ses services. Par conséquent, les comportements sont des activités concrètes que nous menons pour répondre aux contraintes ou tirer parti d'opportunités.

Environnement : *Notre réseau holistique de vergers s'attache au partage de techniques de culture fruitières durables qui mettent l'accent sur la santé du sol, de façon à avoir des arbres sains, produisant des pommes saines pour des clients en bonne santé.*

Comportement : *Nous couvrons l'ensemble des activités nécessaires à la production de nos jus de fruit dans nos fermes jusqu'à leur livraison chez les clients, du pressage à la distribution, en passant par le conditionnement.*

Un autre niveau de processus exploré dans la Modélisation des Facteurs de Succès concerne les stratégies, savoir-faire et *capacités* qui permettent à une entreprise, une équipe ou une personne de choisir et conduire leurs comportements et actions dans leur environnement – c'est-à-dire, *comment* ils créent et pilotent leurs comportements dans un contexte donné. Pour une personne, les capacités comportent les stratégies cognitives et les savoir-faire comme l'apprentissage, la mémorisation, la prise de décision et la créativité, qui facilitent la réalisation d'un comportement ou d'une tâche donnée. Au niveau organisationnel, les capacités sont liées aux infrastructures qui soutiennent la communication, l'innovation, la planification et la prise de décision entre les membres de l'organisation. Ces capacités sont essentielles à la réussite d'une personne ou d'une organisation dans son environnement. Sans les capacités adaptées, nous sommes incapables d'apporter une réponse concrète appropriée et efficace aux défis et de modifier notre environnement.

Ces différents niveaux de processus (environnement, comportements et capacités) sont façonnés par les *valeurs* et les *croyances*, qui génèrent la motivation et les lignes directrices qui sous-tendent les stratégies et les capacités utilisées pour atteindre des résultats comportementaux dans l'environnement – c'est-à-dire, *pourquoi* les personnes agissent comme elles le font dans un espace-temps précis. Nos valeurs et croyances apportent le soutien (*la motivation et la permission*) qui amplifie ou inhibe certaines de nos capacités et comportements donnés. Des valeurs comme *la qualité, la facilité d'utilisation, la sécurité, le service à la clientèle, le souci d'une meilleure santé*, etc., déterminent le type de capacités susceptibles d'être élaborées et mises en œuvre. Les valeurs définissent des priorités et orientent les personnes vers le sens sur lequel concentrer leur attention et sur la façon de mener leurs interactions.

Les croyances sont liées aux valeurs et contribuent également à façonner ce qui est considéré comme possible, approprié et important. Des croyances comme « Nous sommes capables de nous adapter, » « Nous sommes responsables de notre réussite, » « C'est important pour nous d'innover, » « Les clients d'abord, » « Nous avons la possibilité d'être leader sur le marché, » etc., déterminent les capacités et comportements sur lesquels se concentrer, et la dose d'effort à fournir. De fait, les valeurs et croyances constituent l'influence principale du discernement et de la culture.

Au-delà des valeurs et croyances, on trouve le sens de l'*identité* des personnes, équipes ou organisations – c'est-à-dire le *qui* derrière le pourquoi, comment, quoi, où et quand. L'identité d'une personne ou d'une organisation inclut et transcende tous les niveaux précédents et les intègre en une seule entité. C'est notre perception de notre identité qui organise nos croyances, compétences et comportements en un système unique. Dans une certaine mesure, l'identité est liée au rôle et à la marque, mais elle va au-delà. Comme l'ADN de nos organismes, le sentiment identitaire d'une personne ou d'une organisation donne la structure profonde et les principes directeurs majeurs qui unissent tous les autres facteurs de réussite.

Capacités : *Nous avons mis au point un système novateur pour organiser notre flotte de camions électriques de façon à livrer rapidement et proprement notre jus de fruits sans conservateurs.*

Valeurs : *Avez-vous deviné ? Nos valeurs sont la qualité, le goût, la santé et l'écologie. Elles guident nos décisions organisationnelles.*

Des entreprises couronnées de succès comme Apple, Disney, Google, BMW, etc. ont un sens clair de l'identité qui comprend, aligne et synthétise des valeurs, capacités et comportements reconnaissables dans le paysage changeant de l'environnement au sein duquel elles opèrent.

Le dernier niveau des facteurs de succès peut être désigné au mieux comme le niveau de l'*âme* ou *finalité*. Ce niveau est lié aux visions des personnes et à leurs perceptions concernant les systèmes plus vastes auxquels elles appartiennent et contribuent. Ces perceptions se rapportent au *pour qui* ou au *pour quoi* les personnes ou les organisations orientent leurs actions, donnant une raison d'être et une finalité à leurs actions, capacités, croyances et identité. Ce sentiment d'un système plus vaste peut s'adresser à sa propre famille ou à sa profession, à sa communauté ou à la planète entière.

En résumé, la Modélisation des Facteurs de Succès (SFM™) prend en compte les niveaux suivants de facteurs comportementaux liés à la réussite :

Identité : *Nous nous voyons comme un « Johnny Appleseed » moderne (« Johnny Pépin-de-pomme », surnom de John Chapman, pionnier et missionnaire qui a introduit de nombreux pommiers dans la région des grands lacs), parce qu'il était connu pour sa gentillesse et sa générosité, ses avancées en matière de conservation, et à cause du sens symbolique des pommes pour la santé.*

Finalité : *Et nous voulons faire bénéficier notre communauté de notre travail en inspirant les gens avec nos valeurs et en leur fournissant le meilleur jus de pommes !*

- **Les facteurs environnementaux**, qui déterminent les opportunités ou contraintes extérieures que les individus et les organisations doivent identifier et auxquelles ils doivent réagir. Ils impliquent d'explorer *où* et *quand* le succès arrive.

- **Les facteurs comportementaux**, correspondant à la chaine d'actions spécifiques mises en œuvre pour réussir. Ils impliquent ce qui, précisément, doit être fait ou réalisé pour réussir.

- **Les capacités** qui constituent les cartes mentales, plans ou stratégies conduisant au succès. Elles déterminent *comment* les actions sont choisies et pilotées.

- **Les croyances et valeurs**, qui viennent amplifier ou inhiber certaines capacités et actions. Elles sont reliées au *pourquoi* les personnes prennent une direction plutôt qu'une autre, et aux motivations profondes pour lesquelles elles agissent ou persévèrent.

- **Les facteurs identitaires** se rapportent à l'idée que les personnes ont de leur rôle et de leurs caractéristiques individuelles distinctives. Ces facteurs dépendent de *qui* la personne ou le groupe pense être.

- **La vision et la finalité** sont liées à la perception qu'ont les personnes du système plus vaste dont elles font partie. Ces facteurs se rapportent au *pour qui* ou *pour quoi* on a choisi une action ou une voie donnée.

Synthèse des Facteurs de Succès

Bien que tous les niveaux des facteurs de réussite soient importants, il semble évident que les niveaux supérieurs ont une influence croissante sur les chances de réussite d'une entreprise. En l'absence de notion claire de la finalité, de l'identité, de la direction et des priorités, on peut facilement se perdre, perdre de vue l'objectif et la motivation et se retrouver dans la confusion et la contradiction, particulièrement lorsque les défis et les difficultés arrivent.

Les liens entre les différents niveaux de facteurs de succès peuvent être représentés comme une pyramide. L'environnement constitue la base sur laquelle les autres niveaux sont construits, avec la vision et la finalité qui chapeautent la structure.

On peut aussi se représenter les liens entre les facteurs de succès de ce groupe comme une échelle. Les niveaux inférieurs constituent les barreaux nécessaires pour monter tout en haut et atteindre la vision et la finalité.

On peut aussi voir la relation entre ces différents facteurs sous la forme de cercles concentriques avec la vision au centre, comme une cible dont la vision et la finalité seraient le « mille ».

Nous ferons référence à ces différents niveaux de facteurs de succès tout au long du livre ; vous les retiendrez plus facilement ainsi que leur relation en trouvant la représentation qui vous convient le mieux.

Questionnaire sur les Facteurs Essentiels de Réussite

Pour vous faire votre idée sur ces différents niveaux de facteurs de succès, prenez le temps de parcourir ce *Questionnaire des Facteurs Essentiels de Réussite*.

Identifiez une entreprise ou un projet dans lequel vous avez été personnellement impliqué et qui s'est déjà conclu par une réussite. Le contraste permet de mieux appréhender les facteurs de succès. Dans cette logique, cela pourrait vous aider d'identifier une entreprise ou un projet dans lequel vous avez été personnellement impliqué et qui n'a pas vraiment réussi, ou même qui a échoué. Quelles étaient certaines des différences qui ont fait une différence ?

Entreprise/Projet Réussi : _____

Modélisez quelques Facteurs de Succès Essentiels à l'aide des questions SFM suivantes :

	Peu Important		Assez Important		Très Important

1. Quel a été le rôle de la *vision* sur le chemin vers la réussite ?

    Quelle a été l'importance d'une vision ou d'une finalité claire pour l'entreprise ou le projet réussi ?

       | 1 | 2 | 3 | 4 | 5 |

    Quelle était la vision ou la finalité ?

2. Quels facteurs *identitaires* sont intervenus dans la réussite ?

    | 1 | 2 | 3 | 4 | 5 |

    À quel point le fait d'avoir, et de communiquer, une idée claire de la marque ou de l'identité a-t-il contribué à la réussite de l'entreprise ou du projet ? Comment décririez-vous votre identité et vos spécificités ?

    Quel serait le symbole ou la métaphore approprié(e) pour votre identité et vos qualités uniques ?

3. Quelles *valeurs* et *croyances* ont soutenu la progression vers la réussite ?

    | 1 | 2 | 3 | 4 | 5 |

    a. À quel point le fait d'avoir et de transmettre des valeurs fondamentales a-t-il contribué à la réussite ?

    Quelles étaient ces valeurs ?

	Peu Important	Assez Important		Très Important
	1	2	3	4	5

b. À quel point était-ce important que les personnes croient à ce qu'elles faisaient pour réussir l'entreprise ou le projet ?

Quelles croyances ont encouragé ou motivé les personnes à persévérer et réussir ?

1	2	3	4	5

4. Quelles compétences et *capacités* ont contribué à la réussite du projet ou de l'entreprise ?

À quel point était-ce important de disposer de savoir-faire et capacités particuliers ?

Quels savoir-faire et capacités ont été les plus significatifs ?

1	2	3	4	5

5. Quelles étapes et actions *comportementales* ont été les plus déterminantes pour la réussite ?

À quel point était-ce important de disposer d'un plan comportemental spécifique pour la réussite du projet ou de l'entreprise ?

Quelles actions ont été les plus importantes ? Où a-t-il été important de faire preuve de souplesse dans le plan d'action ?

1	2	3	4	5

6. Quelles opportunités et influences *environnementales* ont contribué à la réussite ?

À quel point était-ce important, pour la réussite du projet ou de l'entreprise, de réagir à l'environnement (opportunités et contraintes) ?

Quels ont été les facteurs environnementaux les plus significatifs ?

7. Réfléchissez à ce que vous avez appris en répondant à ces questions.
Certains niveaux de facteurs ont-ils été plus déterminants pour la réussite à différentes étapes du projet ou de l'entreprise ?
Certaines combinaisons de facteurs ont-elles paru particulièrement importantes par moments ?
Comment résumeriez-vous ce que vous avez appris ?
Comment pourriez-vous utiliser ce que vous avez appris pour mieux réussir vos futurs projets et initiatives ?

L'Allégorie des Six Tailleurs de Pierre

L'allégorie des six tailleurs de pierre est une bonne illustration de l'influence de ces niveaux sur la motivation et la performance. L'allégorie présente six personnes dont le travail s'échelonne entre médiocre et excellent, tout comme leur niveau de satisfaction. Alors qu'ils sont au travail, on demande à l'ouvrier le plus médiocre et le moins satisfait « Que faites-vous ? »

Il marmonne en regardant l'heure « J'attends d'en avoir fini ici pour pouvoir rentrer chez moi et faire quelque chose qui m'intéresse ».

On demande au tailleur de pierre suivant, qui travaille un peu mieux et s'ennuie un peu moins « Que faites-vous ? » Il relève la tête. « Qu'est-ce que j'ai l'air d'être en train de faire ? Je cogne sur une pierre, » répond-il, un peu irrité.

On demande au tailleur suivant, qui réalise un travail passable et s'implique un peu plus dans ce qu'il fait « Que faites-vous ? » « J'utilise mon savoir-faire pour tailler ce bloc de pierre, » répond-t-il sur le ton de l'évidence.

On demande au quatrième tailleur, qui est plutôt motivé et fait du bon travail, « Que faites-vous ? » Il répond avec détermination « Je gagne un salaire pour faire vivre ma famille et mettre mes enfants à l'école. Voilà ce que je fais ».

On demande au cinquième tailleur, qui non seulement fait un excellent travail mais supervise également le travail des autres, « Que faites-vous ? » « Je suis un maître tailleur de pierre et je construis une cathédrale, » répond-il avec enthousiasme.

Le sixième et le plus doué des tailleurs de pierre est totalement concentré et présent à chacun de ses gestes. Il vérifie en permanence le travail des autres et fait également son possible pour entretenir leur concentration et leur intérêt. Lorsqu'on lui demande « Que faites-vous ? » il répond avec un profond respect « Je crée un espace sacré pour aider les gens à se connecter à leurs âmes ».

Ces réponses illustrent les six niveaux de facteurs que nous avons étudiés dans ce livre.

- La première réponse, « j'attends d'en avoir fini ici pour rentrer chez moi, » concerne l'*environnement* (le où et quand).
- La seconde réponse, « je cogne sur une pierre » concerne le *comportement* spécifique (quoi).
- La troisième réponse, « j'utilise mon savoir-faire pour tailler une pierre, » concerne les *capacités* (comment).
- La quatrième réponse, « gagner de quoi faire vivre ma famille, » concerne les *valeurs* (pourquoi).
- La cinquième réponse, « un maître tailleur qui construit une cathédrale, » concerne l'*identité* (le qui).
- La sixième réponse, « je crée un espace sacré pour aider les gens à se connecter à leurs âmes, » concerne la *finalité* et la *vision* profondes (pour qui et pour quoi).

Chaque niveau apporte plus de sens, de motivation et de présence à la même activité. De toute évidence, les niveaux les plus profonds ont la plus grande influence sur la motivation, la performance, et finalement le sens de la réussite. Dans les prochains chapitres, nous allons continuer à explorer et étudier comment identifier et installer des facteurs de succès critiques à chacun de ces niveaux, en commençant par les plus profonds et les plus influents : la finalité et l'identité.

Holons Et Holarchies

Nos réflexions sur les différents niveaux de facteurs de succès et l'allégorie des six tailleurs de pierre mettent en évidence un élément intrigant de notre existence. D'une part nous sommes des êtres indépendants et complets. D'autre part, nous sommes également des éléments de systèmes qui sont plus grands que nous. Arthur Koestler a utilisé le terme *holarchie* pour décrire la dynamique de cette relation. Dans *The Act of Creation* – L'Acte de Création – (1964, p. 287) Koestler explique :

> *Un organisme vivant ou un corps social n'est pas un amalgame de particules ou processus élémentaires ; c'est une hiérarchie intégrée de sous-ensembles semi-autonomes, eux-mêmes constitués de sous-sous-ensembles, et ainsi de suite. De ce fait, les unités fonctionnelles de chaque niveau ont deux aspects : elles se comportent comme un tout vis-à-vis des éléments plus petits, comme des éléments vis-à-vis de l'ensemble plus grand.*

C'est à dire que quelque chose qui intègre des parties du niveau inférieur en un tout plus grand devient à son tour une partie du niveau supérieur. L'eau, par exemple, est une entité unique qui nait de la combinaison de l'hydrogène et de l'oxygène. Mais l'eau elle-même peut devenir un élément de nombreuses autres entités, du jus d'orange aux océans, en passant par le corps humain. Ainsi, l'eau est à la fois un tout et un élément d'ensembles plus vastes.

Dans *Une Brève Histoire de Tout* (1997) l'écrivain et formateur transformationnel Ken Wilber décrit ainsi cette relation :

> *Arthur Koestler a inventé le terme « holon » pour désigner une entité qui forme un ensemble par elle-même et constitue en même temps une partie d'un autre ensemble. Et si vous commencez à examiner de près les choses et les processus qui existent de fait, il devient rapidement évident que ce ne sont pas seulement des touts, ce sont aussi des parties de quelque chose d'autre. Ce sont des touts/parties, ce sont des holons.*

> *Par exemple, un tout atome est une partie d'un tout molécule, et le tout molécule est une partie du tout cellule, et le tout cellule est une partie d'un tout organisme, et ainsi de suite. Chacune de ces entités n'est ni un tout ni une partie, mais un tout/partie, un holon.*

Selon Wilber, chaque nouveau tout *inclut* et en même temps transcende les parties du niveau inférieur. Il est important de souligner que, dans une holarchie, si l'un des niveaux inférieurs du système est manquant les niveaux supérieurs ne pourront pas être pleinement manifestés. Les niveaux inférieurs sont les composants nécessaires de tous les niveaux supérieurs.

Chaque personne est un ensemble, composé d'ensembles (cellules, organes, états psychologiques, etc.) et fait partie d'un ensemble plus grand (par exemple la famille, le groupe, la communauté, etc.).

Chacun d'entre nous est donc un holon. Nous sommes constitués de touts atomes, qui forment des touts molécules, qui se combinent pour former des touts cellules, qui se rassemblent pour former des touts organes et un tout système nerveux interconnecté qui forment notre tout corps. À notre tour, nous sommes des parties d'ensembles de plus en plus vastes : une famille, une communauté professionnelle, l'ensemble des créatures vivantes de cette planète et finalement tout l'univers.

L'Ego et l'Âme

De ce point de vue, nous pouvons dire que nos vies sont avant tout dirigées par ces deux aspects complémentaires de nos identités : ce qui provient de notre existence en tant qu'individu, c'est-à-dire un tout indépendant et séparé, et ce qui provient de notre existence en tant que partie d'un tout plus vaste (ex : famille, profession, communauté...). Nous appelons *ego* la part de notre vie que nous percevons comme un *tout* individuel. Nous appelons *âme* la part de notre vie que nous percevons comme un *holon (partie d'un tout plus grand)*.

Si nous reprenons l'allégorie des six tailleurs de pierre, nous nous rendons compte que les trois premières réponses à la question « Que faites-vous ? » – « J'attends d'en avoir fini ici pour pouvoir rentrer chez moi, » « Je cogne sur une pierre » et « J'utilise mon savoir-faire pour tailler une pierre » – viennent toutes du point de vue de l'*ego* (en tant qu'individu séparé).

« JE CRÉE UN ESPACE SACRÉ POUR AIDER LES GENS À SE CONNECTER À LEURS ÂMES. »

« JE SUIS UN MAÎTRE TAILLEUR DE PIERRE ET JE BÂTIS UNE CATHÉDRALE. »

« JE GAGNE DE QUOI FAIRE VIVRE MA FAMILLE. »

« J'UTILISE MON SAVOIR-FAIRE POUR TAILLER CE BLOC DE PIERRE. »

« JE COGNE SUR UNE PIERRE ! »

« J'ATTENDS D'EN AVOIR FINI ICI. »

Les trois réponses suivantes – « Je gagne de quoi faire vivre ma famille, » « Je suis un maitre tailleur de pierre et je construis une cathédrale, » et « je crée un espace sacré pour aider les gens à se connecter à leurs âmes » – viennent de l'*âme* (c'est à dire du point de vue de faire partie de quelque chose de plus grand que soi-même). La contribution s'oriente vers des niveaux de portée croissante.

D'après la psychanalyse, l'*ego* est « la partie de la psyché intermédiaire entre le conscient et l'inconscient et qui est responsable des tests de réalité et du sens de l'identité personnelle ». De là, l'ego concerne le développement et la préservation de notre sens d'un moi séparé, la perception de la réalité de notre propre perspective indépendante et individualiste.

Au niveau de l'environnement, l'ego tend à fonctionner à partir de ce qu'on appelle le « principe de plaisir » ; à la recherche de ce qui apporte un gain et une satisfaction personnelle en évitant les expériences qui apportent la douleur ou l'inconfort. Par conséquent, au niveau du comportement l'ego tend à être plus réactif aux conditions extérieures et peut être particulièrement en phase avec les opportunités à court terme, mais aussi avec les dangers et contraintes. Les capacités associées à l'ego sont globalement celles qui concernent l'intelligence cognitive concrète comme l'analyse et la stratégie. Au niveau des valeurs et croyances (*pourquoi*) l'ego se focalise sur la sûreté, la sécurité, l'approbation, le contrôle, la réussite et les bénéfices personnels. La notion de permission est généralement nécessaire pour s'engager pleinement dans une activité. Ceci est lié au sentiment qu'on « devrait » ou « ne devrait pas », qu'on « a besoin de » ou « ne doit pas » faire quelque chose. Au niveau de l'identité (*qui*), notre ego est lié à nos rôles sociaux et à qui nous pensons devoir être ou avoir besoin d'être pour obtenir autorisation ou reconnaissance. Au niveau de la finalité (*pour qui* et *pour quoi*), l'ego est orienté vers la survie, la reconnaissance et l'ambition personnelle.

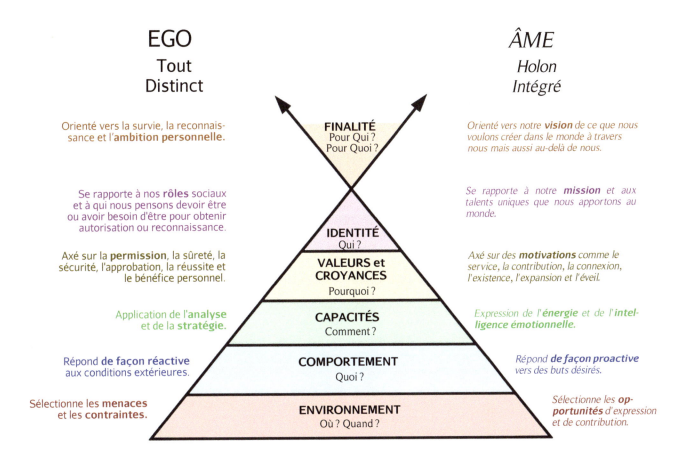

De la Vision à l'Action – Niveaux Clés des Facteurs de Succès

Du point de vue de la PNL, l'ego peut être considéré comme une carte construite cognitivement ou un modèle de « soi-même » en tant qu'entité séparée et processus de développement naturel. Cela dit, les notions de « réalité » et « soi-même » associées à l'ego sont influencées par des facteurs externes comme les normes sociales, les valeurs culturelles et les schémas familiaux. Comme toutes les cartes et modèles, notre représentation de nous-même est nécessairement incomplète. Elle ne peut pas être exacte à 100%. S'il y a trop de distorsions entre la perception que nous avons de nous-mêmes, qui nous sommes vraiment et qui nous pourrions devenir, il se crée une déconnexion et une séparation pouvant devenir pathologiques. Les signes d'un ego malsain peuvent prendre la forme d'*auto-satisfaction* – fierté, arrogance, égocentrisme, narcissisme et nombrilisme – ou d'*auto-dépréciation* – auto-jugement, dépression, auto-critique, manque d'estime de soi et de confiance en soi, etc. Ils peuvent nous mettre sous l'emprise de la cupidité, de la peur et des stratégies de survie (combattre, fuir, rester paralysé).

Notre « ego » est notre sentiment d'être un soi séparé, une identité individuelle et un tout distinct.

Notre « âme » se dégage de notre expérience d'être un holon intégré dans quelque chose de plus grand que nous.

L'« âme » est un terme utilisé pour désigner la partie la plus profonde de la nature d'une personne ; elle est décrite comme une qualité spéciale « d'énergie ou de présence émotionnelle ou intellectuelle ». Notre *âme* est la force de vie, l'essence ou l'énergie unique avec laquelle nous venons au monde et qui s'exprime dans le monde à travers nous. Lorsque nous venons de naître, par exemple, nous n'avons pas encore d'ego, mais nous avons une énergie et une qualité d'être unique qui est le fondement de notre identité. Cette énergie s'exprime à travers notre corps et notre interface avec les systèmes plus vastes qui nous entourent. Parce-que notre âme est une structure énergétique « profonde », elle n'est associée à aucun contenu particulier – elle ne s'est donc pas construite à partir d'influences de type sociétal, culturel ou familial. Par contre, elle s'exprime sous forme de contribution à ces systèmes plus larges. De fait, plutôt que d'être un « soi » objectivé ou séparé, l'âme est notre expression d'un être connecté, en déploiement.

Au niveau de l'environnement, notre âme s'intéresse plutôt aux opportunités d'expression et de contribution. Par conséquent, au niveau du comportement l'âme tend à prendre l'initiative face aux conditions extérieures. Les capacités associées à l'âme sont globalement celles qui sont liées à la perception et l'expression de l'énergie et de l'intelligence émotionnelle. Au niveau des croyances et valeurs, l'âme se concentre sur des motivations internes comme le service, la contribution, la connexion, l'être, l'expansion et l'éveil. Au niveau de l'identité, l'âme est liée à notre mission et aux contributions uniques que nous apportons au monde. Au niveau de l'esprit ou de la finalité, l'âme est orientée vers notre vision ou ce que nous voulons créer dans le monde à travers nous mais aussi au-delà de nous.

Selon les termes de Martha Graham, innovatrice en danse moderne :

Il y a une vitalité, une force de vie, une accélération [d'énergie] qui se traduit à travers vous en action, et parce que de tout temps vous êtes à nul autre semblable, cette expression est unique. Si vous la bloquez, elle ne se manifestera jamais au travers d'aucun autre intermédiaire et sera perdue. Le monde ne la recevra pas. Il ne vous appartient pas de décider de ce qu'elle vaut ; ni de la comparer à d'autres expressions. Votre fonction est de garder le canal ouvert.

De ce point de vue, nous pouvons dire que l'ego crée le « canal » à travers lequel la « vitalité » et la « force de vie » de l'âme s'expriment dans le monde. Lorsque l'ego est sain et aligné avec l'âme, le canal est ouvert. Lorsque l'ego est surdimensionné, amoindri, rigide ou sous l'emprise des stratégies de survie, le canal est réduit ou fermé.

Martha Graham

Vision, Mission, Ambition et Rôle

De toute évidence, ces deux aspects de nous-mêmes, l'ego et l'âme, sont nécessaires pour mener une existence saine et réussie. Les questions fondamentales liées à notre *ego* concernent ce que nous voulons réaliser pour nous-mêmes en termes d'*ambition* et de *rôle* : « Quel type de vie est-ce que je veux créer pour moi-même ? » et « Quel type de personne est-ce que je dois être pour créer la vie que je veux ? » Il s'agit de vivre nos rêves pour nous-mêmes. Les questions fondamentales liées à l'âme concernent notre *vision* et notre *mission* pour les systèmes plus vastes dont nous faisons partie : « Qu'est-ce que je veux apporter au monde qui soit plus grand que moi ? » et « Quelle est ma contribution unique qui va concourir à réaliser cette vision ? »

Nous pouvons ajouter ces précisions de l'*ego* (soi-même en tant que tout indépendant) et de l'*âme* (nous-mêmes en tant que holons faisant partie d'un système plus grand) à notre représentation précédente des différents niveaux de facteurs de réussite comme sur le schéma suivant.

Les dimensions complémentaires de l'ego et de l'âme font ressortir des éléments différents pour chaque niveau. Le côté de l'ego met l'accent sur l'ambition, le rôle, l'importance de l'autorisation, la stratégie et les réactions appropriées aux contraintes et dangers potentiels de l'environnement. Le côté de l'âme accorde la priorité à la vision, la mission, la motivation intérieure et l'activation de l'énergie et de l'intelligence émotionnelle nécessaires pour tirer parti des opportunités de l'environnement de façon proactive.

Il est clair que nos périodes de plus haute performance surviennent lorsque les facteurs de réussite liés à la fois à l'âme et à l'ego sont équilibrés, alignés et intégrés.

Notre plus haut niveau de performance et notre plus grande satisfaction surviennent lorsque nous équilibrons et alignons les motivations de notre ego et de notre âme ; englobant la double réalité que nous sommes simultanément des touts séparés et des holons intégrés.

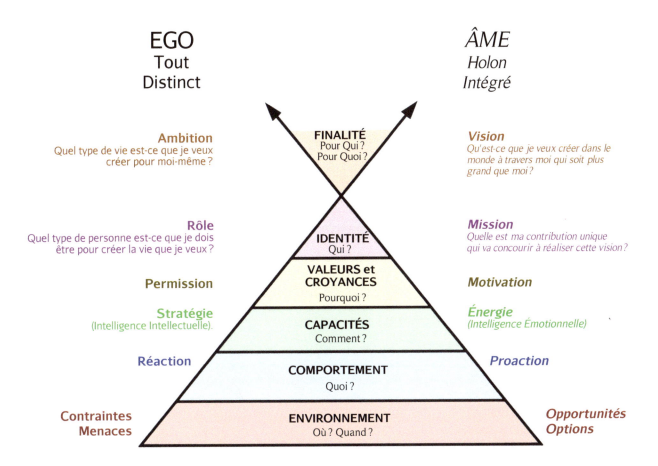

L'Exemple du « Miracle sur l'Hudson »

Regardez ce qu'on a appelé le « miracle sur l'Hudson ». Le 15 janvier 2009, l'avion du vol 1549 de l'US Airways a dû amerrir sur le fleuve Hudson à New York après avoir percuté un vol d'oies et perdu toute la puissance de ses deux moteurs. Grâce au calme et à la concentration du capitaine et de l'équipage, les 155 occupants sont sortis sains et saufs de l'appareil et ont été récupérés par les bateaux qui se trouvaient à proximité, ce qui en fait l'atterrissage d'urgence le plus réussi de l'histoire de l'aviation.

En gardant son contrôle et en restant calme dans une situation inattendue et extrêmement difficile, le capitaine Chesley Sullenberger a pu faire planer l'Airbus 320 pour réaliser un amerrissage d'urgence sans précédent. Trois minutes seulement se sont écoulées entre l'impact des oiseaux dans les moteurs et l'amerrissage. Le capitaine a été le dernier à quitter l'appareil après avoir parcouru deux fois la cabine pour vérifier qu'il ne restait personne à l'intérieur après l'évacuation.

Sullenberger a été couvert d'éloges pour l'équilibre et le calme dont il a fait preuve pendant la crise ; on lui a demandé comment il s'était senti durant cette épreuve. Le capitaine a déclaré, « Calme apparent, tempête intérieure ». Sullenberger a affirmé qu'il ne s'était jamais senti aussi nerveux de sa vie, mais qu'en même temps il n'avait jamais été aussi calme.

Lorsqu'on lui a demandé comment il avait pu rester calme tout en se sentant plus nerveux que jamais, le capitaine a apporté des réponses qui mettent en évidence des facteurs de réussite significatifs tant pour les leaders que pour les entrepreneurs. Le premier est la préparation et l'entrainement. Comme le dit Sullenberger, « On pourrait dire que pendant 42 ans j'ai régulièrement fait des petits dépôts à la banque de l'expérience, de la formation et de l'entrainement. Et le 15 janvier le solde était suffisant pour que je puisse faire un énorme retrait ».

La seconde réponse était qu'il s'est connecté à une mission au-delà de lui-même. Il a souligné qu'il était « le capitaine » et que sa mission était de « poser l'avion » et de « veiller à la sécurité de l'équipage et des passagers ». Les actions de Sullenberger mettent en évidence une distinction importante entre le rôle et la mission. Le rôle concerne le statut et les capacités d'une personne. La mission concerne le service à quelque chose au-delà de vous-même. Par opposition à l'atterrissage miracle de Sullenberger, on peut par exemple considérer le désastre du navire de croisière Italien *Costa Concordia* de janvier 2012. Lors du naufrage qu'il avait causé en naviguant trop près des côtes, le capitaine a abandonné le navire alors qu'il restait encore 300 passagers à bord. Il n'y est remonté que sur ordre de la Garde Côtière.

Chesley Sullenberger
Pilote du vol 1549 de l'US Airways
« Le Miracle sur l'Hudson »

Sullenberger, le pilote du « Miracle sur l'Hudson » a réussi à garder un calme remarquable en se connectant au sens d'une mission au-delà de son identité individuelle. Cet état lui a permis d'utiliser avec créativité son savoir-faire et ses connaissances de pilote, et d'inspirer le calme et l'ingéniosité aux autres.

Selon Sullenberger, la *mission* concerne le « servir d'abord ». Cela implique une connexion à un « Soi élargi » au delà de son ego individuel.

La troisième réponse de Sullenberger indique que s'il a réussi à rester aussi calme, c'est parce que l'équipage a gardé son sang froid et sa maitrise et que les passagers sont restés calmes. Ce qui est intéressant, c'est que les membres d'équipage ont dit qu'ils avaient réussi à garder leur calme parce que le capitaine se montrait confiant et en maitrise et que les passagers étaient calmes et coopératifs. De même, les passagers ont indiqué que le comportement du capitaine et de l'équipage les ont incités à rester calmes. Dans le cadre SFM, c'est ce qu'on appellerait un « champ » de soutien génératif ou de ressources. Toutefois, le leader reste le point de repère.

Curieusement, l'un des derniers facteurs de réussite qui ont influencé Sullenberger est lié à une tragédie personnelle ; le suicide de son père quelques années avant. « J'étais en colère, blessé et anéanti, » a-t-il dit au sujet du décès de son père. « C'était extrêmement difficile. Mais cela m'a aidé à prendre conscience de la nature éphémère de la vie et m'a amené à vouloir la préserver à tout prix. »

« C'est ce qui m'habitait ce jour-là, » a déclaré Sullenberger. « Parce que je n'avais pas pu sauver mon père, j'ai fait tout ce que je pouvais pour sauver tout le monde sur ce vol... Je suis disposé à faire beaucoup d'efforts pour protéger la vie des gens, être un bon samaritain, et non pas un spectateur, en partie parce que je n'ai pas pu sauver mon père. »

Là encore, les propos de Sullenberger pointent vers la connexion à une finalité plus grande au service d'un système plus vaste. C'est ce qui lui a permis de transformer la colère, la blessure et l'anéantissement liés à une tragédie personnelle en mission de service pour quelque chose de plus grand que lui-même.

Sullenberger a appliqué la même façon de transformer les difficultés en opportunités aux circonstances du Miracle sur l'Hudson. « Bien que l'évènement ait certainement été traumatisant pour tous ceux d'entre nous qui y étaient impliqués, c'était finalement la source de nombreuses opportunités formidables, » dit-il. « Il s'est avéré, pour nombre d'entre nous, que nos vies avaient été une préparation à cet évènement et ses conséquences sans que nous le sachions. »

Bien que les entrepreneurs et les dirigeants d'entreprises ne soient habituellement pas confrontés à des situations aussi franchement dramatiques que le capitaine Sullenberger, il y a des moments où les « moteurs » de leur entreprise perdent leur puissance (financière ou autre) et ils ont besoin de maintenir le calme et la coopération parmi les membres de leur équipage (équipe) et leurs passagers (clients). Comme nous le verrons, les quatre facteurs cités par Sullenberger jouent également un rôle significatif dans la réussite des aventures entrepreneuriales :

1. Préparation et entrainement
2. Le sens d'une mission qui nous connecte à un Soi plus grand au-delà de l'ego individuel
3. La création et l'entretien d'un « champ » de soutien génératif plein de ressources
4. Le sens d'une finalité plus grande, souvent en compensation d'un traumatisme ou d'une tragédie personnelle

Aligner l'Ego et l'Âme

La remarquable prouesse de Sullenberger dépendait de l'alignement et de l'intégration de son ego et de son âme ensemble. Lorsque notre ego et notre âme ne sont plus alignés et que notre ambition est en désaccord avec notre mission et notre vision, des conflits et des luttes se produisent. Le charisme, la passion et la présence émergent naturellement quand ces deux forces (l'ego et l'âme ; la mission et l'ambition) sont alignées. La performance optimale se produit lorsque l'ego est au service de l'âme. Lorsque nous « vendons notre âme » pour le bénéfice de l'ego, nous pouvons réussir à court terme mais nous nous dirigeons vers une crise à long terme. Les motivations les plus puissantes sont celles qui combinent et alignent notre vision, notre mission, notre ambition et notre rôle.

À titre d'exemple, j'ai récemment coaché un jeune homme qui réussissait apparemment très bien. Avant l'âge de 40 ans, il avait déjà atteint le niveau de Directeur Général d'une division importante de son organisation. Avec un revenu de 2 milliards de dollars et plus de 9000 employés dans le monde, l'entreprise était florissante et avait même grandi et prospéré durant une crise financière mondiale. Il a souligné que son emploi était stable, qu'il était bien payé et qu'il avait une sécurité financière exceptionnelle. Le poste qu'il occupait dans la division était le plus élevé.

Cependant, il était confronté à un défi : le sentiment que quelque chose faisait cruellement défaut dans sa vie. Selon ses termes, « Maintenant, je ne vais plus travailler avec une étincelle au fond des yeux ». Il a réalisé qu'il allait peut-être passer 20 ans de plus à ce poste et ne pouvait envisager de poursuivre sa carrière sans cette « étincelle ».

Lorsque nous sommes déconnectés de la force de vie et de la vitalité qui proviennent de notre âme et de notre sens de la finalité, il n'y a plus d'« étincelle dans nos yeux ».

En explorant la situation, il est devenu évident qu'il avait été porté par ce qu'il considérait comme son devoir et sa responsabilité de faire et subvenir aux besoins de sa famille. Il avait l'image d'un soi « idéal » en tant qu'homme d'affaires qui réussit pour répondre aux attentes de sa famille et de la culture dans laquelle il avait grandi.

Lorsque je lui ai demandé ce qui pourrait ramener l'étincelle, il a avoué qu'il avait un rêve « fou » d'abandonner son travail, partir en laissant ses biens et aller aider à soulager les souffrances de ceux qui n'arrivent pas à prendre soin d'eux-mêmes. Le problème, évidemment, c'était les conséquences potentiellement désastreuses pour sa carrière et sa femme et leurs trois enfants. Donc il l'a immédiatement rejeté comme étant ridicule.

Je lui ai dit que plutôt que d'écarter ce rêve, il pourrait prendre conscience qu'il contenait les germes d'un sens très important de la vision et de la mission et la clé pour faire revenir l'étincelle. Plutôt que de devoir choisir entre le puissant directeur général écrasé par son devoir, et le saint serviteur sans le sou qui veut aider les gens dans le besoin, il pouvait placer ce qui semblait être deux extrêmes en « complémentarité générative » et trouver une expression qui pourrait satisfaire en même temps son ambition et son sens de la vision et de la mission. Ce n'était pas une question de « ou bien..., ou bien... ». Il y avait probablement de nombreuses variantes entre les deux extrêmes qui pourraient potentiellement intégrer les aspects clés des deux.

Je l'ai invité à prendre le temps de rechercher les choses, grandes ou petites, qui allumaient « l'étincelle » dans ses yeux. Je l'ai encouragé à mettre en place des activités pour lui sans rapport direct avec sa famille ou son métier. L'objectif était d'apporter plus d'inspiration mais aussi d'aspiration dans sa vie et de s'entrainer à vivre plus à partir de son âme.

Je l'ai également invité à écrire sa biographie en mettant l'accent au moins autant sur ce qui lui importait personnellement (son âme) que sur son expérience professionnelle. Il est intéressant de noter qu'alors qu'il écrivait à propos de lui-même, son intuition profonde de l'équilibre entre son ego et son âme est devenu de plus en plus claire comme l'illustre l'extrait suivant de sa biographie.

> *Je suis orienté résultats avec une forte énergie et un raisonnement positif tourné vers l'avenir. Je possède la capacité de prendre des décisions complexes en faisant appel à mes méninges, mon cœur et mes tripes.*
>
> *Je crois sincèrement qu'un leadership réussi doit s'appuyer sur des valeurs fortes, la vision, l'authenticité, l'intégrité et la capacité de s'occuper des autres. Mon leadership consiste également à inspirer et donner de l'autonomie aux personnes pour créer de la valeur pour l'entreprise au-delà de la simple réalisation de leur travail.*

Suite à ces entrainements et exercices, il a commencé à découvrir un sens renouvelé de lui-même ; et son entreprise a commencé à apprécier encore plus sa contribution. Parallèlement, de nombreuses coïncidences et synchronicités intéressantes et inattendues ont commencé à se produire dans sa vie, dont des offres d'autres sociétés. Mais au lieu de se précipiter sur les premières opportunités, il a pris le temps d'étudier ce qui répondait vraiment à l'ensemble de ses besoins et valeurs, y compris sa responsabilité envers sa société d'origine.

Son sentiment d'insatisfaction diminuait au fur et à mesure qu'il devenait plus clair, plus intégré et mieux aligné en lui-même. Il a commencé à réaliser que son degré de bonheur et de satisfaction n'était pas tant déterminé par son environnement externe que par sa capacité à répondre de façon créative à ces circonstances, comme une personne à part entière et comme un holon. Il a pris conscience des nombreuses occasions qui lui permettaient de vivre ses rêves et créer un monde meilleur, et il s'est impliqué à tirer parti de celles-ci où qu'elles se présentent.

Il a finalement retrouvé l'étincelle dans ses yeux, et il est resté dans la même société. Grâce à ce nouvel élan dans son engagement et son énergie, il a peu après été nommé président de la division la plus importante de l'organisation, poste dans lequel il continue à s'épanouir.

Lorsque nous nous reconnectons à notre âme et que nous nous percevons comme un holon intégré, nous prenons conscience d'opportunités et ressources qui sont disponibles (à différents niveaux) dans les systèmes plus vastes dont nous faisons partie.

Exercice : L'état COACH
Intégrer l'Ego et L'Âme en un « Holon »

Un point commun entre la réussite du capitaine Chesley Sullenberger et mon client de l'exemple précédent est la capacité à se reconnecter et à maintenir la connexion à la sensation d'être un « holon » ; d'être à la fois un tout et en même temps connecté à quelque chose au delà de nous-mêmes qui nous donne une finalité et de l'énergie. Bien sûr, y parvenir n'est pas toujours aisé, spécialement dans des situations difficiles. Sullenberger a parlé de l'importance de la quantité d'entrainement et d'expérience.

Lorsque nous sommes dans l'état COACH, notre « canal est ouvert ».

L'un des exercices que je pratique régulièrement moi-même, et que je prescris à mes clients de coaching comme le jeune homme de l'histoire précédente, est de m'entrainer à aligner mon expérience personnelle et d'être à la fois un tout et un holon. Je le recommande comme exercice quotidien à chacune des personnes et à chacun des groupes avec lesquels je travaille. C'est un processus simple mais puissant que vous pouvez effectuer en quelques minutes ou même secondes. Les étapes de base peuvent être résumées par l'acronyme COACH :

Centrez-vous, en particulier dans vos « tripes » (le centre du ventre)

Ouvrez votre champ de conscience

Appliquez votre pleine conscience à ce qui se passe en vous et autour de vous

Connectez-vous à vous-même et au(x) système(s) plus vaste(s) dont vous faites partie

Honorez ce qui se présente à partir d'un état de ressource et de curiosité

Une façon de procéder consiste à s'asseoir ou se mettre debout dans une position confortable, avec les deux pieds bien à plat sur le sol et la colonne vertébrale bien droite mais détendue (c'est-à-dire « dans votre axe vertical »).

Dans l'état COACH, vous êtes centré, ouvert, alerte, connecté, et vous accueillez votre contexte avec hospitalité et curiosité.

1. Portez votre attention sur votre ventre (juste sous le nombril et au centre physique de votre corps) et respirez dedans.
2. Respirez dans votre poitrine et ouvrez votre attention à l'ensemble de votre corps et de votre environnement.
3. Prenez conscience du volume en trois dimensions de votre corps : continuez ensuite à élargir votre conscience pour inclure l'espace sous vos pieds, au-dessus de votre tête, derrière vous, devant vous, à votre gauche et à votre droite.
4. Vivez le sentiment de connexion intérieur (veillez à inclure votre tête, votre cœur, votre ventre et vos pieds) et extérieur (jusqu'à la Terre à travers vos pieds, jusqu'au cosmos par le sommet de votre tête, à l'environnement autour de vous), de façon à vous sentir à la fois un tout et une partie de quelque chose de plus vaste que vous.

5. Imaginez-vous projeter un sentiment de calme, de confiance et de curiosité dans l'espace que vous percevez autour de vous (l'environnement hospitalier).

Bien entendu, il existe de nombreuses autres façons d'accéder à l'équivalent de l'état COACH. La méditation et d'autres pratiques de pleine conscience peuvent également amener à la sensation d'être à la fois un tout indépendant et un holon. La meilleure approche consiste à trouver ce qui fonctionne pour vous et à le pratiquer régulièrement. Comme le montre l'exemple du capitaine Sullenberger, dans les circonstances complexes, difficiles, imprévisibles et changeantes de notre environnement, nous devons être en permanence prêts à être au meilleur de nous-mêmes pour réussir.

En résumé, pour progresser à travers le changement, il est important de cultiver des qualités comme la flexibilité et la stabilité, l'équilibre et le lâcher-prise. Cela découle du fait d'être centrés en nous-mêmes et connectés à quelque chose au-delà des limites de nos egos. Comme le montre l'exemple de Sullenberger avec le miracle sur l'Hudson, le plus important à retenir face à une crise inattendue (dans ce cas, des oiseaux ont arrêté les deux moteurs), c'est paradoxalement de se détendre.

C'est le contraire qui se produit lorsque nous nous effondrons dans un état interne bloqué que l'on peut résumer par les lettres CRASH :

Contraction
Réactivité
Analyse paralysante
Séparation
Hostilité, haine ou douleur

En état « CRASH », nous ne nous percevons plus comme un holon. Nous perdons la connexion à notre âme, et tout devient plus difficile. Lorsque nous sommes confrontés à un obstacle extérieur en étant dans l'état CRASH, nous le vivons comme un problème insurmontable. Si Sullenberger avait réagi par la tension, la panique et le « CRASH », l'avion qu'il pilotait se serait probablement crashé littéralement, et au lieu d'un miracle la situation se serait transformée en catastrophe.

Lorsque nous sommes dans l'état CRASH notre « canal » est fermé.

Dans l'état CRASH, vous êtes contracté, réactif à l'environnement, paralysé dans l'analyse, séparé, et hostile ou blessé.

De la Vision à l'Action – Niveaux Clés des Facteurs de Succès

L'Ego, L'Âme et les Organisations

La dynamique entre l'ego et l'âme (le tout et le holon) opère de façon similaire dans une entreprise ou une organisation. L'ego d'une entreprise est constitué des propriétaires et des actionnaires, dont la préoccupation est la survie, la rentabilité financière (« bénéfice net ») et le retour sur investissement. Cela se reflète dans l'ambition de l'organisation et de ses membres en termes de statut et de niveau de performance.

L'âme de l'organisation est la valeur qu'elle apporte aux clients ainsi qu'à l'environnement social et physique plus large. Cela se crée par la vision de l'organisation ainsi que la contribution et mission uniques de l'organisation et de ses membres vis-à-vis des systèmes plus larges qu'ils servent.

On retrouve également la dynamique entre l'« ego » et l'« âme » dans les organisations. Une entreprise est une entité ou un tout séparé, fait de touts (unités, membres d'équipes, etc.) et une partie de touts de plus en plus grands (communauté, marché, environnement, etc.).

Les membres de l'équipe et les employés fonctionnent de toute évidence à la croisée de ces deux dimensions et doivent trouver le juste équilibre entre les deux pour pouvoir faire leur travail et servir leur finalité.

Lorsqu'une organisation penche plus du côté « ego », l'accent est plutôt mis sur le management et l'efficacité. Les contraintes environnementales et les menaces deviennent prioritaires et l'entreprise se concentre sur les réactions appropriées, l'analyse correcte des situations et le suivi des plans et stratégies adéquats. Toute action est subordonnée à permission et autorisation appropriée et les membres de l'équipe doivent s'en tenir aux rôles prescrits.

Lorsqu'une organisation penche plus du côté de l'« âme », elle donne plutôt l'importance au leadership et aux activités entrepreneuriales. Dans l'environnement, l'intérêt se porte plus vers les opportunités, et les prises de risque proactives et audacieuses sont encouragées. L'énergie et l'intelligence émotionnelle font autant partie du processus de prise de décision que la stratégie. Les valeurs liées à une vision et une mission axées vers le client déterminent les priorités, ce qui crée l'inspiration et la motivation pour l'action.

Pour prospérer, les entreprises doivent équilibrer l'auto-protection, le profit personnel et la croissance avec la contribution à leurs clients et leur écosystème plus large.

Il est important tant pour les individus que pour les organisations de garder l'équilibre entre les deux. Plus votre vision est large, plus vous avez besoin d'ambition pour l'atteindre. De même, plus grande est votre ambition, plus c'est important d'élargir votre vision. L'âme sans l'ego peut mener à l'impuissance et au burn-out. L'ego sans l'âme génère l'« ambition aveugle ». En fait, on pourrait dire que la crise économique générale qui s'est développée dans le monde entier à partir de 2008 a été en partie créée à cause d'un excédent d'« ego » et un manque d'« âme » dans de nombreuses institutions financières et organisations. Un déséquilibre dans l'une ou l'autre direction peut avoir des conséquences graves.

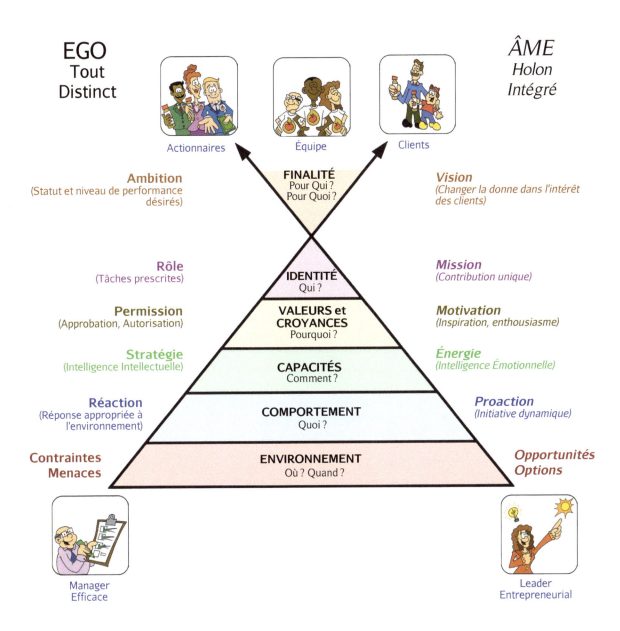

De la Vision à l'Action – Niveaux Clés des Facteurs de Succès

Les individus, les rôles, les équipes, les services et même une culture d'organisation entière peuvent être plutôt orientées « ego » (sécurité, profit, ambition, etc.) ou plutôt « âme » (contribution, service, vision, etc.). Cela a des répercussions sur l'ordre des priorités et la façon dont les décisions sont prises.

Prenons l'exemple de l'un de mes derniers clients institutionnels. Une entreprise lancée par une famille qui avait la passion des sports d'hiver, devenue une marque de renommée internationale. Leur passion les a amenés à une vision de l'équipement pour les sports d'hiver (skis, bottes, fixations, vêtements, etc.) dont ils pensaient qu'il améliorerait considérablement la qualité des performances et de l'expérience de leurs clients, en leur donnant la sensation de porter un prolongement naturel de leur corps. L'entreprise a acquis sa réputation grâce à son esprit innovant et au niveau de performance, style et facilité d'utilisation de ses produits. La passion pour les produits était également partagée par les employés de l'entreprise, tous fans de sports d'hiver. Cela a permis à l'entreprise de rester leader du marché pendant des années.

À un moment donné, les fondateurs qui prenaient de l'âge ont voulu se retirer progressivement de la direction de l'entreprise. Ils se sont également rendu compte que pour amener l'entreprise au niveau suivant ils avaient besoin de ressources supplémentaires sous forme d'investissement. Suite à une série d'évènements, l'entreprise a été acquise par une grande société de capital-risque.

Pour protéger ses investissements, la société de capital-risque a remplacé les cadres supérieurs et les membres du conseil d'administration par des personnes de son choix. Ces nouvelles personnes ne s'intéressaient pas vraiment aux sports d'hiver. Elles n'avaient pas de temps à consacrer aux sports d'hiver. Leur intérêt se portait sur l'argent et non sur les sports d'hiver, et leur priorité était d'assurer la rentabilité financière de l'entreprise plutôt que l'esprit d'innovation, le style et la performance des produits.

La culture de l'organisation a commencé à changer. Auparavant, cela ne posait pas de problème si une équipe mettait plusieurs années à développer un produit. Tout d'un coup, si un produit ne générait pas de revenu dans les six à neuf mois il était abandonné.

Par le passé, la politique de l'entreprise considérait que c'était « le droit et le devoir de tous les employés de trouver de nouveaux débouchés commerciaux et d'en parler aux bons décisionnaires de l'entreprise ». Après l'acquisition, ce n'était plus le cas. Les employés devaient obtenir une autorisation pour consacrer du temps à quelque chose qui n'était pas sur leur fiche de poste.

Les employés ont commencé à se demander pour quelle entreprise ils travaillaient. La motivation, la productivité et l'innovation ont commencé à décliner. L'entreprise perdait son « âme », ce qui générait de la confusion et des dissensions parmi les employés et affectait la popularité des produits de la marque chez ses clients.

J'ai été appelé pour faire un travail sur la vision dans l'un des services de l'entreprise, mais j'ai très vite réalisé que le problème se situait au niveau de la vision et de la mission générales de l'entreprise. Lorsque j'ai interrogé les membres du conseil d'administration sur leur vision, ils m'ont répondu, « Nous voulons construire le plus grand empire d'équipements sportifs du monde ». J'ai souligné que c'était une formidable ambition, et demandé de nouveau quelle était leur vision. Une fois de plus, ils ont répondu qu'ils voulaient devenir le plus gros conglomérat d'équipements sportifs au monde.

Comme de nombreux cadres dirigeants que j'ai rencontrés, ils ne comprenaient pas la différence entre vision, mission et ambition. Pour eux, tout cela était une seule et même chose. C'étaient des notions abstraites qui n'avaient pas grande importance.

Il a fallu un certain temps, mais j'ai fini par les amener à comprendre et réaliser l'importance de connaître et communiquer la vision et la mission effectives de l'entreprise – ce qu'ils voulaient apporter de plus dans le monde et à leurs clients, et quelle était leur contribution unique pour ce faire – et en faire le point de repère de leur culture.

De là, l'entreprise a réussi à retrouver son « âme », prendre un virage et retrouver son ancienne place de leader innovant dans son secteur.

Un autre client institutionnel avec lequel j'ai travaillé avait le problème inverse. Il s'agissait d'une société de production d'« énergie propre » qui s'était elle-même baptisée « micro multinationale » parce qu'elle avait des projets dans le monde entier, bien qu'elle n'ait que 200 employés environ. Ils y parvenaient en bonne partie en passant par des partenariats avec des gouvernements et d'autres organisations pour mettre leurs projets en œuvre. Leur vision et leur mission étaient parfaitement claires. Ils voulaient voir un monde dans lequel les gens utiliseraient de l'énergie « verte », de l'énergie renouvelable. Et leur mission était de « convertir les déchets en énergie par des technologies innovantes ».

Leur problème était d'obtenir les ressources dont ils avaient besoin pour étendre leurs opérations de façon à passer au niveau supérieur et apporter leur vision et leur mission plus pleinement dans le monde. Ils semblaient toujours devoir se battre pour s'en sortir et étaient frustrés quant à leur capacité à devenir plus qu'une petite organisation.

Pour amener plus pleinement leur vision dans le monde, ils avaient en fait besoin d'investissements substantiels en plus de leurs actions partenariales. Mais ils avaient d'énormes difficultés à lever des fonds et à entretenir de bonnes relations avec les investisseurs potentiels. Ils ne comprenaient pas pourquoi les investisseurs ne cherchaient pas naturellement à soutenir leur vision. Je leur ai fait prendre conscience, que bien que les investisseurs puissent apprécier leur vision et leur mission, ce n'était pas leur préoccupation principale. Les investisseurs voulaient connaître leurs ambitions.

Les entreprises, récentes et anciennes, doivent travailler en permanence à maintenir l'équilibre entre l'« ego » et l'« âme ». Lorsque la vision d'une entreprise s'élargit, son ambition doit également s'étoffer. Lorsqu'une entreprise développe son ambition, sa vision doit aussi s'étendre et se déployer.

Les visions et ambitions plus importantes conduisent à des risques plus élevés et demandent plus d'efforts. Réussir à accomplir les deux demande de croire fermement en soi-même, son équipe et sa finalité.

Lorsque je les ai questionnés sur leur ambition, leur première réponse a été « sauver la planète ». Je leur ai fait remarquer qu'il s'agissait en fait d'un développement de leur vision et mission. Les investisseurs voulaient savoir comment l'entreprise allait leur générer un retour sur investissement. Cela concernait leurs aspirations en tant qu'entreprise. « Est-ce que ça vous convient de rester une "micro" organisation ? » « Voulez-vous devenir une entreprise de 100 millions de dollars, 500 000 dollars, un milliard ? » « Cherchez-vous à devenir les premiers ? Les meilleurs ? Les plus gros ? » C'est ça que les investisseurs veulent savoir.

Ce que je voulais mettre en évidence, c'est que si votre vision est large, vous devez avoir une ambition tout aussi importante pour attirer le soutien nécessaire pour la mettre en œuvre. Si la direction ne cherche pas à faire de l'organisation un acteur mondial reconnu, l'entreprise (quelles que soient l'importance ou la pertinence de sa vision) ne pèsera probablement jamais bien lourd. Ils avaient besoin de penser aussi « gros » pour leur entreprise que pour leur vision et leur technologie.

Cela passait bien sûr en partie par l'étude de l'âme et le renforcement de leur confiance en eux et en leur activité. Clarifier leur ambition signifiait prendre un risque plus élevé. D'un autre côté, prendre un risque plus élevé supposait plus de conviction dans leur vision et mission.

À la suite de ces discussions, ils ont décidé d'élargir l'objet de l'entreprise, qui consistait principalement à assister leurs partenaires pour le développement de solutions d'énergie propre, pour devenir également propriétaire et producteur à part entière. Ils ont même modifié leur nom pour prendre en compte ce changement d'ambition et d'identité. Cette décision a ouvert la porte à des millions de dollars d'investissements supplémentaires, et l'entreprise est toujours en phase de croissance aujourd'hui.

Définir la Vision, la Mission, l'Ambition et le Rôle

Les motivations les plus puissantes sont celles qui combinent et alignent notre vision, notre mission, notre ambition et notre rôle. Il s'agit d'un thème central qui a émergé de notre travail sur la Modélisation des Facteurs de Succès. Nous allons revisiter et affiner ce principe tout au long de ce livre. Pour commencer, examinons de plus près chacun de ces facteurs de réussite.

L'imagination est plus importante que le savoir. Le savoir est limité. L'imagination englobe le monde.
– Albert Einstein

La Vision

Pour nos besoins, la *vision* peut au mieux se définir comme « *une image mentale de ce que le futur sera ou pourrait être* ». Notre capacité à définir la vision implique « la capacité à réfléchir ou à planifier l'avenir avec imagination ou sagesse ». La vision créative des entrepreneurs qui réussissent est reliée à cette capacité à imaginer et à se concentrer sur les possibilités à plus long terme. Elle implique la capacité à voir au-delà des limites du « ici et maintenant » et à imaginer des scénarios futurs. Elle implique également la capacité à fixer et à se concentrer sur des buts à plus long terme, en adoptant des plans à long terme et une vision globale. Comme le grand psychologue William James l'a noté, « À toutes les époques les personnes dont la détermination est motivée par les buts les plus lointains ont été considérées comme les plus intelligentes ».

Une caractéristique clé de la vision des entrepreneurs et leaders de la nouvelle génération qui réussissent est qu'elle est toujours dirigée vers l'extérieur au-delà d'eux-mêmes (c'est à dire qu'elle provient de leur « âme »). En d'autres termes, elle parle de ce qu'ils veulent voir en plus ou autrement dans le monde – de « créer un monde auquel les gens veulent appartenir ». Ce monde (espérons-le) inclut chacun de nous mais de manière intrinsèque il n'est pas nous. La vision entrepreneuriale implique donc les réponses aux questions suivantes :

- *Que voulez-vous créer dans le monde à travers vous qui soit au-delà de vous ?*
- *Que voulez-vous voir en plus et en moins dans le monde ?*
- *Quel est le monde auquel vous souhaitez appartenir ?*

La vision est « une image mentale de ce que le futur sera ou pourrait être ». Les visions de la plupart des entrepreneurs et dirigeants qui réussissent le mieux sont celles de développements qui « changent la donne » pour contribuer à « créer un monde auquel les gens veulent appartenir ».

Elon Musk
Fondateur de PayPal, SolarCity, Tesla Motors et SpaceX

La vision de l'entrepreneur qui a brillamment réussi, Elon Musk, en est un bon exemple ; il est clair dans sa détermination de transformer la façon dont les gens vivent aujourd'hui. Musk a fondé sa première entreprise (*Zip2* – un site qui fournissait un logiciel de publication de contenu en ligne pour différents organismes de presse) à 23 ans et l'a vendue pour 300 millions de dollars. Son entreprise suivante a été la plateforme de paiement en ligne *PayPal* qui permet aux utilisateurs d'acheter et vendre en ligne en toute sécurité. Depuis, Musk a continué à développer sa vision, incluant l'énergie solaire accessible au grand public avec son entreprise *SolarCity*, et a rendu possible le

Une vision crée un point de fuite vers lequel tous les efforts de l'entrepreneur convergent. Pour Elon Musk, il s'agit de créer des entreprises qui aident à « accroître la portée et l'envergure de la conscience humaine ».

rêve d'une voiture électrique et bon marché avec *Tesla Motors*. Par ailleurs, sa société d'astronautique et de voyages spatiaux *SpaceX* a créé la première navette à carburant liquide financée par le secteur privé à avoir placé un satellite en orbite autour de la terre et la première entreprise commerciale à avoir envoyé un véhicule spatial sur la Station Spatiale Internationale.

Musk concentre ouvertement et intentionnellement sa vision sur ce qui selon lui pourra avoir le plus de répercussions positives sur le futur de l'humanité : Internet ; l'énergie propre, et l'exploration spatiale. C'est intéressant de remarquer que sa passion pour ces domaines a émergé d'une crise existentielle qu'il a traversée adolescent. Au milieu de son adolescence, la lecture de philosophes comme Hegel, Schopenhauer et Nietzsche lui a inspiré un intense questionnement sur l'âme. Il raconte qu'il s'est senti profondément déprimé par l'absence de réponses aux grandes questions existentielles, comme la finalité de l'existence. Tout comme la transformation de l'anéantissement du capitaine Sullenberger après le suicide de son père, la crise et la dépression de Musk sont devenues le socle d'un engagement profond pour le développement de la conscience globale. De la même façon que Sullenberger a transformé son chagrin en conscience de la « nature éphémère de la vie » et en engagement à « préserver la vie à tout prix », « être un bon samaritain » et non « rester spectateur », Musk a développé la conviction que si l'on élargit la conscience globale, l'homme sera peut-être capable de se poser les bonnes questions à l'avenir. Selon ses termes :

> *Je suis parvenu à la conclusion que nous devrions chercher à élargir la portée et l'envergure de la conscience humaine pour mieux comprendre les questions à se poser. En réalité, la seule chose qui fasse sens c'est de faire tout son possible pour amener un plus grand éveil collectif.*

Musk considère Internet, les énergies renouvelables et l'exploration spatiale comme les moyens qui ont le plus grand potentiel d'impact à cet égard. Pour lui, Internet peut servir de système nerveux mondial, les énergies renouvelables peuvent allonger la période pendant laquelle l'humanité peut chercher à se poser les bonnes questions avant l'effondrement économique ou écologique, et l'exploration spatiale peut être une voie de secours pour la vie elle-même. Pour Musk, devenir une civilisation de l'espace est également une étape importante de l'évolution elle-même, du même niveau que l'apparition de la première vie reptilienne sur terre.

Clairement, la vision de Musk pour ses entreprises vient plus de la perspective d'être un holon (une partie de quelque chose de plus grand que lui) que de la perspective d'un ego isolé. Sa vision est profondément enracinée dans une passion, une intention et une implication à changer les choses pour le meilleur. Une vision de ce type est par essence *générative*. Cela signifie qu'elle continue à créer de nouveaux scénarios futurs spécifiques au fur et à mesure que le territoire au sein duquel nous agissons change et évolue. Elle n'est pas fixée sur les détails ou le contenu d'un contexte ou de circonstances en particulier.

Ce type de vision n'est axé sur aucun but spécifique. Sa finalité est au contraire d'offrir une direction dans laquelle toutes sortes d'entreprises et produits peuvent émerger. La passion et l'intention de Musk d'« accroître la portée et l'envergure de la conscience humaine » et de « faire tout son possible pour amener un plus grand éclairement collectif » ont ouvert la voie à une série d'entreprises successives, et de nouvelles vont certainement continuer à émerger et évoluer au fil de l'évolution du monde.

Nous pouvons faire l'analogie avec un voyage. Lorsque nous regardons au loin dans la direction que nous avons prise, nous avons du mal à voir les détails de notre destination. La destination est même parfois au-delà de l'horizon, inaccessible à nos yeux, et nous suivons plus un ressenti, comme une boussole intérieure.

Même si la direction est claire, nous ne pouvons pas toujours voir les détails de la destination finale qui se trouve au-delà du point de fuite sur l'horizon. Cependant, au fur et à mesure que nous poursuivons le voyage, des repères, des jalons et d'autres sites intéressants se révèlent à nous, et nous les voyons de plus en plus clairement lorsque nous en approchons. Certains d'entre eux sont prévus. D'autres sont une surprise.

De même, l'image d'un projet ou d'une entreprise particulière est la résultante d'un voyage vers une vision générative plus large. Par exemple, en 1941 (peu après la sortie de *Fantasia*) on a demandé à Walt Disney sa vision pour le futur de son entreprise et de son industrie. Disney a indiqué qu'il avait plusieurs autres projets de dessins animés, dont *Pinocchio* et *Bambi*. Mais qu'au delà de ça, c'était difficile de dire quoi que ce soit de plus. Selon ses propres termes, *« Ce que je vois loin devant est trop nébuleux pour être décrit. Mais ça a l'air énorme et scintillant »*.

Disney n'a pas parlé de ses projets pour *Disneyland, Mary Poppins, The Wonderful World of Disney*, les programmes de télévision, l'*Epcot Center*, la chaîne Disney Channel, etc., parce-qu'il ne savait pas encore qu'il allait les créer. La télévision n'existait même pas encore. Les plans pour Disneyland n'allaient se faire que 15 ans plus tard. Mais cela ne voulait pas dire que Disney n'avait pas de direction.

Les mots « énorme et scintillant » ne sont pas des spécifications relatives à un objet donné. Ils évoquent des émotions et des qualités plus que du contenu. Il n'y avait pas de contenu dans la réponse de Disney, mais elle apportait néanmoins une orientation puissante concernant la direction qu'il allait donner à son entreprise. Les productions de Disney ont toutes quelque chose d'« énorme et scintillant » quand on y pense.

Quand Disney a appliqué sa vision à des films d'action ou à la télévision, il a commencé à voir émerger quelque chose de plus spécifique du futur « énorme et scintillant ». De même, lorsqu'il a appliqué sa vision à un parc d'attractions ou un manège dans le parc, ce qui est sorti était « énorme et scintillant ». Avec l'évolution du monde et de la technologie, la vision générative de Disney à continué à engendrer de nouveaux produits définis par la direction donnée par sa vision plus large.

Votre vision ne deviendra claire que lorsque vous regarderez dans votre cœur. Qui regarde à l'extérieur rêve. Qui regarde à l'intérieur s'éveille.

– Carl Jung

Une vision « générative » fournit une orientation claire plutôt que de s'arrêter sur une destination particulière.

La réussite de Walt Disney qui a changé la donne dans un certain nombre d'industries illustre bien la puissance d'une vision générative.

Walt Disney

« Ce que je vois loin devant est trop nébuleux pour être décrit. Mais ça a l'air énorme et scintillant. »
Walt Disney

Une vision n'est en fait pas limitée à un but ou un objectif spécifique. Les buts et objectifs s'avèrent être à trop court terme et trop spécifiques. Ils sont les produits de la vision et se situent à un niveau différent de la passion et l'intention profondes qui génèrent la vision. La vision est plus connectée à la « force de vie » et à la « vitalité » qui se « traduisent à travers nous en action » comme l'a dit Martha Graham. La vision est un processus génératif qui se renouvelle constamment, en intégrant nos connaissances du moment de ce qui habite notre imagination concernant ce qui pourrait exister pour créer quelque chose de nouveau.

Ceci met en avant l'importance de l'« inconscient créatif » pour réussir. Nous ne sommes pas toujours conscients de toutes les dimensions que nous devons gérer pour créer et manifester un projet ou une entreprise réussie. Nous devons souvent jongler avec de nombreux « signaux faibles » et les intégrer sans pouvoir en garder la trace ou même les percevoir consciemment. En fait, les visions commencent souvent comme des rêves. Les rêves émergent de l'inconscient créatif, et non de notre esprit cognitif rationnel.

Lorsque nous rêvons, l'esprit cognitif ne participe pas directement à la production du rêve, mais il peut ensuite en devenir témoin.

La vision émerge lorsque l'esprit cognitif (ego) rejoint et accompagne les rêves qui émergent de l'inconscient créatif (âme) en réponse aux opportunités ou obstacles perçus ou au travers d'échanges créatifs avec les autres. Unies par la vision, ces deux forces (l'ego et l'âme) produisent au final des projets et objectifs spécifiques. Ces projets et objectifs sont alors principalement pilotés par l'esprit cognitif dans une progression plus rationnelle, avec une moindre contribution de l'inconscient créatif.

Nous allons explorer ce processus et le rôle de l'inconscient plus en profondeur dans les chapitres à venir.

La Mission

La mission d'un individu ou d'une organisation est en lien avec leur contribution à la manifestation d'une vision précise. En fait, la *mission* est définie dans le dictionnaire comme « *un devoir important à effectuer pour des objectifs politiques, religieux ou commerciaux* ». Il est généralement défini comme provenant d'« *un but ou un appel fortement ressenti* ». Le mot vient du Latin *missio*, qui signifie « l'action d'envoyer ». Il est dérivé du Latin *mittere*, qui veut dire « envoyer » de la même racine que « message » et « missile ». Une « missive », par exemple, est une communication « à envoyer ».

Comme sa vision, le sens de la mission de l'entrepreneur vient donc de la perspective d'être un « holon ». Une mission est toujours définie par rapport à un système au-delà de l'individu ou du groupe qui la déploie. C'est le fait d'être au service de la vision qui unit ceux qui sont dans ce système. La mission d'un individu au sein d'une organisation est en lien avec sa contribution à cette organisation et sa vision. De même, la mission d'une organisation sera en lien avec le système plus large de ses clients et de leurs besoins.

Ainsi, une mission est liée à la finalité qu'un individu ou une organisation sert par rapport à un système plus large – c'est à dire, *pour qui* et *pour quoi* leurs capacités et actions sont dirigées. Ces grands systèmes peuvent être : la famille, les collègues, les contemporains, la société et la culture, la planète, l'univers, etc.

La notion de mission s'exprime clairement dans la célèbre déclaration de John F. Kennedy, « *Mes compatriotes américains, ne demandez pas ce que votre pays peut faire pour vous, demandez ce que vous pouvez faire pour votre pays. Mes concitoyens du monde, ne demandez pas ce que l'Amérique fera pour vous, mais ce que nous pouvons faire ensemble pour la liberté de l'homme* ».

La mission est en définitive au service de la vision (dans le cas de la déclaration de Kennedy « la liberté de l'homme »). La vision à long terme d'un individu ou d'un groupe donne l'orientation et la direction pour la mission dans un domaine donné. Une vision est généralement très large et implique de nombreuses autres personnes que l'individu ou le groupe qui la portent. Par contre, les missions sont une fonction de notre relation personnelle à cette vision. La vision d'une personne est plus détachée et distante que sa mission. Une mission vient de l'investissement d'une personne dans la poursuite d'une vision plus large. La mission est donc en rapport avec les questions suivantes :

- *Quel service apportez-vous au système plus grand et à la vision ?*
- *Quelle est votre contribution unique pour concrétiser la vision ?*
- *Quels sont les talents, ressources, capacités et actions spéciaux que vous apportez au système plus vaste pour contribuer à atteindre la vision ?*

La mission émerge sous la forme d'« une finalité ou d'un appel fortement ressenti ».

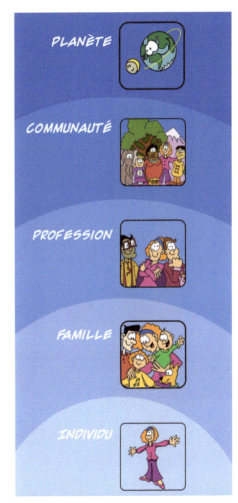

Une mission se rapporte à la contribution que l'on apporte aux systèmes plus larges dont on est membre.

De la Vision à l'Action – Niveaux Clés des Facteurs de Succès

Une ratte est d'un côté d'une grille électrifiée. De la nourriture se trouve de l'autre côté.

La ratte essaie d'aller vers la nourriture...

... mais elle se décourage.

Par contre, si des bébés rats sont placés de l'autre côté de la grille...

... la ratte traverse malgré la décharge électrique...

... et ne se décourage jamais.

Les missions s'expriment toujours sous forme d'actions comme : fournir, créer, soutenir, construire, développer, guider, conduire, servir, défendre, etc. La mission de Tesla Motors d'Elon Musk est de « concevoir et fabriquer des voitures électriques très performantes et abordables ». Cela sert la vision plus large d'aider l'humanité à se détacher de sa dépendance envers les énergies fossiles et créer un environnement plus propre et plus durable. La mission personnelle de Musk en ce qui concerne Tesla Motors est de « diriger et superviser la conception et la qualité du produit » des voitures fabriquées par l'entreprise.

Nos missions nous connectent à quelque chose de plus grand que nous, et activent nos motivations et compétences principales pour les diriger vers la vision. Elles sont extrêmement motivantes, nous donnent l'énergie et le courage de prendre des risques et développent un fort désir de donner et faire de notre mieux. Comme Elon Musk l'a expliqué à propos de son travail de design des véhicules Tesla, « *Vous voulez être hyper exigeant et faire la meilleure chose dont vous êtes capable, trouver tous ses défauts et y remédier. Recherchez les critiques négatives, particulièrement de la part des amis* ».

Des psychologues comportementalistes ont fait sur des rats une étude éclairante quant au pouvoir d'un sentiment de mission et à la dynamique entre ce que nous avons appelé l'« ego » et l'« âme » dans la Modélisation des Facteurs de Succès. Dans le cadre de l'expérience, on a placé des rats de laboratoire d'un côté d'une grille électrifiée. Au cours de l'expérience, on a placé divers éléments à différents moments de l'autre côté de la grille : de la nourriture, de l'eau, un partenaire sexuel et autres stimuli. Pour atteindre l'objet, les rats devaient endurer la douleur et l'inconfort causés par les décharges électriques en traversant la grille. Les chercheurs ont noté le nombre de fois où les animaux avaient traversé la barrière douloureuse pour obtenir satisfaction.

Les observations ont révélé que les mères étaient toujours prêtes à supporter plus de décharges électriques pour retrouver leurs petits que pour n'importe quel autre type de motivation.

Une mère a traversé la grille 58 fois pour retrouver ses petits (elle ne s'est arrêtée que parce-que l'expérience a pris fin).

En outre, les rattes n'ont pas seulement récupéré leurs propres petits, elles ont également « sauvé » tout aussi rapidement des bébés non apparentés, y compris des souriceaux, des lapereaux, des poussins et même des chatons. De façon surprenante, les rattes qui n'étaient pas mères ont souvent récupéré les petits vulnérables, en s'exposant aux douloureuses décharges électriques même pour aider les petits d'ennemis naturels (chatons).

Ces expériences illustrent la relation entre nos deux réalités d'êtres vivants – une en tant qu'être séparé (ego) et l'autre en tant que holon qui sert quelque chose de plus grand que nous (âme). Dans ces exemples, les éléments qui parlent à l'ego et apportent des bénéfices et gratifications personnelles comme la nourriture, l'eau, les partenaires sexuels, etc. sont des motivations qui vont amener le rat à prendre un certain niveau de risque et à supporter un certain niveau de douleur. Mais avec l'augmentation graduelle de la puissance électrique, les rats ont fini par ne plus traverser la grille même pour de la nourriture. Pourtant, avec la même puissance de décharges électriques, ils traversaient encore pour rejoindre leurs petits.

De toute évidence, la motivation la plus profonde pour le rat est de protéger et prendre soin de ses petits (et même des petits d'autres espèces) ; une chose au-delà de lui-même à laquelle il se consacre. Il s'agit d'un exemple de ce que l'on entend par *mission*.

Quoique ce type de comportement soit souvent qualifié d'« instinctif » par les scientifiques comportementalistes, sous-entendant que ce n'est pas vraiment une question de choix, il n'en est pas moins déclenché par la profonde sensation intuitive du rat d'être un « holon » et sa connexion à quelque chose de plus grand que lui.

Ces expériences constituent une métaphore puissante d'un facteur de réussite fondamental pour les leaders et les entrepreneurs. La grille électrifiée des expériences symbolise les risques et défis auxquels le leader ou l'entrepreneur doit faire face. Les éléments de l'autre côté représentent différents types d'objectifs et de motivations. Des stimuli comme la nourriture ou le sexe représentent des motivations relevant de l'ego – notre petit soi en tant que tout distinct. Les bébés représentent des motivations venant de notre Soi plus grand (ou âme) et de la sensation d'être un holon.

Si l'on compare les réponses apportées aux difficultés selon leurs savoir-faire respectifs par les rats qui traversent la grille et le Capitaine Sullenberger (du Miracle sur l'Hudson), on établit facilement le parallèle entre la détermination des rattes à traverser les fils électrifiés pour leurs petits et la capacité de Sullenberger à rester calme, piloter l'avion et s'occuper de l'équipage et des passagers alors qu'il craignait pour sa propre vie.

Si les petits d'une autre espèce sont placés de l'autre côté de la grille, même des chatons...

... la ratte continue à traverser la grille malgré l'électricité...

... pour les « sauver ».

L'Ambition

Tout en étant des holons, nous sommes également des touts en et par nous-mêmes et avons nos rêves et désirs individuels pour nos vies. Alors que la vision et la mission ont trait à ce qu'une personne ou une organisation veulent créer dans le monde qui soit plus grand qu'eux, l'*ambition* résulte du désir et de la détermination à accéder au succès et à la reconnaissance pour soi-même. La vision et la mission concernent la création d'un monde meilleur. L'ambition parle de vivre vos rêves pour votre propre vie et atteindre un niveau de réussite reconnu par d'autres.

L'ambition est définie dans le dictionnaire comme « *un fort désir de faire ou réussir quelque chose qui demande généralement de la détermination et un travail important* » qui nous apporte un bénéfice personnel. Nos ambitions sous la forme de rêves et aspirations pour nos vies émergent d'un ego sain et viennent du *besoin de croissance et de maîtrise*.

C'est intéressant de noter que le mot « ambition » vient du Latin *ambitio*, qui signifiait littéralement « faire une tournée » pour rechercher des votes. [En Latin, *ambi* signifie entourer ou faire le tour.] C'était le terme utilisé à Rome pour décrire les actions des candidats aux postes administratifs pour obtenir des voix. L'« ambition » impliquait donc à l'origine un désir d'être reconnu pour être élu à un poste au gouvernement. Aujourd'hui, la

L'ambition est « un fort désir de réaliser quelque chose ». Elle prend la forme de rêves et aspirations pour nos propres vies et vient de notre besoin intérieur de croissance et de maîtrise.

L'ambition est souvent orientée vers l'atteinte d'un certain niveau de reconnaissance et de « statut » reconnaissable résultant de nos réalisations.

Richard Branson
Fondateur du Groupe Virgin

« *Mon intérêt dans l'existence est de me fixer des défis énormes, apparemment irréalisables, et d'essayer de les dépasser... Dans la mesure où je voulais vivre pleinement ma vie, je sentais que je devais le tenter.* »

notion d'ambition indique toujours la volonté d'atteindre un certain niveau de « statut » reconnu et comprend également l'envie d'accomplir. L'ambition est liée à des questions comme :

- *Quel type de vie voulez-vous créer pour vous-même ?*
- *Que voulez-vous accomplir ? Quel type de statut et performance voulez-vous atteindre vis-à-vis de vous-même et des autres ?*
- *Pour quoi aimeriez-vous qu'on vous reconnaisse et/ou qu'on se souvienne de vous ? Qu'aimeriez-vous pouvoir ajouter à votre CV ou votre biographie ?*

Les ambitions naissent de nos rêves, désirs, pulsions et besoins personnels. En plus d'accéder à un niveau de vie raisonnable ou confortable en retour de nos efforts, nous pouvons par exemple avoir un désir d'évolution, une volonté de maîtrise ou un besoin de reconnaissance et d'approbation. L'ambition saine d'un athlète qui réussit pourrait être par exemple de gagner un tournoi ou de finir premier dans une compétition. Les auteurs qui réussissent veulent voir leurs livres publiés et peut-être se retrouver sur la liste des meilleures ventes ou gagner un prix pour leur travail. Les musiciens et les interprètes veulent gagner des prix et atteindre un certain niveau de célébrité et de gloire. Des sociétés comme Google et Amazon ont l'ambition de fonctionner au niveau mondial. Par exemple, Amazon a déclaré l'ambition d'être reconnue comme l'« entreprise au monde la plus centrée sur le client ».

À propos de sa décision de lancer *Virgin Atlantic Airlines*, l'emblématique entrepreneur Richard Branson a écrit dans sa biographie, « Mon intérêt pour la vie vient de me poser des défis énormes, apparemment irréalisables, et d'essayer de les dépasser... dans la mesure où je voulais vivre pleinement ma vie, je sentais que je devais le tenter ». L'attitude de Branson est typique du niveau d'ambition que nous avons constaté chez les entrepreneurs qui réussissent : le désir de *dépasser des défis qui paraissent irréalisables pour vivre pleinement sa vie*.

Bien entendu, les ambitions ne vont pas nécessairement à l'encontre de nos visions ou missions. En fait, lorsque nous sommes alignés l'ambition apporte un important degré de motivation supplémentaire. En plus de leur sens de la vision et de la mission, les entrepreneurs qui réussissent le mieux veulent également atteindre quelque chose, prouver quelque chose aux autres, être reconnus pour leurs réalisations et laisser des traces durables. Cette combinaison fournit souvent le carburant à une quantité de travail personnel phénoménale.

Par exemple, à un moment donné entre 2007 et 2010 les trois sociétés d'Elon Musk (Tesla Motors, SolarCity et SpaceX) semblaient s'effondrer. Musk a dû licencier près du tiers de son personnel et fermer le site Tesla à Detroit. SolarCity a commencé à rencontrer des difficultés de paiement et la banque qui l'avait soutenue s'est retirée de l'accord. Certains entrepreneurs et dirigeants d'autres entreprises souhaitaient même la faillite des entreprises de Musk parce qu'elles étaient perçues comme des attaques envers les grandes entreprises et les façons de faire traditionnelles. Des sondages et des animateurs de télévision ont décrié les voitures Tesla, déclarant qu'elles n'étaient pas bonnes à acheter.

En plus de sa vision et de son sens de la mission, son envie de réussir, de faire ses preuves et de donner tort aux détracteurs a poussé Musk à traverser la crise. Avec seulement une semaine de trésorerie à la banque, Musk a sorti 40 millions de dollars de ses fonds personnels pour maintenir ses entreprises à flot et travaillé sans relâche pour leur réussite. Comme il le conseille aux entrepreneurs en devenir :

> *Travaillez comme des damnés. Je veux dire que vous devez fournir 80 à 100 heures de travail par semaine toutes les semaines. [C'est ce qui] augmente les chances de réussite. Si les autres fournissent 40 heures de travail par semaine et que vous en fournissez 100, alors vous savez que même en faisant la même chose... vous réaliserez en 4 mois ce qui leur demandera un an.*

Nos ambitions sont fréquemment connectées à notre « soi idéalisé ». Un *soi idéalisé* est qui nous avons appris à devoir être pour être aimés, acceptés ou reconnus par nos familles, nos amis, la société, etc. Notre soi idéalisé évolue pour nous aider à survivre dans le monde, trouver notre place et fonctionner avec autant de sécurité et de stabilité que possible. Selon les termes d'Elon Musk, « Cherchez constamment comment vous pourriez faire mieux et questionnez-vous en permanence ».

Cependant, si notre soi idéalisé prend trop d'importance, il peut créer une sorte de « mirage » de réussite. Nous pensons que nous réussissons, mais au final nous nous rendons compte que ce n'est pas vraiment ce que nous voulions. Il n'est pas rare qu'une personne réalise subitement à un certain âge qu'elle n'a pas vécu sa « propre vie », mais plutôt celle que d'autres lui ont dit qu'elle était censée vivre. Le Directeur Général qui avait atteint le « succès » matériel et social mais n'avait plus d'« étincelle » dans les yeux cité précédemment en est un exemple.

Une autre conséquence du soi idéalisé a à voir avec le fait qu'il définit naturellement certaines choses que nous ne pouvons être ou faire par peur de ne pas être aimés, acceptés ou reconnus. Les aspects de nous-mêmes qui ne sont pas conformes au soi idéalisé peuvent être exclus de notre identité désirée et devenir des « ombres ». L'« ombre » d'un individu ou d'un groupe est constituée par les émotions, pensées, comportements, etc., qui ont été jugées inacceptables.

> *Notre ambition est habituellement connectée à notre « soi idéalisé » – autrement dit, qui nous avons appris devoir être pour être aimés, reconnus et acceptés. Cela peut être un moteur puissant, mais peut également créer une sorte de « mirage ». Elle peut également porter une « ombre » faite des émotions, pensées, comportements, etc. qui sont perçus comme inacceptables.*

Lorsque notre ambition est au service d'une vision plus grande, notre sens de reconnaissance et de réalisation vient de notre contribution à quelque chose au-delà de nous-mêmes.

L'ambition déconnectée de la vision peut devenir une forme de stratégie de compensation déséquilibrée qui conduit à un désir insatiable de pouvoir, de domination et de possessions.

Si, par exemple, d'après mon soi idéalisé, je devrais « toujours être positif et plein de ressources », alors les moments où je suis « négatif », « coincé » ou « privé de ressources » peuvent devenir des ombres. Si mon soi idéalisé doit être « confiant et décisif », alors le revers de ces qualités, « doute, vulnérabilité et confusion », peuvent devenir des ombres.

Pourtant, lorsqu'il y a de l'espace pour accueillir les deux côtés, ils forment des « complémentarités génératives ». La sagesse, par exemple, procède d'une confiance suffisante pour reconnaitre le doute. Les complémentarités génératives peuvent être une puissante source d'énergie, de créativité et de motivation pour les entrepreneurs.

Nous rencontrons un problème lorsque nous n'acceptons pas ces parties d'« ombre » de nous-mêmes ou ne leur donnons pas de place. Dans ce cas, elles n'ont jamais la possibilité d'accéder et de s'intégrer au reste du système que nous-même ou le groupe formons. De ce fait, elles ne sont pas en relation avec le reste des parties du système, ce qui crée un conflit permanent.

Il est intéressant de noter que certaines personnes ont peur d'exprimer leurs ambitions, et même d'admettre qu'elles en ont, de peur de paraître « égoïstes » ou « imbues d'elles-mêmes ». En fait, c'est un produit du soi idéalisé au même titre que d'être un champion de la réalisation.

Le besoin de compensation est une autre source importante d'ambition. La *compensation* est le fait de contrebalancer une difficulté ou un manque dans un domaine de notre vie en développant une excellence ou en obtenant des résultats dans un autre domaine. Le terme « compensation » vient du Latin *compensare* qui signifie littéralement « peser contre ». Par conséquent, cela implique quelque chose qui fasse le contrepoids ou qui rattrape une situation indésirable pour essayer de revenir à l'équilibre.

En psychologie, la *compensation* désigne le processus par lequel une personne « masque, consciemment ou inconsciemment, des faiblesses, des frustrations, des désirs, des sentiments d'inadéquation ou d'incompétence dans un domaine de sa vie par la récompense ou (la recherche de) l'excellence dans un autre domaine ». La compensation peut masquer des carences et des inaptitudes ou une infériorité physique réelles ou imaginaires.

Des compensations appropriées aident les personnes à dépasser les difficultés et peuvent constituer des motivations positives dans leur vie ainsi que devenir une ressource dans la vie des autres. Le Capitaine Sullenberger, qui pilotait le long courrier dans l'incident du Miracle sur l'Hudson, a indiqué qu'une bonne partie de la motivation de ses actions héroïques était une forme de compensation liée au suicide de son père. Comme il l'a dit, « Je suis disposé à faire beaucoup d'efforts pour protéger la vie des gens, être un bon samaritain, et non pas un spectateur, en partie parce que je n'ai pas pu sauver mon père ».

Par contre, si la stratégie de compensation ne répond pas vraiment à la cause du sentiment de carence ou d'infériorité, il peut en résulter un renforcement du sentiment d'infériorité et une escalade de *surcompensation*. La surcompensation, caractérisée par le besoin de supériorité, conduit à la soif de pouvoir, de domination et de possessions. Le matérialisme excessif est un exemple de surcompensation qui peut affecter les entrepreneurs.

Pour développer une ambition saine, il faut être conscient des dynamiques qui la sous-tendent et savoir l'aligner et l'équilibrer avec sa vision et sa mission. Nous avons constaté que cet alignement fondamental de l'ego et de l'âme ainsi que l'intégration de la vision, de la mission et de l'ambition constituaient le socle d'une toute nouvelle génération de dirigeants et entrepreneurs. Vous aurez la possibilité d'explorer plus en détails chacune de ces dimensions dans les chapitres suivants (dans des exercices comme la *Matrice de l'Identité*), et voir comment elles fonctionnent comme des facteurs de réussite à travers différents cas d'entrepreneuriat.

Une analogie que j'aime faire pour les différences et le lien entre mission et ambition est celle du bateau à voile et du bateau à moteur. Le bateau à voile est un holon, propulsé par l'énergie du vent provenant du système environnant. Le vent est comme l'inspiration qui nous vient lorsque nous partageons une vision commune avec les autres membres des systèmes plus vastes dont nous faisons partie. Le bateau à moteur est plutôt un tout séparé. L'énergie qui le propulse vient de son propre moteur (ego) alimenté par le carburant de l'ambition.

On pourrait dire qu'un entrepreneur qui réussit dispose d'un bateau équipé à la fois de voiles et d'un moteur (en cas d'urgence). Lorsque le moment est idéal – et que notre mission est portée par le vent d'une vision forte et partagée – nous naviguons presque sans effort, propulsés par l'alignement de notre mission sur cette vision. Comme le dit Elon Musk, « Faire de grosses journées pour une société, c'est difficile. Faire de grosses journées pour une cause c'est facile ». Mais il y a d'autres situations (comme la période de la crise des trois entreprises de Musk), où le vent tombe ou ne souffle pas dans la direction de la mission que nous avons choisie. Nous devons alors utiliser le moteur de notre ego et le carburant de notre ambition pour nous faire avancer jusqu'à ce que nous puissions rencontrer un nouveau vent porteur.

BATEAU À MOTEUR
PROPULSÉ PAR SON PROPRE
MOTEUR (EGO)
ET LE CARBURANT DE L'AMBITION

VOILIER
POUSSÉ PAR L'ÉNERGIE DU VENT
VENANT DU SYSTÈME QUI L'ENTOURE

Le rôle est lié à la fois à la position qu'une personne occupe par rapport aux autres, et aux capacités et comportements attendus à cette position.

Les rôles les plus efficaces sont ceux qui nous permettent d'atteindre simultanément nos ambitions ainsi que notre vision et notre mission.

Les gens réussissent le mieux dans des rôles qui sont « compatibles avec leurs caractéristiques et savoir-faire personnels ».

Nous obtenons de meilleurs résultats lorsque notre rôle est connecté avec notre « domaine d'excellence ».

Le Rôle

Un rôle donné fournit le lien entre une personne en tant que tout séparé et en tant que holon. Le rôle est défini dans le dictionnaire comme « la fonction assumée ou le personnage joué par une personne dans une situation donnée ». En d'autres termes, comment nous nous inscrivons dans un contexte plus large en tant qu'individus. Plus précisément, le dictionnaire définit le rôle comme « un ensemble de comportements, droits et obligations » caractérisé par « les formes appropriées et autorisées de comportement, en fonction de normes sociales convenues qui de ce fait déterminent les attentes de comportement approprié dans ces rôles ». Encore une fois, il est question de l'interaction entre les compétences et actions d'un individu et la manière dont elles s'adaptent à un système social plus vaste.

Dans les organisations, les rôles sont liés à la fois à la compétence personnelle et à la position ou au statut. D'une part, le rôle reflète les compétences, savoir-faire et efforts personnels. Il est lié à ce que la personne fait (ou est supposée faire). D'autre part, il reflète le « statut » ; c'est à dire qui est la personne par rapport aux autres. Autrement dit, il est lié à la fois à la position qu'une personne occupe par rapport aux autres, et aux capacités et comportements attendus à cette position. Comme pour la notion de mission, penser à un rôle comme ne concernant qu'une personne est un non-sens. Mais le rôle se concentre sur la façon dont une personne complète, coopère et est en concurrence avec d'autres en fonction de son ambition, plutôt que sur le service de la vision. Quelques rôles courants dans les équipes professionnelles : coordinateur/président, façonneur, innovateur, chercheur de ressources, contrôleur/évaluateur, réalisateur, travailleur en équipe, finalisateur et spécialiste. Le rôle est en rapport avec des questions comme :

- *Quel type de personne devez-vous être pour créer la vie que vous voulez?*
- *Quel type de position et de statut pourraient vous aider à réaliser votre ambition? Mission? Vision?*
- *Quelles sont les compétences essentielles pour être le type de personne que vous devez être pour atteindre et conserver la position ou le statut nécessaire?*

Les gens réussissent le mieux dans des rôles qui sont « compatibles avec leurs caractéristiques et savoir-faire personnels ». Vous trouverez donc beaucoup plus facilement votre rôle en identifiant votre « mécanisme d'excellence ». La notion de mécanisme d'excellence a été créée par Joël Guillon. Une analogie amusante pour le « mécanisme d'excellence » est la notion de Super Pouvoirs. Nous connaissons tous les Super Héros par les bandes dessinées et les films. Les Super Héros ont des « Super Pouvoirs » qui leur donnent des savoir-faire spéciaux. Chaque super héros a un Super Pouvoir distinct. Par exemple, le dessin animé Pixar « Les Indestructibles » raconte l'histoire d'une famille de Super Héros : le père est extrêmement fort, la mère peut étirer ses membres à l'infini, la fille peut émettre un champ de force et devenir invisible, et le fils peut courir très vite. Alors que chacun excelle dans son propre domaine, ils ne possèdent pas les Super Pouvoirs des autres. Lorsqu'ils ne peuvent pas utiliser leur Super Pouvoir, ou lorsque leur propre Super Pouvoir est inutile, ce sont de « Simples Mortels », avec des capacités normales.

Le mécanisme d'excellence de quelqu'un est comme son Super Pouvoir. Chacun possède un Super Pouvoir qui lui permet de réaliser des actions d'un niveau hors du commun dans un domaine particulier. Ces Super Pouvoirs sont propres à chaque personne et différents d'une personne à l'autre. Lorsque les gens sont « hors du champ de leur Super Pouvoir » – c'est à dire dans une situation qui ne leur permet pas de l'utiliser ou à laquelle ils ne s'applique pas – ils agissent comme n'importe quel « Simple Mortel ».

Ces Super Pouvoirs sont régis par un certain nombre de paradoxes. Un paradoxe fondamental est que souvent nous ne sommes pas conscients de notre propre Super Pouvoir. Contrairement à ceux des Super Héros, nos Super Pouvoirs ne sont pas nécessairement visibles de l'extérieur. Par exemple, nos Super Pouvoirs peuvent n'apparaître que lorsque nous exprimons une opinion ou dans une situation où nous surprenons les autres par la justesse inattendue de notre jugement. Pour nous, tout le monde voit les choses comme nous. Il faut que quelqu'un demande : « Comment saviez-vous cela ? » ou « Comment avez-vous fait ça ? » pour prendre conscience du Super Pouvoir dont nous disposons.

Dans le « Champ d'action de notre Super Pouvoir » – c'est à dire dans notre domaine d'excellence et lorsque nous pouvons utiliser notre Super Pouvoir – tout est simple et facile. Nous n'avons aucune hésitation quand à la marche à suivre : même si la situation est nouvelle, nous savons où aller, quoi faire. Nous avons la sensation très nette que nous parviendrons au bon résultat quoi qu'il arrive. Nous sommes extrêmement efficaces par rapport à d'autres dans la même situation.

Autre paradoxe : le sentiment d'« humble autorité » qui nous remplit lorsque nous sommes dans le « Champ d'action de notre Super Pouvoir ». Notre assurance d'être capable de parvenir aux bons résultats nous donne une autorité naturelle vis-à-vis des clients, des membres de l'équipe et des partenaires. En même temps, nous nous sentons humbles parce que nous n'avons pas l'impression de faire quoi que ce soit d'extraordinaire. De notre point de vue, nous avons simplement remarqué quelque chose d'évident. Rien de spécial.

« *Mon mécanisme d'excellence est l'organisation et la logistique. C'est la raison pour laquelle je m'occupe des opérations de ma société.* »

« *Mon mécanisme d'excellence est la communication avec les gens. C'est la raison pour laquelle je m'occupe des Relations Publiques de mon entreprise.* »

On peut comparer notre « mécanisme d'excellence » au super pouvoir d'un super héros. Il nous vient naturellement et nous apporte un sens d'« autorité humble ».

Lorsque nous sommes dans le « Champ d'action de nos Super Pouvoirs », nous ne craignons pas la concurrence. Nous nous sentons invulnérables dans la mesure où nous savons que personne ne peut voler notre expertise. Par conséquent, nous n'avons pas peur des concurrents potentiels. Nous sommes en mesure de reconnaitre leurs domaines d'excellence et de créer des partenariats gagnant-gagnant.

Par opposition, lorsque nous sommes en « Territoire de Simples Mortels » – tout paraît difficile, fastidieux, ennuyeux. Nous sommes moins efficaces que ceux qui sont dans le « Champ de leur Super Pouvoir » et nous avons peur de nous mesurer à eux.

Pour commencer à explorer votre rôle, réfléchissez à votre propre domaine d'excellence.

- De quoi êtes-vous conscient à propos de votre propre mécanisme d'excellence ou « Super Pouvoir » ? Où avez-vous un sentiment d'« excellence sans effort » et d'« humble autorité » ?
- Qu'est-ce que les autres (en particulier ceux qui vous connaissent bien) trouvent que vous faites aussi bien ou mieux que n'importe qui ?
- Par contraste, quelles sont les situations ou activités dans lesquelles vous peinez à agir ; c'est à dire celles où vous êtes plutôt comme un « simple mortel » ?
- Que pouvez-vous faire pour identifier et susciter le soutien de ceux qui ont des compétences (ou Super Pouvoirs) complémentaires qui pourraient étayer ou étoffer le vôtre ?
- Est-ce que votre rôle soutient bien votre ambition ? Votre mission ? Votre vision ?

Le fait d'être entrepreneur oblige à prendre de nombreux rôles. C'est également important d'identifier ceux qui ont des domaines d'excellence complémentaires pour construire des équipes et des partenariats réussis.

Le fait d'être un « entrepreneur » est bien sûr un type de rôle en soi ; et il y a d'autres rôles plus spécifiques qui l'accompagnent. Ingénieur, directeur général, commercial, responsable marketing, spécialiste en technologie, directeur financier, responsable des ressources humaines, etc. sont des rôles qu'un entrepreneur peut être amené à prendre par moments. Certains seront dans le « Champ d'action de nos Super Pouvoirs » et d'autres non. C'est pourquoi, comme nous allons le voir, l'une des clés de l'entrepreneuriat réussi consiste à constituer la bonne équipe.

Bien sûr, nous avons parfois des rôles multiples qui soutiennent différentes ambitions et missions. Des conflits de rôles peuvent apparaitre lorsqu'une personne tient des rôles différents et apparemment incompatibles en même temps. Par exemple, une personne peut ressentir un conflit entre son rôle de parent et son rôle de cadre ou d'entrepreneur quand les demandes de temps et d'attention de son enfant le distraient des besoins de l'entreprise ou de l'équipe.

Explorer vos propres Vision, Mission, Ambition et Rôle

Une réflexion sur votre sens personnel de la vision, la mission, l'ambition et le rôle est un point de départ important pour accéder à la réussite. Les guides de travail suivants vont vous aider à explorer et définir ces facteurs clés pour vous en tant qu'individu. Dans mon travail de coach avec des individus comme avec des organisations, je commence toujours par là. Cela plante le décor et fournit le cadre pour tout ce qu'il y a à faire.

Vous n'avez pas besoin d'arriver à une réponse claire ou définitive à ce stade. En fait, les zones d'incertitude, de confusion ou de conflit apporteront un feed-back utile. Dans les autres chapitres de ce livre, vous trouverez d'autres exercices et exemples qui vous aideront à clarifier et aligner ces bases importantes de la réussite, et à les utiliser comme socle pour construire une entreprise couronnée de succès.

Pour l'instant, réfléchissez simplement aux questions et notez vos réponses dans les espaces prévus. Ne cherchez pas à être précis. En fait, à ce stade il est préférable de ne pas entrer dans les détails. Voyez grand et laissez libre cours à votre imagination.

J'encourage habituellement les gens à utiliser le moins de mots possibles. Limitez vos réponses à dix mots clés maximum. Par exemple, Elon Musk a énoncé sa vision comme « accroître la portée et l'envergure de la conscience humaine ». Disney a simplement décrit sa vision du futur comme « énorme et scintillant ». L'énoncé de la mission du Capitaine Sullenberger était de « protéger la vie des gens, » et d'« être un bon Samaritain ». Le but de cet exercice est de vous aider à voir l'« image d'ensemble » – c'est-à-dire se focaliser sur la « forêt » plutôt que sur les « arbres ».

Une vision pourrait par exemple s'exprimer par « des gens plus responsables et plus créatifs » ou tout simplement « des gens qui aident des gens ». Une mission pourrait être de « créer une connexion entre les gens » ou « aider ceux qui en ont besoin ». Une ambition pourrait être d'« être mondialement connu et respecté » ou « vivre confortablement et faire ce que j'aime ». Un rôle pourrait être de « créer de nouveaux outils » ou « un coach et enseignant ».

Vous trouverez peut-être plus facile d'utiliser un langage symbolique ou métaphorique pour saisir et exprimer vos réponses. Par exemple, vous pourriez exprimer votre rôle comme « un pionnier » et votre mission par « ouvrir des chemins pour les autres sur de nouveaux territoires ». J'invite souvent les gens à utiliser une description métaphorique et une littérale pour chaque question.

Explorer et définir vos propres vision, mission, ambition et rôle est un point de départ essentiel pour vivre vos rêves et créer un monde meilleur par votre activité.

Guide de Travail sur l'Ego et l'Âme pour les Individus

ÂME	EGO
Vision Que voulez-vous créer dans le monde à travers vous qui soit au-delà de vous ? Que voulez-vous voir en plus et en moins dans le monde ? Quel est le monde auquel vous souhaitez appartenir ?	**Ambition** Quel type de vie voulez-vous créer pour vous-même ? Quel type de statut et performance voulez-vous atteindre vis-à-vis de vous-même et des autres ? Qu'aimeriez-vous pouvoir ajouter à votre CV ou votre biographie ?
Mission Quelle sera votre contribution unique pour concrétiser votre vision ? Quels sont les talents, ressources, capacités et actions dont vous allez faire preuve pour contribuer à atteindre la vision ?	**Rôle** Quel type de personne devez-vous être pour créer la vie que vous voulez ? Quelles sont les compétences fondamentales nécessaires pour être ce type de personne ?

Réflexions et Conclusion

Réfléchissez à vos réponses.

- Lesquelles sont claires pour vous ?
- Y a-t-il des questions auxquelles vous avez du mal à répondre à ce stade ?
- Votre vision et votre ambition sont-elles bien alignées ?
- Et votre rôle et votre mission ?
- Que pourriez-vous faire pour les aligner encore mieux ?

Nous avons constaté que cet alignement fondamental de l'ego et de l'âme ainsi que l'intégration de la vision, de la mission, de l'ambition et du rôle constituaient le socle d'une toute nouvelle génération de dirigeants et entrepreneurs.

Vous aurez la possibilité d'explorer plus en détails chacune de ces dimensions dans les chapitres suivants, et de voir comment elles fonctionnent comme des facteurs de réussite à travers différents cas d'entrepreneuriat.

Dans le chapitre suivant nous allons explorer certains principes et savoir-faire nécessaires pour être en mesure de manifester la vision, la mission, l'ambition et le rôle de façon à constituer la base d'une nouvelle entreprise.

Références et Lectures Complémentaires

- *Quand les Eléphants Pleurent : la vie émotionnelle des animaux*,
  Jeffrey Moussaieff Masson et Susan McCarthy, Albin Michel, 1997.

- *Maternal behavior in the rat (Le comportement maternel chez le rat)*,
  Weisner BP,
  Sheard NM, Oliver et Boyd, Edinburgh, 1933 ;121–122.

- *Highest Duty : My Search for What Really Matters* (Le devoir le plus élevé : Ma recherche de ce qui compte vraiment)
  Chesley Sullenberger
  William Morrow, New York, 2009

02
L'Entrepreneuriat de la Nouvelle Génération
et le Cercle de Succès SFM™

*« Les gens pensent sauver le monde en changeant les choses,
en changeant les règles, ceux qui les font, et ainsi de suite.
Non, non ! Tout monde est un monde valable s'il est vivant.
La chose à faire est de lui apporter la vie, et la seule façon de le faire
est de trouver en vous où se trouve la vie
et de devenir vivant vous-même. »*

Joseph Campbell

Le Phénomène de la Silicon Valley

Peut-être qu'aucune région n'a caractérisé les développements associés à notre société et notre économie en évolution ni forgé la nouvelle génération d'entrepreneurs autant que la Silicon Valley, dans la région de la Baie de San Francisco. Outre les leaders célèbres de l'industrie qui s'y sont établis – comme Apple Inc., Cisco Systems, Intel, Hewlett-Packard, Sun Microsystems and Oracle – des milliers d'entreprises plus modestes ont prospéré dans cette culture unique des affaires. À la fin des années 1990, les histoires de succès spectaculaires des start-up de la Silicon Valley faisaient la une des médias du monde entier, incitant d'autres pays à chercher à reproduire ce phénomène sur leur territoire.

Les innovations dans les business modèles, les pratiques des affaires et les structures organisationnelles de la Silicon Valley ont créé un environnement de travail qui a permis une période de croissance et de prospérité sans précédent. Les stratégies d'investissement innovantes (marquées par l'émergence du « business angel ») ont créé un climat extrêmement motivant dans lequel les personnes étaient prêtes à prendre des risques plus importants parce que les retours potentiels étaient considérables.

La Silicon Valley a encore aujourd'hui une culture optimiste, focalisée sur les possibilités et orientée vers le futur. Les leaders de la nouvelle industrie comme Google, Facebook, Pixar, Linkedin et Yahoo y ont leurs racines et leur siège. L'environnement de la Silicon Valley embrasse la diversité sous toutes ses formes. Les entreprises de la Silicon Valley sont très à l'écoute de leurs clients et s'ajustent rapidement, en adoptant une approche pragmatique et en gardant l'oeil sur le résultat financier. Elles s'orientent avant tout vers la création de valeur, non seulement par les développements technologiques, mais aussi par la mise en place et le développement de relations et alliances.

Cette culture a encouragé la prolifération de start-up, ce qui est intrinsèquement risqué mais présente également de nombreux avantages. En plus de la possibilité de gains importants, les start-up offrent des opportunités évolutives et des activités variées – les individus sont amenés à « porter différentes casquettes ». La culture des start-up est plus informelle que celle des organisations traditionnelles, moins restrictive, moins hiérarchisée, mettant en avant les idées plutôt que les positions hiérarchiques ou l'autorité. Il y a généralement un grand respect mutuel entre les membres de l'équipe, quel que soit leur rôle ; et ils ont plus de responsabilités, d'autonomie et de participation (tout le monde possède une « part » de l'entreprise). Ceci renforce le sentiment de réalisation de soi et de réussite (faire ses preuves à ses propres yeux et à ceux des autres), et celui d'avoir un impact personnel (c'est-à-dire croire que ce que vous faites fait une différence).

Nombre de facteurs de réussite appliqués par les start-up technologiques de la Silicon Valley peuvent également être mis en œuvre pour augmenter les chances de réussites d'autres entrepreneurs, et pour encourager l'entrepreneuriat efficace dans les organisations établies. Les start-up et les entreprises traditionnelles ont de nombreux buts et activités en commun, notamment :

- Définir et Communiquer une Vision Claire pour l'Organisation
- Innover dans les Nouvelles Technologies et Mettre à jour les Business Modèles
- Recruter l'Expertise/Développer la Compétence
- Motiver et Impliquer les Membres de l'Équipe
- Créer de la Valeur et Satisfaire les Clients
- Établir une Identité et une Marque Claires
- Obtenir du Soutien (Attirer des Investisseurs)
- Mettre en place le Benchmarking et Communiquer les Avancées aux Actionnaires
- Garder l'Avance sur la Concurrence
- Devenir/Rester Rentable – Maintenir la Capacité d'Autofinancement
- Assurer le Retour de Valeur aux Actionnaires (Définir une « Stratégie de Sortie »)

Les façons nouvelles et novatrices dont les start-up couronnées de succès de la Silicon Valley atteignent ces objectifs constituent une feuille de route unique. Tout comme la Renaissance Italienne a fait passer l'Europe du haut Moyen Age à une ère nouvelle d'innovation et d'opportunités sur de nombreux plans, le phénomène de la Silicon Valley a initié une nouvelle ère de réflexion créative qui continue à transformer le monde des affaires et de la technologie.

L'esprit entrepreneurial et le savoir-faire des fondateurs de start-up à succès de la Silicon Valley sont porteurs de principes et de lignes directrices importants pour réussir face aux défis de l'environnement économique actuel. Dans les prochains chapitres, nous verrons comment les innovations et les développements modélisés sur les leaders novateurs du monde complexe et changeant d'aujourd'hui se superposent aux savoir-faire et principes des affaires et du leadership classiques ayant fait leurs preuves dans des sociétés bien établies et les complètent pour former un nouveau et puissant paradigme de réussite dans l'économie en évolution.

Les facteurs de réussite appliqués par les start-up technologiques de la Silicon Valley peuvent également être mis en œuvre pour augmenter les chances de réussite d'autres entrepreneurs, et pour encourager l'entrepreneuriat efficace dans les organisations établies.

L'Entrepreneuriat

Un *entrepreneur* est généralement défini comme « une personne qui organise et dirige une entreprise, ou une société, et qui endosse la responsabilité conséquente des risques inhérents et de son devenir ». De la même racine que le verbe *entreprendre* le nom « entrepreneur » est également utilisé en anglais. Le terme est généralement utilisé pour désigner une personne prête à développer une nouvelle initiative, un projet ou une entreprise, qui crée de la valeur en proposant un produit ou un service, et en endossant la pleine responsabilité des conséquences.

L'entrepreneuriat réussi implique l'interconnexion d'opportunités entre des personnes bien positionnées pour en tirer parti. Les entrepreneurs se perçoivent généralement comme étant capables de résoudre un problème ou de répondre à un besoin de façon unique. La vision est donc essentielle pour l'entrepreneuriat réussi. La vision des entrepreneurs à succès leur permet de repérer des opportunités majeures qui peuvent potentiellement « changer la donne ».

Jeff Bezos
Fondateur et DG d'Amazon

Jeff Bezos, fondateur du géant du e-commerce Amazon, par exemple, affirme qu'il a quitté son « emploi bien rémunéré » dans un fonds d'investissement spéculatif New-yorkais lorsqu'il a « entendu parler du développement rapide de l'utilisation d'Internet » aux États-Unis. Il explique que le moment où il a pris conscience de cette tendance a coïncidé avec « une nouvelle décision de la Cour suprême des États-Unis indiquant [que] les détaillants en ligne [n'auraient pas] à percevoir de taxes de vente dans les États où ils n'ont pas de présence physique ». Il y a vu une opportunité majeure pour que les gens accèdent plus facilement à des produits (initialement des livres) et les payent moins cher puisque leurs achats ne seraient pas taxés, à condition d'habiter dans un autre état que celui dans lequel l'entreprise était implantée. Il a décidé de démarrer l'entreprise dans l'état de Washington parce que, du fait de sa population relativement faible, un plus petit nombre de ses futurs clients aurait à payer des taxes de vente. Il a lancé Amazon.com en 1994 après avoir traversé le pays en voiture de New-York à Seattle, en écrivant le business plan d'Amazon en route. Comme d'autres jeunes entrepreneurs, il a d'abord installé et dirigé l'entreprise dans son garage. En 2014, Amazon était devenu le plus grand détaillant en ligne du monde.

Comme nous l'avons vu avec l'exemple d'Elon Musk au chapitre précédent, les entrepreneurs doivent également être prêts à accepter un haut niveau de risque personnel, professionnel ou financier pour se saisir des opportunités. Les entrepreneurs ont donc besoin de croyances fortes quant aux opportunités du marché et à leur contribution, et d'une capacité à organiser efficacement leurs ressources pour réaliser leurs objectifs.

La maitrise de l'entrepreneuriat implique de développer des savoir-faire pour acquérir et gérer de nombreuses ressources clés concernant :

- L'Environnement (percevoir les opportunités et les contraintes, et gérer la propriété et autres ressources naturelles)
- Le Travail (investissement humain dans la production et les services)
- La Technologie (équipement utilisé pour la production ou les services)
- Le Savoir-Faire (intelligence, connaissance, et créativité)
- Le Financement (obtenir l'argent nécessaire pour financer les activités essentielles de l'entreprise)
- Le Marketing (faire une promotion efficace et créer la demande pour un produit ou service)

Environnement (percevoir les opportunités et les contraintes, gérer la propriété et autres ressources naturelles, etc.)

Travail (investissement humain dans la production et les services)

Technologie (équipement utilisé dans la production et les services)

Savoir-Faire (intelligence, connaissance, et créativité)

Financement (obtenir l'argent nécessaire pour financer les activités de l'entreprise)

Marketing (faire une promotion efficace et créer la demande pour un produit ou service)

De plus, le leadership, la compétence managériale, la réflexion créative et l'animation d'équipe sont également des savoir-faire essentiels pour un entrepreneur. Le sang-froid, la présence, la persévérance, la passion et la capacité à communiquer et à inspirer les autres sont souvent des facteurs clés dans la réussite d'un entrepreneur de la nouvelle génération à concrétiser sa vision.

Dans ce chapitre, nous commencerons par explorer comment développer et combiner ces savoir-faire pour transformer la vision, la mission et l'ambition en entreprise prospère.

Une Nouvelle Génération d'Entrepreneurs

Comme je l'ai indiqué dans le chapitre précédent, une nouvelle génération d'entrepreneurs est en train d'apparaitre ; ils ne s'intéressent pas seulement au profit financier, mais également à vivre leurs rêves et construire un monde meilleur. Les principes de l'entrepreneuriat sont efficaces et essentiels à tous types de croissance, d'innovation et de changement. Les objectifs principaux des *entrepreneurs sociaux*, par exemple, incluent la création d'un bénéfice social et/ou environnemental autant que d'un revenu. Le Bangladais Muhammed Yunus est un exemple emblématique de l'entrepreneuriat social. Yunus est le fondateur de la Grameen Bank, pionnière du concept du micro-crédit pour soutenir les innovateurs dans le développement des pays en Asie, Afrique et Amérique Latine.

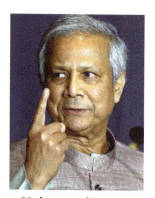

Muhammed Yunus
Fondateur de la Grameen Bank

La vision de Yunus a émergé lorsqu'il a découvert que des prêts minimes pouvaient faire une différence énorme pour les personnes ayant peu de ressources économiques. Par exemple au Bangladesh, son pays natal, Yunus a observé que les villageoises qui fabriquaient des meubles en bambou avaient du mal à maintenir leur activité et qu'elles étaient souvent exploitées lorsqu'elles tentaient d'emprunter de l'argent. Les banques traditionnelles refusaient de faire des prêts aux personnes pauvres en raison du haut risque d'insolvabilité qu'elles représentaient. Par contre, Yunus était convaincu que si on leur donnait leur chance, les femmes seraient plus que disposées à rembourser l'argent avec un intérêt raisonnable. Yunus prêta $27 de ses fonds personnels à 42 femmes du village et fit un profit petit mais significatif sur chacun des prêts. Ce qui a validé sa vision et renforcé sa conviction que le micro-crédit était un business modèle viable qui pourrait améliorer la vie des personnes vivant dans la pauvreté.

En décembre 1976, Yunus obtint un prêt de la banque nationale du Bangladesh pour prêter aux pauvres du village de Jobra. Pour garantir le remboursement, Yunus développa un système de « groupes solidaires ». Ces petits groupes informels demandent ensemble des prêts, leurs membres fonctionnent comme co-garants des remboursements et soutiennent mutuellement leurs efforts d'auto-développement économique.

L'entreprise a fonctionné et continué à se développer, obtenant des prêts d'autres banques pour ses projets. En 1982, elle comptait 28 000 membres. Le 1er Octobre 1983, le projet pilote a commencé à fonctionner comme une banque à part entière pour les Bengladais pauvres et a été renommé Grameen Bank (« Banque des Villages »).

Comme pour tout projet entrepreneurial, cependant, le chemin n'a pas toujours été facile. Yunus et ses collègues ont rencontré toutes sortes d'opposants, des radicaux de gauche violents aux religieux conservateurs qui ont dit aux femmes que si elles empruntaient de l'argent à la Grameen Bank, elles se verraient refuser un enterrement musulman. Malgré ces obstacles, Yunus et son équipe ont persévéré dans leur vision et en juillet 2007 la Grameen Bank avait prêté 6,38 milliards de dollars à 7,4 millions d'emprunteurs.

En 2006, Yunus et la Grameen Bank ont reçu le prix Nobel de la Paix pour leurs efforts, dont la réussite a inspiré des programmes similaires dans le monde entier.

Le Réseau Ashoka (http://www.ashoka.org/) est un groupe qui aide et accompagne les entrepreneurs sociaux et leurs projets dans le monde entier.

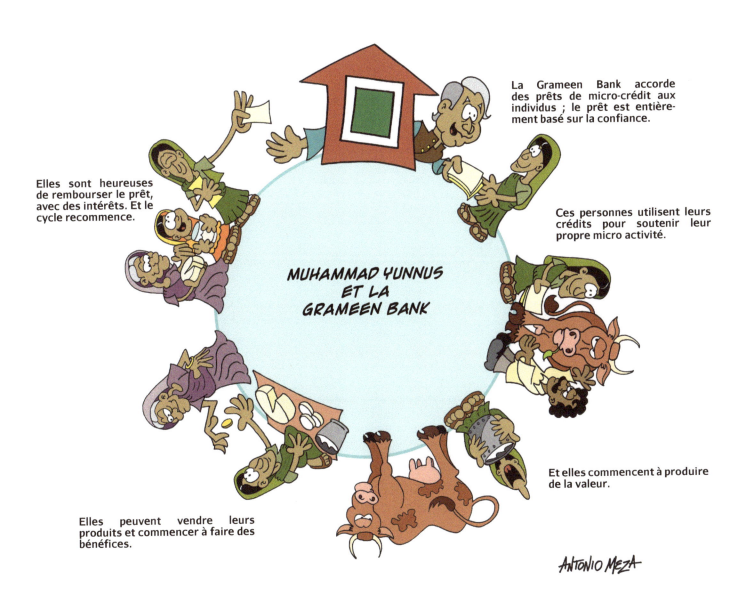

Les zen-trepreneurs sont des individus qui ont pris en conscience la décision de devenir plus passionnés, plus déterminés et créatifs à travers leurs entreprises.

Le *Zen-trepreneuriat* est une autre forme émergente d'entrepreneuriat qui combine le mode de pensée occidental traditionnel avec la philosophie asiatique de recherche de réponses aux défis de la vie quotidienne et professionnelle. Il trouve une résonance chez les personnes qui traversent un changement de direction et d'objectif dans leur vie et qui ont pris en conscience la décision de devenir plus passionnées, déterminées et créatives. Nombre d'entre vous, lecteurs de ce livre, pourriez être exactement ce type de personne.

Blake Mycoskie, créateur des chaussures TOMS, est un bon exemple de cette nouvelle génération d'entrepreneurs. Mycoskie avait déjà monté quelques petites entreprises réussies lorsque sa vision pour TOMS a émergé en 2006 pendant des vacances en Argentine. Durant son séjour là-bas, il a rencontré une américaine bénévole dans une organisation qui distribuait des chaussures aux enfants dans le besoin. Mycoskie a voyagé pendant plusieurs jours de village en village avec le groupe, et parfois seul, et a alors été frappé par l'ampleur de la pauvreté qu'il rencontrait. Selon ses propres termes :

Blake Mycoskie
Fondateur et DG de TOMS

« (J'ai vu) d'immenses foyers de pauvreté juste aux abords de la capitale animée. Cela a considérablement ouvert ma conscience. Oui, je savais d'une certaine façon qu'il y avait dans le monde des enfants pauvres qui marchaient pieds nus, mais là, pour la première fois, je voyais les conséquences réelles de la vie sans chaussure : les ampoules, les plaies, les infections ».

Mycoskie est rentré aux États-Unis avec l'inspiration pour une nouvelle entreprise : *Shoes for A Better Tomorrow*, (des chaussures pour un meilleur lendemain) ensuite abrégé en TOMS. Mycoskie a mis au point le business modèle « Un pour Un », conçu pour une activité à but lucratif, qui permet à l'entreprise de donner une paire de chaussures à un enfant dans le besoin pour chaque paire de chaussures vendue. Les chaussures TOMS ont été conçues pour plaire à une clientèle mondiale de façon à garantir un niveau de ventes qui permette à l'entreprise de remplir sa mission et de générer des bénéfices. Les chaussures sont vendues à travers le monde entier dans plus de 1000 magasins. Lancée en 2006, l'entreprise avait donné en 2013 plus de 10 millions de paires de chaussures à des personnes dans le besoin !

En 2009, Mycoskie a été mis à l'honneur par Hillary Clinton qui lui a remis le *Award of Corporate Excellence* (ACE) of the Secretary of State (Prix d'Excellence de l'Entreprise du Secrétaire d'Etat). Mis en place par le Département d'Etat en 1999, le prix récompense l'investissement des entreprises dans la responsabilité sociétale, l'innovation et les valeurs démocratiques dans le monde entier. En 2010, TOMS a reçu le prestigieux *Footwear News Brand of the Year Award*.

En 2011, TOMS s'est développé pour inclure les lunettes dans son offre « Un pour Un » – pour chaque paire de lunettes de soleil achetée, une personne dans le besoin reçoit un traitement ou une opération des yeux, ou une paire de lunettes de vue.

Cette même année, Mycoskie a publié le best-seller *Start Something That Matters (Commencez quelque chose qui compte)*. Il y décrit les vertus de la nouvelle génération d'entrepreneuriat et le concept d'entreprises qui intègrent la philanthropie dans leur métier en utilisant leurs bénéfices et leurs actifs pour créer un monde meilleur. Mycoskie utilise son expérience avec TOMS pour démontrer à la fois les bénéfices intangibles et réels et les retombées de telles entreprises. Sans surprise, pour chaque exemplaire de *Start Something That Matters* vendu, Mycoskie offre un livre à un enfant dans le besoin. Cinquante pour cent des droits d'auteur du livre servaient à donner des subventions à des entrepreneurs prometteurs de la nouvelle génération. Mycoskie a fait passer cette part à 100% fin 2012.

En 2014, Mycoskie a annoncé le lancement de TOMS Roasting CO., une entreprise qui propose du café issu des initiatives de commerce direct au Rwanda, au Honduras, au Pérou, au Guatemala et au Malawi. TOMS Roasting Co. donnera une semaine d'eau à une personne dans le besoin dans ses pays fournisseurs pour chaque paquet de café acheté.

Mycoskie a récemment annoncé que TOMS lancerait un produit « Un pour Un » de plus chaque année. Membre de la « B Team » de Richard Branson, fondateur du groupe Virgin, Mycoskie recherche des partenariats avec des entreprises du Fortune 500 pour aider au déploiement du concept TOMS dans d'autres domaines.

L'entreprise sociale TOMS utilise sa politique « un pour un » pour permettre à de nombreux enfants à travers le monde de disposer de chaussures, de lunettes, d'eau et autres bienfaits.

Les « Trois Joyaux » du Zen-trepreneuriat

L'entrepreneuriat social et le zen-trepreneuriat reflètent un nouveau modèle entrepreneurial qui passe d'une réflexion limitée au bilan financier à un système de pensée élargi à « *un bilan mixte* » fondé sur la conviction que les organisations peuvent et doivent bénéficier à la société et contribuer à la durabilité de l'écosystème de notre planète, tout en générant des retours financiers qui rémunèrent raisonnablement la prise de risque et l'implication des parties prenantes.

De façon intéressante, il y a une connexion encore plus profonde entre la notion de « Zen » et la nouvelle génération d'entrepreneurs. L'ancienne tradition du Boudhisme, par exemple, est centrée sur trois pratiques appelées les « trois joyaux » : Dharma, Bouddha et Sangha.

- *Dharma* a trait à la découverte et au déploiement de sa propre finalité, de sa place dans le monde. Il s'agit de vivre authentiquement votre chemin de vie et de réaliser votre finalité.
- *Bouddha* symbolise l'engagement à développer pleinement son plus haut potentiel.
- *Sangha* est une référence à la communauté de pairs, mentors, sponsors et collaborateurs d'une personne, qui utilisent les mêmes méthodes et travaillent vers les mêmes buts (c'est à dire réaliser votre finalité et atteindre votre plus haut potentiel). Les « groupes solidaires » de Muhammed Yunus sont un bon exemple de sangha entrepreneuriale.

De même, les entrepreneurs de la nouvelle génération veulent créer une entreprise ou une carrière qui soit à la fois réussie *et* porteuse de sens ; combinant l'ambition avec la contribution et la mission (le « Dharma »), et le désir de développement personnel et d'accomplissement (le « Bouddha »). Ils cherchent également à attirer et collaborer avec d'autres personnes qui partagent la même vision, mission et ambition (la « Sangha »). En d'autres termes, être un entrepreneur de la nouvelle génération implique de contribuer à *créer un monde auquel les gens veulent appartenir.*

Le zen-trepreneuriat applique un système de pensée élargi à un « bilan mixte » qui intègre le bien social et la contribution à la durabilité des écosystèmes de la planète avec la génération de revenus financiers qui rémunèrent raisonnablement la prise de risque et l'implication des parties prenantes.

ZEN-TREPRENEUR
LES TROIS JOYAUX

DHARMA
Créer une entreprise/carrière réussie et porteuse de sens

BOUDDHA
Désir de développement et réalisation personnels

SANGHA
Attirer et collaborer avec d'autres personnes qui partagent la même vision mission et ambition

Cinq Clés pour Créer un Monde Auquel les Gens Veulent Appartenir

Il ressort de nos recherches que « créer un monde auquel les gens veulent appartenir » a tendance à étendre les « trois joyaux » du Bouddhisme aux cinq engagements clés suivants :

- Se développer personnellement et spirituellement
- Contribuer à la société et à l'environnement
- Construire une entreprise et une carrière réussies et durables
- Favoriser le bien être émotionnel et physique, le sien et celui des autres
- Partager les visions et les ressources d'une communauté de pairs, en provoquant de nouvelles possibilités

Ces cinq clés peuvent être résumées par le schéma suivant :

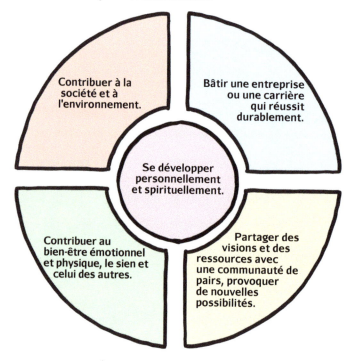

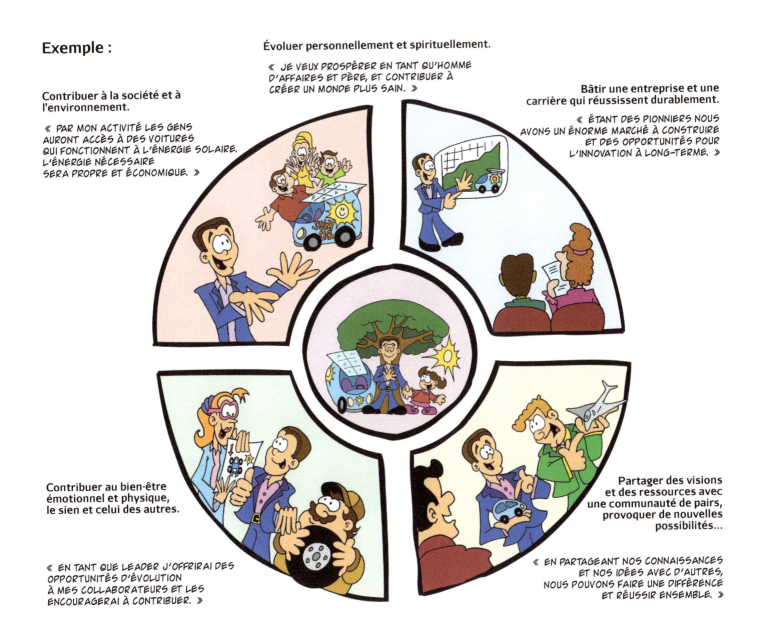

Modéliser la Nouvelle Génération d'Entrepreneurs

Les idées, méthodes et outils de ce livre proviennent de la modélisation d'un nouveau genre d'entrepreneurs, la plupart issus de la Silicon Valley en Californie. Les entrepreneurs de la Silicon Valley qui ont réussi sont très représentatifs de cette nouvelle classe de leaders qui vivent dans un monde de progrès, de contribution et de risque considérables. Ce ne sont pas de simples directeurs qui conduisent leurs organisations à réaliser des améliorations progressives ou à suivre la cadence de la concurrence. Des personnes comme Steve Jobs d'Apple et Elon Musk de Tesla Motors sont de bonnes illustrations de ce phénomène.

Tout au long de l'histoire, les quatre critères gouvernant la réussite pour tous les entrepreneurs ont été *plus, mieux, plus vite et moins cher*. En plus, la nouvelle génération d'entrepreneurs s'attache aussi en permanence à « faire reculer les limites, » en élargissant les possibilités pour créer quelque chose d'unique ou produire une *avancée qui « change la donne »* au bénéfice de nombreuses autres personnes et qui contribue à un monde meilleur.

Cependant, comme en témoigne l'échec de nombreuses nouvelles entreprises, les activités entrepreneuriales sont à haut risque. Ce qui rend les initiatives entrepreneuriales attractives en dépit du risque est le fait qu'elles génèrent des possibilités exponentielles de bénéfices pour soi-même et les autres. Les retours compensent les risques et sont directement liés à la performance.

L'une des applications premières et fondamentales de la Modélisation des Facteurs de Succès (SFM™) a été d'identifier les savoir-faire et caractéristiques clés des entrepreneurs et zen-trepreneurs. Nombre de ces découvertes seront résumées dans les chapitres suivants.

Ce livre est le fruit de la modélisation de représentants de la nouvelle génération d'entrepreneurs qui ont réussi ; ils ont produit des avancées qui « changent la donne », qui bénéficient à d'autres et créent un monde meilleur en créant des entreprises prospères qui réalisent leurs rêves.

L'information a été collectée au travers d'observations et d'entretiens centrés sur des questions telles que :

1. Quelle est l'importance de la vision pour réussir dans l'économie d'aujourd'hui ? Quelle est votre vision ? Que voulez-vous apporter au monde et pourquoi ?

2. Êtes-vous un « leader » ? Quel est le rôle du leadership dans la réussite par rapport à votre vision, votre mission et votre ambition dans l'économie d'aujourd'hui ?

3. Quelles sont les valeurs personnelles et d'entreprise qui vous portent et qui contribuent à votre réussite et à celle de votre entreprise dans l'environnement des affaires actuel ?

4. On a dit qu'une des clés de la réussite de Walt Disney était sa capacité à être « rêveur », « réaliste » et « critique » à parts égales. Jusqu'à quel point chacun de ces processus joue-t-il un rôle dans votre stratégie d'entreprise ?

5. Qu'est-ce qui fait de vous un entrepreneur de la nouvelle génération plutôt que d'une organisation traditionnelle ? Quels sont les avantages que vous possédez et dont une entreprise traditionnelle ne dispose pas ?

6. Comment avez-vous ajusté vos pratiques et business modèles pour répondre à votre vision et aux changements apportés par l'économie en évolution et comment votre stratégie d'affaires tire-t-elle pleinement parti de l'économie changeante ?

7. Comment vous êtes-vous préparé pour faire face à d'éventuelles épreuves ? Il y a énormément d'incertitude et de concurrence dans l'environnement des affaires d'aujourd'hui. En quoi croyez-vous qui vous donne la certitude que vous allez créer une avancée qui « change la donne » ?

Le processus de Modélisation des Facteurs de Succès a été appliqué pour identifier un certain nombre de caractéristiques, savoir-faire et « différences qui font la différence » dans l'ensemble des différents niveaux de facteurs de succès définis au chapitre précédent.

Le Cercle de Succès SFM (SFM Circle of Success™)

Les réponses que nous avons eues en entretien à des questions de ce type et nos études et observations des entrepreneurs qui réussissent et des leaders entrepreneuriaux nous ont amenées à élaborer un modèle que nous avons appelé le *Cercle de Succès (SFM Circle of Success™)*.

Nous avons observé que les fondateurs d'entreprises performantes répartissent leur attention de façon équilibrée entre cinq perspectives fondamentales : 1) eux-mêmes et le sens qu'ils donnent à la finalité ainsi que leur motivation pour ce qu'ils font, 2) leurs clients, leurs produits ou services, 3) leurs investisseurs et parties prenantes, 4) les membres de leur équipe et leurs employés et 5) leurs partenaires et alliés stratégiques.

Pour survivre et prospérer dans leurs entreprises, tous les entrepreneurs efficaces ont besoin de plus qu'un bon produit ou service attractif pour des clients potentiels. Ils doivent également être suffisamment soutenus par les membres de leur équipe, les investisseurs, les alliances et les relations stratégiques. D'une certaine façon, le Cercle de Succès d'un entrepreneur est ce que les Bouddhistes appelleraient sa *Sangha* ; le cercle de soutiens qui vous aide à réaliser votre finalité et atteindre votre meilleur potentiel. Comme l'a dit un entrepreneur qui a réussi, « Vous devez travailler tous les jours avec tout le monde (vos employés, vos investisseurs, vos clients et vos partenaires) pour déployer votre vision ».

Selon le Cercle de Succès, pour être efficaces les entrepreneurs et les leaders d'affaires doivent équilibrer leur temps entre :

1. Se relier à *eux-mêmes* ainsi qu'à leur finalité et à leur motivation pour l'entreprise.
2. Passer de la vision à l'action pour développer des produits et services pour leurs *clients* et générer suffisamment d'intérêt et de revenus pour soutenir leur entreprise – en prenant à la fois de la notoriété et une part de marché suffisantes.
3. Faire grandir une équipe de *collaborateurs* compétents alignés avec la mission de l'entreprise et s'y investissant, et continuant à développer leurs compétences tandis que l'entreprise gagne en maturité.
4. Lever des fonds et obtenir d'autres ressources essentielles pour aider l'entreprise à réaliser son ambition, ensuite continuer à étendre l'activité et créer de la valeur pour les *parties prenantes.*
5. Établir des *partenariats* stratégiques clés et des relations gagnant-gagnant pour étendre le rôle de l'entreprise sur le marché en mobilisant les ressources et en développant la visibilité.

Comme l'implique le nom « cercle de succès », nous représentons la relation entre ces perspectives sous forme d'un cercle, avec soi(-même) et sa finalité et motivation au centre entourée de quatre quadrants de clients/marché, membres de l'équipe/employés, parties prenantes/investisseurs et partenaires/alliances.

Ces cinq domaines ont certes été identifiés comme essentiels pour créer une entreprise performante de n'importe quel type pour un certain temps, mais nous allons voir que l'importance d'un véritable équilibre de l'attention est déterminante. Lorsque nous coachons des entrepreneurs et des personnes qui veulent devenir plus entreprenantes, nous utilisons ces cinq perspectives du Cercle de Succès SFM (SFM Circle of Success™) comme les briques de base pour créer une entreprise prospère.

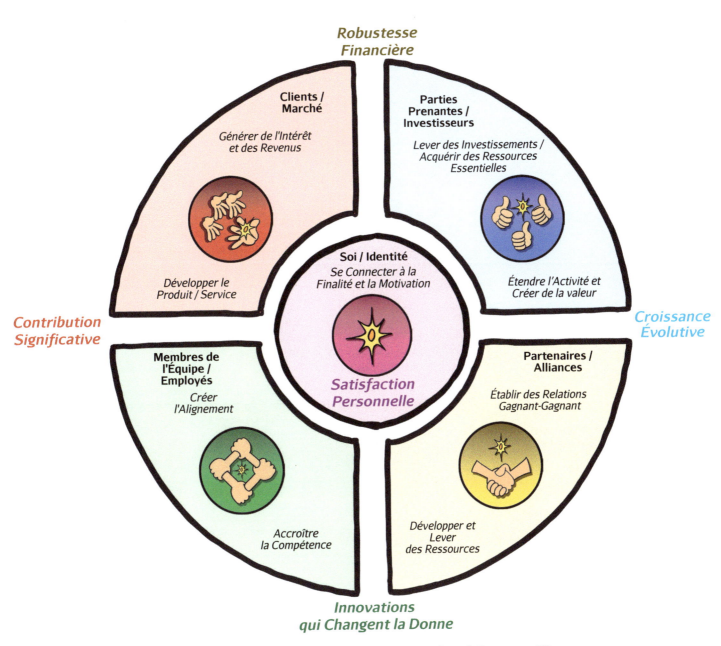

Le Cercle de Succès SFM (SFM Circle of Success™)

L'Entrepreneuriat de la Nouvelle Génération et le Cercle de Succès SFM

Le Cercle de Succès SFM (SFM Circle of Success™) et les Cinq Clés pour Créer un Monde Auquel les Gens Veulent Appartenir

Les cinq domaines du Cercle de Succès ont aussi un lien important avec les Cinq Clés pour Créer un Monde Auquel les Gens Veulent Appartenir mentionnées plus tôt :

1. Se relier à soi et à sa passion a trait à se développer personnellement et spirituellement.
2. Développer et fournir aux clients des produits et services qui ont du sens est la manière fondamentale de contribuer à la société et à l'environnement.
3. Faire grandir une équipe alignée, impliquée et compétente nécessite de favoriser le bien-être émotionnel et physique, le sien et celui des autres.
4. Acquérir des ressources, développer l'activité et créer de la valeur pour les parties prenantes permet de construire une entreprise et une carrière réussies et durables.
5. Construire des partenariats et des relations gagnant-gagnant est une fonction du partage des visions et ressources avec une communauté de pairs, provoquant de nouvelles possibilités.

Établir une entreprise prospère est une expression directe de « créer un monde auquel les gens veulent appartenir ». Pour devenir réel, ce monde doit toucher à toutes les zones du Cercle de Succès. L'un des objectifs principaux de ce livre est d'aider les entrepreneurs à créer un tel monde.

Le Cercle de Succès SFM identifie cinq domaines essentiels sur lesquels les entrepreneurs doivent se focaliser pour bâtir une entreprise performante et durable grâce à laquelle ils peuvent vivre leurs rêves et bâtir un monde meilleur :

- *Soi / Identité*
- *Clients / Marché*
- *Membres de l'Équipe / Employés*
- *Parties Prenantes / Investisseurs*
- *Partenaires / Alliances*

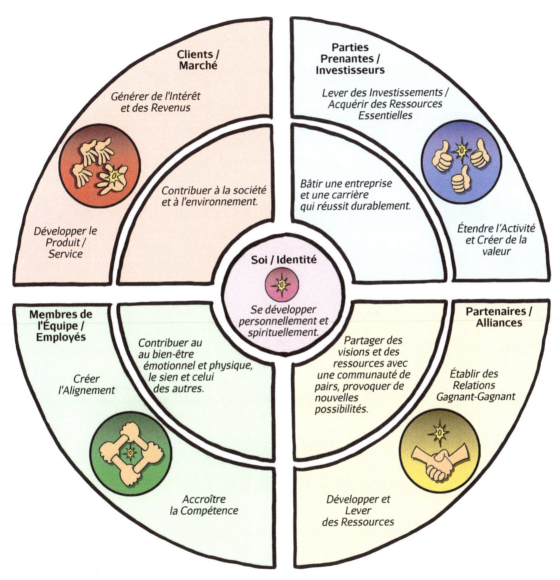

Le Cercle de Succès SFM (SFM Circle of Success™) fournit le contexte pour les Cinq Clés pour Créer un Monde auquel les Gens Veulent Appartenir

L'Entrepreneuriat de la Nouvelle Génération et le Cercle de Succès SFM

La vision, la mission, l'ambition et le rôle d'un entrepreneur qui réussit commencent à prendre forme lorsque sa passion s'exprime vers les perspectives clés définies par le Cercle de Succès SFM.

Intégrer la Passion, la Vision, la Mission, l'Ambition et le Rôle avec le Cercle de Succès SFM (SFM Circle of Success™)

En fait, créer un monde auquel les gens veulent appartenir est le résultat de la capacité de l'entrepreneur à partager sa passion, sous forme de vision, mission, ambition et rôle, selon les perspectives définies par le Cercle de Succès.

- La *vision* est une fonction de la passion personnelle de l'entrepreneur exprimée vers les *clients* et le *marché* avec une intention de contribuer.
- L'alignement des *membres de l'équipe* et des *employés* travaillant ensemble pour atteindre la vision résulte du partage et de la communication par l'entrepreneur de sa passion sous forme de *mission* de l'entreprise et de soutien à leur bien-être.
- La passion de l'entrepreneur s'incarnant dans son *ambition* à bâtir une entreprise prospère et durable et créer de la valeur est ce qui motive les *parties prenantes* et les *investisseurs* à proposer des ressources et à prendre le risque de rejoindre l'aventure.
- La passion de l'entrepreneur à mettre en œuvre son domaine d'excellence sous la forme d'un *rôle* et à construire des relations gagnant-gagnant avec ses pairs, pour obtenir des ressources, constitue la base des *alliances et partenariats efficaces*.

Comme nous l'étudierons dans les parties suivantes de ce livre, l'alignement, la synergie et l'alchimie entre les cinq clés pour créer un monde auquel les gens veulent appartenir, les cinq briques du Cercle de Succès et la passion, la vision, la mission, l'ambition et le rôle de l'entrepreneur sont les ingrédients essentiels de la recette du succès entrepreneurial.

Pour le moment, examinons de plus près les différentes parties du Cercle de Succès et la façon dont elles se combinent pour produire une entreprise qui réussit.

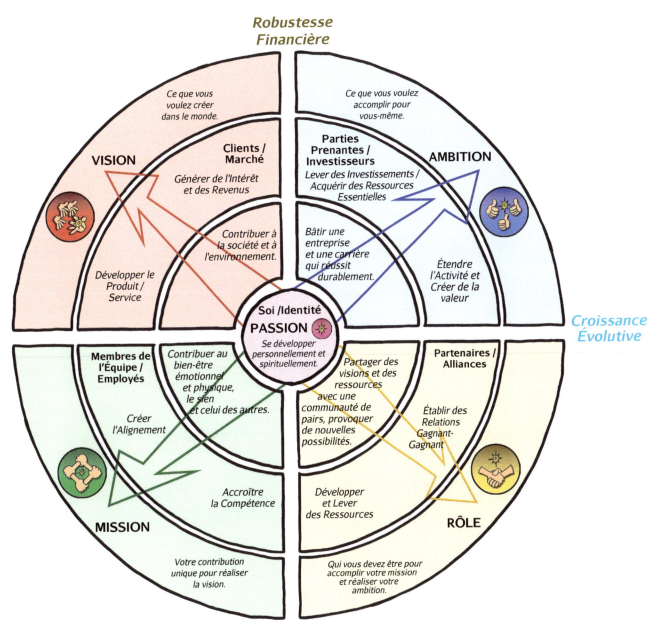

Vision, Mission, Ambition et Rôle, et le Cercle de Succès SFM (SFM Circle of Success™)

Soi(-Même) et l'Identité

Le voyage autour du Cercle de Succès a un point de départ bien précis : vous-même, le sentiment de votre finalité, votre passion personnelle et votre intention de manifester cette passion sous forme de projet ou entreprise. Les entrepreneurs les plus efficaces ont une compréhension très pointue de qui ils sont et comment ils sont alignés avec la finalité de leur entreprise. Ceux qui forment la nouvelle génération d'entrepreneurs commencent leur quête de création d'un nouveau produit ou service parce qu'ils veulent apporter une contribution ; comme voir un problème qu'ils veulent résoudre ou rêver d'une meilleure façon de faire quelque chose. Ceux de ces entrepreneurs qui réussissent le mieux ont une passion et l'envie de créer quelque chose de nouveau et de différent qui soit « révolutionnaire » et qui « change la donne » de manière positive pour les systèmes plus larges auxquels ils appartiennent.

Au centre du cercle de Succès SFM se trouve l'identité de l'entrepreneur, son sentiment personnel de la passion et de la finalité, et son désir de créer quelque chose de nouveau qui fasse une différence.

Cette passion permet d'unir leur « ego » à leur « âme » à un degré tel qu'il les pousse à réussir à réaliser cette passion et l'intention les consume mentalement, physiquement, émotionnellement et financièrement. Comme Richard Branson l'a formulé, c'est une expression du « vouloir vivre pleinement sa vie ». L'entreprise devient une démarche très personnelle qui est extrêmement proche du cœur de leur identité. Elle devient le véhicule qui leur permet de se développer personnellement et spirituellement. C'est ce sentiment d'appel et de passion personnelle qui amène les entrepreneurs à prendre des risques et à rester concentrés face aux nombreux défis qu'ils rencontrent. C'est elle qui les pousse au-delà des possibles dont ils avaient rêvé et les amène à développer leur confiance et leurs compétences pour atteindre de nouveaux sommets.

Identité / Soi
*Se Connecter à
la Finalité et la Motivation*

Steig Westerberg est un bon exemple des entrepreneurs que nous avons étudiés. Steig était fondateur et DG de *Stream Theory*, une entreprise de logiciels basée dans la Silicon Valley qui permettait la diffusion de logiciels en ligne pour l'utilisation en temps réel via des réseaux à haut débit. Steig a conçu l'idée de cette entreprise alors qu'il travaillait comme consultant informatique pour un cabinet juridique. Steig avait la passion de créer des solutions globales à des problèmes courants. Il adorait trouver des idées qui apporteraient les solutions les plus efficaces au plus grand nombre de personnes. Une bonne partie de son travail consistait à vérifier que tous les ordinateurs du cabinet juridique avaient les dernières éditions des logiciels en mémoire.

Steig Westerberg
Fondateur et DG
de Stream Theory

Alors qu'il travaillait à résoudre ce problème récurrent, la passion de Steig pour les solutions globales l'a amené à rêver d'une meilleure façon de distribuer les éditions de logiciels à jour aux ordinateurs des grandes organisations. À l'époque, les technologies de diffusion de fichiers audio et vidéo en streaming commençaient à apparaitre, mais personne n'avait pensé à transmettre des logiciels en streaming. Steig a commencé à imaginer une façon de diffuser des logiciels par Internet à partir d'un serveur central dans laquelle seul le logiciel du serveur central devrait être mis à jour. La nouvelle version à jour du logiciel serait alors diffusée aux ordinateurs individuels de l'ensemble d'une organisation.

Alors qu'il continuait à rêver, la vision de Steig s'est élargie à la possibilité de créer la technologie pour diffuser n'importe quel logiciel via n'importe quel réseau à haut débit vers n'importe quel ordinateur n'importe où dans le monde. C'était une idée révolutionnaire à l'époque, et Steig a réalisé qu'il s'agirait d'une innovation qui allait changer la donne.

Au cours du processus de transformation de sa vision en entreprise viable, Steig allait être amené à vendre sa maison pour financer son entreprise, se trouver à la limite de la faillite, et être confronté à des révoltes d'employés non payés. Toutefois, galvanisé par sa passion pour son rêve, Steig a persévéré et finalement signé un accord de 10 millions de dollars avec Japan Softbank, le réseau à haut débit le plus avancé du monde à l'époque.

Par voie de conséquence, la plateforme de distribution de Stream Theory (nommée *StreamFlow*) a été utilisée par les principaux fournisseurs de services, tels que Softbank, Chello et iCable comme plateforme de vente et location de jeux et applications. Elle a également fait l'objet de licences chez des clients institutionnels comme Wyse, Citrix et Microsoft. Stream Theory a été vendue à Tadpole Technology en 2004, en apportant au groupe d'investisseurs business angels Keiretsu Forum le plus gros retour sur investissement à plus court terme enregistré à cette date.

Après le succès de Stream Theory, la passion toujours présente de Steig pour les solutions globales l'a amené à co-fonder et devenir Directeur Général de *StreamServ*, une compagnie qui a mis les jeux hébergés sur le cloud et les applications sur le marché. StreamServ a été vendue avec succès à GameStreamer, avec de nouveau Steig dans le rôle de Directeur Général. GameStreamer a développé une plateforme de distribution professionnelle fonctionnant comme un service hébergé sur le cloud et distribuant des jeux, de la musique et des livres.

La technologie de Steig a permis la diffusion de logiciels à des millions de personnes et tout a commencé avec sa passion personnelle et son implication à créer des solutions globales révolutionnaires.

Les entrepreneurs ne rencontrent pas tous une fin heureuse lors de la création d'un nouveau produit ou service pour un certain nombre de raisons. Une raison courante est qu'ils ne sont pas personnellement alignés avec leur passion et la vision pour leur entreprise. Ceci met en avant la question de la vérité et de la passion pour ce que vous faites. On entend souvent qu'il faut « travailler à faire que votre loisir ou votre passion devienne votre métier ». Ceci décrit parfaitement ce qui devrait être l'objectif de chaque entrepreneur : trouvez ce qui vous importe profondément et pour quoi vous avez du talent et consacrez-vous-y de tout votre cœur. Selon les mots de Steig Westerberg, « *Le rêve est une chose qui ne peut pas mourir. Le rêve est littéralement une partie de moi-même. C'est une chose à laquelle je pense en permanence. C'est quelque chose qui imprègne tout ce que je fais* ».

De ce fait, un facteur de réussite majeur chez les entrepreneurs efficaces est la connaissance approfondie de qui ils sont et ce qu'ils recherchent au travers de la création d'une nouvelle entreprise et le produit ou service qu'elle propose. La combinaison assertive de la passion et de l'authenticité peut donner des résultats détonants et génère la réussite à long terme de la plupart des entreprises prospères.

La passion d'un entrepreneur peut s'avérer très contagieuse et constitue le socle de toutes les autres parties du Cercle de Succès. La raison en est que l'activité fondamentale de l'entrepreneur est d'inspirer les autres à le rejoindre dans la poursuite de la vision. Accomplir cela est la capacité unique que tous les entrepreneurs qui ont réussi ont développée jusqu'à la maitrise. Elle implique d'ouvrir son cœur pour partager sa passion et soutenir la vision, et également de planifier les avancées avec la conviction fermement ancrée chez l'entrepreneur que sa vision est possible.

Plus votre vérité personnelle et la passion pour votre vision sont finement alignées, plus vous serez enclin à persévérer, à continuer à innover, improviser, toiser l'échec contre toutes les probabilités.

Elle vous aide à considérer les obstacles non comme des obstacles mais comme des tremplins pour vous ajuster et trouver de nouvelles idées qui peuvent même être meilleures que l'idée initiale. Elon Musk et les autres fondateurs de PayPal, par exemple, ont commencé par créer un logiciel de sécurité pour le Palm Pilot, un précurseur des smartphones d'aujourd'hui. Ils ont rapidement réalisé que le marché était trop restreint pour que leur logiciel « change la donne ». Leur idée a évolué et ils ont essayé de nombreuses autres idées de business avant de trouver celle du PayPal que nous connaissons aujourd'hui.

Un autre aspect dynamique en lien avec la partie du Cercle sur soi-même et l'identité implique de vous donner des permissions ; la permission de prendre un risque, la permission de réussir et la permission d'échouer.

IDENTITÉ / PASSION EXEMPLE :
« Je suis une femme d'affaires et une maman passionnée par ma fille qui grandit. Je suis également passionnée de musique. »

Mettre sa passion personnelle en application pour créer une vision de produit ou service qui répond à un besoin important des clients ou d'un marché est le moyen fondamental par lequel les entrepreneurs prospères apportent une contribution et génèrent suffisamment d'intérêt et de revenus pour construire une activité durable.

Une fois que vous avez pris l'engagement personnel de poursuivre votre vérité de façon passionnée, il y a encore le défi de ce que cela va représenter pour vous et pour ceux de votre entourage qui dépendent de vous. Parmi tous les défis qui attendent un entrepreneur, les obstacles relatifs à l'obtention des permissions – de vous-même, de votre conjoint ou votre famille, de vos partenaires en affaires ou de vos employés, etc. – sont les plus considérables.

Finalement, avec une connaissance approfondie et bien ancrée de soi-même, de son identité profonde et une passion personnelle couplée à l'intention de vivre cette passion et de la transformer en quelque chose qui va bénéficier aux autres est la partie la plus importante du Cercle de Succès.

Dans les chapitres suivants nous fournirons des exercices et des outils pour vous aider à développer un centre puissant pour votre propre Cercle de Succès en découvrant et en approfondissant votre passion et en renforçant votre intention de manifester cette passion dans le monde autour de vous.

Les Clients et le Marché

L'application de la passion et de l'intention de l'entrepreneur aux besoins des clients et du marché est fondamental pour créer une entreprise prospère et un rêve ou une vision de nouvelles possibilités. C'est ce processus de transformation de la passion en vision qui produit une idée de produit ou service qui s'avère avantageux pour les clients potentiels et crée entre eux et l'entrepreneur des relations gagnant-gagnant.

Connaitre et comprendre les clients potentiels et créer un produit ou service qui réponde à un de leurs besoins importants est le classique « Saint Graal » de toutes les aventures d'entreprises. Les clients et le marché fournissent les revenus qui feront finalement le succès ou l'échec de toute entreprise. Dans la Silicon Valley, on ne compte plus les exemples d'entrepreneurs qui ont inventé une nouvelle technologie qui pourrait remplir une fonction particulière ou sont particulièrement prometteuses pour résoudre un problème ou créer une nouvelle façon de faire quelque chose. Cependant, si personne ne veut acheter le produit et qu'il n'attire que l'inventeur, il n'y a alors phas d'affaires à développer et le produit aurait du rester dans le laboratoire ou l'imagination de l'inventeur. Il y a une zone grise importante à ce niveau et de nombreux produits végètent jusqu'à qu'ils soient tout simplement commercialisés de façon plus adaptée, qu'un meilleur moment pour leur mise en vente se présente, ou que leur design et ergonomie s'améliore. Créer un produit ou un service réussi vient de la compréhension du client et résulte de la recherche des remarques des clients et d'une meilleure conscience de la demande du marché.

La capacité d'un entrepreneur à comprendre profondément les attentes du marché pour son produit ou service est donc extrêmement importante. Cela demande plus qu'une intuition subjective et de vagues estimations de l'accueil des clients et de la taille globale du marché. Cela demande une focalisation et des recherches extensives. Cela a pris des formes différentes au fil du temps : groupes de discussion, entretiens avec des clients, analyse compétitive et le bon vieux tâtonnement. La persévérance pure entre en jeu pour cette dernière étape. Il est parfois presque impossible de prévoir les attentes du marché et il y a de nombreux exemples de bévues commises par des sociétés qui ont investi des millions de dollars pour créer et commercialiser un produit dont personne ne veut. La tentative de Coca-Cola de lancer un « New Coke » au milieu des années 1980, par exemple, a été un échec si retentissant que pendant des année chaque canette de Coca-Cola devait annoncer Coca-Cola « Classique » pour éviter l'association avec la « nouvelle » recette ratée.

Clients / Marché

Générer de l'Intérêt et des Revenus

Développer le Produit / Service

Les entrepreneurs qui réussissent le mieux sont capables de se consacrer régulièrement à la compréhension de leurs clients et de répondre à leurs besoins « perçus » et « latents » (non exprimés ou non encore reconnus). Prenons l'exemple de Ronald Burr et Marwan Zebian, partenaires fondateurs de NetZero, un grand FAI (Fournisseur d'Accès Internet) prospère. L'idée au cœur de l'entreprise est venue à Zebian en 1998 en entendant une publicité coûteuse pour le Super Bowl alors qu'il conduisait sur l'autoroute. À cette époque, les opérateurs de service internet étaient comme les compagnies téléphoniques. Les utilisateurs devaient payer un droit pour se connecter via un fournisseur spécifique. Le fait d'écouter la radio et d'entendre la publicité a déclenché chez Zebian l'idée que l'accès à Internet devrait être gratuit, comme la radio. Un tel système augmenterait considérablement l'accès et la liberté des utilisateurs. Et, s'il y avait suffisamment d'utilisateurs, l'entreprise pourrait gagner de l'argent en vendant des espaces publicitaires à de grands sponsors ; comme pour la radio ou la télévision. Ce serait une idée qui « changerait la donne » du fonctionnement des services Internet.

Zebian a partagé son inspiration avec Burr qui a vu les possibilités et senti qu'il s'agissait d'une idée potentiellement révolutionnaire. Cependant, aucun des deux ne s'y connaissait en matière de publicité, ce qui était crucial pour réussir l'entreprise.

Selon Burr, lui et son équipe ont démarré une phase de « planification extrême », incluant une étude approfondie du marché au cours de laquelle ils se sont immergés dans la compréhension des activités publicitaires. Burr, né en Californie et ingénieur autodidacte en informatique sans diplôme supérieur, n'avait aucune expérience réelle de négociation avec des annonceurs. « Nous ne connaissions personne dans ce domaine, mais nous avions des amis qui en connaissaient. Il y avait toujours quelqu'un qui connaissait quelqu'un, et nous avons commencé à activer notre réseau, » explique Burr. « Les membres de notre équipe fondatrice avaient tous la fibre entrepreneuriale. Nous avons travaillé ferme pour en venir à connaitre des personnes dans le domaine de la publicité. Nous avons analysé tous les aspect de l'activité. Nous avons fait beaucoup de recherches avec les publicitaires qui étaient nos vrais clients. Nous avons passé des semaines avec eux sur Madison Avenue, pour leur demander si c'était un modèle qu'ils soutiendraient ».

CLIENT / VISION EXEMPLE :
« *Je vois des familles qui utilisent la puissance des réseaux sociaux pour encourager leurs enfants à apprendre et apprécier toutes sortes de musique.* »

Marwan Zebian
Co-Fondateur de NetZero

Ronald Burr
Co-Fondateur de NetZero

Les fondateurs de NetZero se sont alors consacrés à la compréhension des attentes du marché et se sont tournés vers des business modèles similaires dans l'industrie du logiciel pour développer de nouvelles façons de générer des revenus. Selon la vision originale de Zebian, ils offraient l'accès gratuit à Internet ainsi qu'un service à prix réduit, utilisant la publicité pour gagner de l'argent. Bien sûr, les autres fournisseurs d'accès Internet utilisaient également la publicité. Mais à la différence de leurs concurrents, ils décidèrent de faire payer le service client. « Ce sont les plus gros frais d'un FAI. Les services d'assistance doivent être joignables 24/24, 7/7, et c'est très coûteux, bien plus que les frais téléphoniques qui ont diminué au fil des années, » dit Burr. « Nous nous sommes donc basés sur l'expérience de l'industrie du logiciel et avons facturé le service client ».

La planification extrême et l'étude approfondie du marché par NetZero associées à ses ingénieux emprunts de modèles à des industries connexes (la radio et le logiciel) a fait naître un nouveau type de FAI, comme Internet n'en avait encore jamais vu. Le modèle de NetZero a rapidement fait de l'or. Le nouveau FAI a enregistré plus d'un million d'abonnés sur les neuf premiers mois. Au début des années 2000, l'entreprise avait atteint 2,5 millions d'utilisateurs. « Nous avions l'avantage du précurseur, » explique Burr. Le business modèle de base créé par Burr et son équipe existe encore aujourd'hui et donne à NetZero un avantage compétitif clé sur le marché des FAI.

Une des clés de la réussite des fondateurs de NetZero était de comprendre les intérêts et les besoins de leurs clients potentiels (à la fois ceux des utilisateurs et ceux des annonceurs) et de réaliser que ces clients étaient prêts pour un nouveau type de modèle de service Internet qui leur offrait des bénéfices et avantages significatifs. Comme pour les autres aventures entrepreneuriales réussies que nous avons mentionnées jusqu'ici – Tesla Motors d'Elon Musk, Virgin Express de Richard Branson, Amazon de Jeff Bezos, le micro crédit de Muhammed Yunus et TOMS de Blake Mycoskie – la combinaison d'une compréhension profonde des clients avec une vision qui apporte de nouveaux bénéfices significatifs produit un résultat qui change la donne.

Les Membres de l'Équipe et les Employés

Il ne faut pas sous-estimer l'importance de la capacité à attirer et inspirer les membres de l'équipe et les employés. C'est particulièrement vrai pour les fondateurs de nouvelles start-up qui n'ont pas d'autre choix que de porter de nombreuses casquettes jusqu'à ce que l'entreprise soit opérationnelle. Un défi majeur pour les start-up est que la plupart des entrepreneurs ne disposent pas des ressources pour embaucher toutes les personnes dont ils ont besoin. Par conséquent, les fondateurs de l'entreprise doivent se reposer sur leurs propres efforts et ont souvent à convaincre des employés clés de travailler pour peu ou pas d'argent. Ils peuvent recevoir une participation dans l'entreprise sous forme d'actions, c'est une pratique courante dans la Silicon Valley. Cependant, les titres n'ont que peu ou pas de valeur au démarrage d'une nouvelle entreprise et le fondateur doit compter sur la capacité à articuler son rêve et créer enthousiasme et confiance dans les esprits et les cœurs des indispensables employés et membres de l'équipe.

La réussite finale des nouvelles entreprises dépend fortement de la capacité à créer des équipes performantes. Les équipes qui ont un fonctionnement hautement performant présentent les caractéristiques de l'*intelligence collective*. L'intelligence est en général définie comme : *La capacité à interagir avec succès avec son environnement, en particulier face à un défi ou un changement*. L'intelligence collective peut donc être vue comme : *Une intelligence partagée ou de groupe qui émerge de la collaboration et de la communication entre individus dans des groupes et autres systèmes de vie collectifs* – par exemple les synergies et la résilience des écosystèmes ; les équipes hautement performantes ; la « sagesse des foules ».

Dans les entreprises et les organisations, l'intelligence collective est liée à la capacité des membres d'une équipe, d'un groupe ou d'une organisation à penser et agir de façon alignée et coordonnée, en partageant une mission et une vision communes. De la même façon que l'hydrogène et l'oxygène se combinent pour former la troisième entité qu'est l'eau, l'intelligence collective transforme des individus séparés en un groupe cohérent et créée une équipe dans laquelle le tout est plus grand que la somme de ses parties.

Le fruit d'une intelligence collective efficace s'appelle la *collaboration générative*. La collaboration générative implique que des personnes travaillant ensemble créent ou génèrent quelque chose de nouveau, de surprenant et au delà des capacités individuelles de n'importe lequel des membres du groupe. Par la collaboration générative, les individus sont capables d'utiliser pleinement leurs aptitudes, ainsi que de découvrir et de mettre en œuvre des ressources dont ils n'avaient pas encore pris conscience. Ils acquièrent de nouvelles idées et ressources les uns des autres. Par conséquent la performance, ou ce que produit le groupe en tant que tout, est beaucoup plus importante qu'elle ne le serait si les individus travaillaient chacun de leur coté.

Pour créer l'intelligence collective et la collaboration générative, il est indispensable de bien comprendre ce qui motive les personnes. Au fond, ce n'est pas juste l'argent ou un intitulé de poste prestigieux. La motivation la plus importante est de faire partie de quelque chose d'important et réaliser un rêve commun qui repose sur le plein usage des talents et

Le succès des nouvelles entreprises dépend fortement de la capacité à construire des équipes hautement performantes capables de collaboration générative.

Membres de l'Équipe / Employés
Créer l'Alignement
Accroître la Compétence

ÉQUIPE / MISSION EXEMPLE :
« *Ma vision va attirer et inspirer une équipe qui va produire et commercialiser des outils pour enseigner la musique aux enfants de façon ludique et collaborative.* »

savoir-faire de chacun pour réussir. Ceci constitue la « capacitation » sous sa forme la plus élevée – inspirant aux individus d'une équipe de puiser dans leur propre expérience et savoirfaire quelque chose que tout le monde dans l'équipe s'accorde à trouver digne de poursuivre avec passion.

Développer une équipe hautement performante est la partie du Cercle de Succès qui fait appel le plus directement aux compétences de leadership de l'entrepreneur pour libérer efficacement les savoir-faire collectifs d'une équipe et fournir l'inspiration nécessaire à l'obtention d'un résultat désiré. Sur la base de centaines d'entretiens avec des dirigeants qui ont réussi, nous avons trouvé certaines actions particulières de leadership et des qualités centrées sur l'obtention de résultats organisationnels, un équilibre nécessaire à la réussite.

L'intelligence émotionnelle est l'un des savoir-faire clé du leadership de l'entrepreneur. En se mettant « dans les chaussures » des membres de l'équipe ou des employés, en comprenant leurs besoins et désirs, leurs motivations et leurs savoir-faire, l'entrepreneur devient un véritable leader. Il ou elle inspire aussi bien qu'il ou elle coache, élargit, partage et finalement capacite l'équipe à libérer ses savoir-faire pour atteindre un but commun. Toutes ces activités de leadership demandent à l'entrepreneur une compréhension claire des perspectives des membres de l'équipe pour les inspirer et les aligner vers une mission et une vision communes. Cette capacité est un autre des facteurs clés de réussite pour les nouvelles entreprises et projets.

Manquer de le faire peut avoir de lourdes conséquences négatives. Prenons l'exemple de la grande et célèbre multinationale de télécommunications qui a appris la leçon à ses dépends. L'entreprise avait du mal à rester compétitive et savait qu'elle devait développer un produit pour un segment majeur de son marché. Elle devait également le faire rapidement pour bénéficier de l'« avantage du précurseur ». Le projet était à ce point critique pour la réussite de l'entreprise que les dirigeants constituèrent une équipe de 1000 personnes pour développer le nouveau produit le plus rapidement possible. Il s'est avéré, à leur grande surprise et de façon embarrassante, que l'un de leurs concurrents avait été capable de créer un meilleur produit dans des délais plus courts et à bien moindre coût – les surpassant de loin sur le marché – et ce avec une équipe de seulement 20 personnes !

Bien entendu, LA question pour la grande entreprise de télécommunications a été, « Comment est-ce possible que 20 personnes puissent en surpasser 1000 ?! » La différence qui a fait la différence a été ce que nous qualifions d'aptitude à l'intelligence collective et à la « collaboration générative ». En appliquant les filtres de la Modélisation des Facteurs de Succès pour aider l'entreprise à réfléchir sur la façon dont les membres de leur équipe de 1000 personnes avaient travaillé ensemble, il s'est avéré qu'ils avaient opéré en « silos », de manière séparée les uns des autres. Les différents membres de l'équipe se sont contentés de s'atteler à la tâche que le directeur de projet leur avait assignée, ce dernier considérant les personnes principalement comme des éléments d'une machine ou d'un programme logiciel – ce que nous qualifions de leadership de type « cerveau et stylo » dans SFM. Au mieux, ceci crée une forme d'intelligence « collectée » ; où 1 + 1 = 2.

De l'autre côté, le groupe de 20 personnes a été dirigé par quelqu'un de passionné par la vision du projet. Ce leader a plutôt agi comme un chef d'orchestre, transmettant aux membres de l'équipe un sens du but et de la mission communs. Il a encouragé les membres de l'équipe à être en permanence dans la communication et l'interaction (comme les musiciens dans un orchestre) ; défiant, stimulant et encourageant chacun à être et à donner le meilleur de lui-même, à penser « hors de la boîte » et à viser l'excellence dans tout ce qu'il faisait.

Ils ont été capables d'atteindre un haut niveau de collaboration générative en se stimulant et en s'encourageant les uns les autres pour suivre de nouvelles voies et créer une chose sans précédent ; c'est-à-dire, 1 + 1 = 3. Cela impliquait que les membres du groupe partagent la vision, intègrent des points de vue différents et créent un fort « esprit d'équipe » basé sur la confiance et le respect mutuel.

Les Parties Prenantes et les Investisseurs

Une *partie prenante* peut être un individu ou un groupe lié à un projet ou une entreprise et qui :

1. dispose de ressources ou compétences qui peuvent avoir un effet significatif sur la qualité des résultats
2. affecte les décisions
3. est affecté – positivement ou négativement – par les conséquences des décisions et leurs résultats attendus
4. peut handicaper ou faciliter l'obtention des résultats attendus

Le nom anglais stakeholder (« le tenant des poteaux ») vient de l'ancienne pratique de bornage d'une propriété par une série de poteaux en bois, indiquant qu'elle appartient au propriétaire des poteaux. Il a évolué pour désigner une personne ou un groupe possédant un pourcentage significatif des actions d'une société, ou une personne ou groupe ne possédant pas d'actions mais affecté par ou ayant un intéressement sur ses opérations. De fait, les parties prenantes sont des individus ou des groupes qui contrôlent l'accès à des ressources indispensables à la réussite de l'entreprise.

Les *investisseurs* sont une forme particulière de parties prenantes qui investissent de l'argent dans une entreprise pour obtenir un gain financier en retour. Quelqu'un qui investit dans une start-up de technologie est typiquement quelqu'un qui a un excédent financier qu'il ou elle souhaite placer à long terme. Dans les organisations existantes qui n'ont pas besoin de capital de démarrage, les investisseurs ou parties prenantes sont littéralement les actionnaires ou parfois des membres de la direction dont on recherche le parrainage.

La recherche de financement et l'acquisition de ressources clés constituent la majeure partie de l'activité et des préoccupations de la plupart des entrepreneurs. Cela dit, il est vrai que les entrepreneurs les plus efficaces utilisent leur capacité à inspirer les autres dans leur Cercle de Succès pour gagner de l'élan dans l'obtention des fonds et ressources dont ils ont besoin. Plus un entrepreneur est capable de susciter de l'intérêt et du soutien de la part des clients potentiels, des membres de l'équipe et des partenaires, plus il devient attrayant pour les investisseurs potentiels et les parties prenantes.

Le processus commence par regarder en face ce que l'entreprise peut offrir à l'investisseur du point de vue d'une personne qui envisage d'investir de l'argent ou une autre ressource essentielle dans l'espoir d'obtenir un retour sur son investissement. Pour faire ceci correctement, l'entrepreneur doit d'abord prendre en compte les caractéristiques spécifiques de cet investisseur particulier. De quel type d'investisseur s'agit-il ? Un investisseur en capital-risque qui investit des fonds institutionnels voit les choses très différemment d'un business angel qui investit des fonds personnels.

Les parties prenantes sont des individus ou des groupes qui contrôlent l'accès à des ressources indispensables à la réussite de l'entreprise.

Parties Prenantes / Investisseurs

Lever des Investissements / Acquérir des Ressources Essentielles

Étendre l'Activité et Créer de la valeur

PARTIES PRENANTES / AMBITION EXEMPLE :
« Avec un apport de capital, notre produit pourra être vendu dans le monde. Les outils peuvent être appliqués à différents instruments et d'autres compétences que la musique. »

Ce qui attire le plus les parties prenantes potentielles, c'est la passion de l'entrepreneur, s'incarnant dans son ambition à réussir et développer son entreprise.

Pour réussir, un entrepreneur a besoin d'investisseurs et de parties prenantes qui ne s'intéressent pas seulement au gain financier, mais se passionnent également pour ce que l'entrepreneur a créé et qui sont enclins à fournir d'autres ressources et relations pour assurer la réussite de l'entreprise.

Les investisseurs business angels sont un nouveau genre d'investisseurs prêts à prendre un niveau de risque important et à s'impliquer personnellement pour garantir le succès d'une nouvelle entreprise.

Un entrepreneur doit comprendre les valeurs de ses investisseurs : l'investisseur recherche-t-il seulement un retour financier ou se passionne-t-il également pour ce que l'entrepreneur a créé et est-il prêt à investir non seulement du capital mais aussi d'autres ressources et des relations pour aider l'entreprise à réussir ? Cette dernière perspective est celle de nombreux business angels qui aiment « patouiller » dans le monde spéculatif du capital-investissement privé en stade précoce.

Les *investisseurs business-angels* doivent leur nom au quartier du théâtre de Broadway à New-York. Les productions de théâtre en difficulté recherchaient des financements alternatifs lorsque les banques et autres institutions financières refusaient de leur prêter de l'argent. À la place, un investisseur individuel « ange » semblait descendre du ciel et donner les fonds nécessaires pour démarrer la production.

Le terme « ange » a fait son chemin jusqu'en Californie aux premiers temps d'Hollywood où les anges prenaient la forme de supports financiers pour l'industrie du cinéma. Finalement le terme est arrivé jusqu'à la Silicon Valley où il s'applique aujourd'hui à des personnes riches qui ont les moyens d'investir des montants relativement modestes dans des entreprises en phase d'amorçage dans l'espoir de recevoir un retour exponentiel sur leur investissement. Il deviennent souvent intimement impliqués dans l'entreprise comme conseiller ou membre du comité de direction. Les bénéfices de cette implication dépassent souvent très largement le simple retour financier, dans la mesure où l'expérience, les relations et les idées des anges peuvent se révéler extrêmement profitables pour les entrepreneurs. Les fondateurs de start-up avisés préfèrent les investisseurs business angels, parce qu'ils sont plus susceptibles de s'impliquer pour aider l'entrepreneur et lui donner accès à leur réseau et leurs ressources.

Il y a des caractéristiques assez précises qu'un investisseur veut entendre dans le « pitch » de tout entrepreneur sur sa vision d'entreprise et particulièrement son ambition. De toute évidence, un point important que l'investisseur veut identifier est la façon dont il va gagner de l'argent ou recevoir une valeur concrète de l'entreprise. C'est généralement la réalisation de l'ambition de l'entreprise qui va créer la valeur nécessaire pour rétribuer l'investisseur. La présentation de l'ambition de l'entreprise implique non seulement une description concise du produit ou du service de l'entreprise, mais également la taille du marché et la stratégie de l'entreprise pour en capter une part suffisante. Bien sûr, les investisseurs veulent aussi un descriptif de l'équipe de direction de l'entreprise et une explication sur les qualifications spéciales et capacités de ses membres pour réaliser les ambitions de l'entreprise.

Le facteur fondamental de réussite dans la recherche d'investissement est donc de comprendre le point de vue des investisseurs, leurs besoins et leurs désirs, leurs valeurs et leurs intérêts autant que les peurs et préoccupations qu'ils peuvent avoir à investir de l'argent durement gagné ou d'autres ressources dans une entreprise en herbe.

Une fois que l'entrepreneur comprend le point de vue des investisseurs, le facteur de réussite suivant devient primordial : la persévérance. Ron Burr, le précédent DG de NetZero mentionné plus tôt, est un bon exemple de l'importance de la persévérance. Comme vous vous en souvenez, le co-fondateur Marwan Zebian est arrivé à l'idée d'un FAI gratuit en entendant un spot publicitaire coûteux sur le Super Bowl alors qu'il conduisait sur l'autoroute. L'idée était que l'accès à Internet devrait être gratuit pour les utilisateurs, un peu comme les conducteurs écoutent la radio sur l'autoroute, et qu'avec suffisamment d'utilisateurs l'entreprise pourrait gagner de l'argent en vendant des espaces publicitaires à de grands sponsors.

Rétrospectivement, ce business modèle n'a pas si bien réussi à de nombreuses entreprises créées au moment du boom d'Internet. Beaucoup avaient des attentes irréalistes, anticipant de très nombreux utilisateurs de leur logiciel Internet. Pour la plupart des entreprises de ce secteur, le grand nombre d'utilisateurs ne s'est jamais matérialisé. Par conséquent, ce modèle intégrant la publicité a été largement discrédité comme non viable, quoique certaines entreprises, comme Google, Yahoo et Facebook fonctionnent fondamentalement avec la publicité.

Toutefois, Ron et son équipe ont persévéré et essuyé pas moins de 37 refus, jusqu'à ce qu'un investisseur unique se présente et injecte les deux premiers millions de dollars dans l'entreprise.

NetZero a rapidement développé sa base d'utilisateurs qui se sont comptés par millions et a finalement été introduit en bourse à l'apogée du boom Internet après avoir acquis sept autres entreprises au passage. En 2005, la capitalisation boursière de NetZero était de plusieurs milliards de dollars et les quatre fondateurs, dont Ron, ont depuis longtemps pris leur retraite après des années de dur labeur.

Les Partenaires et les Alliances

Dans le monde dynamique et incertain des sociétés émergentes, établir des alliances et des partenariats est un autre facteur de succès. En fait, qui vous connaissez et avec qui vous êtes en relation est souvent aussi important pour la valorisation de votre entreprise que votre technologie ou votre revenu. Les partenariats et alliances sont des relations gagnant-gagnant qui permettent à un entrepreneur de développer ou de lever des ressources ou d'accroître sa visibilité. Les partenaires se distinguent des membres de l'équipe et des actionnaires par le fait que leurs relations avec l'entreprise se font d'égal à égal ; c'est-à-dire que la réussite de l'entreprise ne dépend pas de la réussite du partenaire. De ce fait, le degré de dépendance et de risque est faible par rapport aux bénéfices potentiels. Les partenariats et alliances les plus réussis sont ceux dans lesquels les rôles des partenaires potentiels se complètent, en créant une synergie effective entre leurs ressources.

Un facteur de réussite fondamental pour obtenir des ressources des parties prenantes est de comprendre leur point de vue, leurs besoins et désirs et leurs valeurs et intérêts, aussi bien que leurs peurs et préoccupations.

Les partenariats et alliances sont une partie souvent inexplorée du Cercle de Succès qui peut faire une différence énorme. En trouvant des moyens de réunir des rôles complémentaires pour créer des relations gagnant-gagnant, les entrepreneurs peuvent lever et accroître fortement leurs ressources.

Partenaires / Alliances

*Construire des Relations Gagnant-Gagnant
Développer et Lever des Ressources*

PARTENAIRES / RÔLE EXEMPLE :
« J'ai passé un accord avec une importante chaine de magasins de jouets pour présenter mon produit dans leur publicité comme un exemple de la manière dont les jouets peuvent stimuler l'apprentissage. »

Les Alliances Stratégiques sont des relations formelles (et parfois informelles) entre organisations à travers lesquelles elles coordonnent des activités techniques et d'affaires et partagent des ressources pour réaliser leurs objectifs plus rapidement, à moindre coût ou plus facilement, et pour créer un avantage concurrentiel. Les alliances stratégiques aident également les entreprises à réaliser ce qu'on appelle l'« innovation ouverte ». L'*innovation ouverte* se définit essentiellement comme « le fait d'innover avec des partenaires en partageant les risques et en partageant les gains ».

Selon Henry Chesbrough, l'« innovation ouverte est un paradigme présumant que les entreprises peuvent et doivent utiliser des idées de l'extérieur autant que des idées de l'intérieur, et des processus de commercialisation internes et externes, lorsqu'elles cherchent à faire évoluer leur technologie ». L'idée centrale derrière l'innovation ouverte est que dans un monde aux connaissances largement diffusées, les entreprises ne peuvent pas réussir en se reposant uniquement sur leurs propres recherches. Le savoir et les ressources nécessaires à l'innovation se trouvent chez les employés, les fournisseurs, les clients, les concurrents et les universités. Donc, pour accélérer l'innovation et dégager des ressources, les entreprises ont besoin de créer des alliances et des partenariats gagnant-gagnant avec d'autres organisations et entités.

Les nouvelles entreprises construisent aussi des partenariats et alliances en mettant en place un *comité directeur* – un groupe de personnes qui fournissent des conseils et autres ressources aux start-up. Ces personnes ont généralement une expertise ou de l'expérience dans un domaine essentiel à la réussite de la start-up. Un des principes directeurs pour établir un conseil d'administration profitable est en fait de vous assurer que vous avez des représentants dans chacun des quatre quadrants du Cercle de Succès SFM (investisseur, client, équipe et partenaire).

Les entreprises, nouvelles et anciennes, tirent également profit des relations avec lesquelles elles peuvent partager des « bonnes pratiques ». La comparaison des bonnes pratiques implique de partager, discuter et comparer des pratiques professionnelles ou des étapes comportementales et de rechercher celles qui produisent les meilleurs résultats. *Les groupes et réseaux de bonnes pratiques* comparent leurs approches de problèmes et objectifs communs pour identifier les pratiques qui vont globalement améliorer le fonctionnement des membres. En fait, lorsqu'il est combiné au benchmarking, le partage de bonnes pratiques devient une forme puissante de Modélisation des Facteurs de Succès et une source efficace de synergies et nouvelles idées.

Lorsque vous établissez des groupes et des réseaux de bonnes pratiques, il est toutefois important d'y inclure des personnes et des organisations extérieures à votre propre industrie. Si le partage des bonnes pratiques est appliqué au sein d'une même industrie, il tend à valider ce que les uns et les autres font déjà et n'est de ce fait pas particulièrement innovant. Le partage de bonnes pratiques au sein d'une industrie permettra seulement d'éviter des erreurs. Comme dans l'exemple de NetZero qui a adopté un modèle de service gratuit supporté par la publicité de l'industrie de la radio et l'idée de faire payer le service client de l'industrie du logiciel, le partage de bonnes pratiques avec d'autres domaines d'activité peut se révéler une excellente méthode pour « emprunter une idée à une autre industrie ».

Il faut bien noter que l'interaction avec un partenaire peut aussi être l'une des zones les plus délicates à gérer dans le Cercle de Succès. C'est vrai non pas parce-que le partenariat est difficile à mettre en place, mais parce-qu'il est souvent trop facile à initier.

L'une des erreurs fréquentes des entrepreneurs est de s'associer trop rapidement avec les mauvaises personnes. Une fois que le partenariat est en place, c'est souvent très difficile et chronophage de le défaire.

La raison pour laquelle les entrepreneurs sont susceptibles de former trop rapidement l'alliance inappropriée est que lorsqu'ils commencent à raconter leur histoire, il peut être réconfortant de trouver un auditoire réceptif. Le problème est, comment le partenariat va-t-il vraiment fonctionner et que se passe-t-il s'il commence à vous freiner ?

Un piège courant survient lorsqu'un entrepreneur d'une entreprise en phase précoce attire l'attention d'un partenaire d'un grand groupe stratégique. La reconnaissance par une entité plus importante et plus crédible peut être enivrante, particulièrement lorsqu'une offre de financement est associée à son intérêt. Mais le mauvais côté apparait avec les conditions liées à l'acceptation trop rapide de l'investissement d'un partenaire stratégique.

Le meilleur scénario possible lorsque cela se produit, c'est que le partenaire stratégique ouvre une voie d'accès au marché pour le produit ou le service de l'entrepreneur et le laisse par ailleurs complètement libre de ses choix de gestion. Dans le pire des scénarios, le grand partenaire stratégique pose des conditions significatives à son investissement stratégique et attend de l'entreprise qu'elle modifie ou limite son champ aux domaines d'affaires qui servent l'agenda financier du partenaire stratégique.

Les meilleurs partenariats émergent lorsque les deux parties ont des rôles complémentaires et retirent un bénéfice clair et net de leur collaboration. Ils repartent tous les deux avec quelque chose de plus que si le partenariat n'avait pas existé. Ils sont en mesure de créer une relation « gagnant-gagnant » plutôt que « gagnant-perdant », ou encore pire « perdant-perdant » (c'est-à-dire que les deux parties vont moins bien en raison du temps et de l'argent perdus dans la collaboration).

Comme nous l'avons posé dans le chapitre précédent, les rôles sont plus efficaces et satisfaisants lorsqu'ils reposent sur le « mécanisme d'excellence » des personnes. Les entreprises et les organisations ont également leur domaine d'excellence. Les meilleurs partenariats sont ceux dans lesquels le mécanisme d'excellence d'un individu ou d'une organisation est complété et renforcé par le mécanisme d'excellence différent du partenaire.

« L'innovation ouverte, » le comité de direction et les réseaux de bonnes pratiques sont des exemples de partenariats possibles.

Les meilleurs partenariats émergent lorsque les deux parties ont des rôles complémentaires et retirent un bénéfice clair et net de leur collaboration, repartant avec quelque chose de plus que si le partenariat n'avait pas existé.

Ed Hogan
Fondateur et DG
de Pleasant Hawaiian Holidays

Le pionnier du voyage organisé Ed Hogan a mis en œuvre sa passion du voyage dans des endroits exotiques pour créer des partenariats gagnant-gagnant qui se sont développés en affaire de plus d'un demi-milliard de dollars par an.

Comme beaucoup d'autres entrepreneurs qui réussissent, Ed a également développé le désir de « rendre » à sa communauté et à la société dans son ensemble dans un geste de gratitude pour la réussite dont il a bénéficié dans sa vie. En 1998, Ed et sa femme Lynn ont créé la Hogan Family Foundation ; une organisation à but non lucratif dédiée au développement de l'esprit entrepreneurial par la création et le suivi de programmes éducatifs, civiques et humanitaires conçus pour encourager une société plus productive et contributive. Depuis sa création, la Fondation a investi environ 67 millions de dollars dans ses programmes éducatifs et caritatifs.

Les programmes humanitaires comportent le Hogan Angel Flight Program, qui gère les modalités de transport pour les malades dans le besoin avec une contribution d'un quart de million de dollars par an.

Face à des opportunités de marché limitées, une vision coopérative avec un partenaire ou un allié de confiance peut ouvrir un nouveau territoire plus robuste et prometteur que vos perspectives de marché existantes. L'expérience de Ed Hogan, DG de Pleasant Hawaiian Holidays, une entreprise fondée après la seconde guerre mondiale par cet ancien GI, à Pleasant dans le New Jersey, donne un exemple de ce scénario gagnant-gagnant. Ed a lancé son agence de voyages en ayant très peu d'argent en poche, mais la passion des voyages dans des endroits exotiques. Grâce à ses propres voyages et aux retours des clients de son agence, Ed a réalisé qu'Hawaï était en train de devenir rapidement une destination touristique populaire. Il a rassemblé des fonds suffisants pour acheter un avion d'occasion qu'il a remis en état. Ed a commencé à effectuer des vols à destination d'Hawaï pour y déposer des touristes qui séjournaient dans différents hôtels. Il a rapidement réalisé qu'il aurait du mal à concurrencer les grandes compagnies qui avaient un plus gros volume d'affaires et pouvaient pratiquer des prix plus bas. En d'autres termes, fournir le voyage lui-même n'était pas son « domaine d'excellence ».

Ceci a amené Ed à développer une vision et une ambition impliquant des moyens d'être plus concurrentiel sur les prix tout en captant une part de marché plus large. Il a réalisé que pour développer son affaire, il avait besoin de l'aide d'un allié avec des objectifs d'affaires et une expertise complémentaires pour accroître les revenus issus du tourisme à Hawaï. Il s'est donc associé à une sélection d'hôtels avec lesquels il a négocié des blocs de chambres pour obtenir des remises quantitatives. C'était gagnant-gagnant de part et d'autre. Bien que leurs marges respectives aient été plus faibles, tous ont accru leurs revenus de façon exponentielle en augmentant le nombre de leur clients. Ed vendait des voyages organisés incluant le vol et l'hôtel à tarif réduit. Le partenariat a propulsé son agence à un niveau d'affaires confortable. Il a même racheté les hôtels de certains de ses partenaires, les intégrant dans son empire du voyage en pleine croissance.

Ed a gagné une réputation internationale en tant que pionnier du « voyage organisé » dans l'industrie du tourisme. Son entreprise s'est formidablement développée durant les quatre décénnies suivantes, tandis qu'il l'étendait à des destinations dans le monde entier, générant plus de 500 millions de dollars de ventes par an. Il a vendu Pleasant Hawaiian Holidays à la Southern California Automobile Association of America, une agence américaine de voyage leader du marché, pour plusieurs centaines de millions de dollars.

Toujours connecté à sa passion, Ed demeure un personnage connu dans l'industrie du voyage, et les entreprises qu'il a fondées ont atteint la croissance et la réussite dans un monde en constante évolution. Il est directeur de la fondation à but non lucratif Hogan Family Foundation, Pleasant Travel Service, Pleasant Aircraft Leasing, Royal Lahaina Development Company, et Royal Lahaina et Royal Kona Resorts.

Si Ed n'avait pas appris l'art du partenariat, il aurait pu simplement céder devant ses concurrents ou ne jamais pouvoir développer son affaire.

EXEMPLE DE CERCLE DE SUCCÈS SFM

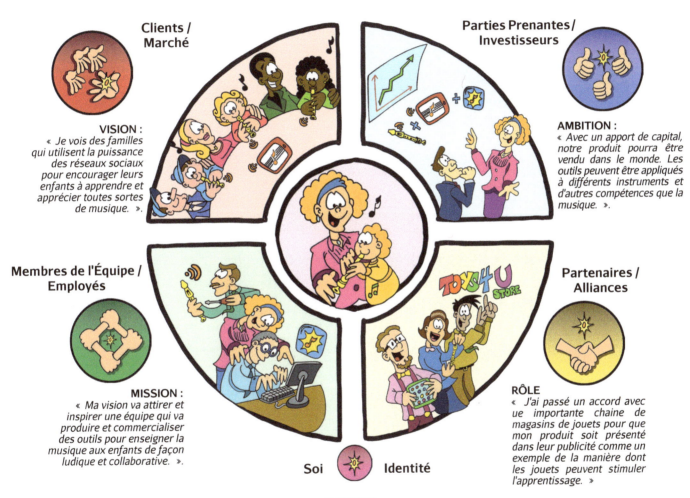

L'Entrepreneuriat de la Nouvelle Génération et le Cercle de Succès SFM

L'influence du contexte et du « Champ de l'Innovation » sur le Cercle de Succès

Les exemples de Ed Hogan et Pleasant Hawaiian Holidays, Marwan Zebian et Ron Burr et NetZero, Steig Westerberg et Stream Theory mettent en évidence un autre facteur clé lié au Cercle de Succès, qui se reflète dans la réussite de tous les entrepreneurs et leurs entreprises évoqués jusqu'ici – Elon Musk et Tesla Motors, Walt Disney et son empire du divertissement, Richard Branson et Virgin Express, Jeff Bezos et Amazon, Muhammed Yunus et le micro crédit, et Blake Mycoskie et TOMS. Cela a trait au « champ » social et culturel plus large ou « esprit du temps » dans lequel l'entrepreneur et son entreprise opèrent.

La réussite des nouvelles entreprises dépend de la manière dont ces entreprises servent et sont accueillies par le système socio-économique plus vaste dans lequel elles sont créées.

Comme tout le reste, la réussite des nouvelles entreprises est en grande partie déterminée par leur capacité à s'intégrer dans les systèmes plus vastes auxquels elles appartiennent. L'état évolutif de ces systèmes plus vastes définit le contexte dans lequel l'intention et la passion de l'entrepreneur prennent forme dans les différentes parties du Cercle de Succès. L'état de ces systèmes plus vastes peut être vu comme un type de champ qui est une fonction de l'évolution des dynamiques socio-économique et des développements techniques. Un tel champ n'est pas seulement constitué des besoins, attitudes et opinions des individus composant le Cercle de Succès mais également de leurs besoins et de leurs attitudes latents ou en cours de développement.

Les développements techniques qui évoluent et les changements radicaux dans les besoins et les attitudes des gens définissent une sorte de « champ de l'innovation » qui détermine la faisabilité, la désirabilité et l'acceptabilité de nouveaux produits et idées.

C'est l'état de ce vaste champ de possibilités qui détermine si l'idée d'un entrepreneur est perçue comme faisable et désirable. Les entreprises qui réussissent le mieux sont celles qui produisent quelque chose qui est vraiment une innovation révolutionnaire. Cela se produit lorsqu'elles sont capables de « surfer sur la vague » d'une tendance émergente dans le champ environnant.

La capacité à comprendre et à suivre des développements clés dans le champ plus vaste des intérêts et des possibilités est un facteur majeur de réussite pour les aspirants entrepreneurs. Tout cela est en lien avec la compréhension des forces qui façonnent le champ et la capacité à appliquer ce qui pourrait être appelé « la détection des signaux faibles » pour s'harmoniser aux tendances à venir. La capacité de Jeff Bezos, fondateur d'Amazon, à reconnaître le vaste potentiel ouvert par la croissance rapide de l'utilisation d'Internet combinée à la décision selon laquelle les détaillants en ligne aux USA n'auraient pas à percevoir de taxes sur les ventes hors de leur état en est un bon exemple.

Pour réussir, les entrepreneurs doivent être capables de percevoir et de tirer partie de tendances et d'opportunités émergentes au sein d'un « champ d'innovation » dynamique.

Des promesses de nouvelles possibilités et de changements de donne émergent en permanence. Un des facteurs clés de réussite des entrepreneurs est l'aptitude à percevoir et à prédire où et quand ces développements qui changent la donne apparaîtront.

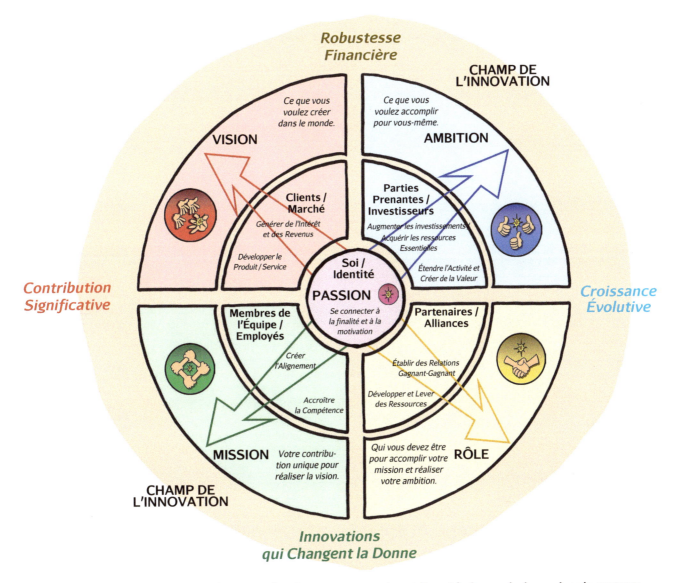

Les Projets Entrepreneuriaux qui réussissent le mieux sont ceux qui contribuent à changer la donne dans le contexte socio-économique plus vaste, le champ de l'innovation, auxquels elles appartiennent.

L'Entrepreneuriat de la Nouvelle Génération et le Cercle de Succès SFM 97

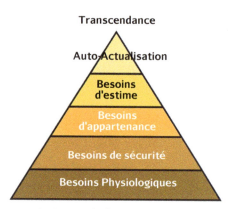

La Pyramide des besoins selon Abraham Maslow

Selon la pyramide des besoins de Maslow, l'être humain a des besoins élémentaires qui doivent être satisfaits pour permettre la prise en considération des besoins des niveaux supérieurs, plus élaborés. Cette hiérarchisation des besoins a une influence majeure sur la direction du développement dans le « champ de l'innovation ». Les développements les plus récents tendent à la satisfaction des besoins des niveaux supérieurs.

Dans son article prophétique *Forces Shaping the New Information Paradigm* – Les forces qui donnent forme au nouveau paradigme de l'information – (1985) Glenn C. Bacon, directeur technique senior chez IBM, propose *la Pyramide des Besoins d'Abraham Maslow*, psychologue, comme l'une des forces fondamentales qui influencent la direction des développements sociaux et économiques. Comme l'explique Bacon, la théorie de Maslow établit qu'il y a des besoins humains de base qui doivent être relativement satisfaits pour permettre la prise en considération de niveaux de besoins supérieurs, plus élaborés. Cette hiérarchie des besoins détermine la direction et la rapidité des développements techniques.

Par exemple, notre besoin de base de *survie physiologique* doit être satisfait pour que nous puissions faire quoi que ce soit d'autre. Pour que la survie des individus et des organisations soit assurée, il faut que les mécanismes qui soutiennent leur existence fonctionnent de façon adaptée. Une fois que la survie est assurée, arrive le besoin de *sécurité et de sûreté*. C'est-à-dire que nous sommes non seulement en vie, mais également dans un environnement social sûr et pas trop hostile. Au niveau suivant, une fois que la sécurité de l'environnement est satisfaisante, les préoccupations se tournent vers les connexions sociales avec un accent sur le besoin d'*appartenance*. Au niveau supérieur se trouve le besoin d'aller au-delà du groupe et d'obtenir une position plus autonome et une *estime de soi* personnelle. Bacon écrit que « le sommet de la pyramide de Maslow est celui de la *réalisation de soi*. Prenons une personne autosuffisante et très autonome. Elle coopère avec sa communauté mais agit selon son propre style et ses priorités ».

Dans les dernières versions de son modèle, Maslow a ajouté un septième niveau qu'il a appelé la *transcendance de soi* – ressentir, s'unir avec et servir ce qui est au-delà du soi individuel. Ceci émerge du désir d'aller au-delà de notre niveau de conscience ordinaire d'humain et d'expérimenter l'unicité avec le grand tout, la vérité supérieure, quoique cela soit. C'est également connecté au désir d'aider les autres à se réaliser. Cette description correspond à ce que nous avons désigné dans le chapitre précédent comme un « holon, » où l'ego et l'âme sont en harmonie – une personne se perçoit comme étant simultanément un tout indépendant et une partie de quelque chose de plus grand que lui.

Selon Bacon, le développement des technologies, ainsi que les produits associés et les services qui vont avec, ont apporté des solutions pour s'élever progressivement dans la hiérarchie des besoins de Maslow et continuent à le faire. Anticipant des développements comme les smartphones, les tablettes et les médias sociaux, Bacon annonçait il y a 30 ans que les développements technologiques et les nouvelles entreprises capables de soutenir ce mouvement vers le haut de la pyramide de Maslow seraient les futures « gagnantes ».* Ce que dit Bacon implique que les entreprises qui vont créer une expérience de plus en plus importante d'appartenance, d'estime, de réalisation de soi et finalement de transcendance de soi pour leurs fondateurs, clients, employés, parties prenantes et partenaires vont réussir de mieux en mieux.

Il semble clair que c'est là-dessus que ceux que nous appelons les « entrepreneurs de la nouvelle génération » se focalisent. La notion de « zen-trepreneuriat » et les cinq clés pour créer un monde auquel les gens veulent appartenir que nous avons identifiée au début de ce chapitre tournent en grande partie autour de ce que Maslow appellerait la « réalisation de soi » et la « transcendance de soi ».

La déclaration de Richard Branson disant que son intérêt pour la vie vient du fait de se fixer « des défis énormes, apparemment irréalisables, et d'essayer de les dépasser... dans la perspective de vouloir vivre pleinement sa vie » est l'expression évidente d'un désir de réalisation de soi.

L'aspiration d'Elon Musk, fondateur de Tesla Motors, à « élargir la portée et l'envergure de la conscience humaine pour mieux comprendre les questions à se poser » et « faire tout son possible pour amener un plus grand éveil collectif » est une expression de cette tendance. La décision osée de Musk d'ouvrir aux autres organisations l'accès à tous les brevets détenus par son entreprise est un exemple concret de transcendance de soi. Comme Musk l'a dit, « Tesla Motors a été créée pour accélérer l'avènement du transport durable. Si nous défrichons une piste vers la création de véhicules électriques convaincants, mais que nous minons le terrain par la propriété intellectuelle pour freiner les autres, nous agissons à l'opposé de ce but ».

Le développement du micro crédit de Muhammed Yunus, et le modèle « Un-Pour-Un » de Blake Mycoskie pour TOMS sont d'autres exemples de la tendance entrepreneuriale vers la transcendance de soi et le désir d'aider les autres à se réaliser en les aidant à aller au-delà des premiers niveaux de besoins. En fait, l'approche « Un-Pour-Un » remplit les besoins d'estime d'un groupe de clients pour satisfaire les besoins physiques d'autres.

La tendance à aider les autres à se réaliser n'est pas seulement limitée aux clients. La Compagnie Starbucks Coffee, par exemple, a initié un programme qui offre un soutien financier à ses employés pour finir leurs études supérieures, sans obligation pour l'employé de continuer à travailler pour la compagnie après l'obtention du diplôme.

Les investisseurs business angels qui veulent se développer et redonner en aidant les entrepreneurs à réussir, en soutenant les membres de l'équipe et en fournissant des avantages significatifs aux clients sont un autre exemple de cette tendance.

Lorsque les entreprises, les membres de l'équipe, les parties prenantes, les partenaires et les clients se soutiennent mutuellement vers la réalisation de soi, cela crée un champ d'innovation puissant. Comme nous le verrons dans les prochaines sections de ce livre, la Silicon Valley en Californie a développé un champ d'innovation particulièrement puissant de ce point de vue.

---

*Dans un article récent intitulé *As IT's Industrial Age Ends the Humanist Era Begins* (Alors que l'âge industriel des technologies de l'information se termine, l'ère humaniste commence) l'auteur confirme la prédiction de Bacon. L'article souligne que les technologies de l'information « ont été une fonction pour contrôler les semi-conducteurs et mettre de l'ordre dans un tas de un et de zéro afin que les transactions puissent être tabulées avec efficacité et précision ». Les premiers développements des technologies de l'information servaient les besoins de survie et de sécurité ; c'est-à-dire l'enregistrement des données, les bases de données, les fonctions de coordination du système, etc. Selon l'article, « Les technologies de l'information doivent devenir une compétence qui fasse plus qu'effectuer des calculs, traiter des écritures de journal et imprimer des rapports... Les nouveaux problèmes des technologies de l'information concernent les personnes, les émotions et d'autres ressources moins-que-statiques, logiques ou parfaites ». L'article affirme que, plutôt que des savoir-faire techniques, les développeurs de technologies auront besoin de connaissances profondes sur la façon dont l'esprit humain fonctionne, ressent et réfléchit. Il déclare que les entrepreneurs de cette nouvelle ère ont besoin de (1) Compétences en conception (par exemple, comment les couleurs, émotions, etc. influent sur le comportement), (2) Savoir-faire Social / Humain (perspicacité, connaissance du comportement) et (3) Savoir-faire en traduction et transition. Ceci coïncide assez bien avec ce que nous avons découvert lors de nos études avec la Modélisation des Facteurs de Succès.

La Loi de la Variété Requise et le Champ de l'Innovation

Bacon met en avant une autre force majeure qui façonne le développement du champ, l'« explosion de la variété ». Selon la *Loi de la Variété Requise* du théoricien des systèmes Ross Ashby, pour pouvoir s'adapter, réussir ou survivre avec succès, tout membre d'un système doit faire preuve d'un minimum de flexibilité. Ce degré de flexibilité doit être proportionnel à la variété que le membre doit affronter dans le reste du système. Lorsque le contexte est simple et stable, vous n'avez pas besoin de variété ou de flexibilité pour vous en sortir. Lorsque les choses deviennent dynamiques et complexes, beaucoup de flexibilité et de variété sont alors nécessaires.

L'une des corollaires de la Loi de la Variété Requise est que si vous voulez atteindre un but ou un résultat particulier de façon cohérente (qu'il s'agisse d'affaires, de sport, de santé ou de tout autre domaine de la vie), vous devez augmenter le nombre d'options disponibles pour atteindre ce but en proportion du degré de variabilité potentiel au sein du système. Si l'environnement change, nous ne pouvons plus continuer à faire les mêmes choses et attendre les mêmes résultats.

En fait, dans son livre *Designing Freedom* – Concevoir la liberté –(1974), le consultant organisationnel et théoricien des systèmes Stafford Beer traite la loi de la variété requise comme une « loi de la nature », et l'appelle *la loi dominante des systèmes sociétaux*. En indiquant que notre profond désir de liberté est une manifestation de la Loi de la Variété Requise, Beer dit que nous devons regarder en face le fait que l'un des défis de notre monde moderne est de faire face à une quantité croissante de diversité de tous types, culturelle, technique, organisationnelle et sociale.

Selon la loi de la variété requise, les technologies, les produits, les services et les business modèles qui proposent plus de flexibilité, de choix et de liberté aux entrepreneurs, aux clients, aux membres de l'équipe, aux parties prenantes et aux partenaires vont potentiellement venir changer la donne et évoluer naturellement vers la position dominante.

Brian Chesky illustre bien ceci avec Airbnb, un service Internet qui aide à mettre en relation des personnes qui recherchent un logement temporaire avec des personnes qui ont des chambres ou d'autres types d'hébergement temporairement disponibles. La vision pour Airbnb est née en 2008 lorsque Chesky et son co-fondateur Joe Gebbia étaient colocataires à San Francisco. Ils étaient venus s'y installer fraichement diplômés de l'université du Rhode Island et cherchaient du travail dans le domaine du design industriel. Ils se sont rapidement retrouvés sans emploi et dans le besoin financier. L'idée d'Airbnb a d'abord émergé peu avant une conférence organisée en ville sur le Design Industriel alors que de nombreux hôtels étaient surbookés. Les deux pensaient pouvoir gagner un peu d'argent en louant une partie de leur logement à des personnes qui avaient du mal à trouver un hôtel. Ils ont acheté trois matelas pneumatiques et commercialisé l'idée en créant un site appelé « Air Bed and Breakfast » (d'où Airbnb).

Cette période particulière coïncidait avec le début d'un boom dans ce qu'on appelle l'« économie du partage ». Dans la lignée de sociétés comme EBay et Craig's List, des services commençaient à apparaitre pour proposer en ligne la location à court terme de vélos, voitures, et même de chiens. Chesky et ses partenaires étaient persuadés que cette tendance allait se développer. Ils se sont demandés pourquoi ne pas utiliser Internet pour louer un lit, un appartement ou même un château en Irlande ? Ils ont pris le risque et commencé à élargir la liste des propositions sur le site. La société a d'abord eu du mal parce-que le concept derrière l'entreprise était nouveau et non testé dans ce domaine du partage de services. Cependant, Chesky et son équipe croyaient que le moment était venu de concrétiser cette idée et ils ont persévéré dans leur mission.

Aujourd'hui, avec plus de 600.000 références, Airbnb fournit nettement plus de flexibilité, de choix et de liberté aux personnes qui cherchent un hébergement que ne le font les services hôteliers. Et il fournit la même liberté et variété à ceux qui cherchent à louer temporairement un espace. Il satisfait également plusieurs niveaux de besoins de la pyramide de Maslow. En plus de répondre aux besoins physiques sous forme d'un lieu de séjour, Airbnb offre aux personnes une plus grande autonomie en leur permettant de « coopérer avec leur communauté mais agir selon leur propre style et priorités ». Airbnb prend également le niveau du besoin de sécurité très au sérieux, en proposant des contrats d'assurance et en dédiant plus de 100 employés uniquement à la confiance et la sécurité.

Présentée comme une innovation « de rupture » dans les industries de l'hôtellerie et du voyage, Airbnb était évalué à 10 milliards de dollars en 2014 avec des listes de location dans 192 pays. En moyenne, 50 000 à 60 000 personnes utilisent Airbnb chaque jour. L'investissement personnel de Chesky dans la société a fait de lui, à 32 ans, l'un des milliardaires les plus jeunes du monde. Passionné par sa propre vision et son service, Chesky continue à utiliser Airbnb lui-même et n'est pas propriétaire depuis 2010.

Pour conclure, nous pouvons dire que les innovations qui soutiennent les niveaux supérieurs de la pyramide de Maslow et nous apportent plus de flexibilité, de variété et de liberté pour être à la fois des touts indépendants et des holons vont continuer à « changer la donne ».

Bien sûr, les individus, groupes ou industries vont se trouver à différents niveaux de la pyramide de Maslow et avoir des besoins différents quant au degré de flexibilité, de choix, et de liberté nécessaires pour atteindre les buts désirés de façon cohérente et avec succès. Ceci sera également vrai pour chaque partie du Cercle de Succès ; clients, membres de l'équipe, parties prenantes et partenaires. En même temps leurs besoins vont évoluer au fur et à mesure de l'évolution du champ plus vaste de l'innovation. Mieux vous anticipez leurs besoins et les besoins imposés par l'évolution du champ du système plus vaste, plus vous aurez de chance de réussir durablement et en changeant la donne.

En parcourant les différentes parties de ce livre, il vous sera important de réfléchir en permanence sur les questions, « Comment pouvez-vous intégrer progressivement les niveaux supérieurs de la pyramide de Maslow à votre vision, votre mission, votre ambition et votre rôle ? » « Comment votre idée ou projet contribue-t-elle à apporter plus de flexibilité, de choix et de liberté à vos clients, aux membres de votre équipe, à vos parties prenantes et vos partenaires ? »

Mon système pour accompagner les enfants dans l'apprentissage musical est flexible. Il peut fonctionner avec différents instruments. Il répond au besoin d'appartenance des enfants parce qu'il les aide à apprendre en communauté, et il répond à leur besoin d'estime parce qu'ils parviennent à maîtriser différents niveaux de compétence.

Exemple d'un Cas de Facteurs de Succès : Barney Pell de Powerset

« Changez le monde et faites fortune en même temps. »

Barney Pell
Fondateur et DG de Powerset
Co-Fondateur de Moon Express, LocoMobi
Assoc. Fondateur de Singularity University

Barney Pell est un exemple emblématique de la nouvelle génération d'entrepreneurs que nous étudions dans ce livre. Son cas fournit un exemple clair sur la façon de construire un Cercle de Succès efficace, et les défis qui peuvent se présenter.

Barney a grandi à Los Angeles, en Californie, fils d'une mère célibataire qui incarnait beaucoup des attitudes de la révolution culturelle des années 1960. « Je suis né lorsque ma mère avait 20 ans, » se remémore Barney, « C'était un esprit indépendant et elle avait choisi de m'avoir seule ». La mère de Barney était la fille unique de juifs d'Europe de l'Est qui avaient fui aux Etats-Unis. Il a passé beaucoup de temps avec ses grands-parents qui lui ont inculqué « une attitude super positive – la conviction que les pensées créent la réalité – et que vous pouvez réaliser tout ce que vous décidez ». Barney s'est révélé très doué lorsqu'il était enfant, et on lui a demandé d'utiliser ses dons « pour le bien ». Très jeune, il a senti qu'il avait un rôle majeur à jouer dans le monde, « Mais je ne savais pas lequel, » dit-il. Alors il a décidé, « Je vais développer toutes mes capacités de façon à être prêt quand je saurai ce que c'est ».

« J'aimais vraiment apprendre, » explique Barney. « Nous avions peu matériellement, mais je savais que j'étais aimé. Je me sentais très reconnaissant, et je sentais que je ne devais rien perdre. C'est pourquoi je suis devenu un preneur de risques. Je n'étais pas matérialiste. Je savais que j'avais la santé, des amis, etc., et il y avait toujours quelque chose à apprendre ».

PASSION
Identité / Soi

La passion à vie de Barney Pell pour l'apprentissage est au centre de son Cercle de Succès

Barney adorait jouer à toutes sortes de jeux. Par exemple, il commença à jouer aux échecs petit et entra dans les tournois de compétition junior. Cela l'a conduit à une fascination pour l'optimisation des capacités d'apprentissage. Plus tard, il s'est passionné pour la science fiction et l'intelligence artificielle. « J'ai réfléchi sur le concept de ce qu'est l'intelligence, d'où elle provient, de quelles façons on réfléchit et comment on peut continuellement s'améliorer là-dessus, » affirme-t-il.

Comme sa mère était en recherche spirituelle, Barney a également exploré de nombreuses traditions pendant son enfance : Juive, Chrétien Né de Nouveau, Guru Maharaj Ji, Krishna, Synanon, etc. « Vous ne pouvez pas explorer tout ça et penser qu'il n'y a qu'une seule vérité dans ce monde, » déclare-t-il. Cela lui a au contraire donné un sentiment accru de faire partie de quelque chose de plus grand que lui auquel il contribuerait un jour.

À 13 ans, Barney a lu la *Méthode de Contrôle Mental Silva* et appris à visualiser clairement les résultats. « J'ai développé mon propre processus, » explique-t-il. « J'entre dans un état de détente, de calme, je visualise où j'en suis maintenant et le résultat le plus important pour moi à travers toutes les modalités sensorielles (vue, ouïe, sensations, etc.). Je fais ensuite de même avec ma famille, ma communauté puis le monde ». Pour Barney, cette habitude de visualiser ses buts et résultats désirés a constitué le socle d'un schéma de vie de réussie.

« J'ai eu très tôt une stratégie de réussite à long terme, » souligne Barney. « J'ai développé une stratégie pas à pas. J'ai réalisé que la réussite se construit par une série d'étapes ». Il a d'abord appliqué cette stratégie à sa propre éducation. « Je regardais quels prix allaient être remis à l'école et choisissais ceux je voulais obtenir, » dit-il. Au lycée, une jeune fille qui avait été admise à l'université de Stanford est venue faire une présentation à la classe. « Personne dans ma famille n'était jamais allé à l'université, » explique-t-il. « J'ai demandé ce que je devais faire, et elle m'a dit "Obtiens une moyenne de 16/20, deviens président de l'association des élèves, pratique de nombreuses activités extra-scolaires, et fais beaucoup de bénévolat, etc." Alors je l'ai fait ». Barney a été admis à l'université de Stanford puis à celle de Cambridge et obtenu un doctorat en intelligence artificielle spécialisé dans le domaine des jeux, de la stratégie et de l'apprentissage.

Le travail de Barney sur les jeux et les stratégies d'apprentissage a ouvert un domaine complètement nouveau de l'intelligence artificielle pour les jeux. Il a développé un programme qui pouvait commencer à apprendre et maîtriser n'importe quel jeu sans aucune information préalable. À travers cette recherche, « Je devais faire un cadeau à l'humanité et comprendre comment le cerveau fonctionne, » dit Barney.

Après l'obtention de son doctorat, Barney a commencé à travailler au centre de recherche Ames de la NASA dans la région de la baie de San Francisco. Il s'est rapidement distingué par sa capacité de vision, en voyant l'image globale et en appliquant une réflexion au niveau du système. Bien qu'il ait été le plus jeune de tout le centre, il a fini par diriger une unité de recherche en technologie de pointe de 85 personnes à la NASA, mettant au point la technologie de contrôle du vol autonome pour l'exploration de l'espace lointain. Ses réalisations à ce poste incluent le vol du premier système d'intelligence artificielle dans l'espace lointain (sur la mission Deep Space One), le premier système de dialogue parlé dans l'espace, et le soutien à la mission Mars Exploration Rovers.

La réussite des recherches de Barney l'ont rendu célèbre dans le domaine de l'intelligence artificielle. Il a été invité à faire des présentations à des conférences internationales et proposer des articles à des revues de référence. Ce serait normalement l'aspiration ultime d'un chercheur, et Barney a réalisé qu'il pourrait continuer sur ce chemin et être reconnu comme quelqu'un qui a très bien réussi sans grand risque ni effort. « Mais cela n'allait pas me faire grandir, » souligne-t-il. Qui plus est, Barney avait vu que « le pouvoir d'une idée peut faire bouger le monde entier ».

La pratique de Barney qui consiste à entrer dans un état calme et détendu puis à visualiser les résultats pour lui-même, sa famille, sa communauté et le monde est un exemple pour développer un type d'état COACH et amener la conscience sur sa position en tant que « holon ».

À la NASA, Barney a découvert un « mécanisme d'excellence » dans sa capacité à voir l'image globale et à appliquer la réflexion à l'échelle du système.

Le désir de grandir de Barney et son ambition de faire une différence l'ont motivé à quitter la NASA et explorer la création d'une activité dans laquelle il pourrait impacter le monde et également générer la réussite financière pour lui-même et ses amis.

VISION
Clients Marché

Poussé par sa passion pour l'apprentissage et l'intelligence artificielle, Barney a commencé à chercher des façons de créer quelque chose qui bénéficie aux autres.

« L'esprit de la plupart des personnes manque d'ouverture. Ils pensent seulement que le monde sera le même ou légèrement différent. Ce qui veut dire que toutes ces possibilités sont en train de s'ouvrir sans que même les grandes entreprises ne les voient venir parce qu'elles sont enfermées dans la réalité d'aujourd'hui. Je pouvais voir beaucoup de possibilités. »

Barney aimait l'idée de créer une entreprise qui pourrait impacter le monde et également générer la réussite financière pour lui et ses amis. Mais il ne se sentait pas prêt. « J'avais l'idée d'e-Bay avant e-Bay, » donne-t-il comme exemple de ses nombreuses idées d'entreprise. « Mais je continuais à penser qu'une autre société plus importante était mieux placée que moi pour le faire. Quand vous jouez aux échecs, vous partez toujours du principe que votre adversaire fera le meilleur mouvement ».

Également, alors qu'il était de toute évidence doué en technologie, Barney n'avait aucune expérience des affaires. Il sentait que s'il lançait une entreprise avec des partenaires, il devrait trouver un « type des affaires » pour être DG, « et ça rendait les choses risquées ». Alors Barney a décidé de devenir le « type des affaires » lui-même. Vu son intérêt pour la stratégie, c'était naturellement l'étape suivante. Barney a décidé de mettre sa carrière à la NASA entre parenthèses et de s'informer sur le monde des affaires pour se préparer à créer un jour sa propre société.

Barney a quitté la NASA pour rejoindre la start-up en phase précoce de son ami, StockMaster.com, en tant que vice-président du développement de la stratégie et des affaires. « Ce qui est merveilleux avec les start-up c'est qu'on peut y entrer et apprendre en faisant les choses, » souligne-t-il. Pour Barney, c'était comme un MBA sur le terrain. L'aventure a été un succès, faisant passer l'entreprise de 5 à 50 personnes en 2 ans pour finalement la vendre en Mars 2000.

Pas encore prêt à lancer sa propre entreprise, Barney a rejoint une autre start-up, WhizBang ! Labs, qui développait de la technologie avancée sur les moteurs de recherche en langage naturel. WhizBang a subi les effets des attentats et l'effondrement du marché du 11 septembre 2001. En sortant de cela en 2002, Barney voulait créer une entreprise et avait beaucoup progressé dans son apprentissage, mais l'obstacle était alors la situation économique désastreuse. Barney a donc décidé de retourner à la NASA, cette fois pour diriger une unité plus importante et travailler les compétences et le réseau qui lui serviraient lorsque l'économie repartirait.

En 2004 l'économie et le marché de la technologie se redressant, Barney est allé travailler dans une société de capital-risque comme « entrepreneur en résidence » pour « apprendre à quoi ressemble le monde du point de vue d'un investisseur ». Pour autant, il s'impliqua aussi à donner une chance à ses propres idées avec l'éventualité de commencer quelque chose sur la base de ses propres réflexions.

Sa passion pour l'apprentissage et l'intelligence artificielle était toujours bien vivante en lui et Barney chercha des façons de la mettre en œuvre pour créer quelque chose qui bénéficierait aux autres. Alors qu'il explorait le champ des possibles, il a réalisé que « selon la loi de Moore, la puissance des ordinateurs doublait tout les 18 mois, et que dans 10 ans ils seraient donc 100 fois plus puissants qu'aujourd'hui ». Selon Barney, « L'esprit de la plupart des personnes manque d'ouverture. Ils pensent seulement que le monde sera le même ou légèrement différent. Ce qui veut dire que toutes ces possibilités sont en train de s'ouvrir sans que même les grandes entreprises ne les voient venir parce qu'elles sont enfermées dans la réalité d'aujourd'hui. Je pouvais voir beaucoup de possibilités ».

Barney a commencé à imaginer un moteur de recherche en langage naturel qui pourrait « potentiellement être le prochain Google ». L'idée était de créer un moteur de recherche qui « pourrait répondre à la personne selon son propre niveau de sémantique et d'intention ». En d'autres termes, vous pourriez lui poser des questions en langage courant, comme si vous vous adressiez à un enseignant ou un bibliothécaire ou un vendeur, etc. Barney avait travaillé sur un prototype à l'université et décidé que la technologie n'était pas suffisamment avancée à l'époque, qu'il fallait le laisser et y revenir dans 20 ans quand la technologie serait plus développée. Il avait maintenant l'intuition que c'était le bon moment pour ce type de développement. Il a par contre eu plus de mal à convaincre des parties prenantes potentielles de le soutenir.

Il a trouvé une entreprise intéressante qui avait développé quelques applications innovantes de systèmes de traitement du langage naturel par ordinateurs. Il a tenté d'obtenir des investissements de la part de la société de capital-risque pour laquelle il travaillait, sans succès. Après quelques autres essais décevants, il parut clair que l'aventure n'allait nulle part. Barney pensa qu'il avait « manqué l'opportunité » et se retrouva complètement découragé parce qu'il avait vraiment beaucoup travaillé pour faire décoller le projet. C'est à ce stade qu'il a commencé à penser qu'il pourrait le faire lui-même et lancer sa propre entreprise. À partir de son expérience universitaire, Barney fit un prototype qui permettait la reconnaissance du langage naturel. Il a réalisé qu'il pourrait transformer le revers en opportunité et développer ses propres idées pour un moteur de recherche qui changerait la donne en ouvrant l'ère de l'« informatique conversationnelle ».

Ceci l'a amené à prendre conscience que sa vision et son ambition devraient être encore plus importantes. De par son travail dans la société de capital-risque, il savait que « les capital-risqueurs veulent investir dans des projets se chiffrant en milliards de dollars ». Et donc, « Les idées doivent être vraiment gigantesques, » dit-il. « Ils sont prêts à prendre des risques énormes si l'idée est vraiment énorme ». Ramenant ce point de vue à sa position d'entrepreneur, Barney pensa, « En fait, je devrais créer des opportunités importantes pour les investisseurs. Elle peuvent être très risquées mais changent la donne en changeant le monde et en créant une fortune en même temps ». Il a également pris conscience que « les investisseurs voudront le même pourcentage d'actions, quel que soit le montant qu'ils investissent, donc je ferais bien de demander plus ». Créer un « Google en langage naturel » semblait s'intégrer parfaitement dans cette recette. Il semblait tout d'un coup que toute son histoire et son identité l'avaient amené à cette opportunité.

Mettant en application ce qu'il avait appris lors de ses études sur la théorie des décisions et l'intelligence artificielle, Barney commença à faire « une liste de toutes les raisons de ne pas le faire ». « J'ai fini avec une liste de 10 raisons de ne pas créer cette entreprise, » dit-il « et commencé à les étudier une à une et à les rayer ». L'une d'elles, par exemple, était le fait que Barney était un entrepreneur seul et n'avait jamais créé d'entreprise avant et que cela allait demander énormément d'argent. « Mais je me suis dit qu'étant un expert de l'intelligence artificielle et ayant participé au démarrage d'entreprises, c'est donc l'aboutissement de mon parcours ». Une autre raison de la liste était,

VISION
Clients / Marché

Barney a commencé à envisager un moteur de recherche en langage naturel qui « pourrait répondre à la personne selon son propre niveau de sémantique et d'intention ».

AMBITION
Parties Prenantes / Investisseurs

Barney a réalisé qu'il pouvait développer sa propre vision et ses idées pour un moteur de recherche qui changerait la donne en ouvrant l'ère de l'« informatique conversationnelle » et deviendrait potentiellement « le prochain Google ».

AMBITION
Parties Prenantes / Investisseurs

Barney a réalisé qu'il pouvait mettre sa vision et son ambition en application pour créer « d'énormes opportunités pour les investisseurs » peut-être très risquées mais qui « changent la donne en changeant le monde et en créant une fortune en même temps ».

« J'avais une vision parfaitement claire, connectée à mon identité qui impacterait positivement le monde. Cette opportunité était tellement porteuse de sens que je pouvais aller recruter la meilleure équipe du monde et présenter aux investisseurs l'opportunité que tout le monde cherchait. À partir de ma passion personnelle je pouvais bâtir l'une des plus grandes entreprises de tous les temps. Et même si ça devait me prendre vingt-cinq ans, ça n'avait pas d'importance pour moi parce-ce que je faisais ce que j'aimais. »

Et si Google le fait ? « C'est la peur que j'avais déjà vécue auparavant, » a-t-il réalisé ; la peur qu'une autre société plus importante soit mieux placée que lui pour développer son idée. Il pensa, « Il faut que je confronte cette peur. J'ai commencé en supposant "et s'ils le font ?" Alors cela valide mon idée. J'ai fait "bouger les géants." Le monde est devenu meilleur et c'est le plus important pour moi ». En fait, « Si ça n'est pas toi, c'est encore mieux, » pensa-t-il en lui-même, « Il s'agit du pouvoir de l'idée à faire un monde meilleur ». De plus, il devrait y avoir d'autres grandes entreprises en concurrence pour les technologies de recherche et « dans une bataille acharnée, d'autres seront prêts à tout pour ce que je détiens ».

Finalement, Barney conclut qu'« il y avait un bon côté illimité et pratiquement pas de mauvais côté, » « Au pire, » raisonna-t-il, « nous aurions rassemblé des équipements et une équipe de génie qui seraient probablement rachetés pour plus cher que l'investissement ».

Cette prise de conscience procura une « merveilleuse sensation d'alignement ». Il était finalement arrivé à quelque chose dont il sentait qu'il était là pour le faire. Tout était parfaitement aligné. « J'avais une vision parfaitement claire, connectée à mon identité qui impacterait positivement le monde. Cette opportunité était tellement porteuse de sens que je pouvais aller recruter la meilleure équipe du monde et présenter aux investisseurs l'opportunité que tout le monde cherchait. À partir de ma passion personnelle je pouvais bâtir l'une des plus grandes entreprises de tous les temps. Et même si ça devait me prendre vingt-cinq ans, ça n'avait pas d'importance pour moi parce ce que je faisais ce que j'aimais ».

Barney baptisa la société *Powerset* et décida de commencer à chercher d'autres personnes qui avaient déjà réussi à développer des algorithmes de logiciels avancés en langage naturel pour pouvoir « prendre le départ en tête ». Il a pris des contacts au Stanford Research Institute et au Xerox PARC, deux des centres de recherche les plus célèbres du monde. Il a découvert que Xerox PARC travaillait depuis 30 ans sur quelque chose de similaire mais qu'ils ne savaient pas très bien quoi en tirer. Barney proposa qu'ils lui délivrent une licence pour la technologie sur laquelle ils travaillaient depuis 30 ans pour son entreprise. « J'étais un homme seul sans autres ressources, » rit-il. « Ils ont demandé, 'Pourquoi devrions-nous vous donner cela ?' » Barney était tellement aligné avec le sens de sa mission et de sa vision qu'il a répondu, « Parce-qu'il faut être moi pour pouvoir faire ça. Il faut avoir mon histoire, qui assemble tous les bons éléments. Sinon ça ne donnera rien ».

« J'avais besoin qu'ils m'accordent une licence exclusive parce qu'il y avait trop de risques autrement, » explique Barney, « mais c'était un trop gros risque pour eux de m'accorder une licence exclusive. C'était le paradoxe de l'œuf et de la poule ». Grâce à sa passion et à sa congruence, Barney a réussi à négocier une option pour 6 mois afin d'obtenir les investissements. S'il réussissait à lever les fonds nécessaires dans ce délai, ils accepteraient ses termes. Au final, il fallut 18 mois pour finaliser l'accord. « À ce stade, j'avais levé 12 millions de dollars et réuni une équipe de 25 personnes, » dit-il.

Après avoir obtenu l'option, Barney a « commencé à recruter sous réserve ». Il disait aux membres potentiels de son équipe, « Si j'ai l'autorisation (de PARC), ce sera formidable. Mais sinon mes projets seront tout aussi formidables ». Il leur expliquait, « Ce n'est pas une question de SI, c'est une question de QUI et QUAND. L'idée est incontournable. Pourquoi pas NOUS et pourquoi pas MAINTENANT ? » Barney utilisa la métaphore de la Soupe au Caillou, soulignant que chaque nouvelle personne augmentait les chances. « Il y a des chances que ce soit l'une des plus grandes entreprises de l'histoire, » disait-il confidentiellement aux membres potentiels de son équipe. « Visez les étoiles. Même si vous les manquez, vous atteindrez peut-être la lune ». Barney a mis le niveau d'exigence très haut et créé une culture d'excellence. Il a amené les personnes qui le rejoignaient à se demander en permanence, « De quoi avons-nous besoin ? » « Qui est le meilleur ? » Il a dit à son équipe, « Qui que nous recrutions, il doit être aussi bon dans ce qu'il fait que vous dans ce que vous faites ».

Avec l'option sur les algorithmes de PARC et une équipe en place, Barney a pu obtenir des investissements de business angels. Bien qu'il n'y ait encore eu aucun accord signé avec PARC pour leur technologie, Barney avait déjà constitué une formidable équipe. Et même si l'accord avec PARC ne se matérialisait jamais, c'était évident que l'aventure en vaudrait la peine. « C'était évident que nous allions de toutes façons faire de grandes choses, » dit Barney. « Le potentiel avec la technologie de Xerox PARC était fabuleux, mais mes autres projets étaient également bons par eux-mêmes ».

À ce stade, Barney avait obtenu les investissements de business angels, son équipe était en place, et il avait un pré-accord avec Xerox PARC qui était clairement très impliqué. Le futur commençait à se présenter comme il le pensait. Barney a travaillé sur un message à envoyer dans le monde pour annoncer ce que lui et son équipe allaient faire. Il a développé une stratégie qu'il a appelée « semi-furtive ». Normalement, une entreprise à un stade aussi précoce serait dans un mode « furtif », pour ne pas divulguer ce qu'elle fait de peur que quelqu'un ne lui vole l'idée. Mais Barney sentait qu'annoncer sa vision au monde et faire savoir qu'il faisait quelque chose de grand était la seule façon d'attirer tous les talents, les ressources et partenariats dont il avait besoin. Il a fait savoir qu'il travaillait sur quelque chose avec l'intelligence artificielle et les moteurs de recherche, mais n'a pas mentionné l'utilisation du langage naturel.

MISSION
Membres de l'Équipe / Employés

Barney commença à recruter des personnes « sous réserve, » en utilisant la métaphore de la Soupe au Caillou et soulignant que chaque nouvelle personne augmentait les chances.

MISSION
Membres de l'Équipe / Employés

Barney a placé le niveau d'exigence très haut et créé une culture de l'excellence en demandant constamment « De quoi avons-nous besoin ? » « Qui est le meilleur ? » Il a dit à son équipe, « Qui que nous recrutions, il doit être aussi bon dans ce qu'il fait que vous dans ce que vous faites ».

RÔLE
Partenaires / Alliances

Barney a été capable d'utiliser le rôle de Powerset comme fournisseur d'une infrastructure qui valoriserait de nombreuses applications pour établir des partenariats-clés.

RÔLE
Partenaires / Alliances

Il a dit à une start-up de relations publiques, « Nous vous demandons de travailler avec nous pendant six mois gratuitement. Ce que nous faisons est tellement énorme que ça lancera votre agence. » Il avait raison !

Dans l'année, Barney a finalement réussi à avoir Ron Kaplan, le leader scientifique de PARC, au comité directeur et dans l'équipe comme Responsable Scientifique. Barney a recruté d'autres personnes clés – comme le principal architecte de moteurs de recherche de Yahoo – et monté une équipe avec les « meilleurs et plus intelligents » dans tous les domaines concernant l'aventure. Il a également développé des partenariats et alliances clés pour gagner l'accès à des ressources clés. « Par exemple, » explique Barney, « il nous fallait une agence de relations publiques. Nous sommes allés trouver une agence qui était aussi juste en train démarrer en leur disant, "Nous vous demandons de travailler avec nous pendant six mois gratuitement. Ce que nous faisons est tellement énorme que ça lancera votre agence." » Ils ont accepté et, de fait, ils sont devenus une agence de relations publiques prospère grâce à leur partenariat avec Powerset.

Un autre partenariat s'est fait avec le projet open source HADOOP qui avait développé une infrastructure de données modulable qui serait indispensable pour une fonction de recherche en langage naturel. Barney et Powerset ont aussi fait des partenariats avec Jeff Bezos et Amazon, et sont devenus l'« enfant vedette » de leurs développements avec le cloud computing et leur plateforme de crowdsourcing.

Tout ceci a permis à Barney d'obtenir 12 millions de dollars au premier appel de capital-risque et créé un incroyable élan dans l'aventure. Le défi était, comme le souligne Barney, dans le fait d'« avoir également attiré un battage médiatique tout aussi incroyable. Et la médiatisation peut se retourner contre vous ».

« J'ai essayé d'être humble, » dit Barney, « et de me concentrer sur ce que nous faisions pour aider le monde. En même temps, c'est également facile de se laisser prendre par la grandeur de ce que vous faites. Vous devez être convaincu de ce que vous faites, mais parfois la passion peut s'exprimer comme de l'arrogance ». Barney faisait toujours très attention à ne pas affirmer en public que Powerset « serait le prochain Google ». Il annonçait plutôt qu'ils travaillaient sur « ce qui serait le futur de la recherche sur Internet, » ce qu'il croyait fortement. En Janvier 2007, pourtant, le *New York Times* sortit en première page de sa section affaires un article intitulé *In Search of the Next Google* (à la recherche du prochain Google) avec une photo de Barney et des autres fondateurs de Powerset. « Cela a produit une sérieuse secousse, » explique Barney, « particulièrement vis-à-vis des personnes que nous connaissions chez Google ».

La stratégie de « viser les étoiles » mettait également beaucoup de pression. « Ce que nous étions en train d'essayer de faire était vraiment très compliqué, » commente Barney, « et il y avait toujours la question de savoir si nous avions toutes les capacités pour le faire ». Pendant ce temps, l'entreprise « flambait » maintenant 1 million de dollars par mois en salaires. Qui plus est, alors que Barney avait constitué une équipe exceptionnelle et trouvé de nombreuses façons d'appliquer les algorithmes de langage naturel mieux que personne jusqu'ici, il n'avait toujours aucun produit concret. Selon ses termes, « Nous n'avions jamais réellement montré que cela allait fonctionner pour un utilisateur, même sur un test ».

La pression montait, le doute aussi. Ceci a créé un nouveau challenge de leadership pour Barney ; « Comment garder la passion et la conviction vivantes alors que cela prend plus de temps que nous ne le pensions et que les gens disent que c'est trop lent et que ça ne marchera pas ? Même si j'étais très positif, je devais considérer que nous étions peut-être juste irréalistes et que nous n'entendions pas tous les *non* ». Avec l'augmentation du battage médiatique et de la pression, certains membres de l'équipe voulaient faire marche arrière pour faire quelque chose de moins ambitieux.

Le battage et la pression créèrent également des défis pour Barney et ses parties prenantes. L'un des membres clés du conseil de Powerset soutenait que Barney devrait lever autant de fonds que possible avant l'effondrement du marché qu'il pressentait pour 2008. Une situation similaire s'était produite avec l'implosion de la bulle Internet à la fin des années 1990. Barney a donc tenté de lever 25 millions de dollars juste deux mois après avoir reçu les 12 millions du premier appel. C'était un gros défi et Barney s'est retrouvé éloigné de l'équipe et consacrant tout son temps aux investisseurs.

De plus, le co-fondateur de Powerset avec Barney, qui était aussi le directeur d'exploitation, ne soutenait pas l'idée de lever autant de fonds supplémentaires ni de demander une valorisation plus élevée de l'entreprise. La tension a commencé à monter entre Barney et son co-fondateur, ce qui a eu des répercussions dans l'équipe. « Les problèmes arrivent lorsque vous commencez à questionner la vision, » dit Barney. « Si vous croyez que ce que vous faites va marcher, l'entreprise a une valeur inestimable. Si vous n'y croyez pas, elle ne vaut rien du tout ».

Qui plus est, Barney était fatigué, dormant mal à cause de toute la pression et de son intense focalisation sur la levée d'investissements supplémentaires. Il a commencé à ressentir lui-même de plus en plus de tension et d'insécurité. Il a même envisagé de « prendre un nouveau directeur d'exploitation et me remplacer moi-même ».

Lorsque Barney est revenu vers les investisseurs et a partagé ses considérations, ils ont néanmoins répondu, « Nous avons investi sur vous, pas sur n'importe quel autre DG ». Ils ont commencé à sentir que Barney allait peut-être se retirer. « Au yeux des investisseurs, le besoin d'un nouveau DG signifiait que l'entreprise ne valait rien, » explique Barney. Pour ses investisseurs, Barney avait exprimé un dangereux manque de confiance en lui.

Barney a abandonné l'idée de prendre un nouveau DG, remplacé son co-fondateur, et s'est immédiatement recentré sur les options. Barney avait déjà eu des échanges avec Microsoft pour une potentielle acquisition de Powerset, et là il sentait que c'était une bonne option pour emmener la société et sa vision à leur étape suivante. « Je leur ai dit, "Donnez-nous 100 jours avant de nous évaluer pour que nous puissions vous montrer ce que nous avons," » dit-il. Barney s'est concentré sur ce qu'il a appelé « la marche des 100 jours ».

Le battage médiatique et la pression provoqués par les premiers succès de Barney l'ont mis face à un défi de leadership : « Comment garder la passion et la conviction vivantes alors que cela prend plus de temps que nous ne le pensions et que les gens disent que c'est trop lent et que ça ne marchera pas ? »

Les efforts de Barney pour lever des investissements pour la croissance l'ont également tenu éloigné de l'équipe.

Les conflits avec son co-fondateur ont créé une crise de leadership. « Les problèmes arrivent lorsque vous commencez à questionner la vision, » dit Barney. « Si vous croyez que ce que vous faites va marcher, l'entreprise a une valeur inestimable. Si vous n'y croyez pas, elle ne vaut rien du tout ».

Barney a déplacé son point d'attention vers une acquisition potentielle par Microsoft comme étant la meilleure solution pour amener l'entreprise et sa vision à l'étape suivante.

Barney a déplacé la mission de l'équipe passant de créer « la meilleure recherche possible en langage naturel » à créer « une expérience utilisateur supérieure à celle de Google ».

La première étape a été de réorganiser les priorités de son équipe. « J'ai réalisé que j'avais mal mesuré les choses, ce qui donnait un sentiment de confiance erroné. Il nous fallait un test vraiment plus centré sur l'utilisateur ». Barney a déplacé la mission de l'équipe passant de créer « la meilleure recherche possible en langage naturel » à créer « une expérience utilisateur supérieure à celle de Google ». Il a demandé à l'équipe de se consacrer à une source de connaissances en ligne comme Wikipedia et de « faire mieux que Google ». Le test serait que si l'utilisateur entrait une phrase donnée, la recherche renverrait des pages avec la même phrase, pas seulement les mots clés.

Google utilisait un format de recherche par mots clés, amenant les gens à une façon de penser artificielle lorsqu'ils cherchaient quelque chose sur Internet. Barney a créé le terme « key-word-ese » (« mot-clé-iser ») pour décrire le phénomène. Pour exprimer la différence entre l'utilisation des mots clés et du langage naturel, Barney a utilisé la métaphore du guide de conversation pour les séjours à l'étranger. Par exemple, si vous allez au Japon et que vous utilisez un guide de conversation cela crée une sorte de filtre limité. Si c'est tout ce à quoi vous avez accès vous pourriez commencer à penser, « Bon, tout ce que les gens veulent/doivent savoir lorsqu'ils vont au Japon c'est comment dire "bonjour", "au revoir", "merci" et "où sont les toilettes" ». En revanche, si vous développez l'accès à l'ensemble de la palette du langage, votre expérience devient beaucoup plus riche.

Barney savait également que les mots clés sont parfois la meilleure chose à utiliser pour initier une recherche. La nouvelle solution devait donc fonctionner aussi bien que Google avec les mots clés, mais donner un bien meilleur résultat si l'utilisateur voulait poser une question comme s'il parlait à un autre être humain.

Pour réduire le niveau de stress accumulé avec tout le battage médiatique et la pression, et qui avaient érodé son niveau de confiance, d'efficacité et de clarté, Barney a adopté ce qu'il a appelé une approche de « guerrier zen ». Ceci impliquait d'abandonner son attachement à un quelconque résultat et vivre dans le moment présent – être et donner le meilleur de lui-même.

Barney a adopté ce qu'il a appelé l'approche du « Guerrier Zen ». Ceci impliquait d'abandonner son attachement à un quelconque résultat et vivre dans le moment présent – être et donner le meilleur de lui-même.

Au final, la « marche des 100 jours » de Barney a porté ses fruits et il a fini par vendre Powerset à Microsoft avec un excédent de 100 millions de dollars moins de trois ans après avoir créé l'entreprise. Comme le dit Barney, « Bien que nous ayons raté l'occasion de "posséder le futur" il y a eu de très bons retours et tout le monde a bien travaillé ». Barney lui-même est devenu multi-millionnaire. Des éléments de la technologie et de la structure ont été intégrés dans le moteur de recherche Bing utilisé par Microsoft et Yahoo et ont également été adoptées par Google. Les développements de Powerset ont transformé l'expérience des utilisateurs dans de nombreux domaines clés et ont eu une influence importante sur l'industrie. Par exemple, la « Google Search Team » (l'équipe de recherche Google) s'appelle maintenant la « Knowledge Team » (l'équipe du savoir). La technologie de Powerset est également devenue la base du système vocal de navigation Siri utilisé par Apple sur l'iPhone et l'iPad.

Barney est resté chez Microsoft pendant deux ans en tant que stratégiste et « évangéliste » pour le moteur de recherche en ligne Bing de Microsoft, puis est devenu directeur de l'architecture et du développement pour Bing Local/Mobile Search. C'est encore aujourd'hui un entrepreneur actif ainsi qu'un investisseur business angel et un stratégiste en technologie et produits. « J'aime aider à transformer la technologie avancée et les grandes idées en applications réelles et marchés qui changent la vie des gens, » affirme-t-il.

Barney est actuellement co-Fondateur, Président et Directeur de Stratégie de Loco-Mobi, une startup de commerce mobile spécialisée dans l'innovation digitale appliquée à l'industrie du stationnement. Il est également co-Fondateur, Vice Président et Directeur Stratégique de Moon Express (MoonEx), une entreprise de transport et service de données fondée sur fonds privés qui fabrique des robots lunaires autonomes. « Nous voulons être la première compagnie privée à atterrir sur la lune et aider à établir de nouvelles voies pour des activités commerciales spatiales au-delà de l'orbite terrestre, » explique Barney. Il est fondateur associé et membre du conseil d'administration de Singularity University, une institution dédiée à « éduquer les leaders présents et futurs dans les domaines des technologies en accélération exponentielle ». En plus de ces entreprises, Barney est membre du conseil d'administration de nombreuses compagnies, dont le site de réseautage professionnel LinkedIn.

Le recentrage de la mission de l'équipe par Barney a porté ses fruits et il a fini par vendre Powerset à Microsoft avec un excédent de 100 millions de dollars moins de trois ans après avoir créé l'entreprise.

Le Cercle de Succès de Barney Pell

Le voyage de Barney Pell avec Powerset est un exemple classique de la manière dont un zen-trepreneur construit un Cercle de Succès efficace. Il illustre également certains des défis et des pièges auxquels un entrepreneur de la nouvelle génération peut être confronté.

L'histoire de Barney se centre clairement sur ce que nous avons mentionné plus tôt sous le nom des trois joyaux du zen-trepreneuriat :

1. rechercher sa finalité et sa place dans le monde (dharma)
2. s'impliquer dans le plein développement de son plus haut potentiel (Bouddha)
3. s'engager dans une communauté de pairs, mentors, sponsors et collaborateurs qui sont alignés sur la même finalité (sangha)

C'est également un bon exemple des Cinq Clés pour créer un monde auquel les gens veulent appartenir – le désir de Barney de grandir personnellement et spirituellement et d'apporter une contribution au monde ont été les fondations d'une entreprise réussie. Ceci impliquait de partager des visions et des ressources avec une communauté de pairs. L'expérience de Barney met également en lumière l'importance de contribuer au bien-être physique et émotionnel, le sien et celui des autres.

En réfléchissant sur le Cercle de Succès de Barney, au centre se trouvait sa passion pour l'apprentissage et l'intelligence artificielle et sa conviction qu'il avait un rôle à jouer dans le monde. Cela a ensuite été soutenu par sa capacité à adopter l'identité du « guerrier zen, » abandonnant son attachement à un quelconque résultat et vivant dans le moment présent – être et donner le meilleur de lui-même.

Barney a transformé sa passion en *vision* lorsqu'il a vu que le « champ de l'innovation » avait suffisamment évolué pour soutenir la possibilité qui changerait la donne de l'« informatique conversationnelle ». En se focalisant sur le monde en expansion des internautes et l'augmentation exponentielle de la puissance des ordinateurs, Barney a commencé à envisager une capacité de recherche en langage naturel sur Internet qui permettrait aux utilisateurs d'interagir avec leurs ordinateurs comme s'ils discutaient avec une autre personne.

Barney a réalisé qu'une vision de cette ampleur devait être équilibrée par une *ambition* suffisamment grande pour attirer les investisseurs et autres parties prenantes. Barney a vu que la réalisation de cette vision pourrait faire de Powerset « potentiellement le prochain Google ». Une telle idée pouvait « changer le monde et rapporter une fortune en même temps ». À minima, cela ferait « bouger les géants » et engendrerait une « formidable technologie ».

Avec une vision et une ambition suffisamment amples, Barney a pu commencer à aller chercher des investisseurs et autres parties prenantes. L'une de ces parties prenantes était Xerox PARC, qui avait déjà développé une bonne partie de la technologie dont Barney avait besoin pour réaliser sa vision et son ambition. La clarté de sa vision ainsi que sa passion personnelle et sa congruence lui ont permis de négocier la possibilité d'une licence exclusive, une ressource essentielle qui lui a permis d'aller demander des fonds aux investisseurs.

C'est également ce qui lui a donné du pouvoir pour commencer à constituer une équipe exceptionnelle, alors qu'il n'avait pas d'argent et pas de produit. À nouveau, Barney a utilisé la clarté de sa vision ainsi que sa passion et sa congruence personnelles pour attirer les talents dont il avait besoin pour concrétiser la vision et les encourager à « viser les étoiles ». Il s'est attelé à créer une culture d'excellence en encourageant l'équipe à se demander en permanence « De quoi avons-nous besoin ? » « Qui est le meilleur ? » et pour être sûr que chaque nouveau membre de l'équipe « soit aussi bon dans ce qu'il fait que vous dans ce que vous faites ».

Lors de la crise, pendant la « marche des 100 jours, » Barney a réussi à réaligner l'équipe sur la *mission* en réduisant temporairement l'envergure de la mission de « la meilleure recherche possible en langage naturel sur le web » à « la meilleure recherche possible en langage naturel sur Wikipedia ».

Barney a également été capable d'utiliser le *rôle* de Powerset comme fournisseur de capacités en langage naturel pour établir des partenariats et des alliances clés, tels ceux avec l'agence de RP, HADOOP et Amazon, pour obtenir des ressources comme les relations publiques, une architecture de données modulable et du cloud computing.

L'expérience de Barney montre également certains des défis d'une gestion efficace du Cercle de Succès. La *Passion* par exemple, peut avoir l'ombre potentielle de l'*arrogance*. L'*Ambition* attire l'ombre du *battage médiatique*. « *Viser les étoiles* » peut amener *la pression et le doute*. Il faut des convictions bien ancrées, des compétences spéciales et d'autres ressources personnelles pour confronter ces forces naturellement contraires et les garder en équilibre. C'est l'une des raisons pour lesquelles l'alignement sur un profond sens de la finalité est si important. Comme Barney l'a découvert, « Les problèmes arrivent lorsque vous commencez à questionner la vision ».

Le voyage de Barney avec Powerset démontre également l'importance pour les entrepreneurs de *porter une attention équilibrée* à chacune des parties du cercle, dans la durée. L'un des plus gros moments de crise de Barney s'est produit parce qu'il s'était éloigné de l'équipe, consacrant tout son temps aux investisseurs pour chercher à obtenir plus de financement. Garder l'équilibre est un défi récurrent pour les entrepreneurs.

Une autre leçon de l'histoire de Barney est l'importance d'*entretenir une stabilité physique et émotionnelle*. Certaines de ses périodes les plus difficiles venaient de ce qu'il était « fatigué et ne dormait pas bien ». Prendre soin de soi-même et de son équipe est particulièrement important lorsque la pression et le doute commencent à s'accumuler.

L'exemple de Barney met en évidence l'importance de la confiance en soi et en sa vision. Lorsque Barney a dit à ses investisseurs qu'il pensait se faire remplacer en tant que DG pour le bien de l'entreprise, ils ont clairement souligné, « Nous avons investi en vous, pas en n'importe quel autre DG ».

Comme nous le verrons, les chemins de la réussite pour les entrepreneurs de la nouvelle génération efficaces ont beaucoup en commun avec celui de Barney. Son expérience fournit une bonne matrice de base. Dans les prochaines parties de ce livre nous proposons des pratiques et des exercices qui vous aideront à établir votre propre Cercle de Succès et gérer les défis qui l'accompagnent.

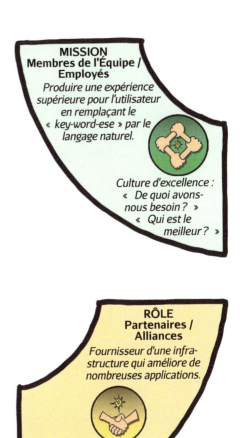

Le Cercle de Succès de Barney Pell

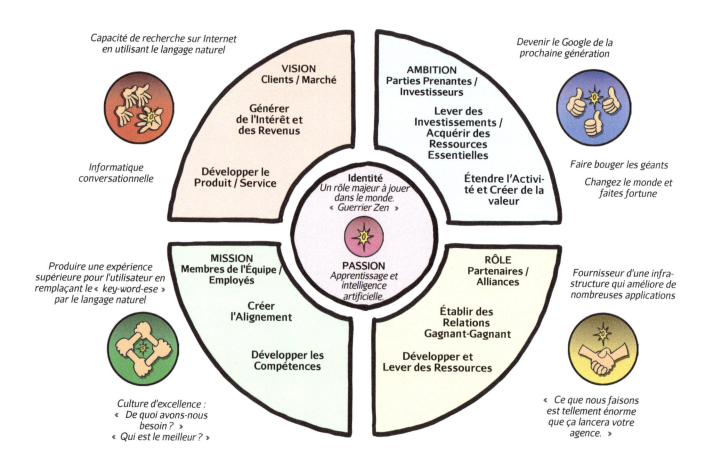

114 **La Modélisation des Facteurs de Succès**

LE CERCLE DE SUCCÈS DE BARNEY PELL

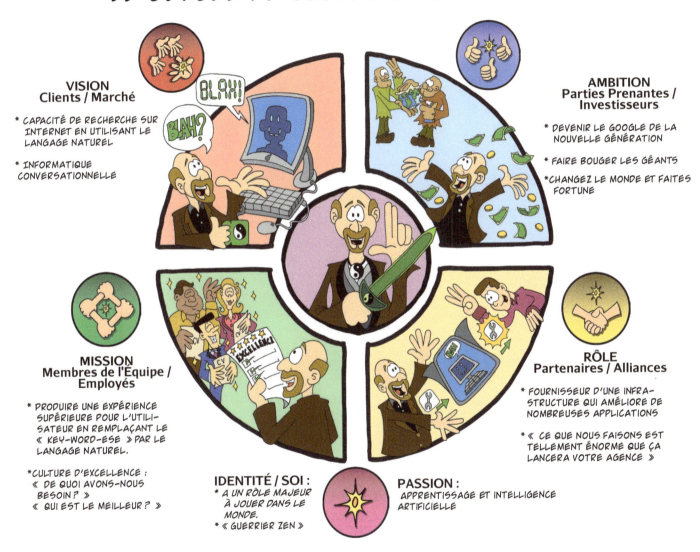

L'Entrepreneuriat de la Nouvelle Génération et le Cercle de Succès SFM

Samuel Palmisano
PDG d'IBM 2002-2012

VISION – Clients
Pourquoi quelqu'un dépenserait-il son argent avec vous – qu'avez-vous d'unique ?

MISSION – Membres de l'Équipe
Pourquoi quelqu'un travaillerait-il pour vous ?

AMBITION – Parties Prenantes
Pourquoi quelqu'un investirait-il son argent avec vous ?

RÔLE – Partenaires
Pourquoi un groupe social accepterait-il que vous travailliez sur son territoire – son pays ?

Exemple d'un Cas de Facteurs de Succès
Samuel J. Palmisano d'IBM

« Laissez-la (l'entreprise) en meilleur état que vous ne l'avez trouvée. »

Le Cercle de Succès SFM s'applique tout aussi bien aux activités entrepreneuriales dans les grandes sociétés qu'aux start-up. En 2002, Samuel J. Palmisano a succédé au légendaire Lou Gerstner à la tête d'IBM. Gerstner avait repris l'entreprise en 1993 et réussi à lui épargner le démantèlement et à la remettre sur une trajectoire viable. Lorsque Palmisano a pris sa retraite de PDG d'IBM au début de 2012, l'entreprise affichait une croissance annuelle phénoménale de 21% de son bénéfice par action et sa capitalisation boursière avait augmenté à 218 milliards de dollars.

L'histoire derrière cette croissance remarquable est une autre belle illustration de l'application du Cercle de Succès SFM.

Selon Palmisano, son cadre directeur se réduit à quatre questions :

- *Pourquoi quelqu'un dépenserait-il son argent avec vous – qu'avez-vous d'unique ?*
- *Pourquoi quelqu'un travaillerait-il pour vous ?*
- *Pourquoi quelqu'un investirait-il son argent avec vous ?*
- *Pourquoi un groupe social vous autoriserait-il à opérer dans sa zone géographique – son pays ?*

On peut voir aisément comment ces questions se relient à chacun des quadrants du Cercle de Succès SFM. La première question est en lien avec *les clients et le marché* ; la seconde question concerne les *membres de l'équipe et employés* ; la troisième touche les *partenariats et alliances* et la quatrième est clairement à propos des *parties prenantes et investisseurs*.

Pour Palmisano, ces quatre questions étaient une façon de canaliser la réflexion, stimuler l'entreprise au-delà de sa zone de confort et faire à nouveau d'IBM une entreprise d'envergure mondiale. « Vous devez répondre aux quatre et travailler à répondre aux quatre pour vraiment diriger avec excellence, » affirme Palmisano.

Avant de prendre la barre comme DG, Palmisano s'était immergé au centre du Cercle de Succès d'IBM, explorant ses racines et son héritage. Il a ratissé les archives de l'entreprise, lisant les discours et les notes du fondateur, Thomas Watson Sr. et a régulièrement déjeuné avec Thomas J. Watson Jr., l'un des précédents directeurs. Il a découvert que les Watson avaient toujours défini IBM comme une société qui faisait plus que de vendre des ordinateurs. Ils étaient convaincus qu'elle avait un rôle important à jouer dans la résolution des défis sociaux. Palmisano a trouvé cette conviction profondément inspirante.

Avec cette connaissance de l'identité profonde de l'entreprise et les quatre questions comme guide, une nouvelle vision pour l'entreprise a commencé à émerger pour Palmisano. Il a vu sa force unique comme étant d'offrir des solutions complètes sur-mesure aux besoins des clients d'une manière qu'aucune autre entreprise ne pouvait égaler.

Dans cette nouvelle vision, l'accent passait de la vente d'ordinateurs et de logiciels aux clients à une aide sur l'utilisation des technologies pour résoudre leurs défis professionnels en commercialisation, approvisionnement et production. L'objet de l'innovation allait se déplacer vers les services et les logiciels, principalement fournis via Internet depuis des centres de données, se connectant à toutes sortes d'équipements, dont les PC ; le prélude à ce qu'on appelle aujourd'hui le « cloud computing ».

Palmisano a initié ce qu'il a appelé la « Smarter Planet initiative, » (initiative pour une Planète plus Intelligente) combinant la recherche, les technologies de pointe et savoir-faire spécialisés, augmentant le budget de recherche et développement d'IBM de 20 pour 100 pour atteindre les 6 milliards de dollars annuels. L'idée, a expliqué Palmisano, est d'« aller vers un espace où vous avez une position unique et d'utiliser la valeur d'intégration d'IBM ». La Smarter Planet initiative a généré plus de 2000 projets à travers le monde, en utilisant l'intelligence des ordinateurs pour créer des systèmes plus efficace pour les réseaux de services, la gestion de trafic, la distribution de nourriture, la conservation de l'eau et la santé.

VISION – Clients
« *Offrir des solutions complètes sur-mesure aux besoins des clients d'une façon qu'aucune autre entreprise ne pourra égaler.* »

Pour se concentrer sur des solutions clients constituant la mission principale de l'entreprise, Palmisano a réalisé que l'entreprise devrait abandonner ses ventes traditionnelles d'ordinateurs personnels et de lecteurs de disques. Au lieu de se concentrer sur les produits clients, IBM a acquis le cabinet de conseil PricewaterhouseCoopers Consulting pour son expertise dans des industries spécifiques.

L'abandon des produits de consommation a marqué le point de départ d'une nouvelle identité pour l'entreprise. Il signifiait qu'IBM n'était plus la plus grosse entreprise des technologies de l'information au monde.

Cela impliquait aussi de transformer la structure organisationnelle existante d'IBM, dans laquelle divisions produits et géographiques opéraient en silos, souvent de façon plus compétitive que collaborative. Palmisano a réalisé que, pour parvenir à sa nouvelle vision, IBM devrait se transformer en « entreprise mondialement intégrée » centrée sur une collaboration mondiale. Elle devrait devenir une « structure centrée-client et agile, capable d'adapter sur-mesure la livraison des ressources logicielles, matérielles, et la propriété intellectuelle d'IBM ».

RÔLE - **Partenaires / Alliances**
« *Smarter Planet Initiative* »

Palmisano a aussi reconnu que la culture commandement-contrôle existante d'IBM serait inadaptée pour soutenir la nouvelle vision et mission de l'entreprise. Avec 440 000 employés dans 170 pays, Palmisano a réalisé qu'IBM ne pouvait pas être dirigée de façon descendante, et qu'elle avait besoin d'une culture de leadership, avec des milliers de leaders opérant en collaboration dans le monde pour répondre aux besoins divers de ses clients. Il a compris que les valeurs partagées, plutôt que les commandements, seraient nécessaires pour motiver et diriger les actions des personnes.

Palmisano a dissout le comité exécutif d'IBM et présenté son cadre directeur à quatre questions aux 300 cadres supérieurs de l'entreprise lors d'un évènement à l'échelle de l'entreprise. Il a ensuite lancé une grande opération interactive en ligne engageant tous les employés sur 72 heures à faire « un bœuf des valeurs » pour déterminer quelles devraient être les valeurs d'IBM pour atteindre sa nouvelle vision et mission.

Trois principes fondamentaux ont émergé de la collaboration collective :

- *L'engagement au service de la réussite de chaque client*
- *Les innovations qui ont de l'importance, pour notre entreprise et pour le monde*
- *La confiance et la responsabilité personnelle dans toutes les relations*

MISSION – Membres de l'Équipe / Employés
« *Vous pouvez changer le monde, et vous pouvez briguer un prix Nobel.* »

Depuis, ces valeurs ont servi de guide aux prises de décisions dans toute l'organisation et ont soutenu la création d'une structure organisationnelle collaborative unique, stimulant le potentiel pour une plus grande intelligence collective. Elles sont aussi entrées en résonance avec les jeunes et les nouveaux employés potentiels. Quatre-vingt sept pour cent des candidats auxquels IBM Research a proposé des postes en 2011, par exemple, ont rejoint l'entreprise. Comme le souligne Palmisano, « Vous pouvez changer le monde, et vous pouvez briguer un prix Nobel » (faisant référence aux cinq lauréats du prix Nobel d'IBM).

L'un des facteurs de succès les plus importants du leadership de Palmisano est peut-être son dévouement à une mission pour quelque chose de plus grand que lui. Comme il l'a dit une fois, « Le DG n'est pas la marque ! Il ne s'agit pas de vous. Vous êtes l'intendant temporaire d'une merveilleuse entreprise, alors laissez-la en meilleur état que vous ne l'avez trouvée ». C'est exactement ce que Palmisano a fait, en engageant toutes les dimensions du Cercle de Succès et en alignant tous les niveaux des facteurs de succès : vision, mission, identité, valeurs, croyances, capacités et comportement avec l'environnement évolutif de ses clients et de leurs besoins.

AMBITION – Parties Prenantes / Investisseurs
« *Laissez l'entreprise en meilleur état que vous ne l'avez trouvée.* »

Nous pouvons cartographier le Cercle de Succès de Palmisano de la façon suivante :

Au centre se trouvait l'*identité* de Palmisano comme un « *intendant temporaire d'une merveilleuse entreprise* » et son alignement avec l'héritage de la passion d'IBM pour « résoudre les défis sociaux ».

En dirigeant cette aspiration vers les clients et le marché à travers la question, « Pourquoi quelqu'un dépenserait-il son argent avec vous – qu'avez-vous d'unique ? » la nouvelle *vision* de *solutions complètes sur-mesure*, utilisant la technologie pour résoudre des défis professionnels dans la commercialisation, l'approvisionnement et la production a émergé.

Concernant *son équipe et ses employés*, sa question « Pourquoi quelqu'un travaillerait-il pour vous ? » a amené le mot d'esprit de Palmisano « vous pouvez changer le monde et briguer un prix Nobel ». Ceci contient des éléments clés de la mission de l'entreprise qui se reflètent également dans les résultats de son « bœuf des valeurs » : l'engagement au service de la réussite de chaque client, la confiance et la responsabilité personnelle, et particulièrement « *les innovations qui ont de l'importance, pour notre entreprise et pour le monde.* » Il a restructuré l'entreprise pour soutenir cette mission.

La question de Palmisano « Pourquoi un groupe social vous autoriserait-il à opérer dans sa zone géographique – son pays ? » a amené la « Smarter Planet Initiative » et le *rôle* d'IBM de *combiner la recherche, la technologie de pointe et les savoir-faire spécialisés*. Palmisano a établi des *partenariats et alliances* pour créer des systèmes plus efficaces pour les réseaux de services, la gestion de trafic, la distribution de nourriture, la conservation de l'eau et la santé.

Concernant les investisseurs et les parties prenantes et la question « Pourquoi quelqu'un voudrait-il investir son argent avec vous ? » L'*ambition* de Palmisano et son engagement à laisser l'entreprise « *en meilleur état que vous ne l'avez trouvée* » était sans nul doute très attrayante. Et il l'a réalisée.

PASSION – **Identité / Soi**
« *Un intendant temporaire au service d'une merveilleuse entreprise.* »

Le Cercle de Succès de Samuel Palmisano

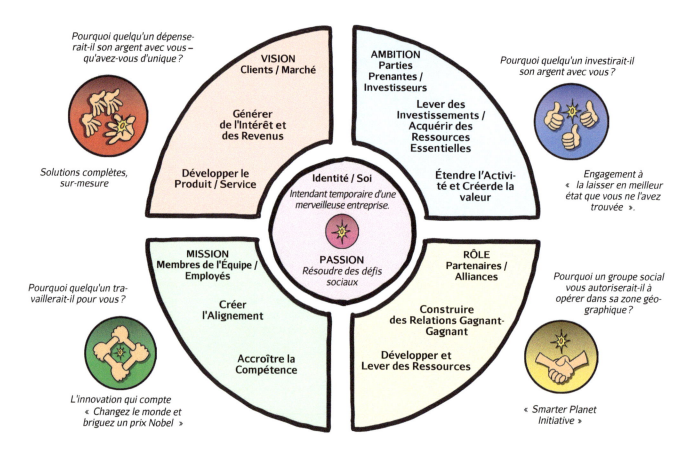

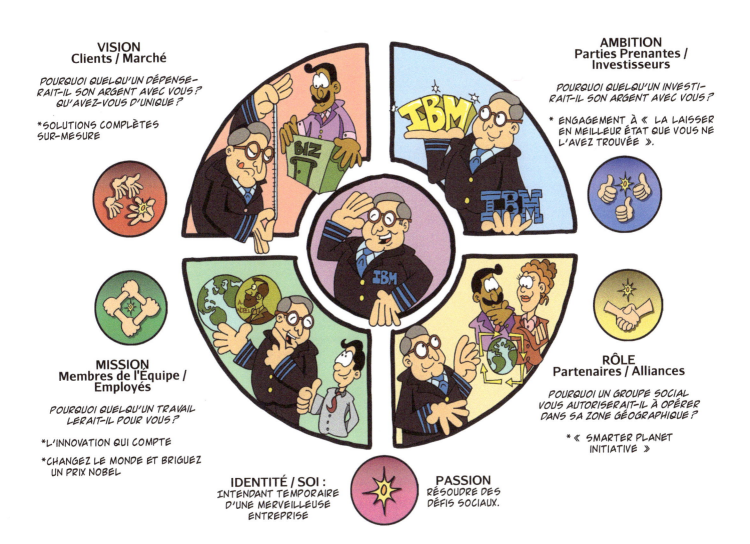

Conclusion : Commencer Votre Propre Cercle de Succès

Le Cercle de Succès SFM pose les perspectives de base que tout entrepreneur ou cadre supérieur doit maîtriser pour développer efficacement une société ou une entreprise. Toutes les perspectives sont d'importance égale, cependant le fait de comprendre et s'aligner avec la vision et la mission de l'entreprise fournit le moteur qui amène l'entrepreneur à persévérer, apprendre, grandir et se développer. Une fois que ce moteur tourne à plein régime et qu'il est réglé, plus rien ne peut l'arrêter dans sa marche autour du Cercle vers la réussite.

Dans les prochains chapitres et volumes, nous fournirons différents principes, exercices et pratiques pour montrer comment la mise en œuvre du Cercle de Succès peut être utilisée pour Devenir un Succès, Créer le Futur, Agrandir le Gâteau, Faire l'Impossible et Faire Quelque Chose à Partir de Rien.

Pour réaliser une première ébauche de votre propre Cercle de Succès, revenez d'abord sur votre *Guide de l'Ego et l'Âme* du chapitre précédent et réfléchissez-y.

- Qui êtes-vous et pour quoi vous passionnez-vous ? Si vous étiez vraiment en train de vivre vos rêves et de créer un monde meilleur, quel genre de choses seriez-vous en train de faire ?

- Quelle est votre vision et qui sont les consommateurs/clients qui en bénéficieraient ? Quel genre de personnes serait le plus intéressé par les produits ou services qu'exprime votre vision ?

- Quelle est votre mission ? Qui sont (ou pourraient être) les membres de votre équipe et les collaborateurs sur ce projet ? De la participation de qui d'autre avez-vous besoin pour remplir votre mission et soutenir votre vision ?

- Quelle est votre ambition ? Qui est (ou pourrait être) intéressé par un investissement dans votre entreprise ? De qui avez-vous besoin pour obtenir les finances ou ressources clés dont vous avez besoin pour réussir ? Qui a un enjeu (c'est-à-dire qui pourrait être affecté positivement ou négativement) à ce que vous atteigniez votre ambition ?

- Qui sont (ou pourraient être) vos partenaires ? Quel est votre rôle et avec qui pourriez-vous faire des alliances potentielles ? Qui pourrait aider à accroître la valeur ou les bénéfices de votre entreprise, produits ou services en créant un lien avec la sienne ?

Utilisez le schéma de la page suivante pour commencer à cartographier votre propre Cercle de Succès. Faites une première liste des personnes et des rôles clés dont vous avez besoin pour réussir à manifester votre vision, mission, ambition et rôle ?

À ce stade, ce peut être un exercice enrichissant de commencer à considérer les questions directrices de Palmisano :

- « Pourquoi quelqu'un dépenserait-il son argent avec vous – qu'avez-vous d'unique ? »
- « Pourquoi quelqu'un travaillerait-il pour vous ? »
- « Pourquoi un individu ou un groupe voudrait-il créer un partenariat ou une alliance avec vous ? »
- « Pourquoi quelqu'un investirait-il son argent ou d'autres ressources avec vous ? »

Nous allons explorer ces questions plus en profondeur et construire sur la base de ce modèle et carte tout au long du reste de ce livre. Toutefois, au prochain chapitre nous allons nous focaliser sur le centre de ce cercle – vous – et ce que signifie *devenir une réussite*.

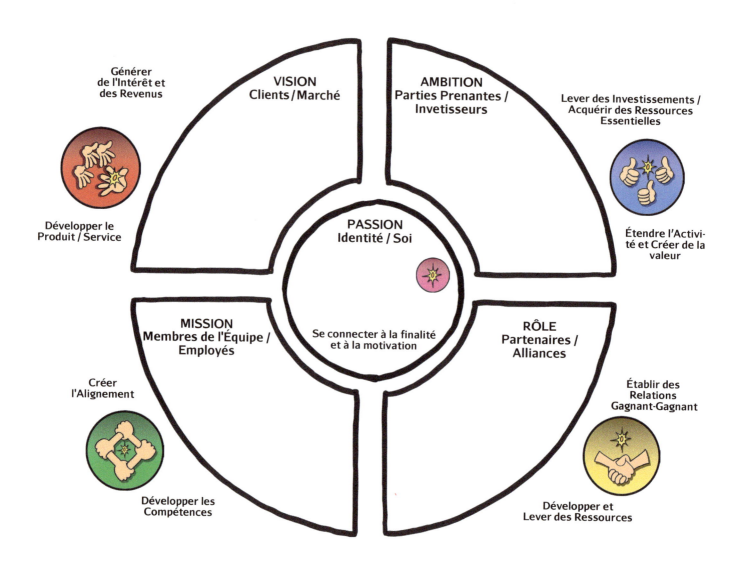

124 La Modélisation des Facteurs de Succès

Références et Lectures Complémentaires

- *Forces Shaping the New Information Paradigm*, Glenn C. Bacon, 1985.
- *As IT's Industrial Age Ends the Humanist Era Begins*, Brian Sommer, Software & Services Safari, May 23, 2014.
- *Designing Freedom*, Stafford Beer, CBC Publications, Toronto, Ontario, 1974.
- *Even a Giant Can Learn to Run*, Steve Lohr, New York Times, December 31, 2011

03
Atteindre la Réussite

« Notre peur la plus profonde n'est pas que nous soyons inadaptés. Notre peur la plus profonde est que nous sommes puissants au-delà de toute mesure. C'est notre lumière et non notre obscurité qui nous effraie. Nous nous demandons, « Qui suis-je pour être brillant, beau, talentueux, merveilleux ? » En fait, qui êtes-vous pour ne pas l'être ? Vous êtes un enfant de dieu. Votre petit jeu ne sert pas le monde. Il n'y a rien d'éclairé à se diminuer pour que les autres ne se sentent pas en insécurité autour de vous. Nous sommes tous faits pour briller, comme le font les enfants. Nous sommes nés pour manifester la gloire de dieu qui est en nous. Il n'est pas en certains d'entre nous ; il est en chacun d'entre nous. Lorsque nous faisons briller notre propre lumière, nous donnons inconsciemment aux autres la permission de faire de même. Lorsque nous sommes libérés de notre peur, notre présence libère automatiquement les autres. »

Marianne Williamson

Qu'est-ce que la Réussite ?

La notion de « succès » ou de « réussite » est une thématique récurrente dans ce livre. La Modélisation des Facteurs de Succès (SFM™) et le Cercle de Succès SFM sont clairement centrés sur le concept de l'obtention de la réussite, ou du succès. Le titre ce chapitre est Atteindre la Réussite. Avec une telle obstination sur le sujet, vous devez naturellement vous demander, « Qu'est-ce exactement que le succès et que signifie incarner la réussite » ?

Linguistiquement, le mot « succès » vient du Latin succedere qui signifie « monter » ou « venir ensuite ». Le terme est une combinaison des racines Latines sub (« dessous, » « près, » « proche de ») et cedere (« aller »). Cela implique que le « succès » traite du rapprochement à quelque chose que vous voulez. Le dictionnaire Merriam-Webster définit le succès comme un moyen de « bien finir » ou « atteindre un objet ou une fin désiré ». Pour le dictionnaire Larousse, réussir signifie : croître, se développer favorablement ; obtenir un succès, en particulier réaliser ses ambitions.

De ce point de vue, il n'y a pas de mesure objective du succès ou de la réussite. Cela concerne votre capacité à atteindre les résultats que vous désirez, quels qu'ils soient. Vous n'avez pas besoin d'être milliardaire pour sentir que vous avez « réussi » ou que vous êtes « une réussite ». « Atteindre la réussite » a principalement à voir avec le développement de la motivation, des compétences et des ressources nécessaires pour parvenir à vos buts désirés.

De manière similaire à celle des différents niveaux de facteurs de succès que nous avons identifiés dans le Chapitre 1, les buts peuvent être axés sur différents niveaux :

- **Environnemental** : Produire quelque chose dans le monde ou posséder des objets matériels (par exemple, construire un pont, posséder une grande maison)
- **Comportemental** : Faire quelque chose que vous voulez faire ou relever un défi physique (par exemple, voyager, escalader l'Everest)
- **Capacités** : Développer ou mettre en œuvre un savoir-faire particulier (par exemple, jouer de la musique, être créatif)
- **Valeurs et Croyances** : Agir ou vivre en accord avec ses principes et sa philosophie (par exemple, établir un style de vie, défendre une certaine position éthique)
- **Identité** : Devenir un certain type de personne ou réaliser ce à quoi on se sent appelé (par exemple, devenir « un leader » ou « un entrepreneur »)
- **Vision et Finalité** : Apporter une contribution ou « créer un monde auquel les gens veulent appartenir » (par exemple, devenir le fer de lance d'un service, une technologie ou un business modèle donné, ou le révolutionner)

La « réussite » concerne votre capacité à atteindre vos résultats désirés, quels qu'ils soient.

Le fait d'« atteindre la réussite » concerne le développement de la motivation, des compétences et des ressources nécessaires pour parvenir à vos buts désirés.

Les buts peuvent être exprimés à différents niveaux.

Il est possible pour quelqu'un de réussir à un niveau mais pas un autre, ou de réussir simultanément sur plusieurs niveaux.

La réussite entrepreneuriale inclut plusieurs de ces niveaux.

De ce fait, il est possible pour quelqu'un de réussir à un niveau mais pas un autre, mais également de réussir simultanément sur plusieurs niveaux. La réussite entrepreneuriale, par exemple, englobe souvent plusieurs de ces niveaux, en particulier les niveaux de mission, vision et finalité.

Il convient de noter ici que deux des personnes de notre époque qui ont le mieux réussi financièrement, le fondateur de Microsoft Bill Gates et Warren Buffet (généralement considéré comme l'investisseur ayant le mieux réussi au 20ème siècle), ont décidé de donner la majeure partie de leurs fortunes à des œuvres caritatives. Gates s'est engagé à donner au final 95% de ses richesses à des œuvres de charité et Warren Buffet a dédié 99% de sa fortune à des activités philanthropiques durant sa vie ou au moment de sa mort. Ensemble, ils ont aussi formé le Giving Pledge (l'engagement de donner), une initiative qui a inspiré plus de 81 des plus grandes fortunes mondiales à donner au moins la moitié de leurs biens à des actions humanitaires. Parmi ceux qui ont également pris cet engagement, on trouve le magnat des affaires Larry Ellison, le producteur de films Georges Lucas, le fondateur de CNN Ted Turner et le magnat des médias sociaux Mark Zuckerberg.

De tels exemples reflètent l'importance ultime de la réussite de l'« âme » par rapport au succès de l'« ego ». La quantité de bonheur et de gratification obtenue en amassant des fortunes et des biens et en dépensant de l'argent pour soi-même est limitée. Il est intéressant de noter que les pourcentages -« au moins la moitié, » ou 95% et 99% dans le cas de Gates et Buffett respectivement- sont une bonne indication de la proportion de valeur accordée aux activités reliées à l'« âme » ; c'est-à-dire, la contribution, le service, la compassion, etc.

Bien sûr, il n'est pas nécessaire d'attendre d'être milliardaire pour ouvrir son cœur, écouter son âme et vivre ses rêves. J'ai vu certains de mes clients tomber dans le piège de penser, « Quand j'aurai gagné assez d'argent, alors je vivrai ma vie ».

C'est également tout aussi superflu de penser que de gagner de l'argent signifie manquer de cœur, être égoïste et manquer de générosité. Blake Mycoskie, le fondateur de TOMS, est un bon exemple de la classe d'entrepreneurs portés par la compassion pour les autres. En fait, la clé de la réussite pour la nouvelle génération d'entrepreneurs est de garder un équilibre permanent entre l'ego et l'âme.

Le stéréotype de la définition de la « réussite » pour un entrepreneur de la Silicon Valley serait de lever des fonds d'investissement importants, développer son idée pour en faire un produit phare, construire une entreprise florissante et finalement trouver une « sortie » à succès (soit l'introduction en bourse, soit l'acquisition) qui fait de l'entrepreneur un multimillionnaire ou un milliardaire. De tels clichés, bien sûr, ne reflètent souvent qu'une partie de l'histoire. Dans ce chapitre nous allons examiner plus en profondeur certains autres aspects du succès entrepreneurial.

Le fondateur de Microsoft Bill Gates s'est engagé à donner au final 95% de sa fortune à des œuvres de charité.

Résultats Gagnant-Gagnant

Dans la perspective de la Modélisation des Facteurs de Succès (SFM™), le succès entrepreneurial doit produire des résultats « gagnant-gagnant », par opposition à un résultat « à somme nulle ». Un résultat à somme nulle se produit lorsqu'une personne ou partie d'une interaction gagne (+1) aux dépends de l'autre personne ou partie qui doit abandonner ou perdre quelque chose (-1). Les résultats s'annulent mutuellement pour arriver à zéro (0).

Les résultats gagnant-gagnant produisent un bénéfice mutuel pour toutes les parties impliquées dans la situation. Pour le succès entrepreneurial, cela signifie créer mutuellement des résultats bénéficiaires entre soi-même et les autres individus ou entités qui constituent le Cercle de Succès SFM.

Les grandes réussites sont habituellement constituées de séries de réussites mineures. Lever des fonds peut être considéré en soi comme une réussite pour une entreprise à un stade précoce. On peut considérer de même le fait de générer d'importants revenus de ventes, recruter des membres clés de l'équipe, établir un partenariat significatif ou amener un rêve à sa concrétisation. Atteindre la réussite en tant qu'entrepreneur implique de réussir une série de résultats gagnant-gagnant reliés à chacun des quadrants du Cercle de Succès SFM.

La « réussite » entrepreneuriale est le résultat de la création de bénéfices mutuels entre vous-même et les autres parties de votre Cercle de Succès.

Un entrepreneur qui lève des fonds d'investissement importants et commence à les dépenser sans produire aucun retour pour l'investisseur serait un exemple de résultat à somme nulle. De même, un entrepreneur qui réussit à créer une grande fortune pour lui-même, mais dont les membres de l'équipe ne tirent pas avantage des efforts qu'ils ont fait pour aider à générer ce revenu serait également un gain à somme nulle.

On pourrait dire la même chose pour n'importe quelle combinaison des éléments du Cercle de Succès. Si l'entrepreneur et les investisseurs gagnent, mais que les consommateurs perdent à cause de la qualité médiocre d'un produit ou d'un manque de service, c'est un résultat à somme nulle. Par exemple, Greg Smith, un analyste senior du géant de l'investissement Goldman Sachs, a fait des vagues au printemps 2012 en quittant la société parce que, selon ses termes, « pas une seule minute n'est consacrée à se demander comment aider les clients. On ne s'occupe que de gagner le plus d'argent possible sur leur dos ». Certaines personnes ont avancé que ce serait ce type d'attitude qui aurait causé les crises économiques mondiales à la fin des années 2000 et au début des années 2010.

Tous les individus que nous avons modélisés pour notre étude ont été capables de produire de nettes réussites gagnant-gagnant en rapport avec les différentes parties du cercle de succès.

Par rapport aux investisseurs et parties prenantes, le gain pour l'entrepreneur est d'obtenir le financement nécessaire pour que l'entreprise soit viable et puisse se développer. Le gain pour l'investisseur vient de la capacité de l'entrepreneur à accroître la valeur de l'entreprise pour réussir une « sortie » rentable pour l'investisseur (une façon pour ce dernier de récupérer son investissement et obtenir une marge ou un bénéfice).

Un résultat à somme nulle se produit lorsqu'une personne ou partie d'une interaction gagne (+1) aux dépends de l'autre personne ou partie qui doit abandonner ou perdre quelque chose (-1). Les résultats s'annulent mutuellement pour arriver à zéro (0).

Par rapport aux clients et au marché, le gain pour l'entrepreneur est la génération de revenu et de part de marché. Le gain pour le client est un produit ou un service avantageux.

Par rapport aux membres de l'équipe et aux employés, le gain pour l'entrepreneur est l'implication et le soutien de ceux qui mettent en œuvre leurs compétences pour remplir la mission de l'organisation ou du projet et en faire une entreprise viable. Le gain pour les membres de l'équipe est le développement d'une compétence accrue et un sens de la contribution à une cause gagnante. Les membres de l'équipe, bien sûr, reçoivent également des compensations monétaires, bien que cela puisse être très peu voire rien dans certaines start-up.

Par rapport aux partenaires et alliances, les gains pour l'entrepreneur et les partenaires sont sensiblement les mêmes, la capacité à mobiliser des ressources d'une façon mutuellement profitable.

De ce fait, la « réussite » entrepreneuriale est le résultat de la création de bénéfices mutuels entre soi-même et les autres parties de son propre Cercle de Succès, et également entre les différents groupes du Cercle de Succès. Comme nous l'avons vu dans le cas de Barney Pell et Powerset, ce n'est pas toujours si facile. Il peut y avoir des conflits sur ce qui a trait à l'intérêt des clients et des actionnaires, par exemple, ou entre les actionnaires et les membres de l'équipe, etc.

Les résultats gagnant-gagnant produisent un bénéfice mutuel pour toutes les parties impliquées dans la situation.

Le Succès et « Soi(-Même) »

Les notions d'« atteindre la réussite » ou « incarner le succès » impliquent des buts au niveau de l'identité. Qu'est-ce qui amène une personne à se percevoir comme ayant réussi ou se considérer comme « une réussite ? » C'est une question que j'ai étudiée depuis un moment puisque, par de nombreux aspects, c'est finalement la quête ultime de la Modélisation des Facteurs de Succès (SFM™).

Clairement, l'argent et les possessions ne sont pas nécessairement la principale mesure de la réussite intérieure. En fait, j'ai découvert que les personnes qui réussissent voient l'argent comme un simple moyen vers un but plutôt que comme le but lui-même. Une définition de la « richesse », par exemple, est l'accès aux ressources. Il est important de le comprendre pour vraiment saisir les principes de la Modélisation des Facteurs de Succès (SFM™). Au niveau d'une entreprise, il arrive qu'un partenariat-clé ou qu'un membre de l'équipe impliqué puisse fournir des ressources que l'« argent ne peut pas acheter ». À un niveau personnel, cette définition relie la richesse intérieure au développement et à l'expression de nos ressources personnelles.

« La richesse » peut se définir comme l'« accès aux ressources » – tant extérieures qu'intérieures.

L'une de nos conclusions de ces études est que, au niveau du soi et de l'identité, vous réussissez dans n'importe quel domaine de votre vie où vous ressentez intérieurement à la fois de la reconnaissance et de la générosité. Les gens qui réussissent sont reconnaissants pour ce qu'ils ont et sont en même temps capables de partager généreusement avec les autres. L'initiative Giving Pledge de Bill Gates et Warren Buffett est un bel exemple de ce principe.

Les gens qui réussissent sont reconnaissants pour la richesse (quelle qu'en soit la forme) qu'ils ont créée ou acquise et, en même temps, sont capables de la partager généreusement avec les autres.

Il existe de nombreux exemples de personnes qui ont beaucoup d'argent mais n'ont pas le sentiment d'avoir réussi, parce qu'ils prennent ce qu'ils ont pour acquis, ou ont le sentiment qu'ils ne méritent pas ce qu'ils ont, ou vivent dans la crainte de le perdre. (Comme le dit le vieil adage, « Vous ne l'emporterez pas avec vous ».)

De fait, la gratitude est importante parce que, même si vous avez assez pour en donner, si vous ne vous sentez pas reconnaissant pour ce que vous avez, vous ne le percevrez probablement pas comme ayant de la valeur. Ou, en d'autres termes, si vous n'accordez pas de valeur à ce que vous avez, vous n'éprouvez pas de reconnaissance à l'avoir et vous n'avez donc pas le sentiment d'avoir réussi.

La générosité est importante parce que, si vous éprouvez de la gratitude à avoir quelque chose mais que vous croyez que vous devez le garder pour vous jusqu'à la dernière miette, alors vous vous inquiéterez constamment du besoin d'en avoir plus, un peu comme une addiction. Vous n'aurez pas le sentiment d'en avoir « assez ». Les personnes qui réussissent ont assez de ce qui leur est nécessaire et sentent qu'elles peuvent donner quelque chose en retour.

Pour trouver une expérience de référence personnelle à ce sujet, prenez un moment et explorez quelques zones de réussite dans votre vie en considérant les deux affirmations suivantes.

Je me sens *reconnaissant* pour le/la/les _____ que je possède.

Je peux me montrer *généreux* envers les autres avec mon/ma/mes _____ _____ parce-ce que j'en ai suffisamment.

Assurez-vous de prendre en compte différents éléments à plusieurs niveaux tels que « argent, » « temps, » « connaissances, » « énergie, » « force, » « créativité, » « soutien, » « amour, » etc.

À bien des égards, ce que vous pouvez intégrer de façon congruente dans ces deux affirmations est une ressource clé pour le centre de votre Cercle de Succès. Les éléments que vous désirez mais ne pouvez placer de façon congruente dans les deux affirmations représentent des domaines dans lesquels vous pouvez atteindre plus de réussite.

L'« Esprit » de la Prospérité

Dans mes séminaires et séances de coaching, je constate que les gens se heurtent parfois à des pensées et des croyances limitantes profondément inscrites qui les empêchent de réussir. Beaucoup de personnes, par exemple, ont été élevées dans la croyance que réussir et être prospère est globalement une recherche égoïste en opposition avec le développement d'un sentiment de finalité, de sens et de dévotion à contribuer à la vie des autres. Et pourtant, par bien des aspects, c'est le manque de réussite et de prospérité saines – qui peuvent prendre la forme de pauvreté, d'avidité, de violence, de rareté, etc. – qui est responsable de bien des ombres les plus sombres qui existent dans notre monde aujourd'hui.

Sous cet angle, la réussite gagnant-gagnant et la prospérité ne sont pas en opposition avec un sens de la vision et de la finalité. Elles sont plutôt toutes deux le fruit de la poursuite passionnée du sens de la vision et de la finalité d'une personne, en même temps que son soutien.

Selon le Dictionnaire Webster, la *prospérité* est « l'état de quelqu'un qui est en train de réussir ou de prospérer ; un état de bonne fortune ; un état de croissance vigoureuse et saine ». Le terme vient du Latin *pro*, signifiant « pour, » « vers » ou « en faveur de, » et *spero*, qui signifie « espoir ». Prospérité signifie donc « en faveur de l'espoir ».*

Dans la perspective de la Modélisation des Facteurs de Succès (SFM™), la pauvreté environnementale découle souvent du fait d'agir à partir d'un modèle intérieur du monde appauvri, forgé par des croyances limitantes et une faible estime de soi. Ceci nous empêche de voir ou de nous saisir d'opportunités qui peuvent se trouver juste sous nos yeux. Barney Pell qui s'est retenu de poursuivre ses premières idées d'activité parce qu'il pensait systématiquement qu'« une autre entreprise plus importante est mieux placée que moi pour le faire » en est un exemple. Lorsqu'une personne a un modèle du monde appauvri, elle se sent appauvrie même si elle est entourée de grandes richesses et ressources matérielles.

L'une des missions de la Modélisation des Facteurs de Succès (SFM™) est de fournir aux personnes les outils, les savoir-faire et croyances nécessaires pour se créer un chemin personnel de saine prospérité, et enrichir puissamment leurs cartes du monde. Notre objectif est de vous aider à « atteindre la réussite » en développant la capacité à promouvoir et accompagner la prospérité chez vous et chez les autres, dont :

Beaucoup de personnes ont été élevées dans la croyance que réussir et être prospère est en substance une recherche égoïste en opposition avec le développement d'un sentiment de finalité, de sens et de volonté à contribuer au bien-être des autres.

La Modélisation des Facteurs de Succès (SFM™) voit la pauvreté extérieure comme étant souvent la conséquence d'un modèle intérieur du monde appauvri, forgé par des croyances limitantes et une faible estime de soi.

---

* Il est intéressant de noter que le mot « hope » (espoir) vient de l'anglais ancien *hop*, signifiant une vallée fertile ou un bassin entouré de terres incultes (comme un marécage ou un marais). C'est la même racine que pour des mots comme « hype » (le battage médiatique) et *hip* (la hanche). L'os du bassin de la femme, par exemple, présente un trou par lequel passe le bébé lors de la naissance – une forme de bassin fertile entouré d'os. C'est une métaphore puissante pour le succès entrepreneurial : découvrir ou créer quelque chose de fertile et profitable au milieu de ce qui semble aride ou infertile.

L'une des missions de la Modélisation des Facteurs de Succès (SFM™) est de vous fournir les outils, les savoir-faire et croyances nécessaires pour vous créer un chemin personnel de saine prospérité, et enrichir puissamment votre carte du monde – c'est à dire pour vous accompagner à « atteindre la réussite » en développant la capacité à promouvoir et soutenir la prospérité pour vous-même et pour les autres.

1. Apprendre des croyances et valeurs qui créent la prospérité qui ont été modélisées chez toutes sortes de personnes qui réussissent.

2. Améliorer votre capacité à aller au-delà de vos limites actuelles en identifiant et en transformant les croyances limitantes qui vous empêchent d'atteindre la réussite et la prospérité personnelles.

3. Éliminer les efforts stériles et inutiles vers des buts vides de sens en apprenant comment identifier vos buts authentiques et prendre des décisions ; c'est-à-dire, savoir ce que vous ressentez et voulez.

4. Avoir l'opportunité de découvrir votre mission de vie, votre vision et finalité.

5. Devenir autonome dans l'alignement de toutes vos actions avec votre mission de vie et vous libérer pour agir en conscience et passionnément au service de votre finalité.

6. Agir à partir d'un cadre d'abondance plutôt que de rareté et créer des interactions et des relations gagnant-gagnant.

7. Développer votre estime de vous et comprendre votre valeur aux yeux des autres.

8. Évoluer de la confusion à la conscience qui produit la réussite, la prospérité et l'abondance, et transformer la « pauvreté de conscience » en « esprit » d'abondance génératif et en collaboration générative gagnant-gagnant.

Dans ce chapitre, *Atteindre la Réussite*, nous allons explorer quelques supports et outils pour clarifier vos buts, mission, vision et finalité personnels, et découvrir quelques clés pour accéder à la prospérité et à la satisfaction à différents niveaux.

1. Apprendre des croyances et valeurs sources de prospérité qui ont été modélisées chez toutes sortes de personnes qui réussissent.

2. Améliorer votre capacité à aller au-delà de vos limites actuelles en identifiant et en transformant les croyances limitantes qui vous empêchent d'atteindre la réussite et la prospérité personnelles.

3. Éliminer les efforts stériles et inutiles vers des buts vides de sens en apprenant comment identifier vos buts authentiques et prendre des décisions ; c'est-à-dire, savoir ce que vous ressentez et voulez.

4. Avoir l'opportunité de découvrir votre mission de vie, votre vision et finalité.

5. Devenir autonome dans l'alignement de toutes vos actions avec votre mission de vie et vous libérer pour agir en conscience et passionnément au service de votre finalité.

6. Agir à partir d'un cadre d'abondance plutôt que de rareté et créer des interactions et des relations gagnant-gagnant.

7. Développer votre estime de vous-même et comprendre votre valeur aux yeux des autres.

8. Évoluer de la confusion à la conscience qui produit la réussite, la prospérité et l'abondance, et transformer la « conscience de pauvreté » en « esprit » génératif d'abondance et en collaboration générative gagnant-gagnant.

Les Étapes pour « Atteindre la Réussite »

Rester Fidèle à Soi-Même et à ses Rêves

Le film américain, *Rêve de Champion* (The Rookie), est basé sur la véritable histoire d'un ancien joueur de baseball qui avait toujours rêvé de jouer dans une grande équipe. Il était frustré de n'avoir jamais eu sa chance. Son rêve avait été balayé des années plus tôt par la critique de son père, un militaire qui déménageait la famille d'un bout à l'autre du pays et qualifiait de frivole l'intérêt passionné du garçon pour le baseball. Lorsqu'ils se sont finalement fixés au Texas, le joueur avait un bras blessé et a abandonné le jeu avant de réaliser son rêve d'intégrer une équipe professionnelle.

Il devint professeur et coach de base-ball dans un lycée et promit à son équipe de jeunes joueurs qu'il tenterait d'intégrer une équipe nationale s'ils gagnaient le championnat régional. Son bras de lanceur était guéri depuis longtemps et, de façon surprenante il envoyait la balle plus rapidement que jamais. Ils ont gagné, et il a tenté – avec trois jeunes enfants à charge. Bien qu'il ait été nettement plus âgé que les autre joueurs, il obtint de bons résultats. On lui a proposé une place en ligue mineure pour une grande équipe. Accepter la place signifiait quitter son emploi stable d'enseignant et aussi une baisse de salaire dans la mesure où les joueurs de ligue mineure sont peu payés, jusqu'à ce qu'ils soient acceptés en ligue majeure. La plupart n'y arrivent jamais.

Il a demandé à son père s'il devrait suivre son rêve en prenant en compte les concessions à faire, et son père a répondu : « On ne peut pas toujours avoir ce qu'on veut, » et « Tu connais la bonne réponse, » suggérant qu'il devrait oublier son rêve et retourner chez lui à son travail. Mais le lanceur décida de croire en lui avec le soutien de sa femme malgré leur situation financière stressante. Il a commencé à jouer dans les ligues mineures mais s'est rapidement senti frustré par le faible salaire, par le fait de ne pas être appelé à jouer en ligue majeure. Sa famille lui manquait terriblement ; il a payé un lourd tribut, mentalement et émotionnellement, aux mois de séparation.

Néanmoins, le fait que son petit garçon croie en lui et à son rêve de lancer en ligue majeure lui a permis de tenir jusqu'à ce qu'il soit finalement appelé à jouer dans une équipe professionnelle. Son premier match a eu lieu dans son état natal du Texas. Tous les supporters de sa ville sont venus au match, y compris ses anciens joueurs. Il est entré comme lanceur de secours et a gagné le match au dernier tour de batte. Son père s'est présenté de façon inattendue après le match pour le féliciter. Le joueur lui a donné la balle gagnante et l'a remercié de s'être finalement intéressé à son rêve.

Cette histoire illustre l'importance du centre du Cercle de Succès SFM (SFM Circle of Success™). Sans une vision et une forte croyance en vous-même pour vous soutenir dans les périodes éprouvantes, il est difficile de prendre les risques nécessaires pour être entrepreneur. C'est une vision claire et une forte conviction personnelle qui permettent aux personnes de persévérer lorsqu'elles ne reçoivent pas de soutien (comme dans la situation du jeune joueur et son père), et d'en attirer d'autres (les lycéens de son équipe, sa femme et son fils) qui croient en elles, partagent leur passion pour la vision et la soutiennent pour concrétiser la vision.

C'est une vision claire et une forte conviction personnelle qui permettent de persévérer dans les moments difficiles, d'attirer d'autres personnes qui croient en vous, partagent votre passion pour la vision et vous soutiennent pour la concrétiser.

Prendre des Risques et Faire Face à l'Échec

Atteindre la réussite et être un entrepreneur efficace demande de savoir sortir des territoires connus et de prendre des risques. Cela implique d'aller dans le territoire inconnu du futur ; une activité « risquée » par essence et qui implique la possibilité de l'échec.

Comme le joueur de baseball de l'histoire précédente, les entrepreneurs n'atteignent pas toujours leurs objectifs directement. Don Pickens (ancien Vice Président et Directeur Général de Connectix Corporation), dont l'équipe a développé la QuickCam, le premier appareil photo pour ordinateurs, affirme :

> Si vous vous êtes trompés la première fois, réessayez une seconde fois, réessayez une troisième fois. Bien souvent, vous ne le ferez correctement que la troisième fois. Il n'y a rien de mal à ça. Le problème, c'est que quand vous vous trompez la première fois, beaucoup de gens vont vous dire, « *Tu t'es trompé, tu devrais faire autre chose.* » La difficulté est de comprendre quelle est la partie où vous avez réussi, et ce que vous avez appris de vos erreurs. [Quand nous étions en train de développer la Connectix QuickCam] *nous étions les seuls à parler à nos clients. Notre nouvelle génération de produit avait deux générations d'avance sur tous les autres.*

Comme le souligne Pickens, la réussite implique souvent d'apprendre de ses erreurs et de persévérer malgré les feedbacks négatifs. Considérez les exemples de Barney Pell, Steig Westerburg et Ron Burr mentionnés au chapitre précédent. Pour parvenir à la réussite, ils ont eu besoin de persévérance face à des obstacles qui semblaient parfois insurmontables. Cela aurait été facile de dire à Ron Burr, après le trentième refus, « Pourquoi est-ce que tu ne laisses pas tout simplement tomber ? Est-ce que ce n'est pas évident que ça ne marchera pas ? Reconnais que tu as échoué. Tu as essuyé 30 refus, bon sang ». Ron n'a obtenu le financement dont il avait besoin qu'au 37ème essai. S'il avait abandonné au 36ème, il n'aurait jamais atteint la fantastique réussite qu'il a réalisée.

Au long de ces lignes, il est intéressant de remarquer que certaines des personnes les plus accomplies n'ont pas toujours réussi au départ, et ont été considérées comme incompétentes ou en « échec » à un moment de leur vie.

Don Pickens

DG et co-Fondateur de Urban Design Online, Inc., Don a été Vice-Président du Hardware de Connectix Corporation. Il y a été responsable du développement de la marque QuickCam vers un marché de 40 milliards de dollars, qui a été vendue à Logitech, Inc. Avant Connectix, Don était Group Product Manager pour MS-Office chez Microsoft Corporation, responsable des 300 millions de dollars d'applications professionnelles de Macintosh et PowerPoint.

La réussite implique souvent d'apprendre de ses erreurs et de persévérer malgré les feedbacks négatifs.

Échecs Célèbres

Les personnes qui réussissent n'atteignent pas toujours leurs buts directement. Certaines des personnes les plus accomplies n'ont pas toujours réussi au départ, et ont été considérées comme incompétentes ou en « échec » à un moment de leur vie.

- *Albert Einstein*, considéré comme le plus grand génie du vingtième siècle, ne s'est pas distingué à l'école (l'un de ses enseignant lui avait dit qu'il « n'arriverait à rien dans la vie ») et n'a pas parlé avant l'âge de 3 ans. Lorsqu'il a eu son diplôme universitaire, il a dû accepter un poste de clerc juridique au lieu du poste d'enseignant qu'il souhaitait parce-qu'aucun de ses anciens enseignants ne voulait le recommander.
- Le grand scientifique *Isaac Newton* était également médiocre à l'école primaire et considéré comme « peu prometteur ».
- Lorsque le brillant et prolifique inventeur *Thomas Edison* était jeune, son instituteur lui a dit qu'« il était trop stupide pour apprendre quoi que ce soit ». On lui a conseillé de s'orienter vers un domaine où il pourrait réussir grâce à sa « personnalité agréable ».
- Le professeur de musique de *Beethoven* a un jour dit de lui, « Comme compositeur, c'est un cas désespéré ».
- Le premier livre du célèbre auteur pour enfants *Theodore S. (Dr. Seuss) Geisel* a été rejeté par 23 éditeurs. Le 24ème en a vendu 6 millions d'exemplaires.
- La famille de *Louisa May Alcott* l'a encouragée à devenir domestique ou couturière plutôt que d'écrire. Elle a écrit – et *Les Quatre Filles du Docteur March* est toujours populaire plus de 125 ans plus tard.
- L'acteur populaire *Harrison Ford* a été renvoyé par deux studios avant de rencontrer George Lucas, avec qui il a tourné les grands classiques *American Graffiti*, *Star Wars* et *Les Aventuriers de l'Arche Perdue*.
- Un rédacteur en chef a renvoyé le géant du divertissement *Walt Disney* parce qu'« il manquait d'imagination et n'avait aucune bonne idée ». Disney a fait faillite trois fois avant d'établir durablement son empire du divertissement.
- *F.W. Woolworth*, considéré comme l'un des pères du grand magasin moderne, a travaillé dans une épicerie quand il avait 21 ans, mais son employeur ne le laissait pas servir les clients parce-qu'il n'« était pas capable de faire une vente ».
- *R.H. Macy* a échoué sept fois dans le commerce de détail avant que son magasin de New York ne devienne un succès.
- La superstar du basketball *Michael Jordan* a été renvoyé de l'équipe de basketball de son lycée. La star du basketball Bob Cousy du Boston Celtics Hall of Fame a subi le même sort.

- Le grand joueur de baseball *Babe Ruth*, l'un des plus grands frappeurs de coups de circuit de tous les temps, a loupé la balle 1 300 fois.
- Le premier ministre anglais *Winston Churchill*, dont les compétences de leadership sont considérées comme l'un des facteurs déterminants dans la victoire anglaise contre l'armée d'Hitler pendant la Seconde Guerre Mondiale, a du redoubler sa sixième parce-qu'il n'avait pas réussi l'examen de passage de fin d'année.
- *Abraham Lincoln* a fait faillite deux fois dans ses affaires et a été battu lors de 6 élections d'état et nationales avant d'être élu président des États-Unis.
- La diva du talk show *Oprah Winfrey* est née dans la pauvreté d'une mère célibataire adolescente dans le Mississippi rural et a été élevée dans la banlieue de Milwaukee. Elle a été violée à l'âge de 9 ans et s'est retrouvée enceinte à l'âge de 14 ans. Lorsqu'elle a été renvoyée de son premier emploi de présentatrice, on a dit à Winfrey qu'« elle n'était pas faite pour la TV ». Winfrey a persévéré et est devenue millionnaire à 32 ans, ainsi que la première femme noire milliardaire de l'histoire. En 2014, Winfrey possédait une valeur nette en excédent de 2.9 milliards de dollars.
- L'auteur de Harry Potter *J. K. Rowling* a été renvoyée du bureau londonien où elle travaillait comme secrétaire pour « rêverie ». Rowling a du avoir recours à l'aide sociale avant de publier son premier livre. À cette période, Rowling souffrait de dépression et envisageait le suicide. Harry Potter est maintenant une marque globale estimée à plus de 15 milliards de dollars, et les quatre derniers livres de *Harry Potter* ont les uns après les autres battu les records de vitesse de ventes de l'histoire.

Qu'est-ce qui a transformé les « échecs » de ces personnes en réussites ?

Selon nos études, nous conclurions que c'est grâce à leur vision, leur connexion à quelque chose au-delà d'eux-mêmes et à la croyance forte (ou sens de l'« appel ») en ces visions et en eux-mêmes qu'ils ont pu persévérer malgré l'adversité, transformer les blocages intérieurs et les « ombres » et apprendre de leurs apparents échecs passés.

C'est notre vision, notre connexion à quelque chose au-delà de nous-même et une forte croyance dans notre vision et nous-même qui nous permet de persévérer malgré l'opposition, de transformer les blocages intérieurs et les « ombres » et d'apprendre de nos échecs apparents.

Percevoir « l'Échec » Comme un Feedback

L'un des présupposés fondamentaux de l'entrepreneuriat réussi est qu'« il n'y a pas d'échec, il n'y a que du feed-back ». Dit autrement, « il n'y a pas d'erreurs, il n'y a que des résultats ». L'implication de ces affirmations est que les résultats de nos tentatives pour atteindre nos buts peuvent être interprétés de différentes façons.

Selon la nature d'un résultat particulier, il peut falloir plus ou moins d'effort pour l'obtenir. Dans bien des cas, notre réussite finale n'est pas fonction des résultats immédiats ; c'est le résultat d'une boucle de feedback continue.

L'histoire du jeune commis d'épicerie entrepreneurial est un exemple humoristique de la puissance du feedback et de la flexibilité. Il était très consciencieux et travailleur et le directeur pensait à lui pour une promotion. Un jour, cependant, un client âgé et très acariâtre s'approcha du jeune homme alors qu'il était dans le rayon des produits frais et exigea de manière impolie qu'il lui vende une demi-laitue. Après lui avoir patiemment expliqué plusieurs fois que le magasin ne vendait pas les laitues par moitié, le jeune se fatigua de l'attitude abusive du vieil homme et dit qu'il devait aller demander à son responsable. Arrivant au fond du magasin, le jeune appela son responsable en disant, « Hé, il y un abruti qui demande à acheter une demi laitue... » Cependant, les mots étaient à peine sortis de sa bouche, que le jeune remarqua du coin de l'œil que le vieil homme l'avait suivi jusqu'au fond du magasin et avait entendu tout ce qu'il avait dit. Appliquant intuitivement le principe « feedback versus échec », le jeune entrepreneur se retourna et poursuivit avec un geste élégant, « ... et ce charmant monsieur aimerait avoir l'autre moitié ».

Après le départ du vieil homme, le responsable félicita le jeune homme sur sa capacité à retourner une situation potentiellement désastreuse et dit, « Tu sais, je t'observe depuis un certain temps. Je suis vraiment impressionné par la façon dont tu as géré cet incident aujourd'hui. Voudrais-tu être le responsable du magasin que je suis en train d'ouvrir au Canada ? Le jeune réfléchit pendant un moment et dit, « Je ne sais pas si je me plairais au Canada. J'ai entendu dire qu'il n'y a que des prostituées et des joueurs de hockey ». Soudainement très indigné, le responsable grogna, « Et bien, ma femme est canadienne ! » Avec un sourire innocent le jeune entrepreneur demanda naturellement, « Oh, vraiment... Et dans quelle équipe jouait-elle ? »

La morale de l'histoire est que les entrepreneurs sont capables d'utiliser le feedback comme un moyen d'apprendre rapidement des erreurs et échecs et les transformer en quelque chose de positif. C'est ce qu'on appelle l'attitude « attention, prêt, feu » ou « correction instantanée ». Il est parfois nécessaire de faire quelque chose dont vous savez que cela ne marchera probablement pas pour obtenir le feed-back nécessaire pour progresser.

Les entrepreneurs qui réussissent sont capables d'apprendre rapidement de leurs erreurs et échecs et de les transformer en quelque chose de positif.

Chester Carlson, inventeur de la xérographie, avait besoin du feedback apporté par l'échec pour réussir.

L'exemple de Lowell Noble (de QD Technology), l'inventeur de la Silicon Valley qui a réussi en développant un système d'imagerie en trois dimensions très complexe en est un bon exemple. Il lui a fallu des années pour le mettre au point, et il avait fait de nombreuses versions qui ne fonctionnaient pas. En fait, il a affirmé qu'il a du faire environ 50 000 essais pour mettre le process au point – ce qui veut dire 49 999 « échecs » avant de réussir finalement. Lors d'un entretien avec moi quelques mois plus tard (voir *Tools for Dreamers*, 1991, pages 166 à 185) je lui ai demandé, « Comment avez-vous fait pour continuer malgré tous les échecs que vous avez rencontrés ? » La question a semblé le surprendre au départ. Finalement il a dit, « Je suppose que je ne les considérais pas comme des échecs. Je considérais qu'il s'agissait d'une solution à un autre problème que celui sur lequel je travaillais à ce moment-là ». Et, de fait, quelque chose qui n'avait pas fonctionné à une étape du développement du système s'avérait souvent une solution utile à une autre étape.

Un autre exemple est celui de l'homme qui a inventé la xérographie, Chester Carlson. Dans un entretien il a dit qu'à plusieurs reprises il avait dû faire un prototype de photocopieur dont il savait qu'il *ne* fonctionnerait *pas* pour obtenir le feed-back dont il avait besoin pour savoir quoi faire ensuite. On pourrait dire qu'il devait faire un « échec plus grandiose » que le précédent pour finalement réussir.

L'Allégorie des Jumeaux

Pour illustrer notre capacité à percevoir une même chose comme un « échec » ou un « feedback » j'utilise souvent l'allégorie des vrais jumeaux, le pessimiste et l'optimiste. Ils n'étaient pas seulement vrais jumeaux, ils étaient frères siamois collés par la hanche. Par conséquent, ils partageaient toutes les expériences de la vie exactement de la même façon, du moins extérieurement.

Comme on peut l'imaginer, leur naissance ne fut pas facile. Après une période difficile, les choses s'améliorèrent pourtant. Lorsqu'ils commencèrent à marcher, cependant, ils entrèrent dans une nouvelle période difficile. Mais ils finirent par trouver comment s'y prendre et la vie redevint belle. Rentrer à l'école, bien sûr, constituait un nouveau défi. Il durent faire face aux regards curieux et moqueries de leurs camarades de classe. De nouveau, leur situation finit pas se stabiliser et s'améliorer. D'autres difficultés se présentèrent avec la nouvelle phase de gaucherie de l'adolescence.

Le jumeau pessimiste se plaignit, « Écoute, je savais que ça arriverait. C'est l'histoire de ma vie. Les choses ont été difficiles dès le départ et finissent toujours par mal tourner. C'était difficile à notre naissance. Et même si ça c'est arrangé pendant un moment, ça s'est de nouveau dégradé quand nous avons appris à marcher. Ça se termine toujours mal. Ça s'est arrangé un moment après ça, puis c'est devenu encore pire quand nous avons commencé l'école. C'est l'histoire de ma vie. Les choses se terminent toujours mal. Nous venons de traverser une bonne période, mais je savais que ça ne durerait pas. Notre situation est à nouveau difficile, juste comme je m'y attendais. Les choses ont mal commencé et elles vont mal se terminer. C'est l'histoire de ma vie ».

Le jumeau optimiste, cependant, exprima un autre point de vue. « Les choses vont mal en ce moment, mais il suffit d'attendre et elles s'arrangeront de nouveau. Le bon finit toujours par arriver après le mauvais. C'est l'histoire de ma vie. C'était difficile à notre naissance, mais ça s'est arrangé. Le bon finit toujours par arriver après le mauvais. Et même si nous avons connu une période difficile pour apprendre à marcher, les choses se sont mises en place et ça s'est arrangé. Les débuts à l'école ont été pénibles, mais après ça s'est très bien passé. Ça se termine toujours bien. Les choses paraissent pénibles actuellement, mais il suffit d'attendre, ça va redevenir OK. J'en suis certain parce que c'est l'histoire de ma vie. Le bon finit toujours par arriver après le mauvais. »

Bien que les deux jumeaux partagent exactement les mêmes « faits » dans leur vie, ils en tirent des interprétations opposées. Une question intéressante à étudier, est alors, « Qui est le menteur ? » Ils ne peuvent pas dire la vérité tous les deux, non ? Ils disent des choses diamétralement opposées.

Évidemment, chacun dit sa propre vérité. Les mêmes « faits » peuvent être interprétés de différentes façons et se voir attribuer des signification différentes. C'est l'une des façons dont notre système de croyances fonctionne. Elles servent à « ponctuer » notre existence. Le jumeau pessimiste met une « virgule » après les bonnes expériences, et un « point d'exclamation » après les mauvaises. Le jumeau optimiste fait l'inverse, mettant la « virgule » après les mauvaises expériences et un « point d'exclamation » après les bonnes.

C'est ainsi que nous pouvons créer des cartes du monde si différentes. Cela nous fournit aussi un aperçu notable de la façon dont nous pouvons transformer ce qui semble un « échec » en « feedback ». Les personnes qui réussissent croient fortement à un futur positif, elles sont capables de ponctuer leurs expériences pour accentuer et tirer parti des opportunités, et traverser efficacement les périodes de défi.

On a dit qu'une personne peut faire des erreurs, mais celles-ci ne deviennent des échecs que lorsqu'elle commence à blâmer quelque chose ou quelqu'un quand les choses vont mal. Lorsque nous blâmons les autres ou les circonstances extérieures, nous admettons l'« échec » et abandonnons notre pouvoir et notre responsabilité en rendant quelqu'un ou quelque chose d'autre responsable du résultat. Certainement, nous ne pouvons pas contrôler la réalité ni déterminer les comportements des autres, mais nous pouvons choisir de répondre aussi ingénieusement que possible aux défis de la vie.

Pour le faire de façon efficace en permanence, nous devons croire en nous, et quelque part sur le chemin, nous devons rencontrer quelqu'un qui voie de la grandeur en nous, en attend de nous, et nous le fait savoir – c'est-à-dire que nous devons trouver un « sponsor ». C'est l'une des clés d'or de la réussite.

Les personnes qui réussissent croient fortement à un futur positif et sont capables de « ponctuer » leurs expériences d'une façon qui leur permet d'accentuer et tirer parti des opportunités et traverser efficacement les périodes de défi.

Trouver du Soutien et du Sponsoring

Le *sponsoring* implique de créer un espace dans lequel les autres peuvent agir, grandir et exceller. Les sponsors fournissent un contexte, des contacts et des ressources (y compris, mais certainement pas limitées à, des ressources financières) qui permettent au groupe ou à l'individu sponsorisé de se concentrer sur ses propres savoir-faire et compétences, de les développer et les utiliser pleinement.

Le sponsoring implique de s'engager à mettre en avant quelque chose qui existe déjà chez la personne ou dans le groupe, mais qui ne se manifeste pas encore au maximum de ses capacités. Une organisation qui « sponsorise » un programme particulier ou un programme de recherche promeut ce programme ou projet en fournissant les ressources nécessaires. Un groupe qui « sponsorise » un séminaire ou un atelier fournit l'espace et l'effort promotionnel pour créer le contexte qui permet au leader de l'atelier de présenter ses idées et activités, et aux autres de recevoir les bénéfices de ces idées et activités. Lorsque la direction « sponsorise » un projet ou une initiative, elle lui donne sa reconnaissance et sa « bénédiction » comme à quelque chose d'important pour l'identité et la mission de l'entreprise. Dans cette perspective, le sponsoring implique de créer un contexte dans lequel les autres peuvent agir, grandir et exceller de façon optimale.

Comme l'impliquent ces exemples, les parties prenantes sont souvent également des « sponsors ». Lorsque les investisseurs de Barney Pell, lui ont dit « Nous avons investi sur vous pas sur un quelconque autre DG, » ils affirmaient clairement qu'ils avaient placé leur confiance en lui en tant qu'individu. Les « groupes de solidarité » de Muhammed Yunus sont un exemple de sponsoring mutuel dans lequel les gens croient les uns aux autres et se soutiennent.

Bien qu'aujourd'hui la notion de « sponsoring » véhicule principalement une connotation commerciale pour beaucoup de personnes, le terme « sponsor » vient du Latin *spondere* (« promettre ») et s'appliquait à une personne qui avait pris des responsabilités pour le bien-être spirituel d'une autre (le mot « époux/se » partage la même racine).

On peut se référer à la forme commerciale du sponsoring avec un petit « s ». Le « Sponsoring » au niveau de l'identité (ce que nous pourrions appeler le « Sponsoring » avec un « S » majuscule) est le processus de constater et reconnaître (« voir et bénir ») les caractéristiques fondamentales d'une autre personne. Cette forme de sponsoring implique de chercher, soutenir et préserver les potentiels d'une autre personne pour qu'ils puissent s'exprimer pleinement.

Le sponsor d'un individu croit en cette personne, la fait se sentir importante et lui montre qu'elle peut faire une différence. Le processus de sponsoring est principalement exprimé à travers la communication (verbale et non verbale) d'un certain nombre de messages-clés. Ces messages concernent la reconnaissance profonde de la personne :

Une personne n'existe pas vraiment tant qu'elle n'a pas été vue et bénie par une autre.

– **Albert Camus**

Nos « sponsors » croient en nous, nous font nous sentir importants et nous montrent que nous pouvons faire une différence.

Vous existez. Je vous vois.

Vous avez de la valeur.

Vous êtes important / spécial / unique.

Vous avez une contribution importante à apporter.

Vous êtes bienvenu ici. Vous êtes à votre place ici.

Ces messages identitaires fondamentaux sont souvent accompagnés de ces croyances qui renforcent :

Vous pouvez réussir.

Vous êtes capable de réussir.

Vous méritez de réussir.

« VOUS EXISTEZ. JE VOUS VOIS. VOUS AVEZ DE LA VALEUR. VOUS ÊTES IMPORTANT / SPÉCIAL / UNIQUE. VOUS AVEZ UNE CONTRIBUTION IMPORTANTE À APPORTER. VOUS ÊTES BIENVENU ICI. VOUS ÊTES À VOTRE PLACE ICI. »

Clairement, l'intention de ces messages est de promouvoir le sentiment de la personne d'être inconditionnellement valorisée, sa sensation d'appartenance et son désir de contribuer et réussir. L'impact de ces messages est généralement très profond et conduit à un certain nombre de réponses émotionnelles positives et porteuses de ressources.

Lorsque les personnes sentent qu'elles sont vues, par exemple, il s'ensuit une sensation de sécurité et de reconnaissance ; elles ne se sentent plus obligées de faire quelque chose pour attirer l'attention. Il en résulte qu'elles se sentent soulagées et détendues.

Lorsque les gens sentent qu'ils existent, sont présents de corps et d'esprit, et que leur existence n'est pas menacée, ils expérimentent la sensation d'être centrés et en paix.

Lorsque les gens savent qu'ils ont de la valeur et qu'ils sont valorisés, ils ressentent un sentiment de satisfaction.

Le fait de savoir qu'elle est unique amène une personne à un désir et une tendance naturels d'exprimer cette singularité qui libère sa créativité innée. Il est important de garder à l'esprit qu'être unique, important ou spécial ne signifie pas être « meilleur que » ou supérieur aux autres. La singularité est la qualité qui donne à une personne son identité spéciale, distincte des autres.

Le fait de reconnaître que les personnes ont une contribution à apporter engendre une motivation et une énergie formidables.

La conviction qu'elles sont bienvenues donne aux personnes le sentiment d'être chez elles et engendre un sentiment de loyauté. De même, le sentiment d'appartenance crée un esprit d'engagement et de responsabilité.

Les investisseurs « business angels » sont un type de sponsor fréquent pour les entrepreneurs qui veulent lancer une nouvelle entreprise. Ce sont des investisseurs « à valeur ajoutée » qui croient en l'entrepreneur et en sa vision et utilisent leurs relations et leur expertise pour accompagner l'entreprise vers la réussite.

Le sponsoring est fréquemment ignoré dans les paramètres organisationnels. En arrivant dans une entreprise on voit quand le sponsoring n'est pas pratiqué. C'est comme si personne n'existait vraiment. Lorsque les gens sentent qu'ils ne sont pas vus, pas valorisés, qu'ils ne contribuent pas vraiment (ou que leurs contributions ne sont pas reconnues), qu'ils peuvent être facilement remplacés et qu'ils ne sont pas vraiment intégrés, leur performance va le refléter. Lorsque les gens se sentent sponsorisés, par contre, ils se sentent présents, motivés, loyaux, créatifs et vont accomplir leur tâche au-delà de toutes attentes.

Pour une start-up de la Silicon Valley, les sponsors se présentent souvent à la fois sur le plan financier et personnel sous la forme d'investisseurs « anges ». Les *investisseurs Business Angels* sont une nouvelle espèce d'investisseurs qui a émergé dans la Silicon Valley et d'autres centres de technologie dans le monde. Ils comblent souvent l'insuffisance de financement de nouvelles entreprises pour lesquelles ce type de financement d'amorçage est plus adapté qu'un apport de capital risque. Ils investissent souvent leurs fonds propres dans les start-up, investissant un montant relativement modeste mais significatif en échange d'une position d'actionnaire dans l'entreprise. Les Business Angels sont souvent des investisseurs « à valeur ajoutée » dans la mesure où ils utilisent leurs relations et leur expertise pour accompagner l'entreprise vers la réussite. C'est-à-dire qu'ils apportent une contribution au-delà de l'argent à la start-up, par exemple des conseils ou des relations d'affaires.

Rassembler Vos Alliés

Au Togo, en Afrique, lorsqu'une femme est enceinte toutes ses amies vont avec elle dans la forêt pour trouver un chant qui sera le « chant de cet enfant ». Les femmes s'assoient calmement ensemble dans la forêt et un murmure commence lentement à émerger. De manière organique et en peu de temps, un chant émerge. Au fur et à mesure qu'il se développe, il gagne en intensité. Lorsque l'enfant naît, on chante ce chant pour l'inviter et le nommer dans le monde. On le chante doucement au bébé nouveau-né, mais au fur et à mesure que l'enfant grandit et gagne en force puis devient adulte, on le chante avec plus de force et d'intensité. Lorsque l'enfant ou la personne se met en difficulté, fait une erreur, vole ou contrevient d'une façon ou d'une autre au code social, le chant est chanté par la communauté pour ramener la personne à elle-même. Finalement, lorsque la personne meurt, le chant est chanté doucement ; de plus en plus doucement jusqu'à ce que l'âme et le chant de la personne quittent son corps. Et on ne chante plus jamais ce chant.

Nos sponsors sont comme ceux qui « chantent notre chant ». Pour trouver quelques-uns de vos sponsors, prenez un moment et pensez à des personnes qui ont « chanté votre chant » dans votre vie. Rappelez-vous ceux qui ont soutenu votre sentiment de vous-même d'une façon positive, ceux qui vous ont rappelé qui vous êtes et/ou qui vous ont ramené à vous-même lorsque vous vous êtes oubliés. Sentez-vous entouré de vos « alliés ».

Choisissez ou trouvez un symbole, une image ou un objet qui vous serve de rappel personnel ou « ancre » pour chacun de ces alliés ou sponsors. Gardez-les avec vous ou placez-les dans votre bureau ou votre environnement de travail de façon visible pour qu'ils vous rappellent ceux qui vous voient et vous bénissent.

On peut aussi s'engager dans son propre « auto-sponsoring », qui permet d'apprendre à promouvoir et préserver les qualités fondamentales en soi.

En résumé, c'est important pour un entrepreneur de croire à sa vision, et de travailler avec d'autres qui croient également à cette vision. Selon Don Pickens, « Vous devez identifier et travailler avec les personnes qui sont désireuses d'avancer avec vous, parce que les autres vont vous freiner ».

C'est important d'identifier vos sponsors et alliés – c'est-à-dire, ceux qui croient en vous et votre vision et qui reconnaissent votre potentiel.

Vous pouvez choisir ou trouver un symbole, une image ou un objet pour vous rappeler vos alliés ou sponsors. Gardez-les dans votre environnement de travail pour vous rappeler ceux qui vous voient et vous bénissent.

Faire Face à l'Incertitude et Devenir « Chanceux »

L'un des défis de la quête pour atteindre la réussite dans notre monde dynamique est qu'il est plein d'incertitudes. Ce peut être un problème ou une opportunité, tout dépend de la façon dont il est perçu ou abordé. Par exemple, le magnat du divertissement Walt Disney (la quintessence de l'entrepreneur à part entière) a un jour déclaré :

> Mon entreprise a été une aventure palpitante, un voyage de découverte sans fin et une exploration dans les royaumes de la couleur, du son et du mouvement.
> C'est ce que j'aime dans ce métier, la certitude qu'il y a toujours quelque chose de plus grand et de plus enthousiasmant au détour du chemin ; et l'incertitude sur tout le reste.

Les leaders visionnaires des nouvelles aventures d'aujourd'hui ont une perspective similaire. Comme le dit un entrepreneur de longue date de la Silicon Valley, Steve Artim :

> L'incertitude est une opportunité pour nous. Personne ne sait ce qui va en sortir. Personne ne contrôle la technologie qui va piloter le futur. C'est de cela que des petites entreprises comme nous peuvent tirer profit. Nous sommes le chef de file avec les personnes les plus ingénieuses et intelligentes ici.

Avec toute l'incertitude et l'imprévisibilité qui entourent les nouvelles entreprises, c'est parfois tentant de suggérer que celles qui ont réussi l'ont fait grâce à la « chance ». Ils étaient simplement au bon endroit au bon moment. Sans aucun doute, de nombreux entrepreneurs qui ont réussi seraient d'accord avec cette affirmation. Si vous demandez les clés de leur succès à ceux qui ont réussi, vous obtiendrez souvent la réponse, « La vérité, c'est que j'ai eu de la chance ». La chance est en effet un indéniable facteur de réussite pour démarrer une nouvelle aventure.

La question est de savoir s'il y a des choses qu'on peut faire pour augmenter sa chance.

On a dit que la « *Chance* est la rencontre de la préparation et de l'opportunité ». Thomas Jefferson, par exemple, a déclaré avoir été « un homme très chanceux » ; mais a également remarqué que « plus il travaillait dur », « plus il avait de la chance ». De même, le grand golfeur Arnold Palmer a admis qu'il devait à la chance nombre de ses victoires en tournois, ajoutant toutefois que plus il s'entrainait plus la chance était au rendez-vous.

Ces commentaires sous-entendent que vous ne pouvez pas forcément vous « rendre » chanceux, mais pouvez vous positionner de façon à mieux profiter des opportunités. Chesley Sullenberger, le pilote du Miracle sur l'Hudson, par exemple, a déclaré que ce sont ses années de préparation et « dépôts réguliers » dans sa « banque d'expérience, formation et entrainement » qui ont été déterminants pour lui permettre d'effectuer l'atterrissage « miracle ».

L'Importance de la Préparation et de l'Entrainement

Le grand philosophe grec Aristote soutenait, « Nous sommes ce que nous faisons régulièrement. L'excellence n'est pas une action, mais une habitude ». Dans son livre *Outliers : The Story of Success* – Aberrations : la règle du succès – (2008), Malcolm Gladwell mentionne régulièrement la « règle des 10 000 heures ». Citant des études publiées par Anders Ericsson (2006), un psychologue qui étudie l'expertise et les performances d'experts, Gladwell affirme que la clé de la réussite dans n'importe quel domaine est, en grande partie, un entrainement d'environ 10 000 heures.

« Aberration » est un terme scientifique utilisé pour décrire des choses ou des phénomènes qui sortent de l'expérience ordinaire. Dans son livre, Gladwell se concentre sur des personnes qui sont des *aberrations* – des hommes et des femmes qui ont accompli des choses vraiment hors du commun. Glawell déclare qu'atteindre une telle excellence demande un énorme investissement de temps sous forme d'entrainement. À partir d'exemples aussi variés que Les Beatles, Bill Gates et Robert Oppenheimer, Gladwell montre comment chacun a appliqué la « Règle des 10 000 Heures » en prélude à sa réussite.

Les Beatles, par exemple, ont fait des concerts à Hambourg, en Allemagne plus de 1 200 fois entre 1960 et 1964, accumulant plus de 10 000 heures de jeu, et respectant ainsi la Règle des 10 000 Heures. Gladwell affirme que tout le temps que les Beatles ont passé à jouer a forgé leur talent, « ainsi lorsqu'ils ont quitté Hambourg pour rentrer en Angleterre "ils avaient un son inimitable. C'est ce qui les a faits." »

Bill Gates a suivi la Règle des 10 000 Heures lorsqu'il a eu accès à un ordinateur au lycée en 1968 à l'âge de 13 ans, et passé 10 000 heures à faire de la programmation. Dans un entretien pour le livre, Gates affirme que cet accès unique à un ordinateur à une époque à laquelle ils n'étaient pas courants l'a aidé à réussir.

Il semble clair que le socle de l'excellence et de la performance de haut niveau dans n'importe quel domaine commence par la pratique. Et bien que 10 000 heures semblent être énormément de temps, c'est un investissement qui en vaut la peine lorsque nous cherchons vraiment à atteindre notre vision, mission et ambition. Il est important de garder à l'esprit que ce type de pratique et de préparation n'est pas fait de répétition mécanique et stupide. Comme Sullenberger l'a souligné, il est composé d'« expérience, d'éducation et d'entrainement ».

La « chance » est la rencontre de la préparation et de l'opportunité.

« Je dois toute ma réussite à la chance. Ce qui est intéressant, c'est que plus je travaille, plus j'ai de la chance ».

– Thomas Jefferson

LES BEATLES !
JOUENT MAINTENANT DEPUIS 8 545 HEURES...
... ET ILS CONTINUENT !

Cultiver Votre Facteur Chance

Pour compléter son affirmation à propos de l'importance de la préparation et de la pratique, Gladwell souligne également que les réalisations et performances des individus remarquables qui ont réussi sont forgées par leur environnement et contexte social autant que par leurs compétences et expérience. Gladwell (2008) affirme que la réussite demande plus que de l'intelligence individuelle, de l'ambition, du travail intense et acharné, concluant que « ce que nous faisons en tant que communauté, en tant que société, les uns pour les autres, compte autant que ce que nous faisons pour nous-même ». Ceci amène l'interface où la préparation rencontre l'opportunité.

Tandis que nous percevons tous sans nul doute la pratique et la préparation comme une affaire de choix et quelque chose qui est sous notre contrôle, l'opportunité semble être largement une question de chance et quelque chose qui est hors de notre capacité d'influence. Pourtant, c'est un des domaines qui différencie les entrepreneurs qui réussissent vraiment des autres.

Parce qu'ils sont à l'affût, les entrepreneurs trouvent souvent des opportunités que d'autres ne voient pas. Ce phénomène transparaît dans l'histoire des deux vendeurs de chaussures. Tous deux ont été envoyés pour tenter de développer le marché de la chaussure en zone rurale dans un pays étranger. À leur arrivée, ils découvrent tous les deux que les habitants de leur zone ont l'habitude de porter des sandales. Le premier vendeur envoie un message à la maison mère disant, « Pas de chance. Personne ici ne porte de chaussures. Je crains de devoir rentrer les mains vides ». L'autre vendeur (celui qui est entrepreneur naturel) écrit à la maison mère disant, « Coup de chance. Envoyez autant de chaussures que vous pouvez. Personne ici n'en a ». La corollaire de cette histoire est que ce que nous percevons comme une opportunité est en lien avec la façon dont nous voyons la situation.

Il y a une scène dans le film comique avec Jim Carey *Dumb and Dumber* (La cloche et l'idiot) qui, bien qu'il s'agisse clairement d'humour d'adolescent, illustre visuellement comment la préparation mentale d'une attitude influence notre capacité à reconnaître les opportunités. Vers la fin du film les deux protagonistes, le type « stupide » et son partenaire « encore plus stupide », marchent le long de l'autoroute après avoir dépensé tout leur argent et perdu leur voiture. L'un dit à l'autre d'un ton abattu, « Je n'arrive pas à le croire. Quand est-ce que ça va s'arrêter ? »

Tout à coup un bus marqué *Hawaii Bikini Tour* s'arrête et de nombreuses jeunes et jolies filles en bikini en descendent. L'une d'entre elles dit « Salut les mecs. Nous faisons une tournée nationale en bikini et nous cherchons deux garçons-huileurs pour nous huiler avant chaque compétition ».

Les deux hommes se regardent avec incrédulité. Finalement, le premier répond, « Vous avez de la chance. Il y a une ville à à peu près cinq kilomètres par là. Je suis sûr que vous trouverez deux gars là-bas ». Les filles sont un peu surprises et déçues d'avoir été ignorées, mais elles remontent dans leur bus qui repart.

Le type « encore plus stupide » dit à son ami, « Ah, il y a deux mecs chanceux dans cette ville ». Subitement, il a une révélation. « Attends un peu, » crie-t-il. « Est-ce que tu te rends compte de ce que tu as fait ? Comment est-ce qu'on peut être aussi stupide ? »

Il court après le bus, martelant la porte jusqu'à ce qu'il s'arrête. Les portes s'ouvrent et les jolies filles descendent de nouveau. « Excusez mon ami, » dit-il. « Il est un peu lent ». Avec un sourire triomphant il montre la direction opposée et dit, « La ville est par ici ». Les filles déconcertées remontent dans le bus et il démarre.

Alors que les deux hommes regardent le bus s'éloigner sur la route, l'un dit à l'autre, « Super ! Deux mecs chanceux vont pouvoir se balader avec ces filles pendant les deux mois à venir ». L'autre répond, « Un jour nous aurons notre chance aussi. Il faut juste garder les yeux ouverts ».

Bien que rudimentaire et d'un humour volontairement macho, la scène illustre comment des présupposés et attentes limitants créent des filtres qui peuvent nous rendre aveugles aux opportunités qui sont juste sous notre nez.

Dans son livre *The Luck Factor* – Le facteur chance – (2003) le Dr. Richard Wiseman observe que les personnes qui réussissent considèrent souvent que leur succès résulte du fait qu'elles sont « chanceuses » alors que les personnes qui ont du mal à s'en sortir se pensent « malchanceuses ». Il a décidé d'étudier le phénomène de la « chance », dont il remarque qu'il a beaucoup à voir avec le regard et l'attitude de la personne. Par exemple, il a organisé des entretiens avec des personnes qui se considéraient « chanceuses » et d'autres qui se considéraient « malchanceuses ». En parallèle des entretiens, il a conduit une expérience. Sur le bord du trottoir menant à son bureau, il a placé un billet de 20 Livres Sterling. Résultat éloquent, la majorité des personnes qui se considéraient « chanceuses » ont trouvé le billet. La majorité de celles qui se considéraient « malchanceuses » ne l'ont pas remarqué. L'opportunité, en réalité, était la même pour les deux. Les personnes « malchanceuses » ont manqué l'opportunité à cause de leurs filtres perceptuels.

Notre « facteur chance » a beaucoup à voir avec notre regard et notre attitude.

Des présupposés et attentes limitants créent des filtres qui peuvent nous rendre aveugles aux opportunités qui sont juste sous notre nez.

Atteindre la Réussite

En conclusion de ses recherches sur le « facteur chance », Wiseman donne les quatre conseils suivants pour augmenter votre chance en créant des opportunités :

1. **Maximisez Vos Chances** : Créez, remarquez et agissez sur les opportunités. Les personnes « chanceuses » sont détendues, ouvertes à la nouveauté, et entretiennent des contacts avec un large réseau d'amis et d'associés. Le Dr. Wiseman recommande de parler avec les gens que vous rencontrez dans la rue et de garder le contact avec vos vieilles connaissances comme moyen de créer un *réseau de chance* – des gens qui peuvent vous soutenir et vous signaler de nouvelles opportunités.

2. **Écoutez Votre Instinct** : Tout le monde a de l'intuition, mais les personnes « chanceuses » ont tendance à s'y fier plus. Non seulement elles lui font confiance, mais elles travaillent à la développer. L'intuition est souvent le résultat d'indice subtils, de « signaux faibles, » que vous observez et intégrez inconsciemment.

3. **Attendez-Vous à Être Chanceux** : Nos attentes pilotent nos actions. Les personnes « chanceuses » persévèrent dans les situations difficiles, elles ont donc plus de chances de réussir. Elles créent de meilleures relations avec les personnes avec lesquelles elles interagissent en s'attendant à de bons résultats. S'attendre à de bons résultats vous motive à prendre des risques. Si vous vous dites constamment que vous ne réussirez jamais, alors vous n'essaierez même pas.

4. **Regardez du Bon Côté/Transformez Votre Malchance en Chance** : Un regard positif vous aide à vous sentir chanceux quoiqu'il arrive. Les personnes chanceuses connaissent aussi des mésaventures. Mais elles réagissent en s'attendant et en travaillant à un aboutissement positif. Elles ne ressassent pas le négatif, mais trouvent quelque chose de positif dans toute situation. Si vous avez trébuché dans les escaliers ce matin, au moins vous ne vous êtes pas cassé la cheville. Lorsque vous n'imputez pas toutes les mauvaises choses qui vous arrivent à la malchance, vous avez plus de chances de trouver des moyens d'améliorer ce que vous faites. C'est le principe de la transformation de l'« échec en feedback ».

Il y a quelques pratiques simples que vous pouvez adopter pour augmenter votre « facteur chance ».

AUGMENTER VOTRE FACTEUR CHANCE

> « Tant de nos rêves paraissent impossibles, puis improbables, puis inévitables. »
> – **Christopher Reeve**

Pour illustrer ces quatre principes, considérons l'exemple qu'une de mes connaissances en Allemagne m'a raconté il y a quelques années. Un de ses amis entrepreneur en Allemagne admirait beaucoup l'ancien président Bill Clinton. Cet ami rêva un jour de dîner avec l'ancien président. Bien entendu, il n'avait aucune idée sur la façon de contacter Clinton pour l'inviter à dîner, mais il savait qu'il avait habité à la Maison Blanche à Washington D.C. Il a donc appelé la Maison Blanche. C'était au début des années 2000 alors que George W. Bush venait d'entamer sa présidence. La standardiste de la Maison Blanche a répondu en essence, « Mr Clinton n'habite plus ici et n'a pas laissé d'adresse de suivi. Nous ne savons pas comment le contacter et cela nous importe peu ».

L'entrepreneur voulait vraiment réaliser son rêve de dîner avec Clinton, et il réalisa qu'il devrait trouver une autre voie pour contacter l'ancien président. Il savait que Clinton donnait des conférences un peu partout dans le monde et se dit qu'il devrait faire appel à des interprètes. Il supposa que la communauté d'interprètes ne devait pas être très importante. Il connaissait quelqu'un qui avait un ami interprète. Cet interprète l'a mis en contact avec quelqu'un qui connaissait un interprète qui connaissait un interprète qui avait traduit un discours de Clinton. Cette personne l'orienta vers le groupe qui avait organisé l'intervention de Clinton. L'entrepreneur a contacté cette organisation qui l'a alors mis en relation avec l'agence de réservation de Clinton.

L'homme a appelé l'agence et expliqué son rêve de dîner avec Bill Clinton. La personne de l'agence a dit, « Mais Bill Clinton ne dîne pas avec des inconnus. Mais si vous voulez le sponsoriser pour un discours, cela coûtera 250 000 dollars. Vous devez garantir le paiement, mais nous ne pouvons garantir que Clinton sera réellement en mesure de venir ».

> « À long terme, les hommes n'atteignent que ce qu'ils visent. »
> – **Henry David Thoreau**

L'entrepreneur pensa à son rêve de dîner avec Clinton et décida qu'il méritait le risque. Il se dit que s'il sponsorisait Clinton, il y avait une bonne chance qu'il puisse dîner avec lui. Le problème, bien sûr, c'est qu'il ne disposait pas d'un quart de million de dollars et n'était pas organisateur de conférences.

Suivant son cœur et son intuition, toutefois, il accepta de sponsoriser le discours en Allemagne et se mit en quête de partenaires. Lorsqu'il déclara avec enthousiasme qu'il préparait un évènement mettant en vedette l'ancien président des USA Bill Clinton, les gens se montrèrent intéressés. Certaines personnes de son réseau contribuèrent même à payer la réservation.

Il s'avéra que des centaines de personnes s'inscrivirent pour l'évènement. Avec autant de personnes, Clinton ne put refuser et fit volontiers le voyage pour l'Allemagne. Au final, l'entrepreneur réalisa un bénéfice de 50 000 dollars et, bien entendu, prit un dîner très agréable avec Bill Clinton.

Comme cette histoire l'illustre, lorsqu'une personne est active et optimiste il ou elle est capable de créer des opportunités plutôt que d'attendre qu'elles se présentent. L'entrepreneur a clairement mis en place un « réseau de chance », à la fois pour organiser l'évènement, mais aussi au départ pour entrer en contact avec Clinton. Trouver son contact initial avec l'ancien président des USA démontre le principe des « six degrés de séparation ». Le principe établit que n'importe qui n'est éloigné que de six relations de n'importe qui d'autre sur notre planète - c'est-à-dire qu'il connait quelqu'un qui connait quelqu'un qui connait quelqu'un, etc. qui connait une personne donnée. Une chaine d'« amis d'amis » peut donc permettre de connecter deux personnes quelles qu'elles soient en six étapes environ. Certains ont bien sûr beaucoup plus de connexions que d'autres. Augmenter votre nombre de connexions réduit votre degré de séparation.

L'ami de mon collègue allemand a suivi son cœur et son intuition à la poursuite de son rêve de dîner avec Bill Clinton. Il a pris le risque pour réaliser son rêve, pas juste pour gagner de l'argent. C'est évident que cet entrepreneur faisait confiance et croyait profondément à son rêve, bien qu'il n'ait pas été rationnel.

Cet entrepreneur a pris un risque avec la confiance que cela fonctionnerait. Vous pourriez dire que la conférence réussie de l'entrepreneur était une « chance » – il était la bonne personne au bon endroit au bon moment. Mais il n'y avait pas la moindre chance que cela se produise s'il n'avait pas pris le risque et persévéré. Il avait la conviction qu'il « trouverait comment faire pour que cela arrive ».

Il ne s'est pas laissé décourager par les impasses ni les défis, mais a transformé un « échec » apparent en feedback. Lorsqu'un chemin n'aboutissait pas, il en essayait un autre. De nouveaux chemins et possibilités s'ouvrent lorsque vous restez en action. Les opportunités émergent lorsque vous êtes en communication active avec d'autres personnes. De nombreux entrepreneurs racontent comment un jour ils ont vécu une réunion terrible et eu envie d'abandonner. Et comment le lendemain ils ont rencontré dans la rue quelqu'un qui connait quelqu'un d'autre qui était exactement la personne dont ils avaient besoin pour faire aboutir leur projet.

Voici d'autres Exemples de Facteurs de Succès qui illustrent comment certains entrepreneurs qui ont réussi ont fait face à l'incertitude, surmonté les obstacles, trouvé des opportunités méconnues, transformé des échecs apparents en résultats positifs et, finalement, augmenté leur chance et réussi.

Les opportunités émergent lorsque vous êtes en communication active avec d'autres personnes.

Exemple d'un Cas de Facteur de Succès
Mark Fizpatrick de Tidal Wave Technologies

Mark Fizpatrick
Fondateur de Tidal Wave Technologies

« Prenez des mesures pour vous améliorer et gardez l'œil ouvert sur les opportunités. »

Mark Fizpatrick ne ressemble pas à l'image stéréotypée typique que les gens se font d'un Entrepreneur à grande réussite de la Silicon Valley. Il ne semble pas frénétique, conduit et accaparé par la réussite. Il est sympathique, calme et un peu introverti. Pourtant, son histoire de réussite illustre clairement l'importance du centre du Cercle de Succès SFM.

Mark a commencé sa carrière dans la vente et le marketing de matériels et logiciels client-serveur dans la Silicon Valley, travaillant pour des entreprises technologiques bien connues comme Data General Corporation et NeXT Computer, Inc. Au début des années 1990, Mark était directeur des ventes chez Sun Microsystems.

Mark avait construit sa carrière dans les pas de son père, également directeur des ventes. Pourtant, alors qu'il réussissait bien dans son travail, Mark se sentait insatisfait. Comme l'homme dans le film *Rêve de Champion* mentionné avant, il n'avait pas le sentiment de suivre sa passion ni de réaliser pleinement son potentiel. Il se sentait d'une certaine façon appelé à être plus qu'un directeur des ventes.

Contrairement à d'autres histoires d'entrepreneurs à succès, cependant, Mark n'avait pas de sens clair d'une grande vision de changement (comme un Steve Jobs, par exemple). Sa vision émergeait de la conviction qu'il devait y avoir quelque chose de plus ou de mieux qu'il pourrait faire et qui apporterait une contribution plus importante qu'en étant simplement au service des ventes. Comme il l'explique :

PASSION
Identité / Soi

Mark se voyait comme « quelqu'un qui voulait simplement ajuster les choses un peu mieux ».

> *Je ne me considère pas comme un entrepreneur-né – quelqu'un qui veut constamment changer les choses et trouver une nouvelle et meilleure façon. Je me vois toujours comme quelqu'un qui cherche simplement à ajuster les choses un peu mieux, et plutôt que de marcher dix pas devant tout le monde, faire peut-être un pas ou deux et voir comment ça marche. Plutôt une approche heuristique des problèmes, par opposition à juste dire, « Changeons le modèle ».*

La Modélisation des Facteurs de Succès

Sans avoir vraiment de plan précis, Mark a commencé à suivre des cours de développement personnel et cultiver le centre de son Cercle de Succès. Selon ses termes :

Vous ne pouvez pas obliger les choses à suivre un chemin donné, mais si vous restez actif, vous pouvez faire des choses pour augmenter vos chances de succès. Votre vision vous pousse à être conscient des opportunités et à ne pas les ignorer. Pour réussir, vous devez prendre des mesures pour vous améliorer vous-même et continuer à chercher les opportunités.

Les recommandations de Mark sur le type de compétences et ressources que les personnes doivent développer si elles envisagent de devenir entrepreneurs incluent :

Vous préparer de façon à réussir [dans une situation entrepreneuriale] si un jour vous décidez de vous lancer là-dedans. Votre maitrise du langage, des savoir-faire logiques de base, de la communication claire avec les personnes. Tous les types de savoir-faire dont vous aurez besoin si vous voulez vraiment démarrer votre propre entité. Communication claire, être capable de vous détacher émotionnellement des situations.

Comme il était en permanence au contact des clients, Mark était conscient de ce qu'ils voulaient et ce dont ils avaient besoin. Une plainte récurrente, par exemple, concernait la perte de données quand un des systèmes informatiques tombait en panne. Si le système informatique d'un hôpital pour enfants, par exemple, tombe en panne, cela peut mettre en danger la vie des patients. Ce type de clients voulait un moyen de sauvegarder leurs dossiers essentiels immédiatement et en continu ; technologie connue sous le nom de « basculement », ou de « failover ». Le problème était que les solutions existantes s'avéraient coûteuses, complexes et pas totalement efficaces.

Un jour, en rentrant d'une série de rendez-vous de ventes, Mark a rencontré un ingénieur qu'il connaissait et lui en a parlé. L'ingénieur a annoncé qu'il avait travaillé sur un système logiciel innovant qui devrait résoudre le problème. À l'affut des opportunités, Mark a reconnu les possibilités et est immédiatement allé trouver la direction avec une proposition pour développer la solution.

Sa proposition a été rejetée par la direction au motif qu'ils avaient déjà essayé de développer ce type de solution avant et que cela n'avait pas fonctionné. Il a également été sermonné pour ne pas s'en tenir au travail qu'il était censé faire.

VISION
Clients / Marché
La vision de Mark a émergé du souhait des clients que leurs fichiers essentiels soient sauvegardés immédiatement et en continu.

Comme Mark l'explique :

Dans une entreprise traditionnelle on vous donne un intitulé de poste et vous devez rester dans le cadre de cet intitulé. Et si on m'avait donné dans une grande entreprise la possibilité d'être commercial et chef de projet sur un produit, j'aurais pu faire beaucoup plus. J'aurais pu aller voir les clients ou parler aux vendeurs, aux ingénieurs spécialistes du domaine, et savoir vraiment ce qu'ils pourraient vendre le trimestre suivant ou dans les deux ou trois trimestres à venir. Si seulement ils avaient « ceci » ils pourraient conclure cette affaire et peut-être une suite.

Mais parce-que vous travaillez dans une société et que votre rôle est défini comme étant X, mais que pour faire tout ce que vous voulez vraiment faire vous auriez besoin d'être X,Y et Z, vous avez les mains liées, vous allez contrarier des personnes dans d'autres secteurs de l'organisation. Vous allez contrarier votre responsable, parce que vous n'êtes pas payé pour être trois personnes. Vous êtes payé pour être une personne. Ils veulent vous voir vous concentrer sur la chose et respecter ces échéances.

Conduit par sa profonde passion d'« ajuster constamment les choses, » Mark n'a pas abandonné. Il a encouragé l'ingénieur à continuer à travailler sur le programme. Comme le logiciel se développait, Mark a réalisé qu'ils tenaient quelque chose. Mark utilisait ses contacts clients pour revoir et améliorer le produit, finançant le travail de sa poche et avec de petits emprunts.

À un moment donné, Mark a réalisé que pour faire avancer le projet, il fallait qu'il y travaille à temps plein. Cela a été son « moment de vérité ». Comme il le dit :

Si vous sentez que quelque chose a une chance de réussir, vous devez sauter dessus, si vous pouvez. Peut-être que la vie ne vous y autorise pas parce que vous avez douze enfants ou autre. Mais peut-être, même si vous avez douze enfants, peut-être que c'est OK. Je ne sais pas. Mais vous le regretterez plus si vous n'essayez pas. Vous retomberez sur vos pieds. L'âge a quelque chose à voir là-dedans aussi. Mais si vous avez une chance de vous lancer vous devez y aller.

En plus des autres étapes que Mark avait suivi pour se développer ainsi que le centre de son Cercle de Succès, il avait également besoin de travailler à se développer et s'ancrer spirituellement. « Pour moi la prière était très importante, » dit-il, « juste pour rester les pieds sur terre et garder le tout en perspective ». C'est devenu très important pour lui lorsqu'il a dû trouver les ressources intérieures pour faire face aux risques et gérer les défis. Son champ d'intérêt spirituel plus large l'a aidé à faire face. « Aussi difficiles que les choses puissent paraître, elles ne sont jamais si difficiles que ça, » assure-t-il. « C'est énorme ».

AMBITION
Parties Prenantes / Investisseurs

Mark sentait que « si quelque chose a une chance de réussir, vous devez sauter dessus ». Il a utilisé ses contacts clients pour revoir et améliorer le produit, finançant le travail de sa poche et avec de petits emprunts.

En 1993, Mark a sauté le pas et co-fondé Tidalwave Technologies avec l'ingénieur pour apporter leur produit, appelé FirstWatch, sur le marché. Une étape déterminante a été de trouver leur premier client. De nouveau, Mark a utilisé sa connaissance des clients et ses contacts pour trouver un client leader et commencer à générer des revenus.

Les visions des entrepreneurs qui réussissent émergent souvent après avoir développé une forte compréhension des besoins des clients à travers ce que nous appelons la « seconde position » avec des clients potentiels (la capacité à vous mettre à leur place et comprendre leurs besoins ressentis et latents). Comme le dit Mark :

> *Notre vision était centrée sur ce dont nos clients avaient besoin, et nous savions qu'il y avait un besoin pour un certain produit. Nous avons alors appliqué notre vision à ce besoin, et nous avons utilisé beaucoup de feedback client pour ajuster la vision, parce-que nous savions que sans une écoute attentive, le produit ne vaudrait rien et nous perdrions notre temps.*
>
> *Je suis sûr qu'il y a des personnes assez brillantes pour voir plus loin que ce dont le client pense avoir besoin, mais cela n'était pas notre cas. Nous sentions qu'en travaillant avec les clients nous pourrions trouver la meilleure solution pour eux. Ils avaient des problèmes qui avaient besoin d'être résolus à ce moment là, et nous ne regardions pas vraiment au-delà de ce moment. Nous avons vu un besoin, le client avait un besoin, et nous faisions juste notre travail de notre mieux pour y répondre.*

En relativement peu de temps, FirstWatch a été reconnu dans le monde entier et a pu conserver une position de leader du marché. Ironiquement, leur plus gros client a été, bien entendu, Sun Microsystems.

En 1995, TidalWave Technologies a été acquise par VERITAS Software par opération boursière d'une valeur supérieure à 500 millions de dollars. Inutile de dire que Mark est instantanément devenu multi-millionnaire.

Depuis, Mark est resté dans la région de la Silicon Valley, agissant en tant qu'investisseur « business angel » et conseiller technologique. Il continue à répondre à son appel d'« ajuster » les choses en « faisant un pas ou deux » et voir comment ça marche, et il prend plaisir à aider les autres à réaliser leurs visions. Il est co-fondateur de YOUnite, une société d'échange de données brevetée et directeur technique de BlueChip Exec, une start-up qui cible l'espace de la gestion de carrière.

MISSION
Membres de l'Équipe / Employés
Mark et son équipe ont donné le meilleur d'eux-mêmes pour créer « la meilleure solution possible » pour leurs clients.

RÔLE – Partenaires / Alliances
L'implication de Mark à « être à l'affut des opportunités » lui a permis de mobiliser ses contacts et créer des affaires de suite.

Atteindre la Réussite

Le Cercle de Succès de Mark Fizpatrick

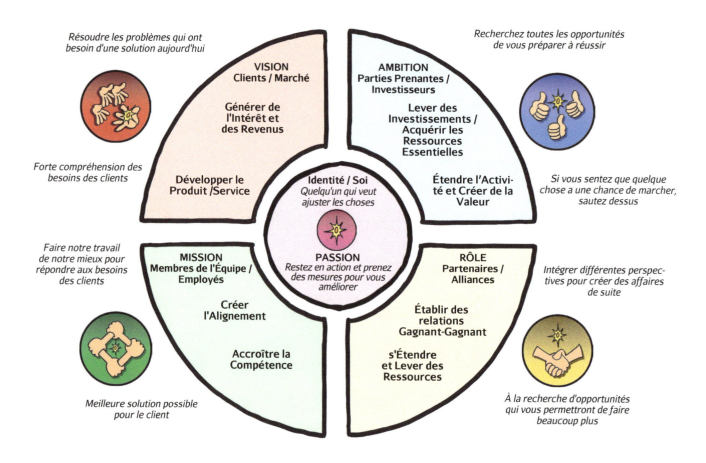

160 La Modélisation des Facteurs de Succès

L'histoire de Mark Fizpatrick montre que, bien qu'il ne soit pas possible de garantir la réussite dans l'environnement dynamique de l'activité entrepreneuriale, il y a des savoir-être et savoir-faire comportementaux essentiels permettant d'assurer que les entrepreneurs potentiels seront préparés à tirer le meilleur parti des opportunités qui se présentent à eux. Comme l'affirme Mark :

D'après Mark Fizpatrick, pour être un entrepreneur qui réussit, il est important de « rechercher toutes les opportunités de vous préparer à réussir à la prochaine étape de quoi que ce soit que vous fassiez ».

[Si vous n'avez pas eu] ce que vous vouliez cette fois, au moins vous avez pu faire votre possible pour vous préparer à réussir la prochaine fois que quelque chose se présentera. Je pense que ça vient tout naturellement quand vous vous placez là où on se dit, « Je quitte ma zone de confort. J'ai cette seule chance maintenant de peut-être réussir dans le sens entrepreneurial ». Vous recherchez toutes les opportunités de vous préparer à réussir à la prochaine étape de quoi que ce soit que vous fassiez.

Dans cette perspective, atteindre le succès est un peu comme jouer au billard. La réussite dépend de l'habileté du joueur, au moment du tir, à positionner la bille pour le prochain coup. Pour ce faire, il s'agit d'appliquer votre vision à « être conscient des opportunités et ne pas les ignorer », de prendre des mesures pour « vous améliorer » et « continuer à chercher les opportunités ».

Exemple d'un Cas de Facteurs de Succès
Cindana Turkatte de Xindium Technologies

Des Débuts Modestes...

Cindana est née et a été élevée dans une ferme. Elle a grandi jusqu'à diriger de nombreuses start-up qui ont réussi, levant des dizaines de millions de dollars en fonds d'investissement. Bien que son chemin ait été à bien des égards très différent de celui de Mark Fizpatrick, sa voie d'accomplissement illustre aussi la mise en œuvre du Cercle de Succès SFM et les principes de la Modélisation des Facteurs de Succès (SFM™).

Cindana impute la majeure partie de son succès au fait de venir d'une famille forte et d'avoir reçu en tant qu'entrepreneure beaucoup de soutien de la part de son père et de sa mère. Ayant grandi sur une ferme en Californie, son premier projet entrepreneurial a été de vendre des fleurs. « Nous avions un peu de terres, donc chaque enfant avait sa parcelle et nous devions gérer cette terre, » se souvient-t-elle. Entre 12 et 17 ans, Cindana a cultivé des fleurs sur sa parcelle de la ferme familiale, les vendant tout d'abord aux fleuristes locaux et finalement au marché aux fleurs de San Francisco.

Cindana Turkatte
Xindium Technologies

Naturellement douée pour les mathématiques, Cindana a également reçu du soutien de la part de ses enseignants. « J'avais d'excellents enseignants au lycée qui m'ont encouragée à me donner à fond, » souligne-t-elle. Ses intérêts pour l'entrepreneuriat l'ont portée vers un riche éventail d'expériences. « J'ai été couturière, » se souvient-elle, « et pour montrer mes vêtements je les présentais en mannequinat professionnel ». Comme elle le dit, « J'ai eu un parcours très riche même avec des débuts modestes ».

Se distinguant académiquement par son intelligence pointue et l'étendue de ses connaissances, Cindana a été admise à Stanford University et West Point (la première académie militaire du pays). « J'aurais été la première femme à intégrer West Point et j'ai décidé que ça aurait été un choc pour le système, » rit Cindana. Par ailleurs, son rêve depuis qu'elle avait 13 ans était d'aller à Stanford.

Elle est allée à Stanford, travaillant 30 heures par semaine pour financer sa chambre, ses frais d'inscription et ses livres, et a obtenu une Licence de Sciences en Ingénierie Chimique avec un Master de Recherche en Chimie des Polymères. Tandis qu'elle s'y trouvait, elle a été élue Présidente de l'American Institute of Chemical Engineers.

La croyance de Cindana Turkatte qu'elle pouvait « faire n'importe quoi » a conduit à toute une série de réussites, depuis la création d'une boutique de mode jusqu'à la levée de millions de dollars en tant que PDG d'une entreprise de technologie de la Silicon Valley.

PASSION
Identité / Soi
La croyance de Cindana en elle et sa passion pour la créativité et « penser hors de la boite » ont formé un centre solide pour son Cercle de Succès.

Cindana a commencé sa carrière professionnelle en travaillant dans la vente pour Westinghouse à Chicago. Elle a rapidement évolué et pris sa première commande d'un million à l'âge de 23 ans. Lorsque le site sur lequel elle travaillait a fermé, Cindana est partie chez Texas Instruments à Chicago en tant que directrice des ventes. Conséquence de son succès à ce poste, Cindana a été promue responsable du développement d'un nouveau produit pour TI. Cindana a établi une pratique appelée « Customer Councils » (Conseil des Clients), consistant à inviter des clients de l'industrie agro-alimentaire et pharmaceutique pour définir la prochaine génération de produits TI.

Le cours de la vie de Cindana a changé lorsqu'à 27 ans elle a épousé un anglais et est partie vivre en Angleterre. « Beaucoup de personnes m'ont dit que si je voulais faire carrière je ne devrais pas me marier, » se souvient Cindana. « Mais j'ai répondu, 'Et bien je peux faire n'importe quoi', et je suis partie en Angleterre avec mon nouveau mari ».

Cindana n'a pas perdu de temps avant de reprendre ses activités entrepreneuriales, dirigeant deux entreprises en parallèle : une boutique de mode et une société de conseil en haute technologie. « C'est comme ça que je suis entrée dans la "folie des start-up", » admet-elle.

Un an plus tard, Cindana était embauchée par Sun Microsystems comme directrice des ventes, dirigeant le développement du marketing et mettant en place des canaux de vente indirecte pour Sun Europe. Comme le dit Cindana, « C'est là que je suis vraiment rentrée dans les affaires sérieuses ».

En 1994 Cindana était « tombée amoureuse » des télécommunications. Elle a rejoint Nortel, devenant directrice des nouvelles affaires. Cindana a dirigé de nombreux programmes chez Nortel, dont le lancement des trois « anneaux de réseau » pour Nortel Optoelectronics, qui sont devenus une référence pour l'industrie.

Cindana est revenue dans la Silicon Valley en 1999 et s'est impliquée dans le lancement de plusieurs startup de technologie financées par du capital-risque, aidant à positionner, lancer, embaucher et lever des fonds pour de nouvelles entreprises. Elle a finalement été recrutée par la société de capital-risque KPCB pour rejoindre *iolon*, société spin-off de Seagate, comme vice-présidente Marketing et en faire un leader des lasers accordables du marché des réseaux optiques à très longue distance. Elle a établi le positionnement de la niche produit avec succès pour l'entreprise, permettant la levée de 53 millions de dollars au second tour de financement et préparant l'étape d'expansion de la gamme produits.

Une Trame de Réussite

Clairement, les réalisations de Cindana démontrent une trame de réussite cohérente et évolutive, pas juste un ou deux « coups de chance ». Cela ressemble plutôt à une spirale ascendante dans laquelle l'envergure des réussites de Cindana a augmenté à chaque boucle. Cindana a bâti cette trame en suivant la formule de Mark Fizpatrick de suivre sa passion et appliquer sa vision à « être consciente des opportunités et ne pas les ignorer, » et en même temps constamment « prendre des mesures pour s'améliorer ».

Le chemin de réussite de Cindana démontre également une claire conscience et un focus sur les éléments clés du Cercle de Succès SFM. Ce n'est peut-être nulle part plus évident que dans l'une des entreprises les plus challengeantes de Cindana.

En 2001, Cindana a été nommée par un groupe de capital-risque comme PDG d'une des sociétés de leur portfolio, Xindium Technologies, Inc., une entreprise de semi-conducteurs composés créée par quatre professeurs. La vision des professeurs était de créer la nouvelle génération de réseau optique à haut débit.

Choisie pour son parcours et ses connaissances en réseaux IP, la mission de Cindana était de faire passer l'entreprise de la recherche et développement aux affaires et de créer un produit fonctionnel pour obtenir une seconde levée de fonds de capital-risque. La clé pour réussir cette transition était le défi d'instiller une orientation produit et client dans l'organisation jusqu'ici consacrée a la Recherche et Développement.

Un autre énorme défi imprévu, toutefois, attendait Cindana. En 2001-2002, le marché du réseau optique s'est effondré. Ce qui signifiait qu'elle devait complètement ré-évaluer ce que faisait l'entreprise et l'amener rapidement sur un marché viable.

Au départ, les fondateurs étaient dans le déni. Cindana devait leur faire accepter que ce en quoi ils étaient les meilleurs au monde n'aurait aucune valeur dans les 2 à 5 ans à venir. « Vous ne pouvez pas être myopes, » dit Cindana, « Vous devez penser hors de la boite ».

Cindana voyait la situation comme une opportunité de travailler transversalement entre disciplines. Elle avait besoin d'un avis relevant de disciplines d'ingénierie multiples, combinant le marketing haut de gamme, la physique et la chimie, et l'informatique. « Je savais que je pouvais le faire, » dit-elle, ajoutant, « Très peu de personnes pourraient faire ça ». Pour accomplir ce qui était principalement une relance de l'activité, Cindana a géré personnellement toute la communication avec les clients, les partenaires, les fournisseurs et le marketing, ainsi que les questions juridiques et les brevets.

AMBITION
Parties Prenantes / Investisseurs
Cindana a été embauchée comme PDG de Xindium Technologies pour sa capacité à aller rapidement vers un marché viable avec un retour sur investissement positif.

RÔLE – Partenaires / Alliances
Cindana a été capable d'établir et mobiliser des partenariats pour imaginer de nouvelles applications.

MISSION – Membres de l'Équipe / Employés
Cindana s'est formée et a formé son équipe sur les nouvelles exigences et montré « respect et reconnaissance que l'équipe peut le faire ».

La première étape a été de trouver des partenaires pour les aider à penser à d'autres utilisations de la technologie. Un pas décisif est franchi avec l'identification d'un besoin pour une nouvelle puce pour la version radiofréquence des téléphones sans fil. Elle a très vite réorienté le produit, du marché défaillant de l'optique vers celui de la puce pour les téléphones sans fil, en se formant elle-même ainsi que l'équipe sur les exigences pour les puces de la nouvelle génération de téléphones. Elle a mobilisé l'expertise technique de l'équipe pour assurer l'excellence de l'ingénierie dans la conception et la future productibilité. Pour Cindana, le leadership entrepreneurial demande « respect et reconnaissance que l'équipe peut le faire ».

Résultat de sa créativité et de sa compétence fédératrice, elle livra un premier produit remarquable qui répondait aux engagements contraignants du programme client. Elle a complètement retourné l'entreprise – un mouvement apprécié par les investisseurs comme moyen leur permettant de voir un retour positif sur leur investissement dans un futur proche – et clôturé un deuxième tour de levée de fonds en Avril 2003.

Les Facteurs de Réussite Essentiels

La capacité de Cindana à transformer un désastre potentiel en histoire de réussite démontre clairement sa capacité à répondre à toutes les dimensions du Cercle de Succès.

1. Suivre sa passion et croire en elle-même et en sa mission.
2. Comprendre les besoins des clients et trouver une niche de marché dans laquelle l'entreprise pouvait développer un produit qui ait du sens à partir duquel construire l'activité et générer un revenu.
3. Identifier et construire des relations avec des partenaires avec lesquels elle a pu créer des relations gagnant-gagnant et lever des ressources.
4. Amener l'équipe à élargir et mobiliser sa compétence et son expertise et travailler ensemble vers un but commun.
5. Créer un retour positif pour les investisseurs et sécuriser le nécessaire tour de financement suivant.

En réfléchissant sur ces facteurs de réussite clés, Cindana affirme que tout commence avec l'« implication et l'empathie » des personnes pour ce qu'elles font. « Vous ne pouvez pas abandonner, » dit-elle. « Vous devez croire en ce que vous faites. Si vous ne croyez pas en ce que vous faites, vous devriez faire autre chose ».

« Les gens qui deviennent entrepreneurs le font parce qu'ils veulent le faire, » affirme-t-elle. « Personne ne leur demande de le faire. Fondamentalement, les gens qui sont des entrepreneurs vivent pour travailler. Ils ne vivent pas pour un salaire. Ils vivent pour apporter une contribution. Nous faisons tous ça. Et nous ne le ferions pas si nous n'y prenions pas plaisir ».

Pour Cindana, le plaisir vient en voyant les résultats de vos efforts vis-à-vis de vos clients. « Je le dis toujours à tout le monde, la vraie satisfaction arrive quand quelqu'un d'autre utilise votre produit dans son intérêt ; pour réaliser, grâce aux outils que vous lui avez fourni, quelque chose qu'il ne savait pas possible ».

« Je n'oublierai jamais chez Nortel, » se souvient Cindana, « Je n'arrêtais pas de dire à tout le monde, "Quand le premier réseau optique va démarrer avec nos amplificateurs optiques nous allons tous sauter de joie." Parce-que c'est un sentiment de satisfaction incroyable ».

« Je pense que c'est pour ça que je voulais être ingénieur civil, » ajoute-t-elle. « Il y a un profond sentiment de satisfaction quand les gens empruntent le pont pour la première fois ». « C'est la même chose avec tous les produits, » poursuit Cindana, « C'est pourquoi je dis aux gens que ce n'est pas important de savoir si votre entreprise va entrer sur le marché boursier ou être rachetée. Ce qui est le plus important c'est que votre idée se concrétise et devienne une réalité. Garder les gens focalisés là-dessus est la véritable clé du succès de toute entreprise ».

Pour trouver des idées de produits qui réussissent et faire une véritable contribution, Cindana est convaincue qu'il faut explorer avec les clients ce qui est important pour eux. « Ne vous contentez pas de poser des questions, » conseille-t-elle. « Montrez que vous voulez écouter ». Prendre des notes devant eux, par exemple, est une marque de respect. D'après Cindana, pour comprendre les besoins des clients, il faut se mettre à leur place. « Si vous n'adoptez pas la seconde position, » dit-elle, « vous ne pourrez rien accomplir ». Il s'agit d'une compétence que nous allons explorer de façon très détaillée à travers cet ouvrage.

« Les clients ne savent jamais de quoi ils ont besoin, » explique-t-elle. « Votre travail consiste à trouver ce qu'ils font et de quoi ils ont besoin pour faire mieux les choses et réussir plus. Quel est l'ensemble de solutions qui améliore ce dont ils disposent aujourd'hui ? »

Obtenir un soutien approprié est un autre facteur clé de réussite que Cindana croit nécessaire pour amener des idées et des produits à leur concrétisation et en faire une réalité. « Certains ont réussi par une ténacité aveugle, » souligne-t-elle, « mais ce n'est pas une garantie de succès. Il est plus important de comprendre en quoi vous êtes vraiment le meilleur et ce que vous pouvez faire que d'autres ne peuvent pas faire, mais d'admettre quand vous avez besoin d'aide ».

D'après Cindana, pour réussir les entrepreneurs ont besoin « d'admettre ce qu'ils savent et ce qu'ils ne savent pas ». Le plus grand défi pour un entrepreneur est de reconnaître qu'il a besoin d'aide. « Ils aiment leur idée et à différents égards ils s'aiment eux-mêmes, » explique-t-elle, « alors parfois [reconnaître qu'ils ont besoin d'aide] est le plus difficile. Mais c'est la clé ».

« *Vous devez croire en ce que vous faites,* » dit Cindana. « *Si vous ne croyez pas en ce que vous faites, vous devriez faire autre chose* ».

« *Les gens qui deviennent entrepreneurs le font parce qu'ils veulent le faire,* » affirme-t-elle. « *Ils ne vivent pas pour un salaire. Ils vivent pour apporter une contribution* ».

VISION
Clients / Marché

La clé de la trame de réussite de Cindana est sa motivation à fournir de la valeur aux clients. Comme elle l'indique, « Votre travail consiste à trouver ce qu'ils font et de quoi ils ont besoin pour mieux faire les choses et accomplir davantage. Quel est l'ensemble de solutions qui améliore ce dont ils disposent aujourd'hui ? »

Pour réussir, Cindana affirme qu'il est important de développer l'« impulsion » et obtenir la validation d'autres « qui sont respectés ».

« Les entrepreneurs peuvent être trop orientés en interne, » dit Cindana. Cela peut les déconnecter des éléments Clés du Cercle de Succès. « C'est pourquoi les investisseurs de capital-risque leur font regarder à l'extérieur et trouver leur concurrence, » accentue-t-elle. « Parce-que chaque entrepreneur va dire, "Nous n'avons pas de concurrence." »

Obtenir une validation est un domaine dans lequel trouver des partenaires peut être important. « Vous pouvez avoir une idée géniale, mais tant que vous n'avez pas d'impulsion vous n'en ferez rien, » explique Cindana. « L'impulsion concerne la validation. Ce n'est pas seulement votre opinion ». Elle maintient qu'il est important de « rechercher la validation de personnes respectées ». Assurez-vous de « faire valider ce concept par une personne ou un groupe de personnes respectées ».

Comme Mark Fizpatrick, Cindana souligne l'importance de la communication efficace comme un facteur essentiel de réussite. « Les entrepreneurs savent qu'ils ont une grande idée, » indique-t-elle, « mais ils ne savent souvent pas la présenter ». D'après Cindana, avoir la confiance pour se positionner face aux autres est essentiel. « La façon dont vous dites les choses est importante, » pointe-t-elle. « Présentez-les avec désir ».

Selon Cindana, « Les entrepreneurs ont besoin de coaching pour les aider à exprimer les situations difficiles et les transformer en situations positives ».

Ceci amène le besoin pour les entrepreneurs de recevoir du soutien sous la forme de coaching ou de mentorat. « Personne ne peut arriver à une position de direction sans mentorat, » affirme Cindy. « Les entrepreneurs ont besoin de coaching pour les aider à exprimer les situations difficiles et les transformer en situations positives ». D'après Cindana, les entrepreneurs qui réussissent « ne sautent pas aux conclusions ». « Chaque conversation doit se terminer en gagnant-gagnant, » conclut-t-elle.

Le Rôle des Femmes en tant qu'Entrepreneures

Un autre élément important dans l'histoire de la réussite de Cindana est le fait d'être une femme. Réfléchissant au rôle des femmes en tant que cadres ou entrepreneures dans l'industrie de la technologie, Cindana affirme « Les femmes sont parfaitement capables d'être entrepreneures, mais elles ont besoin de plus d'encouragements que les hommes... La clé est de renforcer ce qui est nécessaire pour gagner ».

Cindana maintient qu'il existe quelques différences naturelles entre les hommes et les femmes. « Les hommes fixent des objectifs et font le nécessaire pour les atteindre, » dit-elle. « Les hommes aiment gagner ». D'après Cindana, « les hommes feront n'importe quoi pour gagner » (et peuvent même aller jusqu'à tricher, par exemple). S'ils ne gagnent pas, ils peuvent « perdre la face ».

D'après Cindana, « Cette pulsion n'existe pas chez les femmes. Les forces des femmes sont souvent dans le soutien aux autres et la gestion de tâches multiples ». Cindana voit ces facteurs de réussite comme étant tout aussi importants et puissants que la volonté de gagner. « Concentrez-vous sur ce que vous pouvez faire et que les autres ne peuvent pas faire, » recommande-t-elle. « Beaucoup de femmes réussissent dans les industries artisanales ».

Plutôt que de voir les hommes comme des adversaires ou des concurrents, Cindana croit que « les hommes apprécient la participation des femmes » et reconnaissent que « l'élément féminin est sain ».

« N'essayez pas de jouer le jeu des hommes, » conseille Cindana aux femmes qui souhaitent devenir entrepreneures, « Et en même temps, ne vous sentez pas exclues ».

Conclusion

Depuis 2003, Cindana dirige sa propre entreprise *Cindana, Inc.* dont l'objet est d'introduire de nouveaux produits et services pour le Réseau de Télécommunications.

Comme beaucoup d'autres entrepreneurs qui ont atteint un niveau de réussite élevé, Cindana a également la passion d'accompagner d'autres entrepreneurs. En janvier 2004, Cindana a rejoint le groupe d'investisseurs business angels Keiretsu Forum. « Les business angels font de vrais investissements parce qu'ils investissent sur des personnes, » dit-elle. « Ils veulent que l'entrepreneur atteigne son rêve ». Un investissement adapté permet à l'entrepreneur de « se concentrer sur ce qu'il peut faire que personne d'autre ne peut faire » et « acheter tout le reste ».

Le conseil principal de Cindana aux aspirants entrepreneurs et aux business angels ? « Développez une expérience large mais continuez à apprendre et à grandir. Ne stagnez pas ». Il est clair que ce conseil est le reflet de l'histoire de sa réussite.

Cindana conseille aux femmes qui veulent devenir entrepreneures de « se concentrer sur ce que vous pouvez faire que les autres ne peuvent pas faire ».

« N'essayez pas de jouer le jeu des hommes, » dit Cindana, « Et en même temps, ne vous sentez pas exclues... Les forces des femmes sont souvent dans le soutien aux autres et la gestion de tâches multiples ».

Le conseil de Cindana pour les aspirants entrepreneurs est, « Développez une expérience large mais continuez à apprendre et à grandir. Ne stagnez pas ».

Le Cercle de Succès de Cindana Turkatte

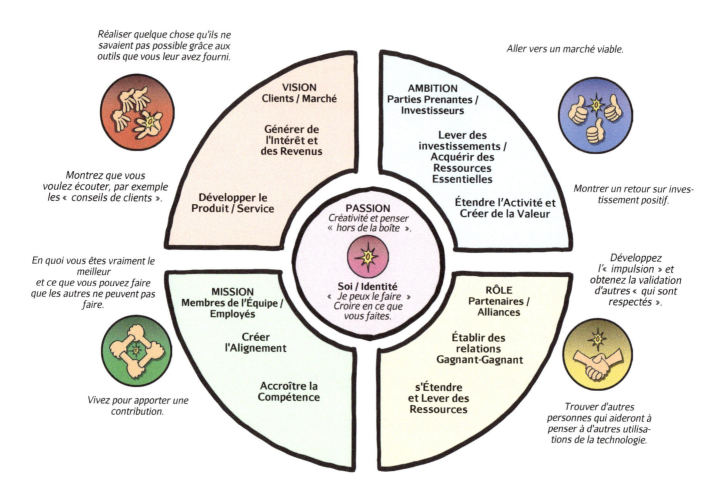

170 La Modélisation des Facteurs de Succès

LE CERCLE DE SUCCÈS DE CINDANA TURKATTE

Cindana Turkatte et Mark Fizpatrick ne sont pas des « exceptions à la règle » mais plutôt des exemples de ce qu'on peut réaliser en appliquant certains principes de base de la Modélisation des Facteurs de Succès.

Réflexions sur les Exemples de Cas de Facteurs de Réussite

Mark Fizpatrick et Cindana Turkatte ne sont pas des exemples rares d'histoires de réussite de personnes « nées dans la misère », ils ne sont pas non plus « nés avec une cuillère d'argent dans la bouche ». Tous deux sont des américains moyens qui ont cherché à faire une différence dans leur vie et dans la vie des autres et qui ont réussi en suivant quelques principes de base pour progresser personnellement et professionnellement.

Il ne faut pas voir Cindana et Mark comme des exceptions à la règle mais plutôt comme des exemples de ce qu'on peut réaliser en appliquant certaines des règles de base que nous avons commencé à mettre en évidence dans ce livre. Au nombre de ces principes :

1. Prenez des mesures pour vous améliorer vous-même.
2. Établissez des relations gagnant-gagnant.
3. Découvrez et proposez des solutions efficaces à vos clients.
4. Restez à l'affut des opportunités.
5. Persévérez et croyez en vous-même et en votre vision.

Se Connaitre et Trouver Sa Passion

Les exemples de Facteurs de Succès de Mark Fizpatrick et Cindana Turkatte mettent en lumière le fait qu'atteindre la réussite commence au centre du Cercle de Succès – avec son *Soi*. Comme l'indiquait l'inscription célèbre sur le fronton de l'ancien Oracle de Delphes, la première étape pour accéder à la sagesse, l'intuition et la réussite est « Connais-Toi Toi-Même ». Ceci implique de comprendre en quoi vous êtes le meilleur, admettre que vous avez besoin d'aide et prendre des mesures pour vous améliorer.

Une autre façon de formuler cette quête est « suivez passionnément votre vérité ». La vérité personnelle, bien sûr, est un objectif difficile à atteindre. Beaucoup d'entre nous traversent leur vie entière sans avoir le sentiment d'avoir découvert, ni même cherché leur propre vérité.

Bronnie Ware est une infirmière Australienne qui a travaillé pendant plusieurs années dans un service de soins palliatifs, en accompagnant les malades pendant les 12 dernières semaines de leur vie. Dans son livre *Les Cinq Regrets des Personnes en Fin de Vie*, elle a repris ses conversations avec des personnes concernant leurs regrets ou ce qu'ils auraient voulu faire de différent dans leurs vies. La plupart n'avaient pas honoré ne serait-ce que la moitié de leurs rêves. À l'approche de la mort, ils réalisaient qu'il s'agissait d'un choix de leur part, et ils regrettaient amèrement de n'avoir jamais vécu leurs rêves, ou au moins une partie d'entre eux. Comme l'a dit l'écrivain de théâtre George Bernard Shaw, « *la plupart des gens vont dans leur tombe avec leur musique toujours à l'intérieur* ».

La plupart des gens vont dans leur tombe avec leur musique toujours à l'intérieur.
— **George Bernard Shaw**

Les cinq plus grands regrets étaient :

1. J'aurais aimé avoir le courage de vivre ma vie comme je l'entendais, non comme les autres voulaient qu'elle soit.
2. J'aurais aimé ne pas travailler si dur.
3. J'aurais aimé avoir le courage d'exprimer mes sentiments.
4. J'aurais aimé rester en contact avec mes amis.
5. J'aurais aimé me permettre d'être plus heureux.

Au début de ce chapitre, nous avons identifié la base émotionnelle de la « réussite » comme étant les sentiments de gratitude et de générosité. Il semble clair qu'il s'agit de l'opposé des sentiments de regret. Nos sentiments de gratitude et de générosité viennent de notre capacité à « laisser notre musique sortir ». Cette capacité implique de se connecter à notre identité et à notre passion et à l'exprimer vers les différentes dimensions du Cercle de Succès sous la forme de vision, ambition, mission et rôle.

D'après la Modélisation des Facteurs de Succès, la satisfaction dans la vie vient du fait de se connecter à notre identité et à notre passion et à l'exprimer vers les différentes dimensions du Cercle de Succès sous la forme de vision, ambition, mission et rôle.

En appliquant les principes de la Modélisation des Facteurs de Succès, nous pouvons transformer les « Cinq Regrets des Personnes en Fin de Vie » en Cinq Leçons pour une Vie Réussie :

1. Vivez *votre* vie.
2. Travaillez avec passion dans l'équilibre et la fluidité.
3. Exprimez qui vous êtes vraiment et ce que vous ressentez.
4. Développez des relations soutenantes qui durent toute une vie.
5. Donnez-vous la permission de vivre toutes formes de bonheur.

Accomplir ceci commence au centre de notre Cercle de Succès. En explorant et en clarifiant notre identité et notre passion, nous pouvons libérer l'énergie et la créativité qui viennent de la connexion à notre finalité et notre motivation.

Notre sens de l'identité transcende nos comportements, capacités et croyances. C'est le socle sous-jacent à tous les autres niveaux de réalisation. C'est notre perception de notre identité qui organise nos croyances, compétences et comportements en un système unique. Notre sens de l'identité se rapporte également à notre perception de nous-mêmes en lien avec les systèmes plus vastes dont nous faisons partie, déterminant notre sens des « rôle », « finalité » et « mission ». Par conséquent, les perceptions de l'identité ont à voir avec des questions comme « Qui suis-je ? » « Quelles sont mes limites ? » « Quelle est ma finalité ? » et « Quelle est ma passion ? »

Dans la dernière partie de ce chapitre nous allons étudier des exercices pour vous aider à :

- Trouver et clarifier votre identité et votre passion.
- Devenir clair à propos des croyances qui soutiennent votre identité et celles qui vous limitent.
- Comprendre en quoi vous êtes le meilleur et en quoi vous avez besoin de soutien.

Le Processus d'Élicitation du Niveau de l'Identité

Une des façons de clarifier votre identité et votre passion est d'explorer les différents niveaux à travers lesquels la « structure profonde » de votre identité atteint sa manifestation de surface et s'exprime. En commençant par les expressions les plus concrètes de votre identité, au niveau de l'environnement et du comportement, l'exercice suivant va vous guider systématiquement à travers les différents niveaux (capacités, croyances, valeurs, mission et vision) liés à l'élaboration et l'expression de l'identité.

Commencez par vous mettre dans l'état COACH que nous avons défini au Chapitre 1 de façon à être bien prêt à vous accorder profondément en vous-même. Réfléchissez ensuite aux questions suivantes.

1. « Dans quel genre d'*environnement* pouvez-vous être pleinement *vous-même* ? »
   « *Quand* et *où* vous sentez-vous au plus près de vous-même ? »

   Les contextes dans lesquels je peux être au plus près de « moi-même » sont_____
   _____.

2. « Quels *comportements* et activités spécifiques expriment le mieux qui vous êtes ? »
   « *Que* faites-vous, précisément, qui vous fait vous sentir être le plus vous-même ? »

   Je me sens le plus « moi-même » quand je _____.

3. « À quelles *capacités* vous associez-vous le plus ? »
   « À votre avis, quels sont les compétences et savoir-faire qui vous représentent le mieux ? »

   Les pensées et capacités auxquelles je m'associe « moi » sont _____
   _____.

Le niveau du Processus de l'Élicitation du Niveau de l'Identité vous aide à explorer et clarifier votre identité et votre passion en examinant un certain nombre de niveaux d'expression.

Réfléchissez sur vos réponses aux différents niveaux de questions.

Qu'avez-vous appris sur vous-même ?

Quel semblent être les facteurs communs (le « fil rouge ») à tous les différents niveaux ?

Quel(s) niveau(x) de réponses vous sont venus le plus facilement ?

Quel(s) niveau(x) vous serait-il utile d'approfondir ou de renforcer ?

Quels exercices vous ont aidé à clarifier le centre de votre Cercle de Succès – c'est-à-dire votre Soi/Identité et votre Passion ?

4. « Quelles *croyances* et *valeurs* reflètent et pilotent le mieux qui vous êtes ? Pourquoi faites-vous ce que vous faites ? »

« Pour quelles valeurs ressentez-vous le plus de passion ? »
J'accorde de la valeur à _____
_____.

« Quelles croyances soutiennent et motivent votre réflexion et votre activité ? »

Je crois _____.

5. « Comment vous percevez-vous ? »

« *Qui* êtes-vous, compte tenu des croyances, valeurs, capacités et comportements que vous avez définis ? » « Qu'est-ce que vous considérez comme votre "essence" ? » (Pensez en terme de métaphore ou de symbole.)

Je suis _____.

« Quelle est votre mission ? »
Ma mission est de _____.

6. « Quelle est votre finalité au sein du *système plus vaste* dans lequel vous agissez ? »

« Quelle est votre *vision* concernant le système plus vaste dans lequel vous poursuivez cette mission ? »

Cette mission est au service de la vision plus large de_____
_____.

Comme point de comparaison, nos études récentes indiquent que les entrepreneurs de la nouvelle génération qui réussissent voient généralement leur *Soi/Identité* comme une combinaison de :

Explorateur
- Pionnier en recherche de nouveaux territoires et de nouvelles alternatives

Catalyseur
- Déclencheur de changement
- Livreur de nouvelles idées (un « facteur » des possibilités)

Connecteur
- Générateur d'énergie et de liens entre les personnes
- Pont entre l'existant et le possible
- Porte ou passage vers de nouveaux potentiels

Activateur
- Facilitateur de transformation

Constructeur
- Pierre angulaire pour construire quelque chose de nouveau et de concret
- Repère pour l'expression de principes et valeurs particuliers
- « Synergieur » – Créateur de quelque chose d'innovant équilibrant utilité et beauté

Transporteur
- Véhicule qui transporte les personnes à un nouvel endroit
- Conducteur qui négocie des virages dangereux (risques)

Co-Créateur
- Stimulateur de réalisations collectives
- Promoteur d'interactions et de réalisations

Notre recherche montre, qu'en lien avec la passion, les entrepreneurs de la nouvelle génération qui réussissent partagent une passion forte pour :

La Capacitation
- Accéder à la liberté et à l'autonomie – c'est-à-dire le contrôle sur sa propre destinée
- Dépasser efficacement les défis et les difficultés
- Renforcer la capacité des personnes à naviguer dans le monde avec honnêteté et clarté plutôt que peur et manipulation
- Poursuivre son développement personnel et atteindre l'actualisation de soi
- Développer l'excellence, tant individuelle que collective

Le Changement
- Changer les règles – changer la « donne »
- Améliorer le monde – dans les dimensions personnelle, communautaire et mondiale
- Inspirer les autres à essayer quelque chose de différent et grandir
- Augmenter ou intensifier les expériences plaisantes

La Créativité
- Faire quelque chose de nouveau
- Créer quelque chose de concret qui fasse une différence
- Innover un processus (c'est-à-dire résoudre un problème)
- Faire quelque chose qui soit à la fois utile et beau (c'est-à-dire esthétiquement plaisant)
- Participer et encourager les interactions génératives

Exprimer et Ancrer Votre Passion

La clé du centre du Cercle de Succès SFM est de constamment *connecter votre finalité et votre motivation*. À mesure que vous clarifiez votre identité et votre passion, il peut s'avérer utile de vous y connecter plus profondément et de les « ancrer » en les ressentant et en les exprimant de différentes façons. En appliquant les principes de la Programmation Neuro-Linguistique, nous vous encourageons à utiliser chacun des trois principaux systèmes de représentation sensorielle : verbal, visuel et somatique.

L'une des aptitudes primordiales des entrepreneurs qui réussissent est leur capacité à se connecter à leur passion et à la communiquer clairement. C'est l'un des « intangibles » nécessaires qui attire les investisseurs, les membres de l'équipe, les clients et les partenaires. Comme l'a indiqué Cindana Turkatte, les entrepreneurs doivent apprendre à présenter leur idées « avec désir ». L'identité et la passion peuvent s'exprimer de nombreuses façons : par les *mots*, par les *images* et par les *gestes*. Chacune de ces formes d'expression peut stimuler et approfondir une connexion émotionnelle avec votre passion pour vous-même et les autres.

À titre de pratique, en réfléchissant à ce que vous avez appris à propos de votre identité et de votre passion dans l'exercice précédent, explorez le ressenti et l'expression de votre passion à travers chacune de ces modalités. Comme pour l'exercice précédent, mettez-vous d'abord en état COACH.

1. *Verbal* – Complétez l'affirmation suivante :

Mon plus profond désir et ma passion la plus profonde sont _____

Comme pour les affirmations sur votre vision, ambition, mission et rôle du premier chapitre, soyez succinct. Utilisez aussi peu de mots que possible, pas plus de dix mots clés. Assurez-vous, toutefois, que ces mots « résonnent » profondément. C'est-à-dire que lorsque vous les prononcez, vous ressentez émotionnellement leur signification.

Par exemple, la passion de Steig Westerberg était « créer des solutions globales à des problèmes courants ». La passion d'Ed Hogan était « voyager dans des endroits exotiques ». La passion de Barney Pell était « l'apprentissage et l'intelligence artificielle ». La passion de Samuel Palmisano était « la laisser en meilleur état que vous ne l'avez trouvée ». La passion de Mark Fizpatrick était « ajuster les choses et arriver à une nouvelle et meilleure façon ». La passion de Cindana Turkatte était « aider les personnes à réaliser quelque chose qu'ils ne savaient pas possible ».

Utilisez les principaux systèmes de représentation (verbal, visuel et somatique) pour créer des moyens mnémotechniques qui vous aideront à vous connecter à votre identité et à votre passion.

2. *Visuel* – Créez maintenant une image qui exprime votre passion. L'image peut être littérale ou symbolique.

Par exemple, Barney Pell a décrit sa pratique de visualiser clairement ses résultats. La passion d'Ed Hogan de « voyager dans des endroits exotiques » pourrait être représentée par l'image d'une île avec des palmiers. C'est parfois plus facile de dépeindre sa passion de façon symbolique. Par exemple, la passion « ajuster les choses et arriver à une nouvelle et meilleure façon » pourrait être visualisée comme un diamant brut qui devient un magnifique diamant facetté.

Le plus important est que l'image résonne en vous ou vous touche émotionnellement et apporte un ressenti qui rappelle votre passion, comme l'image « énorme et scintillante » de Disney pour le futur.

3. *Modèle somatique* – Faites un geste ou un mouvement qui exprime votre passion. Bien entendu, le geste ne représente pas tant le contenu de votre passion que son ressenti. Barney Pell, par exemple, se souvient comment lorsqu'il avait fini de visualiser ses résultats futurs, il les ancrait avec « les bras levés en triomphe ». Cela pourrait aussi être un geste de gratitude ou d'expansion. L'objectif d'une telle expression somatique est clairement de créer une connexion avec un ressenti de votre passion.

Nous appliquerons ces représentations du centre de votre Cercle de Succès jusqu'à la fin de cet ouvrage. L'état COACH et votre connexion à votre finalité et votre motivation sont la source générative de votre vision, ambition, mission, rôle et ultimement votre entreprise. Vous aurez besoin de méthodes pour entrer dans l'état COACH et vous connecter ou vous reconnecter à votre passion d'innombrables fois pendant votre voyage d'entrepreneur, particulièrement lorsque les choses deviennent challengeantes, incertaines, ennuyeuses, perturbantes, etc. La description de Barney Pell de son approche de « guerrier zen » pour sortir son entreprise d'une période de crise et la mention par Mark Fizpatrick de la « prière » pour « rester les pieds sur terre et garder le tout en perspective » en sont de bons témoignages.

Votre connexion à votre passion et votre finalité sont également le socle de votre capacité à inspirer les autres à vous écouter et finalement vous rejoindre ou vous soutenir. Dans nos sessions et ateliers de coaching SFM, nous faisons exprimer leur passion aux participants les uns aux autres, sous ces trois formes. Ils décrivent souvent comment le fait d'entendre quelqu'un d'autre exprimer sa passion avec congruence leur donne des « frissons » sur les bras ou dans le dos. Je vous encourage à l'essayer vous-même avec vos amis, votre famille et les membres de votre équipe.

Les entrepreneurs qui réussissent sont capables de se connecter régulièrement à leur passion et de la communiquer clairement.

Votre connexion à votre passion et votre finalité est le socle de votre capacité à inspirer les autres à vous écouter, vous rejoindre et/ou vous soutenir.

Explorer le Centre de Votre Cercle de Succès à Travers la Matrice de l'Identité

La Matrice de l'Identité (Dilts, R., 1998, 2000) est un autre outil que nous utilisons, pour aider les personnes et les organisations à apprendre à propos d'elles-mêmes, comme méthode initiale et de suivi pour explorer le centre de leur Cercle de Succès.

La *Matrice de l'Identité* est un cadre de définition des croyances clés que nous avons sur nous-mêmes, notre équipe ou notre entreprise. Bien que nos croyances se situent à un autre niveau d'expérience que notre identité, elles peuvent en soutenir ou en restreindre différents aspects. Dans un sens, ces croyances reflètent nos auto-observations qui peuvent également figer notre « superposition » plus profonde ou celle de notre équipe ou organisation mais aussi nous révéler de nouvelles facettes de cette superposition.

La Matrice de l'Identité décrit la carte que nous faisons de notre identité, qui est principalement constituée de croyances concernant notre potentiel et nos limitations. Elle inclut ces traits de nous-mêmes, notre équipe ou organisation que nous percevons comme désirables, ainsi que ceux qui sont indésirables. La Matrice de l'Identité est un moyen d'identifier une section transversale de croyances fondamentales sur nous-même et/ou notre entreprise, qui influencent les actions que nous entreprenons ou pas.

La Matrice de l'Identité implique d'identifier vos croyances à propos de 1) ce que vous êtes et allez continuer à être, 2) ce que vous pourriez devenir, et 3) ce que vous n'êtes pas et ne pouvez pas être. Ces croyances sont explorées par rapport à ce que vous a) voulez être et b) ne voulez pas être. Le résultat vous fournit des indices puissants concernant les buts du niveau de l'identité, les valeurs et ressources, ainsi que les domaines dans lesquels vous avez des croyances limitantes. Cela donne un cadre puissant pour mieux vous comprendre, comprendre vos forces et potentiels ainsi que vos limites et domaines de développement.

	Ne suis Pas	**Pourrais Devenir**	**Suis**
Veux Être			
Ne Veux Pas Être			

La Matrice de l'Identité Crée une Feuille de Route de vos Croyances Clés sur Vous-Même Qui Constitue un Socle de Compréhension de vos Forces et de vos Axes d'Amélioration

Les éléments de base de cette matrice sont :

Centre : Ce que vous « voulez être » et croyez que « vous êtes » constitue votre *centre*. Lorsque nous sommes en contact avec notre centre, nous nous sentons *fiers* et *satisfaits* – le sentiment d'« autorité humble ».

Potentiel : Ce que vous « voulez devenir » et croyez que vous « pouvez devenir » (ou devenir plus) définit votre *potentiel*. Lorsque nous sommes connectés à notre potentiel, nous nous sentons *optimistes* et *enthousiastes*.

Limite : Ce que vous « voulez être » mais croyez que vous « n'êtes pas, » ou que vous êtes empêché d'être ou ne pouvez plus être, établit votre *limite*. Lorsque nous percevons nos limites nous nous sentons *frustrés* et *piégés*. À d'autres moments nous allons ressentir de la *tristesse* pour ce que nous avons été mais ne pouvons plus être.

Frontière : Ce que vous « ne voulez pas être » et croyez que vous « n'êtes pas, » « ne serez pas » ou n'êtes plus constitue votre *frontière*. Lorsque nous plaçons une frontière ou lâchons prise sur ce que nous croyons que nous ne sommes plus, nous nous sentons *déterminés* ou ressentons du *soulagement*.

Faiblesse/Défaut : Ce que vous « ne voulez pas être » mais craignez que vous « pourriez devenir » indique votre *faiblesse* ou *défaut*. Lorsque nous percevons nos faiblesses ou nos défauts, nous nous sentons *apeurés* et *anxieux*.

Ombre : Ce que vous « ne voulez pas être » mais croyez que « vous êtes » indique votre *ombre*. Lorsque nous sommes conscients de notre ombre, nous nous sentons généralement *honteux* et *coupables*.

Ces mêmes éléments peuvent évidemment s'appliquer à l'identité d'une équipe ou d'une organisation aussi bien qu'à celle d'un individu.

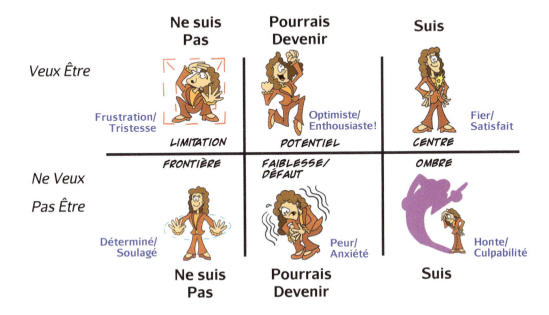

Les Complémentarités Génératives

Pour nous-mêmes en tant qu'individus, tous ces éléments forment ensemble le centre de notre Cercle de Succès. En fait, on peut regarder la Matrice de l'Identité comme trois ensembles d'aspects complémentaires de nos identités :

1. Notre *centre* (ce que je veux être et suis) et notre *ombre* (ce que je ne veux pas être mais suis) forment une paire.

2. Notre *potentiel* (ce que je veux être et pourrais devenir, ou devenir plus) et notre faiblesse ou *défaut* (ce que je ne veux pas être mais pourrais devenir) forment une autre paire.

3. Notre *limite* (ce que je veux être mais ne suis pas capable d'être) et notre *frontière* (ce que je ne veux pas être et ne suis pas) forment également une paire.

Les Éléments Clés de la Matrice de l'Identité Forment des Paires de Compléments

La Modélisation des Facteurs de Succès

Au lieu de créer des conflits ou des luttes, ces dimensions compensatoires de nous-mêmes peuvent devenir des « complémentarités génératives » qui fournissent une riche source de créativité et de motivation. Nous pouvons accepter et créer un espace à ces polarités apparentes, et en les considérant avec conscience de façon juste, elles ouvrent la possibilité de faire émerger quelque chose de nouveau et d'énergisant. Là encore, ce qui est vrai pour nous-mêmes en tant qu'individus est également applicable aux équipes et aux organisations.

Un exemple emblématique à la fois du pouvoir et des défis de telles « complémentarités génératives » est le regretté Robin Williams, comédien et acteur. Mondialement célèbre pour la grande énergie de son intarissable humour conscient, Williams avait un côté sombre tout aussi important – se débattant tout au long de sa carrière avec les addictions et la dépression. Il est probable que l'énergie et l'humour de Williams n'auraient pas été aussi intenses si la dépression et l'anxiété n'avaient pas été également présentes dans sa vie.

La clé, bien sûr, consiste à savoir porter les deux (spécialement le côté sombre) sans se laisser submerger. L'une des intentions positives derrière les addictions est très probablement de chercher à réduire les effets du côté sombre de telles complémentarités. Bien sûr, leurs conséquences négatives ne font finalement qu'aggraver les choses. C'est pourquoi des pratiques comme l'état COACH et la connexion à votre passion sont si importants. De façon significative, durant la phase la plus productive de sa carrière, Williams utilisait l'exercice et le vélo pour gérer sa dépression, affirmant « le vélo m'a sauvé la vie ».

De nombreux exemples de personnes qui réussissent et d'« échecs célèbres » de ce livre impliquent aussi les dynamiques sous-jacentes de telles complémentarités génératives. Nous avons noté à plusieurs reprises comment la détermination du Capitaine Sullenberger à sauver des vies trouvait sa source dans l'anéantissement consécutif au suicide de son père. Le talent de personnes comme Elon Musk et J.K. Rowling a clairement émergé pour équilibrer le côté sombre de leur dépression, la transformant en inspiration. C'est l'épisode dépressif de Musk qui l'a amené à la conclusion que « la seule chose qui fasse sens c'est d'œuvrer à un plus grand éveil collectif ». La dépression de Rowling lui a même inspiré les Détraqueurs, créatures qui aspirent l'âme, introduites dans le troisième volume de Harry Potter.

Comme nous le verrons au chapitre suivant, ce type de complémentarités génératives a également formé le socle de la réussite (et des combats) de personnes comme Steve Jobs. Une conclusion importante de nos études sur la Modélisation des Facteurs de Succès est que l'un des attributs et savoir-faire majeurs des personnes qui réussissent vraiment est leur capacité à reconnaître et vivre avec leurs limitations, faiblesses et ombres sans les devenir. Nous allons continuer à explorer et fournir des suggestions et des pratiques (comme l'état COACH) sur la façon de le faire tout au long de ces volumes.

Le test d'une intelligence de premier ordre est la capacité à avoir à l'esprit deux idées opposées en même temps, et à rester capable de fonctionner. On devrait, par exemple, être capable de voir que les choses sont sans espoir et en même temps être déterminé à les changer.
– F. Scott Fitzgerald

Lorsque des aspects apparemment contradictoires de notre identité peuvent être accueillis et équilibrés, ils deviennent des « complémentarités génératives » qui fournissent une source riche de créativité et de motivation.

Nous sommes souvent tentés d'ignorer nos limites et faiblesses ou de nier nos ombres, mais cela ne les fait pas disparaître. En fait, cela peut plutôt les intensifier. La clé est de trouver des pratiques, projets et entreprises qui nous emmènent dans un voyage pour :

a) Approfondir et renforcer notre *centre* d'une façon qui intègre ou transforme notre *ombre*.

b) Réaliser notre *potentiel* en compensant efficacement ou en neutralisant nos *défauts* et *faiblesses*.

c) Transcender ou compenser nos *limitations* tout en clarifiant et en renforçant nos *frontières* et en lâchant prise sur ce qui ne nous est plus utile.

Pour les entrepreneurs de la nouvelle génération, leurs entreprises sont un voyage qui les aide à intégrer et harmoniser les différentes dimensions de leurs identités.

Nous pouvons voir certaines de ces dynamiques dans les exemples de réussite de Barney Pell, Samuel Palmisano, Mark Fitzpatrick et Cindana Turkatte.

Barney Pell s'est reconnecté à son centre et a adopté une attitude de « guerrier zen » pour traverser et faire traverser à son entreprise une période de pression et de crise intense. C'est ce qui lui a permis de reconnaître et neutraliser les ombres du « battage médiatique, » de la « pression, » de l'« arrogance, » et du « doute » et de recentrer la mission de l'équipe pour lui permettre de réaliser son potentiel.

En approfondissant et en renforçant son propre centre d'« intendant temporaire d'une formidable entreprise » et son implication à « la laisser en meilleur état que vous ne l'avez trouvée, » Samuel Palmisano a approfondi et renforcé le cœur d'IBM en tant qu'organisation. En s'immergeant dans les racines et l'héritage de l'entreprise, il a été inspiré personnellement par la mission de jouer un rôle pour « résoudre les défis sociaux ». Ceci l'a amené à une nouvelle vision consistant à offrir des solutions complètes taillées sur mesure aux besoins des clients et à lancer l'« initiative Smarter Planet ». Cela signifiait qu'il devait aussi prendre en compte et transformer l'ombre de l'entreprise existant sous la forme d'une culture et structure organisationnelle de commande-et-contrôle, dans laquelle divisions produits et géographiques opéraient indépendamment, en silos, souvent de façon plus compétitive que collaborative.

Mark Fizpatrick a cherché à développer et réaliser son *potentiel* en prenant des mesures pour s'améliorer et en recherchant les opportunités en permanence. Mark a travaillé à stimuler les domaines qui n'étaient pas ses points forts et compensé certaines faiblesses dont il était conscient, notamment en rapport avec le langage, les compétences logiques, la communication claire, et la capacité à se détacher émotionnellement des situations.

Le voyage de Cindana Turkatte a consisté à transcender continuellement les *limites*, qu'elles soient liées aux rôles traditionnels des femmes ou au défi de relancer une entreprise placée sur un marché effondré. Sa mission était d'aider les gens à faire des choses qu'ils ne savaient pas possibles et était soutenue par sa capacité à « penser hors de la boite ».

Ce qui, bien sûr, supposait de construire des *frontières* fortes et d'être claire et honnête quand à qui elle était et n'était pas, admettant ce qu'elle savait et ne savait pas et *lâchant prise* sur ce qui n'était pas prêt ou plus utile.

Pour explorer votre propre Matrice de l'Identité, réfléchissez aux réponses que vous apporterez aux questions suivantes. Vos réponses peuvent être littérales, mais vous pouvez aussi utiliser des symboles ou des archétypes pour représenter vos réponses concernant ce qui touche au niveau de l'identité.

De nouveau, commencez en vous mettant dans l'état COACH. Suivez ensuite les instructions ci-dessous.

1. Réfléchissez sur votre sentiment de qui vous êtes. Portez votre conscience sur vos ressentis comme sur vos pensées. Quelles sont les choses dont vous vous sentez fier et satisfait à propos de vous ? Que voulez-vous être et croyez-vous que vous êtes (votre *centre*) ? [Ceci devrait être très similaire au symbole que vous avez identifié à l'étape 5 du Processus d'Élicitation du Niveau de l'Identité.] Trouvez un modèle somatique et un symbole pour votre centre.

    Par exemple, « *Un volcan de lumière* ».

2. En poursuivant votre réflexion sur votre sens profond de vous-même, mettez-vous au diapason de ce qui, dans votre vie, vous rend optimiste et enthousiaste. Que croyez-vous que vous pourriez devenir, ou devenir plus, et que vous aimeriez vraiment être (votre *potentiel*) ? Quels sont votre modèle somatique et votre symbole pour votre potentiel ?

    Par exemple, « *Une étoile brillante ou le soleil* ».

3. Maintenant, portez votre attention vers les domaines de votre vie dans lesquels vous vous sentez piégé ou frustré. Réfléchissez sur ce que vous voulez être ou être plus mais croyez que vous ne pouvez pas être ou êtes empêchés d'être. Qu'est-ce qui vous arrête (votre limite ou limitation) ? Trouvez un modèle somatique et un symbole de ce qui se trouve en travers de votre chemin.

    Par exemple, « *Une grille fermée* ».

4. Portez votre attention sur les domaines de votre vie dans lesquels vous êtes décidé à apporter du changement à votre vieille identité, ou dans lesquels se trouvent des aspects de votre identité dont vous ne voulez plus ou que vous êtes prêts à abandonner. Portez votre attention sur votre sentiment de détermination à changer ou votre volonté à laisser aller ce qui ne fait plus partie de vous. Trouvez un modèle somatique et un symbole pour votre engagement à prendre position ou lâcher prise (votre *frontière*).

    Par exemple, « *Une épée et un bouclier* ».

Explorer votre Matrice de l'Identité est une façon de clarifier certaines ressources et certains défis au centre de votre Cercle de Succès.

5. Déplacez votre conscience vers les domaines de votre vie dans lesquels vous ressentez de la peur ou de l'anxiété de devenir quelque chose que vous ne voulez pas mais craignez que vous pourriez devenir (votre *défaut/faiblesse*) ? Quels sont le modèle somatique et le symbole pour cette faiblesse ou ce défaut ?

   Par exemple, « *Un brouillard épais* ».

6. Prenez le temps de revenir sur les moments de votre vie où vous vous êtes senti honteux ou coupable. Qu'est-ce que vous ne voulez pas ou n'aimez pas être mais que vous croyez que vous êtes (votre *ombre*) ? Trouvez un modèle somatique et un symbole pour votre ombre.

   Par exemple, « *Un tunnel sombre* ».

Réfléchissez à vos réponses. Quelles polarités ou « compléments » émergent de la relation entre votre centre et votre ombre ? Votre potentiel et votre faiblesse ou défaut ? Vos limites et vos frontières ?

Les polarités apparentes peuvent être transformées en « complémentarités génératives » lorsqu'elles peuvent être vécues comme des processus complémentaires avec de nombreuses combinaisons et variations d'expression.

Transformer les Polarités en Complémentarités Génératives

1. Choisissez l'une des paires de compléments qui ont émergé de la construction de votre Matrice de l'Identité ; par exemple, « Je veux être plein d'énergie ». « Je ne veux pas être fatigué et épuisé ».

2. Créez un modèle somatique (geste et mouvement physique) de la qualité désirée (par exemple, l'énergie).

3. Changez de place et créez un modèle somatique pour la qualité du problème (par exemple, la fatigue).

5. Entrez dans l'état COACH et déplacez-vous de l'emplacement d'une polarité à l'autre, lentement, avec grâce et conscience, sans aucune réticence ni CRASH. Remarquez comme elles se complètent plutôt qu'elles ne s'opposent. Remarquez également à quel point il existe des combinaisons et des variations d'expression entre les deux polarités.

La Matrice de l'Identité vous aide à être plus clair à propos de vos forces et de vos axes de développement.

6. Trouvez une image ou une métaphore qui vous permettent de reconnaitre et d'équilibrer ou intégrer les qualités de part et d'autre des complémentarités.

Dans les prochaines sections de ce chapitre et les autres chapitres de ce livre nous allons continuer à revisiter et travailler avec ces éléments clés de la Matrice de l'Identité et montrer comment ils sont à la base de la réussite entrepreneuriale. Toutefois, pour commencer il est utile de les utiliser simplement pour développer votre conscience de vous-même. Comme l'a indiqué Cindana Turkatte, pour atteindre sa vision et remplir sa mission, c'est important de « comprendre ce en quoi vous êtes le meilleur et que vous pouvez faire que les autres ne peuvent pas faire, mais d'admettre quand vous avez besoin d'aide ». Ceci découle de la capacité à « admettre ce que vous savez et ce que vous ne savez pas ».

Tableau d'Évaluation de l'Identité

Voici un exemple de Tableau d'Évaluation de l'Identité que nous utilisons lorsque nous coachons les entrepreneurs pour leur permettre d'appliquer les résultats de la Matrice de l'Identité et clarifier leurs forces et domaines de développement.

Les forces vont vraisemblablement concerner le Centre, le Potentiel et la Frontière de la Matrice de l'Identité. Les domaines de développement seront en lien avec vos Limites, vos Faiblesses et vos Ombres.

Forces	Domaines de Développement
De quoi avez-vous beaucoup ?	De quoi n'avez-vous pas assez ?
Que faites-vous avec facilité ?	Qu'est-ce qui vous met en difficulté ?
Quelles ressources avez-vous à proposer ?	De quelles ressources avez-vous besoin ?
Quelles sont vos qualités personnelles les plus fortes ?	Quelles qualités personnelles aimeriez-vous particulièrement développer plus pleinement ?
Quelles sont vos compétences principales ?	Quelles compétences avez-vous besoin de développer plus pleinement ?

En suivant les leçons apprises jusqu'ici de Barney Pell, Samuel Palmisano, Mark Fizpatrick et Cindana Turkatte, réfléchissez à vos réponses aux questions précédentes.

- *Quelles ressources et qualités possédez-vous qui pourraient être les plus profitables pour les autres ?*
- *De quoi avez-vous le plus pour contribuer à votre vision et à la vision des autres ?*
- *Quelles sont certains des domaines dans lesquels vous avez besoin de vous développer ?*
- *Quels types de partenaires devez-vous rechercher en priorité pour réussir votre projet ou entreprise ?*
- *Quels types de membres d'équipe vous seraient-ils les plus utiles de recruter pour réussir dans votre mission et votre vision ?*

Résumé du chapitre

La réussite concerne l'atteinte de buts désirés à différents niveaux et la production d'interactions gagnant-gagnant avec d'autres qui peuvent nous soutenir pour atteindre nos buts désirés. Cela concerne également notre participation et notre contribution à quelque chose de plus grand que nous-mêmes. C'est-à-dire que cela concerne le fait de « vivre nos rêves » *et* « aider à créer un monde meilleur ». Équilibrer et aligner ces deux quêtes est l'essence de la réussite pour les entrepreneurs de la nouvelle génération.

« Atteindre la réussite » commence par l'élaboration et l'enrichissement du centre de votre Cercle de Succès – votre Soi. La vraie réussite à ce niveau produit un sentiment intérieur de gratitude et de générosité.

La clé de la mise en œuvre de la Modélisation des Facteurs de Succès est l'« esprit de prospérité » qui vient de l'élargissement et de l'enrichissement de cartes du monde appauvries pour créer une conscience de l'abondance des ressources à différents niveaux. Cela crée une profonde reconnaissance que la poursuite de la réussite gagnant-gagnant et la prospérité saine nous propulsent vers l'atteinte de nos visions et finalités – plutôt que d'être en opposition avec le développement de notre sentiment de la finalité, du sens et de notre engagement à contribuer à la vie des autres.

Le chemin pour atteindre la réussite commence par être vrai vis-à-vis de vous-même et de vos rêves. Ceci implique une disposition à prendre des risques et faire face à la possibilité d'échec et la capacité à transformer ce qui est perçu comme échec en feedback. La capacité à le faire découle du développement d'une vision convaincante et d'une croyance forte en la vision et en vous-même. Ces facteurs de réussite sont nécessaires pour pouvoir persévérer malgré l'opposition et apprendre de ce qui semble au départ des échecs.

Comme Don Pickens, l'entrepreneur qui a réussi, l'a indiqué : si vous ne réussissez pas au départ, c'est important de comprendre quelle est la partie que vous avez bien faite et ce que vous pouvez apprendre de ce que vous n'avez pas bien fait. Comme Pickens l'a également conseillé, c'est important de rechercher du sponsoring, d'avancer avec ceux qui vont vous soutenir et éviter d'être freinés par les autres.

On pourrait dire que pour atteindre la réussite il faut un certain degré de chance. Les principes et outils de la Modélisation des Facteurs de Succès vous aident à augmenter vos probabilités d'« avoir de la chance » en vous préparant et en vous développant pour être prêt à tirer parti des opportunités lorsqu'elles se présentent et en restant à l'affut de celles qui ne sont peut-être pas encore visibles pour les autres.

Ces principes font écho à l'Exemple de Facteur de Succès de Mark Fizpatrick, dont le chemin vers un remarquable succès financier a commencé par son développement personnel, la recherche d'opportunités et la mise en œuvre de sa vision pour créer des résultats gagnant-gagnant avec des clients potentiels.

L'Exemple de cas de Facteur de Succès de Cindana Turkatte illustre que, que vous soyez homme ou femme, la réussite entrepreneuriale découle du fait de découvrir ce que vous pouvez faire que d'autres ne peuvent pas faire puis de reconnaitre les domaines dans lesquels vous avez besoin d'aide, et la rechercher. L'exemple de Cindana illustre également l'importance de la force motrice du désir de contribuer et de la capacité à comprendre les besoins et motivations de ceux qui constituent votre Cercle de Succès.

Vous connaitre vous-même est donc l'une des premières étapes pour atteindre la réussite. Comme la notion de *superposition* en physique quantique, notre identité centrale peut être beaucoup de choses en même temps ; certaines ont été exprimées et d'autres sont encore au stade de potentiels dormants. Le Processus d'Élicitation du Niveau de l'Identité est un moyen de vous explorer vous-même ainsi que vos intérêts à différents niveaux.

Vous connaitre et trouver votre passion est donc l'une des premières étapes pour atteindre la réussite. Par l'exploration et la clarification de votre identité et de votre passion, vous pouvez libérer l'énergie et la créativité qui viennent de votre connexion à votre finalité et à votre motivation. Le Processus d'Élicitation du Niveau de l'Identité est un moyen de vous explorer vous-même ainsi que vos intérêts à différents niveaux.

De même que réaliser l'état COACH, il est essentiel d'Exprimer et Ancrer Votre Passion verbalement, visuellement et somatiquement pour rester connecté à votre finalité et à votre motivation. Ceci est particulièrement important lorsque les choses sont challengeantes, incertaines, ennuyeuses, perturbantes, etc. C'est également le socle de votre capacité à inspirer les autres à vous écouter et finalement vous rejoindre ou vous soutenir.

La Matrice de l'Identité est un outil qui peut vous aider à identifier les croyances qui vous capacitent de même que celles qui vous freinent potentiellement. Plutôt que des sources de conflit, ces polarités apparentes peuvent devenir des complémentarités génératives qui vous soutiennent pour apprendre de vous-même et exprimer votre sens de l'identité, motivation et mission sous la forme de projets et visions convaincants qui peuvent stimuler votre croissance et votre transformation personnelles.

Le Tableau d'Évaluation de l'Identité vous aide à clarifier et résumer vos forces et vos axes d'amélioration. Les deux sont des facteurs dont il faut être conscient pour passer aux étapes suivantes, atteindre la réussite et créer le futur.

Comme vous le verrez, créer le futur implique de transformer votre sens de l'identité et de la passion en vision, mission, ambition et rôle alignés sur les quadrants du Cercle de Succès.

Références et lectures complémentaires

Why I am Leaving Goldman-Sachs, Smith, G., New York Times, March, 14, 2012.

Des Outils pour l'Avenir, Dilts, R. B., Bonissone, D., Desclée de Brouwer, 1995.

Outliers : The Story of Success, Gladwell, M., Back Bay Books, Little, Brown and Company, New York, NY, 2008.

The Cambridge Handbook of Expertise and Expert Performance, Charness, N. ; Feltovich, P; Hoffman, R. ; Ericsson, A., eds., Cambridge University Press, Cambridge, 2006.

The Luck Factor, Wiseman, R., Random House, London, UK, 2003.

Les Cinq Regrets des Personnes en Fin de Vie, Ware, B., Guy Trédaniel Éditeur, 2013.

04
Créer l'Avenir

*« Le futur appartient à ceux qui voient les possibilités
avant qu'elles ne deviennent évidentes. »*
John Sculley

*« Si vous voulez construire un bateau, ne rassemblez pas les personnes
pour ramasser du bois et leur assigner des tâches,
apprenez-leur plutôt à aspirer à l'immensité sans fin de la mer. »*
Antoine de Saint-Exupéry

*« Les entreprises qui survivent le plus longtemps sont celles qui trouvent ce qu'elles
seules peuvent donner au monde – pas seulement de la croissance ou de l'argent mais
leur excellence, leur respect pour les autres, ou leur capacité à rendre les gens heureux.
Certains appellent ces choses une âme. »*
Charles Handy

« Là où il n'y a pas de vision les gens périssent. »
Proverbes 29 :18

Le Voyage vers l'Identité

Il n'est pas de vent favorable pour celui qui ne sait où il va.

– **Sénèque**

Être un entrepreneur est un voyage à la découverte et au service de vous-même, des autres et du monde.

Dans son livre *Le Héros aux Mille Visages*, Joseph Campbell parle des trois chemins de vie que nous pouvons prendre : le village, les terres en friche et le voyage. Le *village* représente la vie qui a été planifiée pour nous par notre société et notre culture : Nous naissons, nous allons à l'école, nous obtenons un diplôme, nous nous marions, avons des enfants, travaillons jusqu'à la retraite, nous faisons offrir une montre en or et finalement nous mourons. Ce chemin comporte beaucoup de sécurité et de sûreté, et ne perturbe pas trop les normes ou « ne fait pas trop de vagues ». Nous faisons ce que l'on attend de nous. C'est essentiellement le chemin de l'ego. Pour beaucoup de gens, c'est une façon satisfaisante de vivre leur vie.

Pour d'autres, ce n'est pas si simple. Pour diverses raisons, soit ils ne rentrent pas dans le cadre (parce qu'ils ont la mauvaise couleur, genre, forme, préférence sexuelle, etc.) soit ils se sentent appelés à quelque chose de plus. Le village pour eux c'est, selon les mots de Thoreau, « une vie de désespoir tranquille ». Plutôt que de s'épanouir dans le village, ils s'y sentent enfermés, étouffés ou réprimés. Pour ces personnes, selon Campbell, il y a deux autres chemins possibles.

Les *terres en friche* représentent le chemin des rebelles, des hors-la-loi ou des bannis. C'est une vie aux marges de la société, de sa famille, sa carrière, etc. ; au-delà de la limite de ce qui est considéré approprié et normal. C'est une tentative de se développer en rejetant et en fuyant le village (dans le sexe, les drogues, le rock n' roll, etc.). Alors qu'il s'agit d'une recherche de contexte où s'épanouir, il se produit généralement l'inverse. Cela peut se terminer par l'addiction à l'alcool ou aux drogues, peut-être par une activité « criminelle », ou par un mode de vie solitaire ou marginal.

L'autre chemin est celui du *voyage*. Au cours du voyage, nous suivons notre cœur, notre vision et notre appel pour trouver notre propre voie et découvrir quelque chose de nouveau. C'est le chemin de tous les grands leaders, entrepreneurs et pionniers. À travers les défis et découvertes que nous faisons en chemin, nous acquérons le courage, l'intuition, la sagesse, la résilience et une plus grande conscience de nous-mêmes et du monde. Lorsque nous revenons au village nous sommes capables d'apporter notre contribution individuelle unique et sommes acceptés et reconnus comme qui nous sommes vraiment. Le voyage n'est pas toujours extérieur. Nous voyageons parfois intérieurement alors que nous restons physiquement à l'intérieur du village. Suite à notre évolution, nous apportons de nouvelles idées et une nouvelle vie au village, permettant à plus d'y prospérer. Nous pouvons même trouver possible d'apporter guérison et transformation aux terres en friche.

Être un entrepreneur consiste à prendre la troisième voie ; le voyage pour trouver comment prospérer par le développement des compétences pour découvrir et progresser sur son propre chemin et vivre sa vie au meilleur de soi-même au service de soi, des autres et du monde.

Dans ce chapitre, nous allons revisiter les facteurs clés de réussite que sont la vision, la mission, l'ambition et le rôle et les appliquer aux quatre quadrants du Cercle de Succès pour définir plus précisément votre projet ou entreprise.

La Vision Entrepreneuriale

Tous les niveaux de facteurs de réussite sont importants pour commencer votre voyage vers la création d'une entreprise réussie, mais la vision fait partie des plus essentiels. Au Chapitre 1 nous avons défini la *vision* comme « Une image mentale de ce que le futur sera ou pourrait être ». De telles images émergent souvent lorsque nous dirigeons notre passion vers le futur à partir d'un état de curiosité ouverte. Ceci produit une image de comment nos vies ou notre monde pourraient être enrichis ou améliorés d'une façon ou d'une autre. De telles visions du futur guident et orientent nos vies et notre travail, fournissant la motivation et l'impulsion pour le changement à de nombreux niveaux.

La vision entrepreneuriale émerge en dirigeant la passion depuis le centre de son Cercle de Succès vers les besoins et désirs des clients et clients potentiels. C'est à partir du centre du Cercle de Succès que les aspirations, intuitions, expérience et passion de l'entrepreneur créent le socle initial de la construction d'une nouvelle entreprise, de la conception à la manifestation. Si vous demandez aux investisseurs pourquoi ils ont choisi de miser sur une entreprise particulière, c'est souvent sur la base d'« intangibles » comme la vision, la passion ou la confiance de l'entrepreneur. Les investisseurs savent que les technologies vont changer, que les marchés vont changer, que les membres de l'équipe vont changer ; la constante sera la vision de l'entrepreneur. Parce que la vision de l'entrepreneur :

- Donne une direction et inspire motivation et créativité.
- Pose la trajectoire à suivre à long terme – en particulier, le type de monde que vous tentez de créer pour les clients.
- Crée des défis qui se transforment en avantages compétitifs.
- Connecte le présent au futur.

Attributs de la Vision Entrepreneuriale

Steve Artim, par exemple, est un entrepreneur de la Silicon Valley qui a à son actif des années d'expérience dans la commercialisation de technologies de pointe et le développement d'affaires dans la communication et le multimédia. Il a contribué à fonder et lancer la division Real Time Visualization de Mitsubishi Electric. Il a également occupé des postes de développeur senior en marketing et business chez Philips et Sierra Semiconductor. En 1999, il est devenu co-fondateur et directeur de DoOnGo, une société qui offre une gamme puissante de logiciels d'infrastructure sans fil fournissant l'« intelligence et la personnalisation » aux télécommunications sans fil et aux terminaux mobiles avancés. Steve décrit l'importance de la vision de la façon suivante :

Steve Artim
DG de DoOnGo

La vision d'un entrepreneur crée un « jalon dans le sol du futur » qui forme le point de convergence de toutes les activités de l'entreprise et de l'équipe.

La réussite entrepreneuriale repose également sur un type de « vision périphérique » qui fonctionne comme un radar pour repérer les changements en cours et les influences qui peuvent affecter la stratégie et les actions de l'entrepreneur.

Je crois que la vision est absolument indispensable pour une jeune start-up. Vous devez prendre un jalon et aller le planter dans le sol du futur, puis faire tout ce qui est en votre pouvoir de leader d'une entreprise pour amener vos ingénieurs, vos équipes de vente et marketing, et vos financiers à faire en sorte que cela arrive. Sans cela, rien ne vous diffère d'autres grandes entreprises qui peuvent vouloir faire la même chose – et franchement elles en sont probablement capables – mis à part le fait d'être totalement concentrés en tant qu'équipe et entité à faire en sorte que cela advienne.

La description de Steve Artim de « planter un jalon dans le sol du futur » implique une évidente qualité de focus dans la vision entrepreneuriale. Son commentaire indique que la vision du futur de l'entrepreneur devient le point focal de toutes ses activités et de celles de son équipe, ainsi que l'« attracteur » de ceux qui constituent son Cercle de Succès. Comme l'explique Steve :

Il faut beaucoup de partenariats pour faire avancer une start-up. Cela demande un grand savoir-faire d'y arriver et de résoudre très très bien quelques problèmes pour votre client principal. Également, trouver votre client est crucial pour amener votre entreprise dans le courant principal.

En plus d'une focalisation vers l'avant, il y a également une dimension latérale de la vision entrepreneuriale ; une forme de « vision périphérique » qui fonctionne comme un détecteur radar pour relever les tendances dans l'environnement. Selon les mots de Steve :

Vous devez être complètement centré sur vos clients. Vous devez regarder vers l'extérieur en permanence. Vous devez bien comprendre tout se qui se passe. Il y a les grands acteurs du marché qui font bouger les choses, mais il y a aussi de nombreux petits acteurs sous le niveau de détection radar, qui apparaissent tout juste sur les écrans radar. Vous devez comprendre ce qu'ils font, comment ils sont financés, et quelles sont leurs bases stratégiques pour vraiment comprendre et trouver le bon créneau pour votre entreprise.

Ces deux dimensions de la vision – vision focalisée vers l'avant et vision périphérique plus large – sont nécessaires aux entrepreneurs pour gérer efficacement l'incertitude et le changement et rester sur une ligne de conduite fructueuse. Les deux types sont essentiels pour être en mesure de naviguer sur le marché mondial, s'y adapter, prévoir les changements et s'y ajuster, et pour anticiper la concurrence. Il s'agit d'un équilibre pas toujours facile à conserver. Certaines start-up échouent parce qu'en regardant de trop près leurs concurrents elles perdent de vue les vrais besoins de leurs clients.

En résumé, notre travail avec les start-up et les investisseurs a montré qu'une technologie forte seule ne permettra pas à une entreprise de se développer sur le long terme. Le développement de produits, services et outils concrets doit être guidé par une vision claire et inspirante qui donne la direction et garantit une véritable valeur pour les clients.

Notre recherche a montré que les entrepreneurs « de la nouvelle génération » qui réussissent ont une vision qui est :

1. **Centrée sur l'humain**
   - Promeut le développement des personnes et de la société
   - Inclut le développement personnel ainsi que les compétences pratiques
   - Perçoit l'argent comme un moyen (et non une fin) au service du développement humain
   - Satisfait les vrais besoins des personnes
   - Soutient des valeurs centrées sur l'humain – par exemple, la santé, l'harmonie, l'éducation, etc.

2. **Systémique**
   - Soutient le développement du collectif au travers du développement individuel
   - Présuppose que les individus sont un tout et une partie d'un tout plus vaste (« holons ») – c'est-à-dire que s'améliorer soi-même (ou se rendre utile à l'équipe/l'entreprise) conduit à faire progresser une communauté de clients, ce qui améliore le monde
   - Cultive des savoir-faire et des valeurs utiles pour la communauté
   - Sert au-delà du besoin immédiat
   - Prend en compte les conséquences sociales et environnementales
   - Produit un bénéfice social au-delà du cadre de l'entreprise

3. **Authentique**
   - Les caractéristiques systémiques et centrées sur l'humain sont :
     - à la base de l'entreprise
     - intégrées dans le business modèle et la stratégie
     - partagées et soutenues à tous les niveaux de l'entreprise
   - Les ressources concrètes sont consacrées à la vision plus large même si elles n'augmentent pas directement les profits
   - L'entreprise est perçue comme une partie contributrice de quelque chose de plus grand

Les visions des entrepreneurs de la nouvelle génération sont centrées sur l'humain.

Les entrepreneurs de la nouvelle génération ont également des visions systémiques, prenant en compte les conséquences sociales et environnementales.

Identifier les Clients Potentiels et Leurs Besoins

Comme l'a indiqué Steve Artim, un entrepreneur qui réussit doit être « complètement concentré sur ses clients ». Il a également affirmé que « trouver votre client est crucial » pour la réussite de votre entreprise et qu'il est nécessaire de « résoudre très, très bien quelques problèmes pour votre client principal ».

Le fondateur de Tidal Waves Technologies, Mark Fizpatrick, a déclaré, « Notre vision était centrée sur les besoins de nos clients » et que lui et son équipe ont « appliqué notre vision à ce besoin, et utilisé beaucoup de feed-back de clients pour ajuster la vision en permanence ».

Cindana Turkatte a indiqué que pour trouver des idées de produits qui réussissent et apporter une réelle contribution, il était nécessaire d'explorer avec les clients ce qui était important pour eux. Ceci demande de développer l'empathie en vous mettant à la place des clients potentiels.

Samuel Palmisano a déplacé l'objectif d'IBM de la vente d'ordinateurs et logiciels aux clients vers une offre de solutions complètes sur mesure pour répondre aux besoins des clients, les aidant à utiliser la technologie pour faire face aux défis de leur activité.

Barney Pell a assuré la réussite de son entreprise en se concentrant sur un « test vraiment centré sur l'utilisateur » pour son produit.

Comme l'illustrent ces exemples, l'identification de clients potentiels et de leurs besoins est un facteur de réussite essentiel pour les entrepreneurs. En fait, nos recherches avec les entrepreneurs de la nouvelle génération qui ont réussi montre qu'ils sont :

Orientés Clients

- Maintiennent une boucle de feed-back forte avec les clients
- Établissent des structures et des infrastructures qui créent l'échange et le feed-back mutuel avec les clients
- Basent leurs produits et leurs services sur des valeurs orientées clients : par exemple, sécurité, confort, intuitif, fiable, etc.
- Co-créent des produits et des services avec les clients au lieu de « vendre »
- S'assurent que la croissance économique de l'entreprise découle d'une meilleure qualité des produits ou services et non du marketing et de la publicité
- Intègrent les besoins et envies des clients dans leurs décisions commerciales et leurs politiques de gestion

Les visions des entrepreneurs de la nouvelle génération intègrent authentiquement des caractéristiques systémiques et centrées sur l'humain dans le business modèle de l'entreprise.

Les entrepreneurs de la nouvelle génération sont fortement orientés clients.

Émotionnellement Intelligents

- Entretiennent une forte empathie (« seconde position ») pour les clients
- Développent leurs produits et services sur la base d'expérience client « réelle » plutôt que sur des enquêtes
- Prennent en compte les capacités des clients (savoir, niveau de savoir-faire, etc.) dans leurs développements de produits et services
- Communiquent les avantages clients de leurs offres simplement et dans le langage des clients
- Vérifient que leurs produits et leur marque sont ressenties par les clients comme émotionnellement adaptés
- Prennent des mesures pour s'assurer que leurs produits et leur marque déclenchent des émotions positives chez les clients

Centrés sur les Besoins Évolutifs

- Regardent constamment vers l'avant et anticipent les besoins futurs des clients existants et les besoins et désirs des nouveaux clients
- Distinguent les engouements passagers des besoins à long terme des clients
- Prennent en compte une grande variété de clients lorsqu'ils développent leurs produits ou services
- Mettent en lien les clients avant-gardistes et utilisateurs de la première heure avec les développeurs et pionniers de l'entreprise
- Respectent l'écosystème de leurs clients dans leurs offres – c'est-à-dire, prennent en compte la chaine des effets et les conséquences à long terme sur le contexte plus large du client

Clairement, identifier vos propres clients et clients potentiels et leurs besoins et désirs est une étape essentielle de la réussite de votre entreprise. Les clients potentiels sont souvent ceux qui partagent votre passion. La passion du fondateur de Pleasant Hawaiian Holiday, Ed Hogan, pour les voyages dans des lieux exotiques lui a permis d'attirer et créer de la valeur pour d'autres qui avaient la même passion du voyage. De plus, ses propres expériences de voyageur ont donné à Ed une forte compréhension empathique des besoins et désirs de ses clients. De la même façon, une personne qui a la passion des jeux vidéo trouvera probablement des clients chez d'autres joueurs.

Les entrepreneurs de la nouvelle génération sont émotionnellement intelligents et entretiennent une empathie sincère pour leurs clients.

Les entrepreneurs de la nouvelle génération sont concentrés sur les besoins évolutifs de leurs clients, anticipant les potentiels souhaits et désirs futurs.

Parfois nous *sommes* notre propre client principal. Les co-fondateurs d'Airbnb Brian Chesky et Joe Gebbia, par exemple, ont élaboré l'idée de leur société en réponse à leurs propres difficultés à trouver un logement temporaire abordable. Dans de tels cas, nous avons en tant qu'entrepreneurs l'expérience directe des besoins et désirs des clients.

Dans d'autres cas, nos clients sont les objets de notre passion. Votre passion peut être naturellement orientée vers les enfants, les étudiants, les musiciens, les femmes leaders, les nouvelles familles, les entrepreneurs, etc. Dans d'autres circonstances, cela peut être un peu plus indirect. Une personne avec une passion pour les chevaux, les animaux de compagnie ou les voitures de collection peut trouver des clients parmi leurs propriétaires.

Bien souvent, notre passion et vision nous amènent à trouver une solution ou répondre à un besoin pour un certain type de client. Dans ce cas, nous devons chercher à identifier qui pourra le plus facilement et le plus clairement bénéficier de notre produit ou service. Dans certains cas, il s'agit d'un besoin du moment ressenti par les clients potentiels. Dans d'autres, comme l'a montré Cindana, nous sommes en mesure d'aider des clients potentiels à « faire quelque chose qu'ils ne savaient pas possible ». L'« informatique conversationnelle » de Barney Pell en est une bonne illustration.

Souvent, comme dans le cas de Mark Fizpatrick, nous sommes déjà en contact avec un certain type de client qui a un besoin clair et sommes en mesure d'utiliser notre passion et notre vision pour trouver une solution y répondant.

Il n'est pas nécessaire que les clients correspondent à un groupe démographique standard. Lorsque Bandler et Grinder ont développé la PNL, ils ont identifié les clients principaux de leur travail comme des « communicants professionnels ». Ce groupe comprend toute personne pour qui la réussite du travail passe par une communication efficace.

Prenez un moment pour identifier et réfléchir sur les clients et les clients potentiels de votre entreprise.

- Qui sont les *consommateurs/clients potentiels* qui partagent ou qui pourraient mettre à profit votre *passion* et votre *vision* personnelles ?
- Quels *types de personnes* seraient les plus intéressées à recevoir ou transmettre ces avantages à d'autres ?
- Quels types de personnes pourraient être vos « *utilisateurs de la première heure ?* »
- Avez-vous des *clients existants* auxquels votre passion et vision personnelles pourraient apporter de nouvelles solutions ou avantages ?
- Quels types de clients seront les plus influents pour rendre vos produits ou services potentiels *visibles pour d'autres ?*
- Qui est votre « *client idéal ?* »

Identifier les clients et clients potentiels qui vont mettre à profit votre passion et votre vision, et apprendre à connaître leurs besoins et désirs est une étape essentielle de la réussite d'une nouvelle entreprise.

L'étape suivante est d'appliquer votre passion et votre vision à la création ou l'amélioration de produits ou services qui vont apporter un réel avantage à vos clients et clients potentiels. En réalisant les exercices suivants, gardez à l'esprit que les visions et entreprises des entrepreneurs de la nouvelle génération sont centrées sur l'humain, systémiques et authentiques.

Créer l'Avenir

Exercice de Vision Générative

Au Chapitre 1, vous avez commencé à explorer votre vision personnelle avec les questions : Que voulez-vous créer dans le monde à travers vous qui soit au-delà de vous ? Que voulez-vous voir de plus et de moins dans le monde ? Quel est le monde auquel vous voulez appartenir ? Au chapitre 2, nous avons indiqué que la vision d'une entreprise ou d'un projet émerge lorsque nous dirigeons notre passion depuis le centre de notre Cercle de Succès vers un groupe de clients ou un marché particulier. Ceci focalise notre vision plus large et commence à générer les produits et services spécifiques que l'entreprise va produire et qui vont devenir son « jalon dans le sol » du futur décrit plus haut par Steve Artim.

L'exercice suivant va vous aider à commencer à mettre en œuvre votre passion de façon générative pour créer la vision d'un projet ou d'une entreprise.

1. Entrez dans un état détendu et ouvert (par exemple l'état COACH) dans lequel vous vous sentez pleinement vous-même et connecté à l'identité et la passion au centre de votre Cercle de Succès. Reconnectez-vous à votre passion, votre centre et votre potentiel, découverts et clarifiés au chapitre précédent. Reprenez les mots, l'image et le geste que vous avez créés comme ancre et expression de votre passion.

2. Les yeux fermés, créez un espace de « Vision » dans votre esprit. Imaginez un vaste « paysage » intérieur. Remarquez où se trouve la ligne d'horizon de votre paysage intérieur. Remarquez également le « point de convergence » ou « point de fuite » correspondant à votre focus par rapport au paysage intérieur.

3. Reformulez la vision que vous avez explorée au chapitre 1 en moins de 10 mots clés. Par exemple

    « Des personnes qui aident d'autres personnes. »

    « Des femmes qui s'éveillent à leur potentiel de leadership. »

    « Des personnes qui grandissent et contribuent au travers de leurs entreprises. »

    « Des personnes qui vivent leurs rêves et créent un monde meilleur. »

    « Des enfants accompagnés pour devenir le meilleur d'eux-mêmes. »

La vision spécifique d'une entreprise ou d'un projet émerge lorsqu'un entrepreneur dirige sa passion depuis le centre de son Cercle de Succès vers un groupe de clients ou un marché particulier.

4. La vision commence à prendre forme lorsque nous la dirigeons vers un client ou client potentiel. Concentrez votre attention sur un bénéficiaire potentiel ou « client » pour votre vision, que vous avez identifiée lors de la réflexion précédente : par exemple, familles, cadres, entrepreneurs, patients, étudiants, ou tout autre groupe démographique.

5. Visualisez le client et les différentes situations qu'il rencontre et continuez à reformuler votre vision. Libérez votre imagination et transformez les mots en image. À quoi ressemble l'expression de votre vision lorsque vous l'appliquez à ce client et à sa situation ? Étudiez les questions suivantes :

Que voulez-vous créer pour vos clients à travers votre entreprise ou votre projet ?

Quels services, avantages et contributions votre entreprise ou votre projet vont-ils apporter aux clients, à la société, à l'environnement, etc. ?

Que voulez-vous leur rendre possible ?

Permettez-vous de rêver. N'essayez pas de trouver. Accordez-vous au « champ » de ce client et laissez votre inconscient créatif vous montrer des possibilités. Gardez à l'esprit que les mots que vous utilisez pour exprimer votre vision sont connectés à une sagesse et des désirs profonds qui sont naturellement génératifs.

Diriger votre vision vers un client potentiel commence à générer des images de produits et services précis que l'entreprise va produire et qui vont devenir son « jalon dans le sol » du futur.

Veillez à ne pas devenir trop rationnel ou intellectualiser. Restez connecté aux sentiments d'inspiration et de motivation qui viennent de votre centre et votre potentiel et laissez votre imagination libre. Une vision continue à évoluer au fil du temps.

Créer l'Avenir

Catalyseurs de Créativité

Les *Catalyseurs de Créativité* aident à développer des états particuliers pour accéder à ce que nous avons appelé l'« inconscient créatif ».

La plupart des personnes hautement créatives reconnaissent l'importance des processus inconscients dans leur travail. Par exemple, de nombreux entrepreneurs que mon frère John et moi-même avons interrogés pour nos études de Modélisation des Facteurs de Succès ont raconté quelque chose comme, « Je me remplis le cerveau de toutes les informations que je peux trouver jusqu'à ce que je sois complètement épuisé et que je ne puisse plus rien intégrer. Là, je vais me coucher. Quand je me réveille, j'ai la réponse ! » D'autres ont indiqué que les meilleures idées leur venaient le matin sous la douche.

Dans mes études sur les *Stratégies de Génie* j'ai découvert que la plupart des génies créatifs célèbres dans l'histoire, de Léonard de Vinci à Einstein en passant par Mozart, Michael Jackson et Steve Jobs, affirment d'une façon ou d'une autre que leurs idées et leur travaux les plus créatifs sont venus « à travers » eux et non « de » eux en temps qu'individus. Mozart a par exemple écrit de ses inspirations musicales, « D'où et comment elles proviennent, je ne sais ; je ne peux non plus les forcer ». Mais il a par contre mentionné qu'elles venaient plus facilement lorsqu'il était dans certains types d'états internes dans lesquels le processus créatif se déroulait « dans un agréable rêve dynamique ». Ces états émergeaient très facilement lorsqu'il était engagé dans des activités simples comme « voyager en calèche ou marcher après un bon repas ». C'est ce type d'activités que nous appelons « catalyseurs de créativité ».

C'est intéressant de remarquer que d'autres compositeurs de renom ont également mentionné une qualité largement inconsciente, similaire au rêve, de leur processus créatif. Par exemple, dans une interview du magazine Rolling Stone de 1983, le populaire compositeur et musicien Michael Jackson a raconté, « J'émerge d'un rêve et je me dis, "Génial, mets ça sur le papier." Vous entendez les mots, tout est là sous vos yeux... C'est pourquoi je n'aime pas m'attribuer de mérite pour les chansons que j'ai écrites. J'ai le sentiment que ça a été fait quelque part et que je suis juste un messager qui l'apporte au monde ».

Dans ses carnets, Léonard de Vinci a décrit comment il fixait « des murs avec des taches diverses ou un mélange de différentes pierres » pour « stimuler et éveiller » son esprit « pour différentes inventions ». Léonard a indiqué qu'il était capable de voir sur les murs « différents paysages comportant des montagnes, des rivières, des rochers, des arbres, des plaines, de larges vallées et des ensembles de collines » de même que « des silhouettes animées de mouvements rapides, des visages aux expressions étranges, des costumes excentriques, et une infinité de choses ».

Les catalyseurs de créativité sont des activités qui produisent des états internes particuliers qui nous permettent d'accéder à l'« inconscient créatif ».

Beaucoup de génies créatifs célèbres ont développé leurs propres formes de catalyseurs de créativité.

Créer l'Avenir

Alors qu'il travaillait sur ses classiques *L'Origine des Espèces* et *La Descendance de l'Homme* Charles Darwin a conçu sur sa propriété une allée couverte de sable appelée « la promenade de sable ». Il s'y promenait tous les jours, plongé dans ses pensées, et l'appelait « mon chemin de réflexion ». Il empilait souvent quelques pierres à l'entrée du chemin et en faisait tomber une avec sa canne à chaque passage, puis rentrait chez lui lorsqu'il n'y avait plus de pierres. Pour différents enjeux il parlait de « problème à trois pierres » ou de « problème à cinq pierres » (tout comme Sherlock Holmes avait des « problèmes à trois pipes »).

Albert Einstein a indiqué que ses idées et théories émergeaient spontanément de certains types d'« expériences de réflexion » principalement constituées d'images et de ressentis et « ne venaient d'aucune manipulation d'axiomes » ou de formes de réflexion rationnelle, cognitive. Jouer du violon et naviguer faisaient partie de ses « catalyseurs de créativité ».

Ces descriptions impliquent des méthodes pour se connecter à l'intelligence créative au-delà des limites de l'esprit rationnel, conscient et cognitif. Comme nous le verrons plus loin dans ce chapitre, les entrepreneurs qui réussissent comme Steve Jobs mentionnent des dynamiques similaires quant à leurs processus créatifs. Jobs, par exemple, parlait de suivre « son cœur et son intuition » et décrivait comment il écoutait de la musique pour stimuler son processus créatif.

Le fondateur d'une grande société de transport avec lequel j'ai eu un entretien expliquait que lorsqu'il rencontrait des problèmes complexes et délicats, il arrêtait d'y penser et partait faire du vélo. À la fin de la promenade, il avait souvent une réponse. Pour d'autres problèmes, il allait jouer au golf pour se mettre dans l'état d'esprit adapté pour traiter les questions. Il était si spécifique à propos des « catalyseurs de créativité » à utiliser qu'il disait, « Vous ne pouvez pas jouer au golf sur ce problème. C'en est un pour lequel il faut se promener à vélo ».

Quels sont certains de vos catalyseurs de créativité ? Quelles sont certaines des choses que vous faites pour stimuler votre propre inconscient créatif ? Cela peut être aussi simple que de se promener à vélo, marcher, écouter de la musique ou jardiner. Par exemple, je cours tous les matins. Cela m'aide à me connecter à mon « centre » et activer mon système nerveux.

Il est important pour les entrepreneurs de découvrir et développer leur propres catalyseurs de créativité pour activer et impliquer leur inconscient créatif comme une ressource permanente.

Lorsque vous abordez les exercices de ce chapitre et des suivants, utilisez vos catalyseurs de créativité, ou essayez-en de nouveaux, pour impliquer votre inconscient créatif dans le processus. C'est une ressource essentielle pour vous. Nous avons bien souvent entendu des entrepreneurs qui ont réussi dire, « Si j'y avais réfléchi de façon rationnelle, je ne l'aurais jamais fait ».

Pour être un entrepreneur, il est important de savoir comment rêver. Les rêves, aussi bien pendant le sommeil que les rêves éveillés ou « rêveries, » émergent du champ de l'inconscient créatif. L'esprit cognitif, conscient est plutôt un témoin de ce qui a été créé. Ce que nous avons appelé la « vision » commence à prendre forme lorsque l'esprit conscient cognitif rejoint l'inconscient créatif et aide à l'orienter. Lorsque la vision est appliquée à la création d'un projet, le processus est principalement piloté par l'esprit cognitif, avec généralement une moindre contribution de l'inconscient créatif.

L'exercice suivant va vous aider à passer de la rêverie à la conception et donner forme à votre vision pour vos clients et votre marché.

La vision d'un entrepreneur émerge de l'interaction entre son esprit cognitif et son inconscient créatif.

Tableau des « Plus de / Moins de »

La vision peut venir de l'inspiration ou du désespoir. L'*inspiration* est définie comme « le processus d'être mentalement stimulé à faire ou ressentir quelque chose ; en particulier à faire quelque chose de créatif. Cela signifie littéralement l'acte d'inspirer ; venant du Latin *in* (« dedans ») et *spirare* (« respirer »). La *désespérance* est définie comme « un acte ou une tentative faite dans le désespoir ou lorsque tout le reste a échoué ; avec peu d'espoir de réussite ». Elle vient d'« un sentiment sans recours qu'une situation est tellement difficile qu'il est impossible d'y faire face ». Elle vient du Latin *de* (« privé de ») et *sperare* (« espoir »). Nous pouvons dire que l'inspiration vient de la motivation à créer alors que le désespoir vient de la motivation à échapper. L'un est tourné vers un futur positif, l'autre s'éloigne d'un passé ou d'un présent négatif.

Le tableau des « Plus de / Moins de » est un outil qui vous aide à décrire de façon plus détaillée le futur que vous voulez créer pour vos clients, en recensant ce que vous vous attendez à voir en plus et en moins dans leur environnement futur en termes de comportement.

Ces deux motivations peuvent être des sources légitimes de vision pour le futur. Une motivation trop forte par le désespoir peut toutefois conduire à un type de « faux espoir » sans fondement. En fait, les visions les plus puissantes sont celles qui créent la possibilité de s'éloigner d'une situation difficile ou non souhaitée pour aller vers un état futur désiré ou meilleur.

Le tableau des « plus de / moins de » est un outil utile pour vous aider à explorer ces deux dimensions de votre vision. Ce tableau vous invite à décrire plus en détail le futur que vous voulez créer pour vos clients, en recensant ce que vous voulez voir *davantage* et *moins* dans leur futur environnement. Vous allez commencer à décrire les conditions futures de vos clients en termes de comportement.

Commencez par écrire les mots qui expriment votre vision en haut du tableau. Ensuite, décrivez par écrit votre client potentiel. Réfléchissez à l'environnement futur de votre client, prenez en considération à la fois les opportunités et les contraintes potentielles.

Avec cet instantané du futur en tête, faites la liste de ce que vous vous attendez à voir de plus et de moins dans l'environnement futur. Dans certains cas, les deux aspects peuvent être corrélés (« plus de temps pour l'exploration créative » et « moins de temps passé à du travail laborieux »). Dans d'autres cas, vous pouvez simplement compléter un côté du tableau d'abord puis l'autre ensuite.

VISION _____

CLIENT _____

COMPORTEMENTS

PLUS DE   *MOINS DE*

_____   _____

_____   _____

_____   _____

_____   _____

_____   _____

Créer l'Avenir

Composer une Expression de la Vision

En formulant l'expression de la vision, il est important de garder à l'esprit qu'il s'agit plus de pointer vers une direction particulière que de décrire une destination ou un objectif précis. Le célèbre discours de Martin Luther King en 1963 « J'ai fait un rêve » est un bon exemple d'expression d'une vision exigeante. Il y dit :

> *Je rêve que, un jour, notre pays se lèvera et vivra pleinement la véritable réalité de son credo : « Nous tenons ces vérités pour évidentes par elles-mêmes ; que tous les hommes sont créés égaux ».*
>
> *Je rêve que, un jour, sur les rouges collines de Géorgie, les fils des anciens esclaves et les fils des anciens propriétaires d'esclaves pourront s'asseoir ensemble à la table de la fraternité.*
>
> *Je rêve que, un jour, l'État du Mississippi lui-même, un désert brûlant des feux de l'injustice et de l'oppression, se transformera en oasis de liberté et de justice.*
>
> *Je rêve que mes quatre petits enfants vivront un jour dans un pays où on ne les jugera pas à la couleur de leur peau mais à la nature de leur caractère.*

Le discours de Martin Luther King « J'ai fait un rêve » est une formulation utile de l'expression d'une vision.

Ces affirmations constituent une formulation aidante pour l'expression de la vision. King utilise le langage non pas pour décrire les détails d'un objectif particulier mais plutôt pour dépeindre une mosaïque de différentes images et des expériences de différents types et niveaux qui définissent la forme et les dimensions d'un futur possible :

1. King commence par définir les *croyances* et *valeurs fondamentales* associées à sa vision, c'est à dire que « tout les hommes sont créés égaux ».

2. Il utilise ensuite une façon plus *métaphorique* de communiquer la vision, parlant des « fils des anciens esclaves et des fils des anciens propriétaires d'esclaves » assis ensemble à la « table de la fraternité ».

3. L'affirmation suivante définit la vision sous forme de *transformation* de l'« injustice et de l'oppression » en « liberté et justice » – une forme d'expression du précédent exercice « plus de/moins de ».

4. King fournit enfin un exemple plus spécifique d'une des conséquences positives de la vision pour certains « clients » clés, ou bénéficiaires, de cette vision – les enfants. Il le rend d'autant plus personnel en parlant de ses propres enfants.

J'AI FAIT UN RÊVE !

« UN ÉTAT DÉSERT BRÛLANT DES FEUX DE L'INJUSTICE ET DE L'OPPRESSION SE TRANSFORMERA EN OASIS DE LIBERTÉ ET DE JUSTICE. »

« LES FILS DES ANCIENS ESCLAVES ET LES FILS DES ANCIENS PROPRIÉTAIRES D'ESCLAVES POURRONT S'ASSEOIR ENSEMBLE À LA TABLE DE LA FRATERNITÉ. »

« NOUS TENONS CES VÉRITÉS POUR ÉVIDENTES PAR ELLES-MÊMES ; QUE TOUS LES HOMMES SONT CRÉÉS ÉGAUX. »

« MES QUATRE ENFANTS VIVRONT UN JOUR DANS UN PAYS OÙ ON NE LES JUGERA PAS À LA COULEUR DE LEUR PEAU MAIS À LA NATURE DE LEUR CARACTÈRE. »

ANTONIO MEZA

Testez cette formule avec votre propre vision en complétant les déclarations suivantes :

- *Ma vision est qu'un jour les gens vivront* _____.
  [quelles valeurs ? quels bénéfices ?]

- *Ma vision est qu'un jour* _____.
  [de quelle façon métaphorique pouvez-vous décrire votre vision ?]

- *Ma vision est qu'un jour* _____.
  [quels problèmes et défis ?]
  seront transformés en_____.
  [quel état désiré ?].

- *Ma vision est qu'un jour* _____.
  [donnez un exemple spécifique de ce à quoi ce futur ressemblera, ou un résultat spécifique qu'il apportera à certains de vos clients clés]

Connecter Votre Vision à Votre « Charisme »

Votre capacité à communiquer votre vision avec un charisme authentique est un autre facteur significatif de réussite entrepreneuriale.

Comme l'illustre le discours de Martin Luther King, une vision est plus qu'une simple image ou un objectif. C'est un point de référence dans le futur qui inspire la motivation et libère de l'énergie, à la fois chez vous et chez les autres. Communiquer la vision implique donc plus que de décrire un but. Comme l'a affirmé l'entrepreneure couronnée de succès Cindana Turkatte, « La façon dont vous le dites est importante, » et il est nécessaire de, « Le présenter avec désir ». Ceci fait apparaître l'importance de communiquer avec « charisme » pour créer le futur.

Le Charisme est défini comme un « magnétisme ou charme personnel » et une « qualité personnelle unique attribuée aux leaders qui soulèvent l'enthousiasme fervent et la dévotion populaire ». Le terme vient du Grec *kharisma*, qui signifie « cadeau » ou « faveur », lui-même dérivé de *kharis*, qui signifie « grâce ». Le charisme est en lien étroit avec la *présence*, qui est définie comme « une qualité d'aisance et de performance qui permet à un interprète d'établir une bonne relation avec son auditoire ». Ces capacités à être présent, performant et à établir une bonne connexion avec ceux avec lesquels nous interagissons sont des ressources importantes pour les entrepreneurs.

Le dictionnaire définit l'*authenticité* comme : « un mode de vie humain émotionnellement sincère, approprié, intentionnel et responsable ». Le charisme authentique vient donc de la capacité à être présent, centré en vous-même et en relation et en harmonie avec les personnes et l'environnement autour de vous. La qualité du charisme est souvent la « différence qui fait la différence » dans notre capacité à exercer de l'influence, collaborer de façon générative et contribuer à la croissance et à la transformation des autres.

L'un des objectifs de la Modélisation des Facteurs de Succès est de permettre aux personnes de vivre leurs vies avec de la passion et du sens qui leur apporte un niveau exceptionnel d'énergie et de vitalité dans leur quotidien. Comme nous l'avons déjà posé, l'une des caractéristiques les plus fréquentes chez les personnes qui réussissent est leur passion pour ce qu'elles font.

Bien que le charisme soit généralement considéré comme un don, selon notre expérience c'est aussi la résultante de savoir-faire qui peuvent s'acquérir. En appliquant le processus de la Modélisation des Facteurs de Succès, nous avons identifié certaines façons fondamentales utilisées intentionnellement par les personnes qui réussissent pour développer leur charisme et utiliser leur passion pour apporter plus de satisfaction et de détermination dans leurs activités quotidiennes et la vie des autres. Certaines de ces stratégies comportent :

- Se connecter au centre et à la « source » de votre identité (votre *centre* et *potentiel*)
- Se sentir centré en vous-même et ouvert à de nouvelles possibilités autour de vous
- Connecter ce qui vous importe à ce que vous faites et relier les buts futurs à des exemples concrets de réussites passées
- Avoir une image claire de vos buts et de leur connexion à la « grande image » de votre vie
- Gérer votre énergie et apporter de l'énergie positive dans tout ce que vous faites
- Créer un ressenti d'alignement et de connexion à votre vision, mission et vos valeurs fondamentales
- Nourrir un sentiment de contribution à quelque chose d'important qui va « changer le monde » d'une certaine façon

Nous allons explorer plus loin dans ce livre la façon de mettre ces stratégies en œuvre pour libérer un charisme et une passion plus authentiques dans votre vie personnelle et professionnelle.

Le charisme authentique vient de la connexion avec votre centre et votre passion – un processus qui peut s'acquérir et se travailler.

Communiquer Votre Vision avec un Charisme Authentique

Libérer votre charisme, vous connecter à votre passion, vivre votre rêve et créer un monde meilleur commencent par communiquer votre vision. Selon la Modélisation des Facteurs de Succès, une vision est quelque chose qui mobilise et anime nos trois esprits : cognitif, somatique et du champ. Communiquer votre vision avec un charisme authentique implique de vous adresser aux autres avec votre « canal ouvert ».

L'exercice suivant vous permet de vérifier que votre vision est plus qu'une simple idée ou un souhait, et qu'elle habite profondément votre système nerveux. Sa finalité est de vous aider à rester connecté avec vous-même et de toucher les autres authentiquement quand vous communiquez. Testez-le avec chacune des affirmations auxquelles vous êtes parvenu dans l'exercice Composer Une Expression de la Vision.

Il y a trois phases dans la communication d'une vision :

Les trois phases de la communication de votre vision avec un charisme authentique impliquent de (1) la connaitre ; (2) la ressentir ; et de (3) la libérer dans le champ.

1. Connaissez-la

Utilisez un langage clair et succinct. Commencez avec les mots, « Ma vision est... » et exprimez votre vision en cinq à neuf mots (7 + -2).

Répétez la déclaration de votre vision plusieurs fois jusqu'à ce que vous sentiez que vous pouvez la dire avec simplicité, facilité et clarté.

2. Ressentez-la

Depuis l'état COACH, portez votre conscience sur votre corps et placez votre attention sur le ressenti somatique de votre *centre* et de votre *potentiel*. Dans cette conscience, ressentez la fierté, la confiance, l'espoir et l'enthousiasme. Exprimez votre vision de nouveau, en parlant *depuis* votre centre somatique et le centre de Votre Cercle de Succès. Ressentez les mots et leur signification lorsque vous les prononcez, en vous assurant que votre voix reste connectée et en résonance avec votre centre et votre potentiel.

Faites-le plusieurs fois jusqu'à ce que vous sentiez que vous pouvez exprimer votre vision avec congruence, passion et confiance.

3. Libérez-la dans le Champ

L'étape suivante gagnera à être réalisée face à un groupe. Lorsque nous coachons des entrepreneurs, nous les amenons à exprimer leur vision de cette façon, d'abord devant nous puis devant des auditoires progressivement plus larges. Il est toutefois possible de s'exercer à voix haute devant un auditoire imaginé.

En maintenant votre conscience sur votre corps et votre centre, ouvrez votre champ d'attention pour inclure votre auditoire. Tout en parlant, ressentez votre énergie et l'énergie de votre vision s'étendre au-delà de vous-même et toucher les cœurs et les esprits de vos auditeurs. Faites un geste et un mouvement qui expriment somatiquement votre vision tout en en prononçant les mots. Parlez depuis votre centre vers le champ qui vous entoure. Ressentez la résonance à la fois à l'intérieur et autour de vous.

Recommencez plusieurs fois jusqu'à ce que vous sentiez que vous pouvez rester présent et connecté avec vous-même, votre vision et votre auditoire tant que vous parlez.

Clarifier la Mission de Votre Entreprise

Comme nous l'avons posé au Chapitre 1, la *Vision* est reliée à la *direction* et le futur état désiré que nous voulons voir dans le monde. La *Mission* est reliée à notre *contribution* pour aller vers cette direction et atteindre ce futur état désiré. En d'autres termes, la mission est reliée à la finalité qu'un individu ou un groupe sert en lien avec sa vision des systèmes plus larges dont il fait partie – c'est-à-dire sa finalité par rapport à *qui et quoi d'autre*. La vision concerne quelque chose de plus grand que nous-mêmes, au-delà de nous-mêmes. La mission nous concerne nous-mêmes ainsi que les actions que nous réalisons pour contribuer à atteindre la vision.

Le rêve ou la vision de Martin Luther King d'une « oasis de liberté » et d'un monde où ses enfants seraient jugés sur la « nature de leur caractère » plutôt que sur la « couleur de leur peau » concernait quelque chose de bien plus large que lui-même. D'un autre côté, sa mission consistait à mener des manifestations non violentes et autres évènements publics pour amener la prise de conscience là où le changement était nécessaire pour atteindre la vision.

De même, la vision de l'« informatique conversationnelle » de Barney Pell était bien plus large que lui-même ou son entreprise. C'était l'image d'un monde dans lequel les gens peuvent interagir avec les ordinateurs et autres objets technologiques en utilisant le langage naturel de tous les jours, plutôt que des commandes techniques ou du « key-word-ese ». La vision de Barney n'était pas à propos de lui personnellement. Elle était à propos du « pouvoir de l'idée de faire un monde meilleur ». En fait, il affirmait que si une autre personne ou entreprise apportait cet état désiré plus rapidement ou mieux que lui, ce serait « d'autant mieux ». Il en serait heureux parce-que « le monde serait meilleur et que c'est le plus important pour moi ». La vision n'était clairement pas à propos de lui ou de son ego.

Clarifier votre mission et celle de votre entreprise est un autre facteur de réussite important pour les entrepreneurs.

La mission concerne les actions que nous réalisons pour contribuer à atteindre la vision plus large.

> *Vous devez penser à de grandes choses lorsque vous en faites de petites, pour que toutes les petites choses aillent dans la bonne direction.*
> **– Alvin Toffler**

La mission d'une entreprise particulière est liée à son identité et à la contribution unique qu'elle apporte pour réaliser une vision qui bénéficie à ses clients.

Une mission s'exprime sous la forme de différentes tâches spécifiques.

D'un autre côté, la mission de Barney et finalement celle de son équipe et de son entreprise, concernaient sa contribution personnelle pour concrétiser la vision plus large de l'informatique conversationnelle. Cette mission était tout à fait personnelle et liée à son identité. Barney sentait qu'il s'agissait en fait de l'« aboutissement de son voyage ». Il a même affirmé qu'« Il faut être moi pour faire ça. Il faut avoir mon histoire, qui rassemble tous les bons éléments. Sinon ça ne se fera pas, tout simplement ». Cette mission s'exprimait concrètement par le développement d'algorithmes pour créer « la meilleure recherche possible en langage naturel, » et plus particulièrement pour créer « une meilleure expérience utilisateur qu'avec Google ».

Comme l'indique le commentaire de Barney, le sens de la mission d'une personne ou d'un groupe est lié à son identité et est de ce fait une expression du *centre* et du *potentiel* tels que définis par la Matrice de l'Identité. La mission est aussi de toute évidence une expression de la passion d'une personne, c'est pourquoi elle est habituellement définie comme « un but ou un appel fortement ressenti ». La passion de Barney pour l'apprentissage et l'intelligence artificielle a alimenté sa vision de l'informatique conversationnelle, mais également son sens de la mission pour créer un moteur de recherche en langage naturel pleinement opérationnel.

De même que la vision concerne la direction et génère de nombreux objectifs spécifiques, la mission concerne la contribution et s'exprime par de nombreuses tâches spécifiques. Clarifier votre mission est une étape essentielle pour passer à l'action. C'est particulièrement important pour définir et prioriser la séquence d'étapes qui vont réaliser la vision. Comme l'a indiqué le futuriste Alvin Toffler, « Vous devez penser à de grandes choses lorsque vous en faites de petites, pour que toutes les petites choses aillent dans la bonne direction ».

Votre mission pour votre projet ou entreprise a à voir avec la façon dont votre centre, votre potentiel et votre passion au centre de votre Cercle de Succès se manifeste par rapport à votre contribution à votre vision pour vos clients. Elle est liée aux questions :

- Quelles sont les capacités et qualités qui vous passionnent et que vous pouvez mettre au service des autres ?
- Comment votre centre et votre potentiel (de la Matrice de l'Identité) peuvent-ils être utilisés au bénéfice des clients potentiels ?
- Quelles sont votre contribution et votre service (en tant qu'individu et en tant qu'équipe) par rapport à la vision pour vos clients ?
- Quelles sont les ressources, capacités et actions spéciales que vous allez développer, appliquer et mobiliser (en tant qu'individu et en tant qu'équipe) pour atteindre la vision pour vos clients ?

Pour clarifier votre mission, il est important de la distinguer de votre ambition et de votre rôle. Il est essentiel de garder à l'esprit que bien que la *mission* d'un individu ou d'un groupe concerne leur identité et leurs capacités uniques, elle a à voir avec la finalité qu'ils servent ou la contribution qu'ils apportent à un système plus large *au delà d'eux-mêmes*. Dire, « Ma mission est de réussir, » est à la fois trop vague et trop orienté vers soi pour être une déclaration de « mission ». Une déclaration de mission définit la contribution de l'individu ou du groupe, et leur finalité, au sein du système plus large qu'ils servent ou auquel ils participent. Même pour une organisation ou une association, dire « Notre mission est de servir nos membres, » n'est pas encore une déclaration de mission bien formulée. Ce n'est pas encore exprimé avec la référence à un système plus large au-delà de l'organisation ou de ses membres. Une telle déclaration peut être une affirmation importante de valeurs, mais ce n'est pas encore une vraie mission.

Une déclaration de mission définit la contribution de l'individu ou du groupe, et leur finalité, au sein du système plus vaste qu'ils servent ou auquel ils participent.

Pour devenir concrète, une mission doit être définie par rapport au client ou groupe démographique et à la vision que l'entreprise ou l'équipe sert. Une déclaration comme, « Notre mission est de fournir les meilleurs services possibles et d'être rentable, » est trop générale et ne définit pas de service ou de contribution réelle de l'entreprise ou de l'équipe. Donc, comme pour votre vision, l'une des choses essentielles à garder à l'esprit en définissant la mission de votre entreprise est : « Qui est mon client spécifique ? » *Les athlètes ? Les familles ? Les organisations ? Les gouvernements ? Les enfants ? Les cadres ? Les femmes ?*

Utilisez les deux questions suivantes pour mieux clarifier la relation entre votre vision et la mission de votre entreprise ou équipe.

Pour devenir concrète, une mission doit être définie par rapport au client précis et à la vision que l'entreprise ou l'équipe sert.

1. « Quelle est votre vision par rapport au système plus large ou à la communauté (les clients) dans laquelle vous agissez ? » (Il devrait simplement s'agir d'une répétition de la déclaration que vous avez travaillée dans l'exercice *Composer Une Expression de la Vision*.)

Ma/Notre vision est _____

2. « Quel service ou contribution apportez-vous à ce système et cette vision ? »

Ma/Notre mission est de _____

_____

* Cela peut également être aidant pour clarifier la vision d'explorer des déclarations de ce que la mission *n'est pas*. Ceci aide à poser des frontières et clarifier la finalité par rapport à d'autres rôles au sein d'un système ; par exemple, « Ce n'est pas ma/notre mission de _____ ».

Par exemple, l'entreprise d'équipements de sports d'hiver que j'ai mentionnée au chapitre 1 a finalement réussi à se reconnecter à sa vision pour ses clients et à l'exprimer sous la forme « des gens qui vivent et s'amusent confortablement à la "Montagne" en harmonie avec leur environnement ». Ceci leur a permis de clarifier leur mission : « Créer la nouvelle génération d'équipements, comme une extension naturelle du corps, qui rend chaque instant aussi plaisant que possible ».

Autre exemple, la société d'énergie propre dont j'ai parlé, dont la vision était « un monde dans lequel les gens utilisent de l'énergie "verte", renouvelable, » a défini que sa mission était d'« aider les entreprises et les gouvernements à mettre en action les politiques de transformation des déchets en énergie ».

Pour soutenir sa vision de solutions complètes sur-mesure aux besoins des clients, Samuel Palmisano a mis en place la « smarter planet initiative » dont la mission était d'appliquer l'intelligence informatique afin de créer des systèmes plus efficaces pour les gouvernements et les organisations sociales (telles que les réseaux de services, la gestion de trafic, la distribution de nourriture, la conservation de l'eau et la santé).

Ed Hogan a soutenu sa vision de voyages vers des lieux exotiques abordables pour la classe moyenne par sa mission de créer des voyages organisés incluant le vol et l'hôtel à des tarifs réduits de groupe.

La mission d'une entreprise prend mieux forme lorsque vous commencez à identifier des membres potentiels de l'équipe.

Identifier des Membres Potentiels de l'Équipe

La clé pour exprimer votre passion comme une vision est de vous identifier à vos clients potentiels. De même, exprimer votre passion comme une mission prend forme par rapport à votre entreprise lorsque vous commencez à identifier des membres potentiels de votre équipe. Votre équipe est un constituant majeur de votre « sangha » – ceux qui partagent les mêmes méthodes et travaillent avec vous vers les mêmes objectifs (c'est-à-dire accomplir votre finalité et réaliser votre potentiel le plus élevé).

Les membres de l'équipe les plus impliqués seront évidemment ceux qui partagent votre passion et votre vision. Les membres les plus aidants seront ceux qui possèdent les savoir-faire et capacités essentiels et complémentaires pour remplir la mission de l'entreprise. Lorsque les membres de votre équipe partagent votre passion et votre vision *et* possèdent les compétences et savoir-faire nécessaires, c'est bien sûr une combinaison gagnante.

C'est ce que Samuel Palmisano d'IBM a pris en compte lorsqu'il a remplacé le fonctionnement hiérarchique de l'entreprise par un fonctionnement basé sur une mission partagée pour apporter la motivation et la direction aux actions des personnes. Les trois valeurs de (1) L'implication dans la réussite de chaque client, (2) L'innovation qui compte, pour notre

entreprise et pour le monde et (3) La confiance et la responsabilité personnelle dans toutes les relations fournissent une description puissante de la mission et de la contribution de l'entreprise. La perception partagée de la mission de l'entreprise a guidé la prise de décision dans toute l'organisation et soutenu la création d'interactions collaboratives puissantes entre les membres de l'équipe.

Barney Pell raconte comment, lorsqu'il constituait l'équipe de Powerset, il se demandait constamment, « De quoi avons-nous besoin ? » et « Qui est le meilleur ? » Ce sont de bonnes questions à vous poser lorsque vous constituez votre propre équipe. Et comme Barney le conseillait judicieusement, pour créer l'excellence, toute personne choisie pour intégrer l'équipe devrait « être aussi bonne dans ce qu'elle fait que vous l'êtes dans ce que vous faites ». Comme l'a souligné Cindana Turkatte, la réussite entrepreneuriale demande « le respect et la reconnaissance que l'équipe peut le faire ».

Ayez ces lignes directrices à l'esprit lorsque vous considérez et identifiez les membres ou membres potentiels de l'équipe pour votre entreprise.

- Quelles sont les activités fondamentales à mener pour que vous et votre entreprise puissiez remplir votre mission et contribuer à la vision ?
- Qui sont (ou pourraient être) les membres de votre équipe et vos coéquipiers sur ce projet ?
- De qui d'autre avez-vous besoin pour remplir votre mission et soutenir la vision ?
- Quelles sont les compétences qu'il est préférable d'avoir en interne et lesquelles peuvent être externalisées ?
- Quelle serait votre équipe idéale, votre « dream team ? »

Les meilleurs membres de l'équipe sont ceux qui partagent votre passion et votre vision et qui ont les savoir-faire et capacités nécessaires pour contribuer efficacement à la mission de l'entreprise.

Communiquer Votre Mission

Pour pouvoir à la fois attirer et aligner les membres de l'équipe, il est essentiel de communiquer la mission autant que la vision de votre entreprise. Votre mission et énoncé de mission aident également à vous différencier des concurrents et clarifier qui vous êtes (par exemple votre marque). Comme nous l'avons déjà dit, de nombreuses entreprises peuvent avoir une même vision. Ce qui vous différencie, vous et votre entreprise, c'est la contribution unique pour atteindre cette vision sous la forme de votre mission.

Pour être efficace, une mission doit être communiquée de façon à ce qu'elle puisse être mise en pratique dans différentes situations et dans des circonstances changeantes. Pour communiquer efficacement la mission de l'entreprise ou de l'équipe, un entrepreneur doit :

- Identifier le « Client » (Quel Système Servez-Vous ?)
- Définir le Service Essentiel (Qu'Est-Ce Qui Est Fourni ou Développé ?)
- Réfléchir aux Valeurs Fondamentales (Pourquoi Faites-Vous Ce Que Vous Faites ?)
- Exprimer la Compétence Fondamentale (Quelle Technologie ou Méthodologie Vous Rend Unique ?)

Si vous reprenez les exemples d'énoncés de mission cités auparavant dans cette section, vous verrez comment ils répondent à ces différentes lignes directrices. Parmi les autres exemples d'énoncés de mission d'entrepreneurs pour leur entreprise, on trouve dans notre étude :

Aider les membres des organisations à développer les capacités, le cœur et la vision et à dépasser les obstacles par des expériences de groupes éducatifs.

Apporter une amélioration majeure dans la vie des gens à travers le monde grâce à l'e-learning et à la formation en ligne dans le domaine du leadership et des compétences managériales.

Concevoir pour les gens dans les pays en voie de développement des projets collectifs qui leur permettent de découvrir qu'ils peuvent trouver leurs propres solutions.

Créer avec les gens des quartiers défavorisés des projets artistiques qui leur donnent ainsi qu'au public une nouvelle perspective sur leurs capacités et leur identité.

Découvrir et partager des méthodes comportementales pratiques qui soutiennent la santé et le bien-être pour des personnes de tous les âges.

Pour rendre la mission plus concrète, il est utile d'identifier des exemples de projets, d'évènements ou situations qui caractérisent l'expression réussie de la mission ; par exemple, *« Un exemple de mise en œuvre réussie de ma/notre mission est... »*

Des entreprises qui réussissent sur le long terme – comme Disney, Apple, IBM, etc. – gardent vivant le souvenir de ce type de réussite dans leur culture et leurs « traditions » comme exemples de leur mission pour inspirer de nouvelles générations d'employés.

Bien entendu, un projet en cours qui exprime clairement votre mission peut être un moyen puissant de lui donner de la consistance sous forme d'un exemple concret ; par exemple, *« Un projet en cours qui exprime ma/notre mission est... »**

Lorsqu'il n'y a pas suffisamment d'histoire pour trouver de bons exemples d'illustration de la mission, on peut s'inspirer de cas similaires dans d'autres systèmes ou circonstances. Ceci peut se faire par une comparaison ou en utilisant une métaphore ; par exemple, *« Une métaphore de ma/notre mission est... »*

---

* Cela peut également s'avérer utile, par contraste, d'identifier des projets, évènements ou situations caractéristiques de cas dans lesquels la mission ne pourrait pas s'appliquer, ou n'a pas été adéquatement mise en œuvre ; par exemple, *« Un exemple de projet qui ne correspond pas à ma/notre mission est... »*

Les métaphores ont en particulier l'avantage d'être concrètes et faciles à visualiser, à un niveau, et en même temps elles peuvent aussi saisir des relations complexes et abstraites. Elles sont souvent la manière la plus efficace de représenter des questions profondes au niveau des valeurs et de l'identité. Penser à l'identité et à la mission d'une entreprise en termes d'être comme, par exemple une « machine », une « ruche » ou une « équipe de football, » apportera des compréhensions différentes sur le point de mire et la mission de l'organisation. À titre d'exemple, nous pourrions dire, « La mission de la Modélisation des Facteurs de Succès est de créer le « logiciel mental » dont la nouvelle génération d'entrepreneurs a besoin pour réussir. Bien que ce ne soit pas littéralement vrai, cela clarifie certaines choses à propos de la mission.

Les entreprises utilisent parfois les comparaisons avec d'autres entreprises comme une métaphore de leur mission, en parlant d'elles-mêmes comme étant « le "Apple" de l'industrie de l'équipement sportif, » par exemple. Une telle métaphore impliquerait que leurs valeurs et leur mission soient similaires à celle d'Apple ; par exemple, fournir une gamme de produits innovants et variés, faciles d'emploi et esthétiquement plaisants.

Les symboles visuels sont également concrets et faciles à visualiser, et en même temps capables de saisir des valeurs et relations plus profondes, par exemple, *« Un symbole visuel pour ma/notre mission est... »*

L'image d'un vol d'oies ou d'un troupeau de chevaux, par exemple, est très parlant quand à la finalité et la façon de travailler d'une équipe. L'image d'un groupe de personnes qui se tiennent par la main autour de la planète ou d'une ampoule électrique, par exemple, évoque des éléments du comment et du pour quoi une équipe travaille qui seraient plus compliqués à exprimer par des mots.

Le guide de travail suivant vous apporte la possibilité de décrire et présenter votre mission pour vous-même, votre équipe ou votre entreprise en utilisant plusieurs modes d'expression différents.

Vous pouvez exprimer votre mission par une métaphore. Par exemple « notre entreprise est comme une ruche bien organisée ».

Créer l'Avenir

Guide d'Expression de la Mission

1. Un énoncé direct de votre mission :

   Ma/Notre mission est de _____ *pour* _____
   (fournir quel service ?)   *(quel système plus large/client ?)*

   *afin de*_____ .
   (atteindre quelle finalité ?)

2. Un exemple ou une référence antérieure en lien avec cette mission.

3. Un projet en cours qui reflète ou exprime la mission.

4. Une métaphore pour la mission.

5. Une image ou un symbole visuel pour la mission.

Ambition, Vision et Motivation

Il ressort de notre exploration que les visions les plus inspirantes sont celles qui sont associées à un sens de finalité ou de contribution à la vision de quelque chose de plus grand au-delà de nous-mêmes. Elles stimulent notre sentiment de *mission* et d'« appel ». Pour libérer l'énergie et engager l'action, il est également important qu'elles soient connectées à notre ambition et à notre rôle. La vision de l'exploration humaine de l'espace exprimée par le Président John F. Kennedy au début des années 1960 en est un exemple classique. Pour apporter de l'énergie et de l'action à la vision, Kennedy a posé l'ambition d'« envoyer un homme sur la lune et le ramener sain et sauf avant la fin de la décennie ». Les commentaires de Kennedy sur le choix de cette ambition aident à faire apparaître le lien entre la vision, la motivation, l'ambition et le centre du Cercle de Succès.

> *Mais pourquoi, diront certains, la lune ? Pourquoi choisir d'en faire notre objectif ? Ils pourraient tout aussi bien demander, « Pourquoi escalader la montagne la plus haute ? » « Pourquoi, il y a trente cinq ans, traverser l'Atlantique en avion ? »... Nous avons choisi d'aller sur la lune pendant cette décennie et de faire d'autres choses, non pas parce qu'elles sont faciles, mais parce qu'elles sont difficiles. Parce que cet objectif servira à organiser et à évaluer le meilleur de nos énergies et savoir-faire. Parce que nous sommes désireux de relever ce défi-là, que nous ne voulons pas l'ajourner, et que nous avons l'intention de le réussir.*

Comme l'indique la réflexion de Kennedy, l'ambition sert à « organiser et évaluer le meilleur de nos énergies et savoir-faire ». Ce qui implique que lorsqu'elle est connectée à une vision plus large, l'ambition est une sorte d'« attracteur » dont la finalité est de stimuler la motivation pour la croissance et la maîtrise. Ceci, et la déclaration de Kennedy que le défi créé par l'objectif est « celui que nous sommes désireux de relever, que nous ne voulons pas ajourner, et que nous avons l'intention de réussir, » illustre également la connexion intime entre objectifs et ambition.

Une « vision » cerne un sens général de direction plutôt qu'un objectif particulier ; c'est un « jalon dans le sol du futur » qui devient le point focal pour de nombreuses autres activités. La vision de l'exploration humaine de l'espace de Kennedy a été la source de nombreuses manifestations concrètes ; atterrissages lunaires, stations spatiales, navettes spatiales, etc. Lorsque nous connectons l'une de ces manifestations à nos ambitions, elle devient un objectif, un projet ou une aventure irrésistible.

L'exemple de Kennedy fait aussi ressortir un autre aspect clé de la vision. Comme nous l'avons souligné, une vision transcende l'individu qui la conçoit et qui la communique. Kennedy, par exemple, n'a malheureusement jamais vu aucune des expressions de sa vision se concrétiser. Par contre, il est clair que la vision lui a survécu comme une entité en soi qui a donné direction, finalité et sens aux activités de nombreuses personnes. Donc, alors que les ambitions sont ce que vous voulez réaliser pour vous-même, et que votre mission vous est propre, en tant qu'individu ou organisation, et ne peut exister sans vous, une vision – bien qu'elle puisse venir de vous – va au-delà de vous en tant qu'individu et stimule un sens de mission et d'ambition chez bien d'autres.

La vision ne suffit pas. Elle doit être combinée avec l'entreprise. Cela ne suffit pas de regarder les marches, nous devons monter les escaliers.

– **Vaclav Havel**

L'objectif de John F. Kennedy d'« Envoyer un homme sur la lune et le ramener sain et sauf avant la fin de la décennie » est un exemple classique de combinaison de vision et ambition.

Créer l'Avenir

Poser Vos Ambitions

L'ambition est une force majeure pour créer le futur. Nos ambitions naissent de notre désir inné de faire ou réaliser quelque chose que le psychologue Gilbert Brim appelle notre « volonté de croissance et de maîtrise ». La déclaration de Kennedy que l'objectif d'envoyer un homme sur la lune est une façon d'« organiser et évaluer le meilleur de nos énergies et savoir-faire » est une expression parfaite de cette volonté. En général, nous ne nous satisfaisons pas de ce que nous savons déjà pouvoir faire ; nous voulons trouver des opportunité de croissance qui « mettent la barre plus haut » et qui nous permettent d'explorer et élargir notre compétence et notre maîtrise. Quoi que nous ayons réalisé, arrive inévitablement la question, « Et après ? » Comme l'a souligné Brim, jeune ou vieux, nous voulons être défiés. Nous voulons façonner, structurer et construire nos propres vies.

Les études sur de très jeunes enfants (Bower, 1985) durant les premières semaines et premiers mois de leur vie, par exemple, apportent un éclairage intéressant sur la nature de l'ambition. Dans une expérience classique, on installe un enfant face à un jouet « attrayant » comme un mobile. Le jouet bouge en fonction de l'activité de l'enfant. Pour arrêter le mobile, le bébé doit abaisser son pied, coupant un faisceau lumineux et arrêtant la rotation du mobile. Pour le faire repartir, le bébé doit relever son pied hors du faisceau lumineux. Beaucoup de bébés s'intéressent à l'arrêt et au redémarrage du mobile, analysent rapidement la situation, et se rendent compte que le mouvement vient de quelque chose qu'ils ont fait avec leur pied. Ils jouent avec leurs deux pieds, et réalisent rapidement ce qu'ils doivent faire pour déclencher l'évènement – le démarrage et l'arrêt du mobile.

Par le passé, les psychologues considéraient que l'enfant était principalement intéressé par l'objet extérieur : c'est-à-dire qu'on pensait que le « renforcement » ou la récompense était le mobile. Mais les chercheurs ont observé qu'une fois que le bébé avait compris quoi faire, le jouet l'ennuyait très rapidement, sauf occasionnellement pour vérifier qu'il avait toujours le pouvoir de l'influencer. Ils en ont conclu que c'est le fait de *comprendre comment contrôler ce qui se passe* qui est important pour l'enfant. Le renforcement était de réaliser comment interagir avec le monde extérieur et l'influencer – c'est-à-dire la motivation pour la croissance et la maîtrise – plutôt que le désir de l'objet physique de l'interaction. En d'autres termes, le bébé n'a pas envie de collectionner des mobiles. Il est plus intéressé par ce que l'interaction avec le jouet lui apprend de sa capacité à influencer son monde. Nous avons tous, bien sûr, observé des enfants qui s'intéressent plus à l'emballage du cadeau qu'au cadeau lui-même.

Comme l'illustre cette recherche sur les jeunes enfants, apprendre à maîtriser son environnement est intrinsèquement auto-renforçant et constitue l'un des socles de nos ambitions dans la vie. Il est important pour les entrepreneurs de la nouvelle génération de garder à l'esprit que les objets de nos ambitions entrepreneuriales (c'est-à-dire, l'argent, le prestige, l'accomplissement, etc.) ne sont pas nécessairement aussi les motivations fondamentales de nos ambitions. Ils servent plutôt de feed back ou de reflet de notre propre croissance et maîtrise.

Le plus grand danger pour la plupart d'entre nous n'est pas que notre objectif soit trop élevé et que nous le manquions, mais qu'il soit trop bas et que nous l'atteignions.

– **Michel-Ange**

L'accomplissement est en grande partie le produit de l'augmentation constante des niveaux d'aspiration et d'attente.

– **Jack Nicklaus**

À l'autre extrémité de la vie, Judith Rodin et d'autres psychologues qui étudient le vieillissement constatent que la croissance et la maîtrise sont également primordiales pour le sentiment de bien-être des personnes âgées. Rodin (1986) évoque un lien entre la santé et un sentiment de contrôle chez les personnes âgées. Ses études ont montré que la restriction de leur contrôle sur leurs activités avait des effets délétères sur la santé des personnes âgées ; par contre, des interventions qui élargissaient les options de contrôle des patients en maison de retraite amélioraient leur santé et leur bien-être.

Des études sur la satisfaction au travail attestent également que le challenge et l'autonomie rendent le travail plus satisfaisant. Même dans des situations professionnelles potentiellement limitantes, répétitives et ennuyeuses, les gens créent souvent une façon de grandir. Si les gens ne sont pas suffisamment stimulés, ils peuvent raccourcir les délais, élever le niveau d'exigences sur la quantité de ce qu'ils peuvent réaliser, ou élargir ou multiplier leurs objectifs. Ils vont essayer de réaliser quelque chose plus tôt ou plus rapidement, et d'obtenir des résultats meilleurs ou plus nombreux.

L'économiste H.F. Clark a par exemple rapporté que quelque soit le niveau de revenu des américains, il veulent en moyenne 25 pour cent de plus. Lorsqu'ils l'atteignent, ils veulent de nouveau 25 pour cent de plus. Dans toutes les classes sociales, quel que soit leur revenu, les gens se fixent des objectifs de l'ordre de 25 pour cent de plus que ce qu'ils ont. D'autres recherches économiques montrent que lorsque les gens bénéficient d'une réduction d'impôts, ils commencent par économiser plus mais augmentent ensuite progressivement leurs dépenses. Les gens réagissent de la même façons aux augmentations de salaire : plutôt que d'économiser, ils ont tendance à dépenser.

L'accomplissement et la réussite tendent à augmenter nos ambitions et notre désir de réalisation, croissance et maîtrise.

La réalisation et la réussite tendent donc à élargir et non à assouvir notre désir et motivation pour la réalisation, la croissance et la maîtrise. Comme l'a dit l'inventeur visionnaire Buckminster Fuller, « L'évolution résulte du désir inné de toutes les créatures vivantes de vivre au-delà de leurs moyens ».

L'ambition est donc une force générative dans nos vies, qui nous pousse à rechercher toujours quelque chose de plus ou de nouveau pour nous sentir comblés. Ceci signifie créer un écart entre notre état présent et un quelconque état désiré. Selon le psychologue Nicholas Hobbs, lorsque nous nous fixons des objectifs ambitieux dans notre vie, nous recherchons intuitivement un niveau de *difficulté juste gérable*. Si le niveau de défi ou de difficulté est trop faible, nous pouvons nous lasser, devenir paresseux ou irritables. Lorsque nous maîtrisons une tâche ou un travail particulier, le réaliser ne nous demande plus de fournir tous nos efforts et nous visons plus haut vers des activités plus exigeantes.

D'un autre côté, si le niveau de défi ou de difficulté est trop élevé, nous pouvons être submergés, stressés et démoralisés.

Nos ambitions créent un écart entre notre état présent et notre état désiré. Il est important de calibrer cette distance de façon à ce qu'elle soit bien dans le registre de la « difficulté juste gérable » pour que notre objectif ne soit pas perçu comme « trop facile » ni « infaisable ».

La recherche sur les tâches artificielles montre que les gens sont nettement plus motivés pour chercher à réussir lorsqu'ils savent que la probabilité de succès est d'environ une chance sur deux. La satisfaction de réussir est en fait amplifiée par le risque d'échouer. Les activités sans risque n'apportent pas le même degré de satisfaction. Par contre, un niveau de risque trop élevé a un effet dissuasif sur le passage à l'action.

Il faut également considérer le lien entre l'effort que nous investissons dans un projet ou une activité et notre capacité effective à le mener à bien. Ce lien est connu sous le nom de *ratio performance/capacité*. Dans les situations dans lesquelles nous possédons un bon niveau d'expérience et de maîtrise, les choses se font facilement et à moindre effort. Dans d'autres situations, nous sommes poussés à nos limites et obligés de puiser dans toutes nos réserves soit pour apprendre une nouvelle capacité ou pour compenser un manque de savoir-faire.

Nos ambitions dans un domaine de notre vie peuvent également influer sur celles d'autres domaines. Si nous investissons de gros efforts dans un domaine de notre vie sur une longue période – par exemple une situation demandant un haut ratio performance/capacité – nous aurons probablement besoin de réduire nos ambitions dans un autre domaine sur la même période. Si nous sommes à notre limite ou au-delà dans plusieurs domaines, nous pouvons être submergés par le stress.

L'un des défis qui attendent les entrepreneurs lorsqu'ils posent leurs ambitions personnelles et celles de leurs entreprises est de déterminer le niveau de difficulté « juste gérable ». C'est l'importance de l'écart entre notre état présent et notre état désiré qui détermine le niveau de difficulté. L'écart optimal est celui qui sert à « organiser et mesurer le meilleur de nos énergies et savoir-faire » comme l'a souligné Kennedy.

À titre d'exemple, l'ambition de Kennedy d'aller sur la lune dans la décennie n'aurait probablement pas déclenché le même niveau d'enthousiasme et d'effort s'il l'avait exprimée vingt ans plus tôt en 1942. Ni le monde ni le pays n'auraient été prêts. Le ratio performance/capacité aurait été trop élevé. La seconde guerre mondiale mobilisait beaucoup de ressources en termes de finances, d'énergie et d'attention. La technologie n'était pas encore assez évoluée pour rendre accessible la réalisation d'un tel projet.

C'est là qu'intervient un certain niveau d'intuition et de talent dans la détermination des ambitions pour soi-même et son entreprise. La vision et l'ambition impliquent toutes deux la capacité à puiser dans un « champ » plus large et percevoir les signaux faibles qui donnent des indications sur ce qui se prépare et ce qui est accessible depuis l'état présent. C'est un autre domaine dans lequel l'inconscient créatif joue un rôle significatif.

Ambition, Passion, Croyances et la Matrice de l'Identité

Lorsque nous posons nos ambitions pour nous-mêmes et notre projet ou entreprise, *nos croyances à propos de nous-mêmes et nos capacités* – particulièrement celles définies par la Matrice de l'Identité – exercent également une influence importante. Nos croyances à propos de qui nous sommes, pourrions être, voulons être, etc. déterminent une bonne partie du modèle du monde que nous créons et à partir duquel nous agissons.

J'ai travaillé une bonne partie de ma vie sur les croyances et les systèmes de croyances. J'ai toujours affirmé que la finalité principale de la croyance n'est pas de valider ce que nous savons déjà du passé ou du présent, mais plutôt de créer le futur. Nous fixons nos futurs objectifs et estimons le niveau d'effort nécessaire pour les atteindre en fonction de nos croyances à propos de (1) ce qui est possible, (2) ce dont nous et les personnes avec qui nous travaillons sommes capables, et (3) ce que nous avons le sentiment de mériter.

Nos ambitions seront également influencées par (a) ce que nous croyons de notre intelligence, notre force, notre créativité, notre charme, etc. et (b) le degré auquel nous croyons devoir posséder ou acquérir ces qualités pour atteindre la réalisation, la reconnaissance ou l'acceptation.

Bien sûr, l'ambition, comme la vision et la mission sont également des expressions de notre passion. Les ambitions les plus puissantes émergent lorsque nous connectons nos croyances à notre passion.

Par exemple, Cindana Turkatte avait la croyance « Je peux faire n'importe quoi » et une passion de créer des outils qui aident les gens à « faire quelque chose qu'ils ne savaient pas possible ». Celles-ci ont clairement éperonné son ambition de relever des défis toujours plus grands, dépasser ses limites et élargir son niveau de développement et de maîtrise.

Mark Fitzpatrick avait la passion de s'améliorer continuellement et d'« ajuster les choses un peu mieux ». Il a également parlé de sa croyance « si vous pensez que quelque chose a une chance de réussir, vous devez sauter dessus ». Les deux ont constitué ensemble le socle de son ambition de pousser son potentiel, prendre un risque majeur et créer sa propre société de logiciels.

La croyance de Barney Pell qu'« il avait un rôle majeur à jouer dans le monde, » combinée à sa passion pour l'apprentissage et l'intelligence artificielle, l'ont conduit à son ambition de créer un moteur de recherche qui « change la donne ».

Cependant, comme je l'ai souligné au chapitre 1, nos ambitions peuvent être alimentées par le besoin de compenser ce que nous percevons de nos faiblesses, défauts et ombres. Nous pouvons construire des ambitions pour tenter de cacher ou compenser ce que nous percevons comme des défauts et des limites. Comme je l'ai mentionné plus tôt, ces tentatives de compensation sont souvent la conséquence de la création d'un « soi idéalisé » – c'est-à-dire qui nous croyons que nous devrions ou devons être pour être reconnus, aimés ou acceptés. Un soi idéalisé porte toujours une « ombre » sous forme de comportements et caractéristiques exclues.

Nos ambitions pour nos entreprises sont fortement influencées par nos croyances à propos de ce qui est possible, de nos capacités et celles des membres de notre équipe, et de ce que nous méritons.

Les ambitions démesurées peuvent devenir un problème lorsque nous surcompensons des manques et déficits perçus. De telles perceptions sont souvent créées par des croyances limitantes.

Il nous arrive de mettre la barre trop haut et de surcompenser ce que nous percevons comme manques et déficits. Ceci arrive souvent parce-que la forme de compensation que nous tentons ne répond pas adéquatement à la cause sous-jacente, et que nous sommes donc toujours en recherche et non satisfaits. Dans d'autres cas, nous créons des croyances limitantes qui nous freinent pour éviter la pression ou la déception.

Le psychologue Carl Jung affirmait que l'une des fonctions de l'inconscient était de compenser les biais et préjugés de notre ego conscient (notre soi idéalisé). Par exemple, si l'on se prive pour perdre du poids en suivant un régime, on peut rêver de faire un festin ou de manger toute une boite de chocolats. De même, des ombres comme le « doute » et l'« impuissance » peuvent émerger comme des réponses inconscientes si nous avons décidé que nous devions toujours être « confiants » et « en contrôle ». La vie de corps à corps avec la dépression de Robin Williams dont j'ai parlé au chapitre précédent en est un autre exemple.

La psychologue Deborah Phillips parle de l'*illusion de l'incompétence* dans laquelle les personnes sous-estiment leurs réels savoir-faire. Ses études sur des élèves de troisième et cinquième années d'école primaire, et troisième année d'école secondaire, ont montré qu'environ 20 pour cent avaient sur eux-mêmes des croyances qui sous-estimaient substantiellement leurs capacités réelles sur différents sujets et aptitudes.

Bien sûr, les croyances limitantes imposées par la société, la culture ou le système familial peuvent supprimer nos ambitions. Comme le souligne la citation de Marianne Willamson au début du chapitre 3 : « Nous nous demandons, "Qui suis-je pour être brillant, radieux, talentueux et merveilleux ?" » Cela implique que nous ne ressentons pas la permission intérieure ou extérieure d'être nous-mêmes et d'exprimer notre singularité ou notre excellence.

En même temps, nous sommes inondés de messages – tant explicites qu'implicites – par la télévision, les magazines et autres médias qui nous poussent à vouloir et attendre toujours plus ; en particulier sous forme de biens matériels et de niveaux de performance liés à l'argent, au pouvoir et au prestige. Bien sûr, des attentes de performance accrue peuvent aussi amener un plus grand sentiment d'inaptitude. Ceci peut conduire au besoin accru de compensation sous forme de richesse matérielle, possessions ou réalisations socialement reconnues. C'est ce qui peut créer un cercle vicieux de matérialisme que nous constatons chez certaines personnes, industries et sociétés.

Un sentiment de confiance exagéré peut émerger pour tenter de compenser la croyance que nous sommes inadaptés ou incapables. Une étude indique, par exemple, que 95 pour cent des hommes américains estiment être dans les 50 pour cent supérieurs des aptitudes sociales. D'autres études indiquent que les gens ont la sensation d'avoir en moyenne neuf ans de moins que leur âge, et qu'ils croient avoir l'air cinq ans plus jeunes qu'ils ne le sont.

L'ambition sous forme de déni ou de fantasme de fuite de la réalité pour protéger nos egos nous empêche d'être réalistes. Elle crée à la place un « mirage » qui nous dispose au conflit intérieur ou à l'échec. De l'autre côté, l'ambition comme expression de l'optimisme et des croyances capacitantes peut nous disposer à des aspirations saines alignées sur notre motivation pour la croissance et la maîtrise. Elles nous permettent de trouver le bon degré de « difficulté juste gérable ».

Selon Carl Gustav Jung, il est important d'embrasser à la fois les facettes de « lumière » et d'« ombre » de notre personnalité.

Depuis l'état COACH, réfléchissez à votre propre vision, mission et entreprise et à votre ambition et « motivation pour la croissance et la maîtrise ». Écrivez vos réponses aux questions ci-dessous. Comme pour votre vision et mission, faites des réponses concises, en vous limitant à moins de 10 mots.

Quelle est votre ambition pour votre entreprise ou projet ?

1. *À quel type de statut et de niveau de réalisation voulez-vous que l'entreprise ou le projet accède (par exemple, le premier, le meilleur, le plus rapide, le plus grand, etc.) ?*

   Je/Nous voulons être ou devenir _____

2. *Comment voulez-vous que les investisseurs potentiels, les parties prenantes, les conseillers et concurrents voient votre entreprise ou projet ?*

   Je/Nous voulons être vus ou connus comme _____

3. *Quelle taille voulez-vous que votre entreprise atteigne ?*

   Je/Nous voulons nous développer pour être _____

4. *Quelles réalisations personnelles antérieures aimeriez-vous dépasser et de quelle façon ?*

   Je/Nous voulons réaliser plus de _____

5. *Quel cadre de temps précis vous donnez-vous pour atteindre votre ambition ?*

   Je/Nous prévoyons d'accomplir ma/notre ambition d'ici _____

   _____

L'ambition en tant qu'expression de l'optimisme et des croyances capacitantes met en place des aspirations saines qui s'alignent sur notre motivation pour la croissance et la maîtrise et nous permet de trouver le bon degré de « difficulté juste gérable ».

La clé pour s'assurer que nous avons une ambition saine et réaliste est peut-être de vérifier qu'elle est *alignée sur notre vision et mission*. L'ambition et la réussite ne sont pas juste le résultat de l'individualisme égoïste. Le prix de la réussite et du bonheur d'une personne n'est pas l'échec et le malheur d'un autre. Les entrepreneurs de la nouvelle génération ont la vision d'un monde dans lequel les individus accèdent au bonheur et à la réussite en coopérant avec les autres pour développer le bonheur et la réussite de tous, plutôt qu'en gagnant les leurs aux dépends de ceux des autres. Leur vision est de créer un monde auquel les gens veulent appartenir.

Tout en réfléchissant à ce que vous avez défini comme ambitions ci-dessus, assurez-vous de prendre en compte la façon dont votre ambition s'aligne sur votre vision et votre mission et les soutient.

Les ambitions saines et réalistes sont alignées sur notre vision et mission et nous soutiennent vers l'atteinte de la satisfaction et de la réussite d'une façon qui contribue à la réussite et au bonheur des autres.

Modèles de Rôle, Concurrents et Conseillers

Parce que nos croyances sur nous-mêmes sont sujettes à des distorsions de compensation et d'enthousiasme, nous ajustons ou clarifions souvent nos ambitions en nous comparant à ceux que nous considérons comme des modèles de rôle et des égaux. Il est significatif et parlant, par exemple, que Kennedy ait affirmé que le défi d'envoyer un homme sur la lune en était « un que nous avons l'intention de gagner ». L'implication claire est qu'une part de cette ambition était d'y arriver avant les russes. C'est là que la compétition joue un rôle conséquent dans nos ambitions.

Les standards sont toujours en référence à quelque chose. Nombre de nos ambitions viennent de l'observation, l'interaction et la comparaison entre nous-même et les autres, à la fois les modèles de rôle et les concurrents. Nous avons tendance à observer les actions et réalisations de ceux que nous pensons qu'ils nous ressemblent le plus. Nous posons et concrétisons nos niveaux d'aspiration à partir de ces observations. Dans ce sens, les modèles de rôle fonctionnent comme un type de métaphore, comme nous l'avons exposé dans la section précédente sur l'énonciation de mission. Lorsqu'un entrepreneur dit, « Je veux être le 'Disney' de mon domaine, » cela crée une image plus concrète de ses valeurs et aspirations pour son entreprise.

Nos modèles de rôle et concurrents fournissent un type d'« étalon » pour nos ambitions. C'est pourquoi les investisseurs potentiels et les parties prenantes veulent que les entrepreneurs identifient leurs concurrents potentiels. Comme l'a indiqué Cindana Turkatte, identifier les concurrents permet aux entrepreneurs de ne pas être trop « centrés en interne » et irréalistes, et les aide à apporter de la validation et créer l'« impulsion » ou la crédibilité. D'une certaine façon, dire que vous « n'avez pas de concurrence » revient à dire que vous n'avez pas vraiment d'ambition ou qu'elle est irréaliste.

Certaines personnes sont mal à l'aise à l'idée de parler de « gagner » ou à propos d'« ambition » comme s'il s'agissait de mots tabous décrivant quelque chose d'individualiste, égoïste, arrogant ou agressif. Mais ceci présuppose une attitude à « somme nulle ». Dans la compétition saine, le but est d'égaler ou dépasser l'autre pour montrer sa compétence, « mettre la barre plus haut », ou, en fait « agrandir le gâteau ». Ce n'est pas la même chose que de tenter simplement de faire « perdre » l'autre pour triompher. Lorsqu'un individu avec une attitude entrepreneuriale voit une personne avec une grande maison sur une colline, il se dit, « Un jour, j'aurai une maison sur la colline comme cette personne, » et non « Un jour, je ferai dégringoler cette personne en bas de la colline ».

Des concurrents peuvent parfois devenir des partenaires s'ils trouvent des compétences complémentaires et créent des arrangements gagnant-gagnant. Un bon exemple (que nous reverrons plus tard dans ce chapitre) est le partenariat qu'Apple a fait avec Microsoft en 1997 pour adapter Microsoft Office au Macintosh ; un coup qui a ramené Apple dans la course alors qu'elle était au bord de la faillite.

Les modèles de rôle et les concurrents fournissent une forme d'« étalon » qui nous permet de mieux définir et évaluer nos ambitions.

« Je veux être le Disney de mon domaine ! »

Les concurrents peuvent devenir des partenaires si nous pouvons identifier des compétences complémentaires et créer des arrangements gagnant-gagnant.

Les conseillers sont des individus qui ont de l'expertise ou de l'expérience dans un domaine essentiel à la réussite de votre entreprise et peuvent vous valider et être vos mentors dans vos ambitions.

Parfois nous sommes nous-mêmes notre principal concurrent ou modèle de rôle. Nous essayons de faire les choses plus rapidement qu'avant, ou d'obtenir plus ou de meilleurs résultats qu'auparavant. Nous posons nos ambitions par rapport à « notre meilleur » antérieur pour nous développer.

Comme l'a indiqué Cindana Turkatte, l'« impulsion » ou la crédibilité vis-à-vis des investisseurs et parties prenantes « est de l'ordre de la validation. Ce n'est pas seulement votre opinion ». Elle a insisté sur l'importance de vérifier que vous avez « quelqu'un ou un groupe de personnes respectées qui a validé ce concept ». Tout cela concerne l'identification de mentors et sponsors pouvant constituer un conseil d'administration. Réunir un bon conseil d'administration est une clé pour la réussite de n'importe quelle nouvelle entreprise. Un *conseil d'administration* est un groupe de personnes qui ont habituellement de l'expertise ou de l'expérience dans un domaine essentiel à la réussite de l'entreprise. Pouvoir bénéficier des conseils de personnes issues d'horizons différents qui peuvent vous valider et être vos mentors dans vos ambitions n'a pas de prix. C'est aussi un bon test de l'attractivité de votre ambition.

Le conseil d'administration d'une start-up est souvent le premier groupe d'« actionnaires » d'une nouvelle entreprise. Cela se produit habituellement parce qu'au lieu d'un paiement les entrepreneurs proposent une petite « participation » dans leur entreprise en retour de la contribution des conseillers. Dans une entreprise traditionnelle, cette participation prend la forme d'un petit nombre d'actions, qui peut prendre beaucoup de valeur si l'entreprise se développe vers une grande réussite. Dans la mesure où les conseillers ne sont généralement pas payés directement pour leurs services, l'ambition de réussir de l'entrepreneur prend beaucoup d'importance. Si les conseillers aident l'entreprise à réussir, alors ils bénéficient de son succès.

L'avantage pour les conseillers (et autres parties prenantes), n'est bien sûr pas toujours sous forme d'actions. Il peut s'agir de visibilité pour eux-même ou une valorisation de leur réputation résultant de leur implication dans une nouvelle entreprise. L'avantage peut aussi prendre la forme d'un échange d'une espèce ou d'une autre.

Identifier des Parties Prenantes Potentielles

En plus du conseil d'administration, vous aurez besoin d'identifier d'autres parties prenantes potentielles (qui seront également intéressées par votre ambition puisqu'elles sont dans votre vision et mission). Comme nous l'avons déjà établi, les parties prenantes potentielles sont des individus ou des groupes qui peuvent affecter les décisions ou qui fournissent des ressources ou savoir-faire clés qui peuvent significativement influencer la réalisation de votre ambition pour votre projet ou entreprise. Ce sont également elles qui bénéficieront en premier lieu de la réussite de votre création d'entreprise par votre ambition, ainsi que votre vision et mission.

Depuis l'état COACH, réfléchissez aux questions ci-dessous pour commencer à identifier certaines de vos parties prenantes potentielles :

- Quelles sont les ressources essentielles dont vous aurez besoin pour réaliser votre ambition ?
- Qui est (ou pourrait être) motivé, ou de qui avez-vous besoin, pour *apporter des fonds, des conseils et autres ressources clés* pour que vous réussissiez ?
- Qui a un enjeu (c'est-à-dire, *pourrait être affecté positivement ou négativement*) par la réalisation de votre ambition ?
- Qui a investi dans votre réussite ?
- Comment l'atteinte de votre ambition va-t-elle créer de la valeur pour vos parties prenantes ? Quels types d'avantages votre réussite apportera-t-elle à vos parties prenantes ?
- À quel modèle de rôle vous comparez-vous ou allez-vous vous comparer pour votre ambition ?
- Qui sont vos concurrents – c'est-à-dire qui a des ambitions similaires aux vôtres ?

Les parties prenantes sont des individus ou des groupes qui vous soutiennent et/ou vous apportent des ressources ou des savoir-faire clés qui impactent significativement la réalisation de votre ambition. Ce sont également ceux qui seront les principaux bénéficiaires si vous atteignez votre ambition.

Résumez vos réflexions ci-dessous.

1. *Qui sont vos sponsors et mentors (membres potentiels du conseil d'administration) qui ont ou peuvent valider que votre ambition pour votre entreprise est réalisable ?*

_____

_____

Créer l'Avenir

2. Qui sont les investisseurs potentiels ou parties prenantes qui pourraient affecter les décisions ou fournir des ressources clés ou des savoir-faire qui peuvent influer significativement sur la réalisation de votre ambition pour votre projet ou entreprise ?

_____

_____

3. Qui sont vos Modèles de Rôle ?

_____

_____

4. Qui sont vos Concurrents ?

_____

_____

Guide d'Évaluation de la Motivation

Nos ambitions et motivations sont l'une de nos premières sources d'énergie et de direction pour créer le futur. Elles vont aussi attirer des investisseurs et d'autres parties prenantes pour vous soutenir. Un facteur clé de réussite dans la réalisation de votre projet ou entreprise est la compréhension de vos motivations pour l'effort et la recherche d'autres personnes qui les partagent et/ou vous soutiennent.

L'objectif du guide de travail suivant est de vous aider à clarifier vos motivations à prendre en charge votre projet ou entreprise et d'explorer comment elles s'alignent ensemble. Il vous aidera également à réfléchir à la façon dont elles se superposent ou s'opposent à celles des autres individus ou groupes clés qui pourraient avoir une influence significative sur votre réussite.

Écrivez la vision, la mission et l'ambition que vous avez clarifiées dans ce chapitre. Commencez à évaluer les énoncés dans la colonne de gauche du tableau sur une échelle de 0 à 5, 5 étant « extrêmement important » et 0 « pas important du tout ». Placez vos réponses dans la colonne « Soi ». Il est important d'être honnête avec vous-même à propos de vos réponses et d'examiner réellement vos motivations pour votre projet ou entreprise.

Remarquez quelles motivations sont plus orientées « ego » et lesquelles sont plutôt « âme ». Sont-elles équilibrées ? S'il y a un déséquilibre, y-a-t-il des zones de surcompensation ou de compensation inappropriées auxquelles vous devez prêter attention ou apporter plus de conscience ?

Mettez vous à la place de vos modèles de rôle, concurrents (potentiels), sponsors et mentors, et spécialement les investisseurs et parties prenantes potentielles. Dans la mesure du possible, imaginez comment vous noteriez les mêmes motivations sur une échelle de 0 à 5 de leur point de vue et à propos de leurs propres actions et entreprises. Qu'est-ce qui compte pour eux, et à quel point ? Notez vos réponses dans la colonne appropriée. Si vous ne savez pas, mettez juste un point d'interrogation (« ? »).

Recherchez les résonances entre vos motivations et celles des autres :

1. Quelles motivations partagez-vous avec vos modèles de rôle ? Lesquelles sont différentes ?
2. Et avec vos concurrents (potentiels) ? En quoi êtes-vous similaires et en quoi différez-vous en termes de motivation ?
3. Considérez vos sponsors et mentors (membres potentiels du conseil d'administration). Où sont les superpositions ? Où sont les divergences (mismatches) ?
4. Encore plus important, réfléchissez à propos des investisseurs et autres potentielles parties prenantes qui disposent de ressources ou savoir-faire clés qui peuvent affecter significativement les résultats de votre projet ou entreprise. Quelles sont leurs motivations ? Quelles motivations partagez-vous avec eux ? Où entrez-vous en « résonance » avec les parties prenantes potentielles ? Lesquelles de vos motivations les intéresseront le plus ?

Vision : _____

_____

Mission : _____

_____

Ambition : _____

_____

Créer l'Avenir

MOTIVATION	Soi	Modèles de Rôle	Concurrents	Sponsors/ Mentors	Parties Prenantes/ Investisseurs
Me faire un nom					
Prouver quelque chose à moi-même/ma famille/ aux dubitatifs					
Obtenir de la reconnaissance de ma famille/mes pairs					
Plaire à une personne significative					
Apporter une contribution à ma communauté/ ma profession/au monde					
Changer le monde pour le mieux					
Servir ma communauté/mon pays/ma planète					
Gagner assez d'argent pour vivre/faire vivre ma famille					
Gagner beaucoup d'argent					
Gagner de l'argent rapidement					
Accroitre ma sécurité financière à long terme					
Me développer personnellement					
Améliorer ma maîtrise					
Dépasser mes peurs et mes limites					
Partager ma vision avec d'autres					
Apprendre quelque chose de nouveau					
Développer de nouvelles capacités et savoir-faire					
Créer quelque chose qui n'a jamais existé					
Mettre en œuvre mon savoir et mes savoir-faire					

MOTIVATION	Soi	Modèles de Rôle	Concurrents	Sponsors/ Mentors	Parties Prenantes/ Investisseurs
Travailler ensemble avec d'autres pour créer quelque chose/atteindre des buts					
Réaliser quelque chose de remarquable					
Soutenir les autres dans leur apprentissage et leur développement					
Être reconnu comme une personne/une entreprise qui réussit					
Devenir ce que j'étais destiné à être dans le monde					
Vivre à mon plein potentiel					
Résoudre des problèmes importants					
Faire ce pour quoi je suis sur terre					
Suivre les pas d'un autre					
Augmenter mon sentiment de pouvoir/contrôle					
Apporter plus d'équilibre dans ma vie					
Faire mon possible pour éliminer la souffrance (maladie, violence, pauvreté)					
Se connecter à d'autres					
Découvrir plus à propos de moi/des gens/du monde					
Me faire plaisir					
M'amuser avec d'autres					
Accomplir quelque chose que les autres considèrent impossible					
Autres :					

Lorsque vous réfléchissez à cet exercice, sur quelles motivations pensez-vous devoir insister lorsque vous vous adressez à des investisseurs ou parties prenantes potentielles ? Et pour des membres potentiels du conseil d'administration ?

Vos motivations intéresseront également d'éventuels partenaires. Cela dit, les partenaires auront également besoin de savoir comment les différents rôles de vos projets ou entreprises respectifs s'assemblent de façon complémentaire.

Créer l'Avenir

Établir le Rôle de Votre Projet ou Entreprise

Une compréhension claire du rôle permet aux entrepreneurs d'établir des partenariats gagnant-gagnant qui augmentent ou donnent accès à des ressources-clés. Comme pour un individu, le *rôle* d'une entreprise reflète ses compétences et actions principales. Il est lié à la fois à *la position de l'entreprise par rapport à d'autres entreprises*, et aux *capacités et comportements* attendus à cette position. Les personnes, équipes et organisations réussissent mieux dans des rôles compatibles avec leurs missions, ambitions et compétences, et qui soutiennent la réalisation de leur vision. Par exemple, Samuel Palmisano a redéfini le rôle d'IBM pour mieux l'aligner avec la vision et la mission fondamentales et cela a permis la meilleure utilisation de son cœur de compétences.

Une compréhension claire du rôle de votre entreprise et de la façon dont elle soutient la vision et la mission plus larges, vous aide à identifier et établir des partenariats gagnant-gagnant qui lèvent des ressources ou les augmentent.

Les questions de base liées à l'établissement du rôle de votre projet ou entreprise sont :

Quel type d'entreprise ou d'équipe êtes-vous, ou avez-vous besoin d'être pour atteindre votre ambition concernant le statut et le niveau de performance que vous voulez réaliser ?

Quelles sont vos compétences fondamentales qui vous permettent au mieux de réaliser votre vision, mission et ambition ? Quel est le rôle qui représente et met le mieux en œuvre ces compétences fondamentales ?

Commencez par clarifier qui vous êtes, ou voulez être, en tant qu'entreprise par rapport à la réalisation de votre vision. Depuis l'état COACH, considérez les questions :

Quel type d'entité êtes-vous ou êtes-vous en train de devenir ?

En lien avec ma/notre vision, je suis/nous sommes _____

Quel genre de choses faites-vous dans ce rôle ou cette position ?

Je/Nous fournissons _____

Comment le faites-vous ? Par quels moyens fournissez-vous ces choses ?

Je/Nous _____

Soyez aussi clair que possible à propos de ce que vous faites et des compétences spéciales que vous avez. Si vous êtes trop vague, il est difficile pour les partenaires potentiels d'évaluer les avantages d'une alliance. C'est également difficile pour les clients, parties prenantes et membres potentiels de l'équipe de se rendre compte de ce qu'est votre entreprise, où vous allez et ce que vous soutenez. Souvenez-vous qu'on ne peut pas être « tout pour tout le monde ».

En considérant vos réponses, il n'est pas indispensable de vous limiter aux rôles traditionnels du « village » (par exemple, boucher, boulanger, fabricant de bougies). Le rôle du projet ou de l'entreprise peut être innovateur ; apporteur de solutions sur-mesure ; école ; marchand ; plateforme ; association ; réseau ; producteur ; distributeur ; transformateur ; connecteur ; libérateur ; etc. Walt Disney qualifiait son organisation d'« usine à rêves ».

Ce peut également être fructueux de penser aux entreprises ou entités auxquelles vous pouvez vous comparer en termes de rôle.

Vous pouvez aussi utiliser une métaphore ou un symbole pour répondre à cette question s'il vous est difficile d'y répondre littéralement. Au chapitre 1 nous avons utilisé la métaphore des super-héros et des super-pouvoirs. Quel type de super-héros serait votre entreprise et quel est le super-pouvoir que votre entreprise possède ou voudrait développer ?

Si cette approche ne vous parle pas, quelle autre métaphore pourriez-vous utiliser (par exemple, pionnier, phare, verger, oasis, etc.) ?

L'entreprise d'équipements de sports d'hiver que j'ai mentionnée à plusieurs reprises a décidé de se définir elle-même comme la compagnie des sports de « La Montagne ». Dans ce cas, les montagnes étaient d'un côté l'environnement littéral pour beaucoup de sports d'hiver. D'un autre côté, la métaphore de « la montagne » symbolisait aussi la pureté, la majesté et le défi, aussi bien que la quiétude et la diversité des écosystèmes, etc.

Pour considérer et évaluer la possibilité d'alliances, les partenaires prospectifs ont besoin d'avoir une idée claire de vos compétences fondamentales, où vous allez et ce que vous soutenez.

Penser à votre rôle en termes métaphoriques aussi bien que de façon littérale peut s'avérer utile.

Identifier des Partenaires Potentiels

Clarifier le rôle du projet ou de l'entreprise aide à attirer et créer des partenariats et alliances avec d'autres entrepreneurs et entreprises. Les partenaires peuvent être d'autres personnes ou entreprises avec des rôles différents qui soutiennent ou complètent le vôtre. Trouver de tels partenaires implique de créer des relations gagnant-gagnant dans le but de lever et multiplier les ressources. Nous en avons présenté un bon exemple plus tôt avec Ed Hogan, fondateur de Pleasant Hawaiian Holidays, dont la petite entreprise de voyage ne pouvait pas concurrencer les grandes lignes aériennes. Cependant, en faisant des partenariats avec des hôtels pour créer un « voyage organisé », il a pu réduire le coût total pour les clients prospectifs et apporter un avantage substantiel à ceux qui rêvaient de visiter un « paradis ».

Comme autre exemple, Barney Pell a également pu utiliser le *rôle* de fournisseur de capacités en langage naturel de son entreprise pour établir des partenariats et alliances pour lever des ressources comme des relations publiques, une infrastructure de données modulable et du cloud computing.

Une autre question importante à prendre en compte est « comment votre projet ou entreprise se positionne-t-elle par rapport aux autres ? » En fonction du rôle et des compétences fondamentales de votre projet ou entreprise, quels rôles et compétences complémentaires seraient importants ou nécessaires pour réussir à réaliser votre vision, mission et ambition ? À quels autres rôles vos activités et compétences pourraient-elles apporter un bénéfice ?

Là encore, l'exploration métaphorique peut s'avérer aidante. Si la métaphore pour votre rôle est par exemple une « oasis », vous pourriez tirer profit d'un partenariat avec des « fabricants de tentes », des « artistes », des « ingénieurs en hydraulique, » etc. En tant que partenaire, vous pourriez apporter des bénéfices aux « meneurs de caravanes, » aux « chameliers, » aux « groupes militaires, » etc.

En reprenant l'état COACH, prenez le temps de réfléchir aux questions suivantes :

- Qui sont (ou pourraient être) vos *partenaires* ? Avec qui pourriez-vous conclure des *alliances* potentiellement gagnant-gagnant ?

- Quelles sont les ressources et compétences dont vous disposez qui pourraient être développées ou exploitées dans le cadre d'un partenariat avec quelqu'un d'autre ?

- Comment pourriez-vous aider à augmenter la valeur ou les avantages de vos projets, produits ou services en les reliant avec ceux de vos partenaires ?

- Qui dispose de ressources et compétences qui compléteraient les vôtres de façon à démultiplier vos deux potentiels ?

Les partenaires sont des personnes ou des entreprises dont les rôles, les missions et les ambitions soutiennent ou complètent ceux de votre entreprise de façon telle que chacun puisse en retirer des ressources clés et les développer.

Faites une liste des partenaires et alliances potentiels que vous avez identifiés.

Partenaires / Alliances Potentiels :

_____ _____

_____ _____

_____ _____

_____ _____

_____ _____

_____ _____

_____ _____

Explorer des Relations Gagnant-Gagnant

Une nouvelle étape consiste à identifier les possibilités gagnant-gagnant pour vous et vos partenaires potentiels de lever des ressources. Bien qu'il y ait de nombreuses façons de le faire, trois des possibilités principales sont :

1. Partager des Ressources Essentielles et des Coûts (pour réduire les dépenses, par exemple)
2. Combiner des Capacités (comme l'a fait Ed Hogan avec le vol et l'hôtel)
3. Échanger des Services et des Produits (par exemple, le service d'un partenaire contre le produit de l'autre)

Partager les ressources essentielles et les coûts fonctionne mieux avec des partenaires qui ont des projets ou des entreprises parallèles en phase de démarrage. Les « incubateurs » de start-up sont un exemple de levier qui permet ce type d'optimisation. Les *incubateurs* sont constitués d'un groupe d'entrepreneurs qui se rassemblent et partagent collectivement :

- Un soutien proactif, l'accès à des outils, des informations et des contacts clés qui seraient autrement inaccessibles ou financièrement inabordables
- Des ressources partagées telles qu'un hall/service de réception, des salles de réunion, des fax et photocopieurs, des équipements audio-visuels, un service de secrétariat, et une cuisine
- Des bureaux individuels, des boxes, laboratoires ou espaces de production
- L'accès à du conseil technique et d'affaires, et la mise en relation privilégiée avec des réseaux de fournisseurs de services, de mentors et soutiens financiers potentiels
- Un programme structuré de formation, d'accompagnement individuel ou de mentorat (ou mentoring)

La combinaison de capacités est une stratégie très efficace pour créer des alliances avec des partenaires qui ont des projets ou des entreprises qui complètent votre rôle et vos capacités. Une telle alliance peut mobiliser les capacités des deux partenaires et les rendre plus attractifs pour les clients et parties prenantes potentiels. Un cabinet de conseil en gestion peut former un partenariat avec un cabinet comptable pour élargir la gamme de service aux clients, par exemple. Une entreprise de reprographie peut former un partenariat avec une entreprise de livraison pour un service plus efficace aux clients. Le partenariat de Barney Pell avec Amazon, conjuguant la recherche en langage naturel avec la vente au détail en ligne, est un autre exemple de combinaison de capacités. De façon similaire, les constructeurs informatiques et les éditeurs de logiciels établissent souvent des partenariats gagnant-gagnant en combinant leurs produits en une solution complète.

Voici trois façons fondamentales de créer des alliances gagnant-gagnant :

(1) partager des ressources et des frais essentiels

(2) combiner des capacités

(3) échanger des services ou des produits

L'échange de produits et services, bien que moins puissant que la combinaison de capacités, est toujours une option avec des partenaires potentiels, même si vos projets ou entreprises n'ont que peu ou pas de possibilité de synergie. Un institut de formation pourrait offrir des formations gratuites à une entreprise de technologie en échange de l'utilisation de ses équipements ; un cabinet juridique pourrait échanger des services avec un cabinet comptable ; un concessionnaire automobile pourrait échanger des locations gratuites de voitures contre des services d'organisation d'évènementiels, etc.

L'exploration de ces options peut favoriser de nombreuses relations gagnant-gagnant qui ne sont pas nécessairement évidentes au départ. Par exemple, dans une récente session de Modélisation des Facteurs de Succès que j'animais, un groupe d'entrepreneurs explorait les partenariats potentiels. Ils avaient des projets et entreprises très différents et n'auraient probablement pas spontanément envisagé des partenariats entre eux.

- L'activité de l'une des personnes consistait à proposer de la réduction du stress aux entrepreneurs.
- Une autre avait l'idée d'une entreprise qui intègrerait des traditions chinoises (comme des cérémonies du thé) comme façon innovante d'enseigner aux managers des compétences clés en communication et relations interpersonnelles.
- Une troisième était en train de monter une société de marketing en ligne.
- Une autre commençait une activité de coaching visant à aider les clients à « désencombrer » leurs vies par la réflexion sur leurs activités, possessions, dépenses, relations, etc. pour identifier en fonction de leur vie et objectifs actuels les points réellement essentiels et ceux générateurs de stress, ou chronophages et énergivores.
- Un cinquième participant montait une concession de voitures électriques.

À première vue, ces projets et entreprises très différents ne semblent pas vraiment présenter de potentiel de partenariat.

Réduction du stress pour les entrepreneurs
Utilisation des traditions chinoises pour enseigner les savoir-faire relationnels
Marketing sur internet
Coaching de désencombrement de la vie
Vente de voitures électriques

> L'exploration des relations gagnant-gagnant peut conduire à des synergies surprenantes qui ne sont pas nécessairement évidentes au départ.

Créer l'Avenir

Encouragés à explorer les différentes façons dont ils pourraient partager des ressources, combiner des produits, services ou capacités, ou échanger des ressources, ils ont commencé à trouver de nombreuses relations gagnant-gagnant possibles. Comme ils étaient tous en phase de démarrage et devaient être efficaces et veiller aux frais, ils ont réalisé qu'ils pourraient partager certains équipements de bureau et services d'affaires.

On a noté que la combinaison de la *réduction du stress* et de l'*accompagnement au désencombrement de la vie* pouvait former un ensemble utile pour certains clients. Ces deux services pouvaient également être combinés ensemble ou séparément avec *l'utilisation des traditions chinoises pour enseigner les savoir-faire relationnels* pour créer une offre plus riche pour certains clients potentiels. Les trois entrepreneurs ont discuté de la mise en place d'un séminaire de plusieurs jours pour les entrepreneurs et les cadres au cours duquel les participants bénéficieraient des trois approches.

Il est également apparu que toutes les entreprises pourraient bénéficier du marketing en ligne et pourraient potentiellement proposer leur propre service (ou produit dans le cas des voitures électriques) en échange d'aide au marketing en ligne.

Bien entendu, toutes les entreprises pouvaient échanger leurs services avec le fondateur de l'entreprise de voitures électriques (qui pourrait avoir besoin de réduction du stress, plus de compétences relationnelles, de marketing en ligne ou d'aide au désencombrement) en échange de l'utilisation d'un véhicule électrique ou d'une remise sur un achat ou un leasing.

La société de marketing en ligne pourrait facilement rencontrer parmi ses propres clients des personnes ayant besoin de l'un des autres services ou d'une voiture électrique. Le fondateur de la société de marketing pourrait facilement recommander les autres entrepreneurs en échange de contacts et pistes de personnes intéressées par des services de marketing en ligne que les autres entrepreneurs pourraient rencontrer.

Ce ne sont que quelques unes des nombreuses possibilités qui ont commencé à émerger de cette exploration des relations gagnant-gagnant potentielles. Des partenariats à long terme intéressants ont été établis à l'issue de cette exploration alors qu'ils n'auraient jamais vu le jour si les cinq entrepreneurs n'avaient pas sciemment pris le temps d'étudier les possibilités.

Développer un état d'esprit gagnant-gagnant et prendre l'habitude de rechercher constamment des relations mutuellement fructueuses est l'une des choses les plus puissantes que vous puissiez faire pour augmenter votre « facteur chance » et garantir le succès de votre entreprise. Cela émerge d'une attitude fondamentale qui amène chacune des parties à demander en permanence :

« Voici mon futur, pouvez-vous y contribuer ? »

« Quelle est votre vision, que je puisse y contribuer ? ».

Développer un état d'esprit gagnant-gagnant et prendre l'habitude de rechercher constamment des relations mutuellement fructueuses est l'un des moyens les plus importants d'assurer la réussite de votre entreprise.

En gardant à l'esprit les différents exemples et options décrits ci-dessus, explorez les partenariats potentiels pour votre propre projet ou entreprise en utilisant le formulaire suivant :

Partenaire potentiel : _____

Type de partenariat potentiel (partage, combinaison, échange) :

_____

Intérêt du partenariat pour vous : _____

Intérêt du partenariat pour eux : _____

Pour chacun des partenaires de la liste que vous avez établie dans la section précédente, posez-vous les questions :

Quelles ressources et frais pourrions-nous partager ? (par exemple, équipements de bureau, outils, salles de réunion, services d'affaires, etc.)

Est-ce possible de combiner nos produits, services ou capacités de manière valorisante et qui les rendrait plus utiles ou attractifs pour les clients ou les parties prenantes potentielles ?

Avons-nous chacun des services, produits, informations ou capacités que l'autre partenaire pourrait utiliser ou dont il pourrait tirer parti dans le cadre d'un échange ?

Comme l'illustre le précédent exemple des cinq entrepreneurs, il peut s'avérer très puissant de prendre le temps d'explorer ces questions avec des partenaires potentiels.

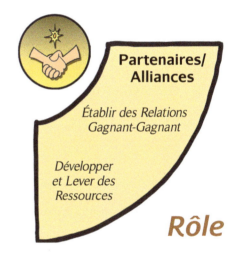

Développer un état d'esprit gagnant-gagnant implique d'explorer en permanence les deux questions suivantes :

« *Voici mon futur, pouvez-vous y contribuer ?* »

« *Quelle est votre vision, que je puisse y contribuer ?* »

Créer l'Avenir 243

COMMENT CRÉER DES ALLIANCES GAGNANT-GAGNANT ?

1) PARTAGER DES RESSOURCES ET FRAIS ESSENTIELS

Une agence de voyages et une entreprise d'organisation de spectacles peuvent partager des bureaux, la connexion à internet, les frais d'impression et de connexion, et même la machine à café !

2) COMBINER DES CAPACITÉS

Un photographe peut s'associer à un artiste en maquillage pour proposer des portraits professionnels exceptionnels.

3) ÉCHANGER DES SERVICES OU DES PRODUITS

Nos amis qui produisent du jus de pomme peuvent échanger leur produit contre l'utilisation de camionnettes à énergie solaire pour livrer leur produit et faire la promotion de ce type de véhicule.

Guide de Travail sur la Vision et l'Ambition pour les Nouvelles Entreprises et Projets

Pour intégrer ce que nous avons vu jusqu'ici dans ce chapitre, résumez vos explorations à propos de la vision, la mission, l'ambition et le rôle concernant votre projet ou entreprise et reliez-les au Cercle de Succès. Commencez par utiliser le guide suivant pour résumer ce que vous avez clarifié jusqu'ici.

ÂME	EGO
Vision Que voulez-vous créer pour vos clients à travers votre entreprise ou votre projet ? Quels services, avantages et contributions votre entreprise ou votre projet vont-ils apporter aux clients, à la société, à l'environnement, etc. ? Que voulez-vous leur rendre possible ?	**Ambition** À quel type de statut et de niveau de réalisation voulez-vous que votre entreprise ou projet accède (par exemple, le premier, le meilleur, le plus rapide, le plus grand, etc.) ? Comment voulez-vous que les investisseurs potentiels, les parties prenantes et les concurrents voient votre entreprise ou projet ?
Mission Quelles sont votre contribution et votre service (en tant qu'équipe) par rapport à la vision pour vos clients ? Quelles sont les ressources, capacités et actions spéciales que vous allez développer, appliquer et mobiliser (en tant qu'équipe) pour atteindre la vision pour vos clients ?	**Rôle** Quel type d'entreprise ou d'équipe avez-vous besoin d'être pour atteindre le statut et le niveau de performance que vous voulez réaliser ?

En étudiant les questions ci-dessus, prenez en considération des réponses littérales mais aussi symboliques ou métaphoriques. (Par exemple, « Notre ambition est d'être comme une pyramide qui défie les siècles ».)

Reprenez vos réponses. Lesquelles sont claires pour vous ? Y a-t-il des questions auxquelles vous avez du mal à répondre à ce stade ?

Comment votre vision pour votre projet ou entreprise s'aligne-t-elle avec votre ambition pour le projet ou l'entreprise ? Qu'en est-il de la mission de votre équipe et du rôle que votre entreprise ou projet joue dans le système plus vaste ?

Revenez sur les réponses que vous avez apportées à ces questions pour vous en tant que personne à la fin du Chapitre 1. Comment sont alignées votre vision personnelle et celle de votre entreprise ou projet ? Comment sont alignées votre ambition personnelle et celle de votre entreprise ou projet ? Qu'en est-il des missions ? Des rôles ?

Étoffer Votre Cercle de Succès

Clarifier votre vision et les clients potentiels, votre mission et les membres potentiels de l'équipe, votre ambition et les parties prenantes potentielles, et votre rôle et les partenaires potentiels vous permet de dresser un Cercle de Succès riche et aligné.

Maintenant, reprenez le Cercle de Succès que vous avez commencé à la fin du Chapitre 2 et réfléchissez sur ceux que vous avez identifiés comme clients potentiels, membres de l'équipe, parties prenantes et partenaires. Reportez vos réponses du questionnaire précédent dans la matrice de la page suivante et réfléchissez aux relations entre les deux séries de caractéristiques. Le résultat devrait constituer un socle puissant et génératif pour construire votre projet ou entreprise.

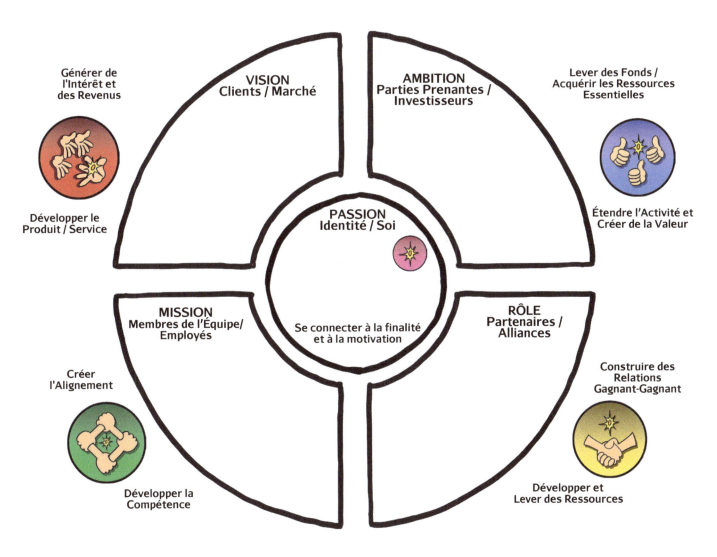

Créer l'Avenir

Exemples de Constructions de Cercles de Succès Génératifs

Voici des exemples de réponses que mes partenaires et moi-même avons rassemblées pour former les Cercles de Succès de différentes entreprises dans le lancement desquelles je me suis investi. Elles ont toutes atteint un niveau durable de reconnaissance et de réussite internationales.

Exemple : Dilts Strategy Group

Le *Dilts Strategy Group* est une société de conseil, coaching et formation avec un réseau international de consultants dans plus de vingt-cinq pays. Fondé par mon frère John Dilts et moi-même, la finalité du Dilts Strategy Group (DSG) est de combiner des critères éprouvés dans les affaires avec des savoirs stratégiques et des compétences comportementales, par le procédé de Modélisation des Facteurs de Succès (SFM™), ce pour accompagner la croissance et le développement des individus et des organisations à de nombreux niveaux. Les services du DSG comportent : la modélisation, la formation, le conseil, le coaching et l'animation de séminaires et conférences concernant l'application du procédé de Modélisation des Facteurs de Succès (SFM™).

Vision :
Un monde dans lequel les gens réalisent leurs aspirations et donnent le meilleur d'eux-mêmes pour produire un impact systémique positif par leur entreprise – De plus en plus d'organisations, entreprises et projets qui favorisent la croissance et la maîtrise de ceux qui sont impliqués et créent une planète et une société plus saines, harmonieuses et prospères.

Mission :
Découvrir et partager les « différences qui font la différence » dans la création et le développement d'entreprises qui réussissent – Identifier et transmettre les facteurs clés de réussite nécessaires pour construire une entreprise, une équipe ou un projet durables et couronnés de succès.

Ambition :
Être reconnu mondialement comme pionnier et leader de l'approche holistique des affaires – Une source de méthodes, modèles et outils qui influencent fortement et positivement la façon dont les équipes, les entreprises et les organisations sont gérées et dirigées à travers le monde.

Rôle :
Un groupe de consultants et coachs international avec de l'expérience en PNL et en entreprise qui collaborent pour fournir des stratégies d'affaires efficaces et l'accompagnement adapté – Un réseau de personnes avant-gardistes et entreprenantes qui travaillent ensemble pour aider les équipes, entreprises et organisations et se soutiennent mutuellement pour améliorer significativement leurs performances dans les domaines de l'entrepreneuriat, du leadership, de l'innovation, de l'intelligence collective et de la communication.

http://www.journeytogenius.com/DSG/index.html

Exemple : Le Cercle de Succès du Dilts Strategy Group

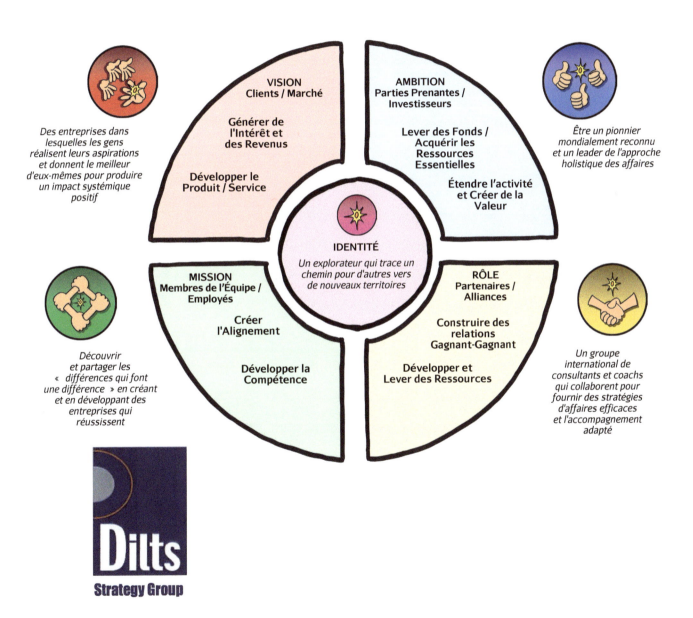

Créer l'Avenir

Exemple : NLP University

J'ai créé NLP University en 1991 avec Todd Epstein comme un nouveau type de structure offrant l'opportunité d'un cursus complet en PNL. Judith DeLozier nous a rejoints en 1992 et nous a aidés à mettre en forme le cursus actuel de NLPU. Avec la coordinatrice de NLPU Teresa Epstein et un groupe d'enseignants invités hautement compétents et impliqués, nous nous employons à fournir une présentation de la plus haute qualité des savoir-faire fondamentaux de la PNL et de ses derniers développements. NLP University est l'un des organismes de formation internationaux les plus connus et respectés et accueille des participants de plus 30 pays à chaque session. NLP University propose en été un cursus résidentiel de formation certifiant en PNL. NLP University est domiciliée sur le campus de l'Université de Californie, à Santa Cruz, en Californie – le lieu de naissance de la PNL.

Vision :
Un monde dans lequel les gens ont les modèles, les compétences et la motivation pour mettre leur richesse personnelle et unique au service des systèmes plus larges dont ils font partie (famille, communauté, profession, pays, environnement, etc.) – Un monde d'individus capacités, innovants et sages agissant harmonieusement et écologiquement pour soutenir leur propre développement et la croissance durable de la planète.

Mission :
Développer et accompagner des praticiens et formateurs de grande qualité pour déployer les compétences et outils de la PNL – Créer un contexte et une infrastructure qui permettent à des professionnels de différents métiers, disciplines, domaines et nationalités d'apprendre, partager et mettre en application les outils fondamentaux et avancés de la PNL adaptés à leur vision personnelle et à leur vocation professionnelle, avec un haut niveau d'intégrité, de compétence et de compassion.

Ambition :
Être un point de référence majeur et un leader mondial pour transmettre le meilleur de ce que la PNL peut apporter au monde – Reconnu internationalement comme une source crédible, créative et fiable et un modèle de rôle dans le champ de la PNL.

Rôle :
Un centre de formation offrant un cursus de PNL complet par la formation, une communauté et la technologie – Une institution éducative unique avec les structures permettant d'apporter les outils et stratégies nécessaires ainsi que l'accompagnement approprié aux personnes attachées à manifester le potentiel global de la PNL ; particulièrement en conduisant des programmes certifiants de Praticien, Maitre Praticien et Enseignant de PNL.

http://www.nlpu.com

Ces exemples devraient vous apporter des éclaircissements sur ces dimensions clés pour construire une entreprise qui réussit. Notre Exemple de Cas de Facteurs de Succès pour ce chapitre n'est autre que le co-fondateur de Apple Inc., Steve Jobs. En lisant ses réalisations remarquables, remarquez comment elles démontrent nombres des principes que nous avons établis jusqu'ici dans ce livre.

Exemple : Le Cercle de Succès de NLP University

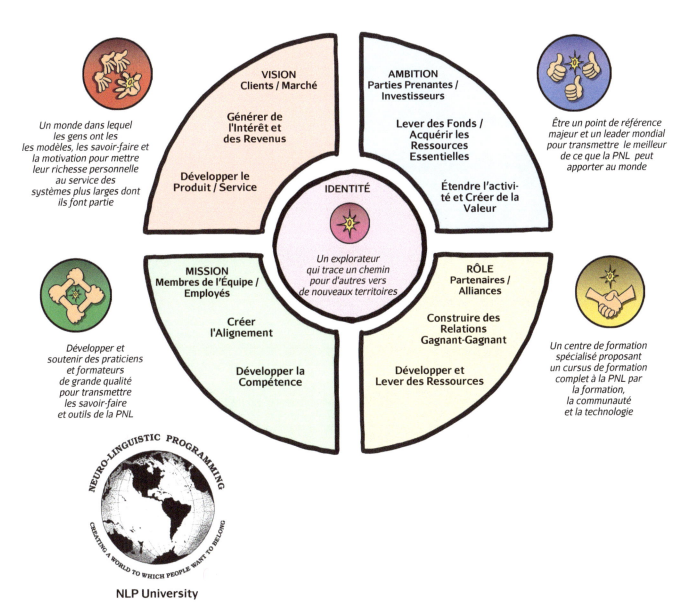

Exemple d'un cas de Facteurs de Succès : Steve Jobs d'Apple

« *Démentiellement génial.* »
L'ambition au service de la Vision et de la Mission.

Steve Jobs
Fondateur et précédent DG d'Apple

Steve Jobs avait une capacité exceptionnelle à créer le futur. L'une des personnes de l'histoire contemporaine qui ont le mieux réussi, il personnifiait à bien des égards la nouvelle génération d'entrepreneurs de la Silicon Valley.

Personne n'a peut-être incarné la capacité à créer le futur mieux que Steve Jobs ces dernières années. Steve Jobs a fondé Apple Computer avec Steve Wozniak dans un garage, dans la Silicon Valley dans la baie de San Francisco, en Californie en 1976. Lorsque l'entreprise est entrée en Bourse en 1980, elle a généré plus de capital que toute autre introduction depuis Ford Motor Company en 1956, et créé 300 nouveaux millionnaires du jour au lendemain. Au moment du décès de Jobs en octobre 2011, Apple était devenue la plus grande entreprise de technologie au monde avec une recette annuelle des ventes de 127,8 milliards. En mars 2012 sa capitalisation boursière avait atteint 500 milliards de dollars. Sous tous les aspects, Apple est l'une des plus grandes histoires à succès du siècle dernier (à un moment durant l'été 2011 Apple avait plus de liquidités que le gouvernement des États-Unis !), et elle doit beaucoup de sa réussite au leadership du brillant et énigmatique Steve Jobs.

Jobs, qui a également fondé NeXT Computers et a contribué à faire de Pixar un géant de l'animation numérique, était à bien des égards la personnification de l'entrepreneur de la Silicon Valley. Il ressort comme l'une des personnes de l'histoire contemporaine qui ont le mieux réussi. Plus de 300 brevets américains sont enregistrés à son nom ; depuis les ordinateurs jusqu'aux smartphones, en passant par les accessoires et gadgets électroniques. Il a considérablement contribué à transformer sept industries : les ordinateurs personnels, les films d'animation, la musique, les téléphones, les tablettes électroniques, la publication numérique, et les magasins de détail. Il est indiscutable que Stephen Paul Jobs a laissé une empreinte significative sur le monde moderne.

Ayant grandi dans la baie de San Francisco à San Mateo, tout près de là où Steve Jobs a été élevé à Cupertino, je connais depuis longtemps son existence, son histoire et ses réalisations. Steve Jobs a en fait été un de mes contemporains. Il est né en février 1955. Je suis né moins d'un mois plus tard, en mars de cette même année.

Cela m'a toujours semblé être une synchronicité fascinante que la philosophie et les produits d'Apple aient émergé au même moment et au même endroit que la PNL – la méthodologie à la base de la Modélisation des Facteurs de Succès. Comme à d'autres périodes dans l'histoire, il s'avère que les progrès dans notre compréhension de la psyché humaine reflètent les développements technologiques (et vice versa). Par bien des aspects, la PNL et Apple ont grandi côte à côte. Apple sortait l'informatique des laboratoires et des environnements institutionnels, et la PNL faisait la même chose au même moment avec la psychologie et le développement personnel.

Les fondateurs de la PNL Bandler et Grinder soutenaient que l'« ordinateur personnel » le plus puissant est celui qui se trouve « entre vos deux oreilles », mais qu'il était fourni sans mode d'emploi. L'objectif de la PNL (et de la Modélisation des Facteurs de Succès) a été de fournir ce mode d'emploi.

Améliorer le Monde Par la Technologie

Steve Jobs a vu l'ordinateur personnel comme une façon d'étendre et développer les capacités du cerveau et du système nerveux humain, un peu comme un vélo augmente l'efficacité du corps humain. Comme il l'a dit dans une interview en 1990 :

> *J'ai lu une étude qui mesurait l'efficacité de locomotion de différentes espèces sur la planète. Le condor utilisait le moins d'énergie pour un déplacement d'un kilomètre. Et les humains arrivaient avec un résultat très quelconque, dans le tiers inférieur de la liste. Le roi de la création n'avait pas de quoi être fier de sa performance. Ça n'avait pas l'air très bon. Mais quelqu'un de chez Scientific American a alors eu l'idée de tester l'efficacité de locomotion de l'homme sur un vélo. Et l'humain à vélo a explosé les résultats du condor, se retrouvant largement en tête des résultats.*
>
> *Et c'est ce qu'est un ordinateur pour moi. C'est l'outil le plus remarquable que nous ayons jamais inventé, et c'est l'équivalent d'un vélo pour nos esprits.*

Jobs avait une vision de produits technologiques « démentiellement géniaux » qui changeraient le monde pour le meilleur.

Avant Steve Jobs et Apple, la technologie et l'informatique étaient principalement vues comme un outil de l'« establishment », à considérer comme un moyen plutôt pour contrôler et manipuler les gens et leurs esprits que pour les habiliter et encourager leur expression unique.

À l'opposé, Steve Jobs a eu ce qui était alors une vision radicale : « Changer le monde pour le meilleur par la technologie, » avec des produits faciles à utiliser et « démentiellement géniaux ». Cette vision est mise en scène de façon spectaculaire dans le spot publicitaire de lancement du Macintosh. Dirigé par Ridley Scott, la publicité a été diffusée lors du troisième quart-temps du XVIIIème Super Bowl en janvier 1984. Dans le spot, une femme représentant l'arrivée du Macintosh d'Apple sauve l'humanité de la prison technologique créée par « Big Brother » (un emblème du contrôle et du conformisme). Les images font clairement référence au roman de George Orwell, *1984*, qui décrit une société future lugubre dirigée par Big Brother, omniprésent et médiatisé. C'est également une référence à IBM, appelé « Big Blue », qui était à l'époque le principal concurrent d'Apple sur le marché de l'ordinateur personnel.

Scènes du Spot Publicitaire « 1984 » d'Apple

Personnes réveillées d'une vie de monotonie dans la publicité « 1984 » d'Apple

Dans la publicité, la femme, portant une tenue d'aérobic colorée, court à travers des hordes d'hommes ternes et gris, pourchassée par des policiers lourdement armés et protégés.

L'héroïne lance finalement un grand marteau à travers l'immense écran de télévision qui diffuse l'image et les beuglements monotones du dictateur machiavélique. L'écran explose, apportant de nouvelles couleurs et énergies dans la vie des gens auparavant dominés par le despote.

Cette scène est une métaphore puissante de la personnalité passionnée, la nature provocante, la vision innovante et l'aspiration à être un « éveilleur » de Jobs. Comme il l'a dit dans sa légendaire pique à John Sculley, le talentueux DG de Pepsi-Cola appelé à diriger Apple dans les années 1980 : « Voulez-vous passer le reste de votre vie à vendre de l'eau sucrée ? Ou voulez-vous venir avec moi et changer le monde ? »

Mon Voyage avec Apple

Les fondateurs de la PNL Bandler et Grinder (qui étaient également passionnés, provocants et innovants) s'intéressaient également au processus et au potentiel de la programmation, et étaient tous deux attirés par la notion d'ordinateur personnel. Pour eux, c'était la métaphore parfaite du cerveau humain. Ils ont été parmi les premiers à acheter les produits Apple. À cette époque, si vous achetiez cinq ordinateurs Apple ou plus, vous étiez automatiquement un « revendeur » et vous aviez droit à une remise. Je leur ai acheté mon premier ordinateur Apple II à la fin des années 1970 (avec 8 kilobytes de mémoire en tout et pour tout). Depuis ce premier Apple II, j'ai toujours ressenti un lien personnel étroit avec l'entreprise et ses produits, et avec la vision de Steve Jobs d'influencer positivement le monde.

Au fil des années, j'ai eu l'opportunité unique d'être un proche observateur d'Apple et Steve Jobs, tant dans les périodes de réussite que de difficultés. Durant ces trois dernières décennies, j'ai eu nombre de connexions différentes avec l'entreprise. En fait, Apple a été mon premier client institutionnel en 1980, lorsqu'on m'a demandé à 25 ans de faire un programme sur la communication efficace pour les managers.

Quelques années plus tard, j'ai réalisé et écrit différents programmes éducatifs basés sur les premières applications de la Modélisation des Facteurs de Succès à l'apprentissage de savoir-faire élémentaires comme l'orthographe, les maths et la dactylographie. Entre 1982 et 1985 Apple a vendu mes programmes *Spelling Strategy*, *Math Strategy* et *Typing Strategy* pour l'ordinateur Apple II dans le programme Apple Special Delivery Software. Ce programme s'est arrêté lorsque Steve Jobs a été obligé à quitter l'entreprise.

De 1989 à 1990, j'ai été fortement impliqué dans un projet de joint venture entre Apple et Lucasfilms pour créer des produits de formation multimédia interactifs pour les managers. Le projet cherchait à combiner une haute qualité d'animation et de production avec des technologies innovantes et des savoir-faire concrets et pratiques, en intégrant la mise en scène et la narration au multimédia et au format d'apprentissage explicite pas à pas. Le produit final ne s'est finalement jamais matérialisé en raison de la vision trouble et changeante d'Apple à cette période.

Au début des années 1990, j'ai été l'initiateur d'une joint venture entre Apple University et ISVOR Fiat, l'école de commerce interne au groupe Fiat. J'étais intensément impliqué dans un grand projet de développement du leadership et du management chez Fiat ainsi que dans le Développement des Ressources Humaines chez Apple. De nouveau, le projet a tourné court à cause du manque de vision et de direction chez Apple sans Jobs.

Après le retour de Jobs en 1996, j'ai été impliqué dans un nouveau projet avec Apple centré sur l'identification des facteurs de réussite associés au développement de l'iMac, qui a émergé d'un brassage d'idées sans précédent entre ingénieurs d'équipements informatiques et concepteurs de logiciels.

Plus récemment, j'ai examiné les facteurs de réussite liés à l'iPod comme exemple emblématique d'« innovation de rupture » dans un article que j'ai publié avec Benoit Sarazin.

Ces différentes interactions au fil du temps m'ont donné un point de vue unique sur Steve Jobs et son style de leadership. Par exemple, même lorsqu'il n'était plus dans l'entreprise, la présence de Jobs survivait à travers les histoires et anecdotes que les gens qui y travaillaient se racontaient sans fin.

Autre connexion intéressante, mon frère ainé Mickael a travaillé comme cadre chez Apple pendant plus de 8 ans, à l'époque ou Steve Jobs n'était plus dans l'entreprise et lorsqu'il y est revenu. D'après lui, il est indiscutable que l'entreprise était à quelques mois voire quelques semaines de s'effondrer et que le retour de Jobs l'a sauvée de la faillite.

On a beaucoup écrit à propos de Steve Jobs tant avant qu'après son décès, et il est évident que sa réussite et celle d'Apple ne sont pas venues d'une personnalité plaisante et aimable. Jobs était souvent perçu comme agressif et exigeant. Le magazine *Fortune* a écrit qu'il était « considéré comme l'un des plus grands égomaniaques de la Silicon Valley ». Un ancien collègue de Jobs a dit un jour qu'il « aurait fait un excellent roi de France ».

Alors quels sont les facteurs clés de sa réussite ?

> *Même lorsqu'il n'était plus dans l'entreprise, la présence de Jobs survivait à travers les histoires et anecdotes que les gens qui y travaillaient se racontaient sans fin.*

Un Leader Transformationnel

Du point de vue de la Modélisation des Facteurs de Succès, Steve Jobs illustre parfaitement le fait de trouver un rôle dans lequel une ambition puissante est mise au service de la mission et de la vision. Sous son meilleur jour, Steve Jobs a été un exemple de *leader transformationnel*. Il était passionné et enthousiaste pour ce qu'il faisait, créant des visions et injectant de l'énergie et de la motivation aux personnes avec lesquelles il travaillait. Habité, intransigeant et motivant, Jobs inspirait ses collaborateurs et organisations à aller toujours vers de nouveaux sommets dans la créativité, piloté par sa propre vision remarquable de ce que les choses pourraient être.

La vie de Steve Jobs, son travail et son style de leadership incarnent trois des caractéristiques clés du centre du Cercle de Succès SFM.

- Passion – Le Désir de Réaliser quelque chose de Grand
- Vision – Un Sens Profond de la Direction
- Courage – Croire à la Vision, en Vous-Même et en l'Équipe

Il est évident que Jobs vivait sa passion. Il affirmait :

> On n'a pas la chance de pouvoir faire tant de choses que ça, et chacune devrait être vraiment excellente. Parce que c'est notre vie. Et nous avons tous choisi de faire ça de nos vies. Alors ça a intérêt à être sacrément bon. Ça a intérêt à valoir le coup.

Dans le cas de Jobs, ça ne pouvait même pas être seulement « sacrément bon ». Il fallait que ce soit *« démentiellement génial »*. Comme il le conseillait aux personnes qui commençaient leurs carrières :

> Vous devez trouver ce que vous aimez... La seule façon d'être vraiment satisfait est de faire ce que vous considérez comme un travail génial. Et la seule façon de faire un travail génial c'est d'aimer ce que vous faites. Si vous ne l'avez pas encore trouvé, continuez à chercher. Ne vous arrêtez pas. Comme pour toutes les affaires de cœur, vous saurez quand vous le trouverez. Et, comme toute grande relation, c'est de mieux en mieux d'année en année. Continuez donc à chercher jusqu'à ce que vous trouviez.

Steve Jobs vivait sa passion de créer des produits technologiques innovants qui feraient une différence positive dans le monde.

Découvrir votre « appel » et vivre de la passion qu'il génère est l'un des plus grands facteurs de succès que nous avons trouvés chez les entrepreneurs qui réussissent. Bien sûr, l'étape suivante est que la passion doit être dirigée vers l'extérieur sous forme d'une vision que l'on poursuit avec courage et détermination ; particulièrement si elle vous conduit vers de nouveaux territoires. Les idées réellement nouvelles tendent à rencontrer la résistance ou le dédain parce qu'elles ne correspondent pas aux paradigmes ou aux stratégies d'affaires en vigueur.

Avant de s'installer dans leur garage, par exemple, Jobs et Wozniak avaient tenté de trouver des entreprises intéressées pour les soutenir ainsi que leur « ordinateur personnel » innovant, mais ils ont rencontré la résistance et le scepticisme. Comme l'a décrit Jobs :

> *Nous sommes allés chez Atari et avons dit, « Regardez, nous avons ce truc étonnant, il est même en partie fabriqué avec des pièces à vous, ça vous dirait de nous financer ? Ou alors nous vous le donnons. Tout ce qu'on veut, c'est le faire. Versez-nous un salaire, nous venons travailler pour vous ». Et ils ont dit, « Non ». Alors nous sommes allés chez Hewlett-Packard, et ils ont dit, « Mais on n'a pas besoin de vous. Vous n'avez même pas fini vos études ».*

En plus de la passion et de la vision, réussir demande beaucoup de confiance et de conviction pour ce que vous faites. Dans l'une de ses déclarations les plus profondes et révélatrices Steve Jobs a affirmé :

> *Votre temps est compté, alors ne le gaspillez pas à vivre la vie de quelqu'un d'autre. Ne vous laissez pas piéger par un dogme – ce serait vivre selon les résultats des réflexions d'autres. Ne laissez pas le bruit des opinions des autres noyer votre voix intérieure. Et surtout, ayez le courage de suivre votre cœur et votre intuition. D'une certaine façon, ils savent déjà ce que vous voulez vraiment devenir. Tout le reste est secondaire...*

Le choix de Steve Jobs de vivre sa passion l'a conduit au formidable voyage d'une vie au-delà des frontières et limites du « village ».

Cette déclaration est clairement un message concernant l'auto-capacitation et le fait de vivre avec congruence depuis le centre de votre Cercle de Succès. Le conseil de Jobs d'« avoir le courage de suivre votre cœur et votre intuition » est la reconnaissance du rôle de ce que nous avons appelé l'« inconscient créatif ». Il ne dit pas de suivre le mental rationnel ni les règles du « village ». C'est clairement une invitation à faire votre propre « voyage » et découvrir votre contribution unique pour rendre le monde meilleur.

Steve Jobs avait un fort sentiment d'être un « holon » – à la fois un tout par lui-même et une partie de quelque chose de plus grand. Il comprenait qu'il existait une interaction intime entre lui et le système plus vaste, et qu'il pouvait « l'embrasser, » « le changer, » « l'améliorer, » et y imprimer sa marque.

Dans une interview en 1995, Jobs l'a expliqué de la façon suivante :

Lorsque vous grandissez, on a tendance à vous dire que le monde est comme il est et que votre vie consiste à vivre dans le monde. Tâchez de ne pas trop vous cogner contre les murs. Essayez d'avoir une vie de famille agréable. Amusez-vous. Économisez un peu d'argent. Mais c'est une vie très limitée.

La vie peut être bien plus large quand vous découvrez un fait tout simple. C'est que tout ce qui vous entoure et que vous appelez vie a été créé par des gens qui n'étaient pas plus intelligents que vous. Et vous pouvez le changer. Vous pouvez l'influencer. Vous pouvez fabriquer vos propres choses que d'autres peuvent utiliser.

Et à l'instant où vous comprenez que vous pouvez éperonner la vie... et que si vous poussez, quelque chose sortira de l'autre côté ; que vous pouvez la changer, la modeler.

C'est peut-être la chose la plus importante. Se débarrasser de cette notion erronée que la vie est là et que vous allez juste vivre dedans et non l'embrasser ; la changer ; l'améliorer ; y imprimer votre marque.

Et peu importe comment vous apprenez ça, une fois que vous le saurez vous voudrez la changer et l'améliorer parce que la vie est un chaos à pas mal d'égards. Une fois que vous aurez appris cela, vous ne serez plus jamais le même.

Jobs sous-entend que le voyage du « vivre sa propre vie » vous amène à réaliser que vous pouvez « faire une différence positive dans le monde ». Il est important de garder à l'esprit que vivre votre propre vie et suivre votre cœur et intuition ne signifie pas ignorer tous les autres et devenir solitaire. Au contraire, cela fait de vous un participant plus actif, ce qui vous connecte plus fortement et vous rend plus sensible au « champ » plus large dans lequel vous vivez.

Voir l'Avenir Avant qu'il ne Devienne Évident

En fait, une partie majeure de la réussite de Jobs était sa capacité à positionner ses entreprises et leurs produits à la pointe de la technologie en prévoyant et en lançant des tendances par rapport au champ plus vaste et en les connectant à sa vision. Comme il l'a expliqué :

> *Il y a une vieille citation de Wayne Gretzky que j'aime beaucoup : « Je patine vers l'endroit où le palet va se trouver, pas là où il était ». Et c'est ce que nous avons toujours essayé de faire chez Apple. Depuis le tout tout début. Et nous le ferons toujours.*

De ce point de vue, c'est fascinant de remarquer que l'iPad cher à Jobs était la manifestation d'une vision qu'il avait depuis les premiers jours d'Apple. En 1983, Steve Jobs a fait un discours dans lequel il disait :

> *Ce que nous voulons faire, c'est mettre un ordinateur incroyablement bon dans un livre que vous pouvez transporter avec vous et apprendre à utiliser en 20 minutes... Et nous voulons vraiment le faire avec une liaison radio pour que vous n'ayez pas à vous raccorder à quoi que ce soit et soyez en communication avec toutes ces grandes bases de données et autres ordinateurs.*

L'iPad est sans nul doute la réalisation phare de Steve Jobs. Il a introduit la tablette à un stade où personne n'imaginait le faire et réussir. Lorsqu'il a été lancé en 2010, plus de 3 millions d'iPads ont été vendus les 80 premiers jours. Apple a vendu plus de 28 millions d'iPads les deux années suivantes. Dans les neuf mois qui ont suivi sa sortie, plus de 135 000 applications iPad ont été conçues par des développeurs qui ont généré plus d'1 milliard de dollars de revenus.

Comme Wayne Gretsky, Steve Jobs cherchait à « patiner vers l'endroit où le palet va se trouver, pas là où il était ». Il a vu les possibilités futures avant qu'elles ne deviennent évidentes.

Pourtant, lorsqu'on lui a demandé combien il avait investi en études de marché pour développer l'iPad, la réponse célèbre de Jobs a été, « Rien. Ce n'est pas le boulot des consommateurs de savoir ce qu'ils veulent ». Il a affirmé qu'il n'avait pas besoin d'étude de marché parce qu'il savait déjà que ce serait une réussite. La capacité de Jobs à « prendre le pouls » des « signaux faibles » de son marché et de relier ces signaux à sa vision est l'un de ses principaux facteurs de réussite. C'est cette combinaison qui lui a permis de savoir « où le palet allait se trouver ».

À titre d'illustration, Jobs a révélé qu'il avait commencé à développer l'iPad en 2004, mais avait réalisé que ce n'était pas le bon moment pour le lancer parce que la vitesse des processeurs, la résolution des écrans et les réseaux sans fils de l'époque n'étaient pas assez bons pour en faire une réussite. Plutôt que de précipiter le lancement, Jobs a attendu jusqu'à ce que tous les ingrédients du produit soient prêts à fournir le niveau de performance nécessaire à la réussite. Il a temporairement mis le travail en attente, réalisant que les idées fonctionneraient tout aussi bien dans un smartphone. Il voyait l'iPhone comme une version miniature de l'iPad qui pourrait être agrandi lorsque les pièces seraient en place.

En 2009, il avait presque finalisé les préparatifs pour le lancement de la tablette ; tout était en place, depuis les écrans, les processeurs et les indispensables réseaux mobiles. Après le succès de l'iPhone, Jobs était convaincu que les gens adoreraient la tablette qu'il avait conçue. Et le reste est entré dans l'histoire.

En plus de sa propre vision et capacité à déceler la disposition des capacités techniques et des intérêts des gens, Jobs était capable de transmettre et d'insuffler son désir de garder une longueur d'avance sur les autres. C'est un autre de ses facteurs majeurs de réussite. En fait, les personnes qui ont travaillé avec Jobs ont inventé l'expression « champ de distorsion de la réalité » pour décrire le charisme de Jobs et ses effets sur ceux qui travaillaient avec lui sur des projets. Elle a également été utilisée pour décrire l'emprise de Jobs sur le public, particulièrement pour les annonces de nouveaux produits. L'expression se réfère à la capacité de Jobs à se convaincre et convaincre les autres de croire pratiquement n'importe quoi, en utilisant « un mélange de charme, charisme, bravade, hyperbole, marketing, apaisement, et persévérance ». Bien que parfois sujet de critiques, le soi-disant champ de distorsion de la réalité de Jobs avait pour effet de créer le sentiment que l'impossible était possible. Comme il l'a indiqué :

> *C'est comme si je rentrais dans une pièce et que je veuille parler d'un produit qui n'a pas encore été inventé. Je peux voir le produit comme s'il était là au milieu de la table. C'est comme si ce que j'ai à faire c'est le matérialiser et lui donner vie – le récolter.*

Cette capacité à donner vie aux visions, et rendre les autres aussi enthousiastes que lui à leur propos, était l'une des compétences de leadership les plus importantes de Steve Jobs. Selon Jobs :

> *L'innovation n'a rien à voir avec le nombre de dollars de R&D que vous avez. Lorsqu'Apple a sorti le Mac, IBM dépensait au moins 100 fois plus en R&D.* Ce n'est pas une question d'argent. Il s'agit des personnes que vous avez, comment vous êtes dirigé, et à quel point vous le sentez.*

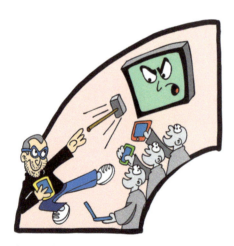

L'aptitude de Steve Jobs pour la vision et sa capacité à reconnaitre le niveau de maturité à la fois du développement technologique et de l'intérêt des personnes lui a permis d'inspirer et d'éveiller les autres à croire que l'impossible est possible.

Le « le » auquel Jobs fait référence, bien sûr, n'est pas juste la compréhension d'un but ou d'un objectif. C'est la vision plus grande de quelque chose d'enthousiasmant qui va changer le monde. C'est là que l'ambition et la vision se connectent à la mission. Jobs a même introduit la notion d'« évangélisme » dans l'entreprise pour décrire le type de ferveur qu'il attendait des gens pour les produits qu'ils développaient chez Apple.

---

* Comme l'indique mon beau-père, qui était responsable technique senior chez IBM à cette période, « La majeure partie des R&D d'IBM n'était pas destinée au marché de l'ordinateur personnel. Les coûts dépendent aussi du type de R&D que vous réalisez. Les technologies fondamentales – Bell Labs et le transistor, Intel et le circuit intégré, Xerox et l'électrophotographie, et IBM et le disque dur – ont englouti des fortunes pour amener l'innovation sur le marché. La déclaration de Jobs semblerait plus applicable à l'innovation dans le design [par opposition à l'innovation fondamentale] ».

Une Passion pour la Perfection

Donc, alors que Steve Jobs était célèbre pour son comportement parfois difficile au travail, il était également inspirant. Jobs s'est retrouvé sur la liste des Patrons les plus Durs d'Amérique de *Fortune* pour son leadership de NeXT. Le co-fondateur de NeXT, Dan'l Lewin, a été cité par Fortune disant de cette période, « Les hauts étaient incroyables... Mais les bas étaient inimaginables ». D'après son biographe Walter Isaacson :

> *Tout le monde avait envie de parler de Steve. Ils avaient tous des histoires à raconter, et ils aimaient les raconter. Même ceux qui me parlaient de ses manières abruptes le remettaient dans le contexte de combien il pouvait se montrer inspirant... Il pouvait se montrer irritable et abrupt, mais cela venait de sa passion et de sa recherche de la perfection. Il aimait que les gens lui tiennent tête, et disait que la franchise brutale était nécessaire pour faire partie de son équipe. Et les équipes qu'il a réunies sont devenues extrêmement loyales et inspirées.*

Si vous demandez à ceux qui ont travaillé avec lui, « C'était comment de travailler avec Steve Jobs ? » ils répondraient que c'était « un vrai défi, » du moins par moments. Si vous demandez, « Est-ce que vous le referiez ? » la majorité dirait, « Absolument ». C'est souvent parce qu'ils avaient le sentiment de grandir ou de progresser en travaillant avec lui. Selon les termes d'un des employés d'Apple :

> *J'étais incroyablement reconnaissant pour le traitement apparemment dur que Steve m'a réservé la première fois. Il m'a forcé à travailler plus dur, et au final j'ai fait un travail bien meilleur que je ne l'aurais fait autrement. Je crois que c'est l'un des aspects les plus importants de l'impact de Steve Jobs sur Apple : il n'avait pas ou peu de patience pour quoi que ce soit sauf l'excellence, pour lui et les autres.*

Une des affirmations les plus courantes que j'ai entendues de la part des personnes qui ont travaillé de près avec Jobs est qu'« il est difficile de trouver quelqu'un qui appréciait vraiment Steve Jobs, mais tout le monde le respectait ». Selon Jobs :

> *Mon boulot n'est pas d'être gentil avec les gens. Mon boulot est de les faire progresser.*
> *Mon boulot est d'obtenir les choses des différentes parties de l'entreprise pour les assembler, dégager la voie et obtenir les ressources pour les projets phares. Et de prendre ces formidables personnes que nous avons et les pousser pour les rendre encore meilleurs, et proposer des visions plus agressives de comment ça pourrait être.*

Bien que Steve Jobs ait été notoirement difficile dans ses comportements au travail, les membres de son équipe sentaient généralement qu'ils grandissaient ou s'amélioraient grâce à leurs interactions avec lui.

Steve Jobs sentait qu'une part essentielle de son rôle de leader consistait à pousser les personnes et « les rendre encore meilleures, en proposant des visions plus agressives de comment ça pourrait être ».

L'ambition de Steve Jobs soutenait sa vision plus grande et s'exprimait sous la forme d'un engagement total à la réussite de son entreprise.

Au Service de Quelque Chose de Plus Grand

Jobs a également gagné le respect des gens parce que sa priorité n'était visiblement pas lui-même et son profit personnel, mais la réalisation de la vision et la réussite de l'entreprise. Le salaire de Jobs en tant que DG d'Apple, par exemple, n'était que de 1 dollar par an ! À l'époque des extravagants revenus des DG, le salaire de Jobs était clairement symbolique de sa conception de ne tirer avantage que si Apple réussissait. Jobs a décrit l'importance de son engagement à la vision et à la mission plus larges de la façon suivante :

> Lorsque j'embauche un vrai senior, la compétence est le premier enjeu. Il doit être vraiment doué. Mais la vraie question pour moi c'est, Va-t-il tomber amoureux d'Apple ? Parce que s'il tombe amoureux d'Apple, le reste va se faire tout seul. Il voudra faire ce qu'il y a de mieux pour Apple, pas seulement ce qu'il y a de mieux pour lui, pour Steve, ou n'importe qui d'autre.

Jobs a clairement compris que lorsque les gens « tombent amoureux » de l'entreprise – lorsque leur rôle et leur ambition sont au service de la vision et de la mission – alors tout le reste se met en place. C'est-à-dire que les autres niveaux de facteurs de succès (valeurs, capacités, comportements, etc.) s'alignent pour soutenir la vision et la mission. C'est l'essence même de l'approche du leadership de Jobs. Et c'est un principe puissant du leadership et de l'entrepreneuriat.

Je demande souvent aux cadres supérieurs des entreprises dans lesquelles j'interviens en tant que consultant si les personnes qui y travaillent pourraient en « tomber amoureuses ». C'est une question très révélatrice et souvent une grande « différence qui fait la différence » dans la réussite d'une organisation. Il est vrai que les gens peuvent « être amoureux » de leur travail, l'argent, leur avancement personnel ou même du dirigeant, mais tout ceci peut entrer en conflit avec ce qui est dans l'intérêt du système plus large.

Jobs voulait ce sens de la mission non seulement chez ses seniors mais chez tous ceux qui travaillaient pour Apple. Il affirmait, « Je demande à tout le monde : "Pourquoi êtes-vous ici ?" » Il n'était pas rare chez Apple de vivre l'expérience de vous retrouver soudain dans l'ascenseur avec Steve Jobs qui se mettait à vous demander votre avis sur toutes sortes de choses.

Les gens pouvaient se sentir intimidés, surtout compte tenu de sa nature impétueuse et sa personnalité irritable. C'était d'autant plus délicat sachant que c'était le « patron ». Mais Jobs n'avait pas beaucoup de respect pour les hiérarchies, comme le symbolise clairement la publicité 1984. Il pensait plutôt que l'activité dans l'organisation devrait être organisée autour d'une vision et d'une mission partagées et de ce qu'il y avait de mieux pour l'entreprise. Une personne qui ne travaillait que depuis quelques semaines dans l'entreprise à un poste peu élevé pouvait tout d'un coup recevoir un mail de Steve Jobs demandant son avis sur quelque chose. Comme le disait Jobs, « Apple devrait être le genre d'endroit où n'importe qui peut venir partager ses idées avec le DG ».

Créer un Environnement d'Excellence

L'intensité de Jobs et son mépris du protocole traditionnel pouvaient mettre les gens mal à l'aise. Beaucoup de personnes ont indiqué que Jobs était un perfectionniste exigeant qui aimait avoir le contrôle. Mon précédent beau-père était marchand de tapis dans la Silicon Valley lors des débuts d'Apple. Il raconte une histoire révélatrice concernant une visite à Apple pour vendre des tapis. À sa surprise, Steve Jobs est venu à la présentation. D'après mon beau-père, Jobs a posé dix fois plus de questions que n'importe quel autre de ses clients. Jobs a voulu savoir tous les détails sur leur fabrication, leur composition, en quoi ils étaient mieux que d'autres. Il s'est renseigné sur l'entreprise, ses fournisseurs, et pourquoi il devrait la choisir plutôt qu'une autre. Alors que mon beau-père était impressionné, il a fini par se demander, « Vous n'avez pas une entreprise à diriger ? »

Clairement, Jobs était extrêmement curieux et exigeant sur les moindres détails. Selon ses mots, « Nous avons un environnement dans lequel l'excellence est vraiment attendue... Ma meilleure contribution est de ne prendre que des choses vraiment bien, dans les moindres détails. C'est mon boulot – faire en sorte que tout soit au mieux. »

Dans sa biographie très vendue de Steve Jobs, Walter Isaacson note une citation de Jobs qui donne un aperçu révélateur de son processus de prise de décision. Dans la citation, Jobs explique comment sa famille a décidé de choisir une machine à laver particulière pour leur maison. Bien qu'on pourrait penser qu'il s'agit d'un achat insignifiant, l'explication de Jobs sur la façon de se décider illustre son souci bien connu des détails.

> *Il s'avère que les américains font des lave-linge et des sèche-linge n'importe comment. Les européens les font bien mieux – mais ils mettent deux fois plus de temps pour les lessives ! Il se trouve qu'ils lavent avec quatre fois moins d'eau et les vêtements finissent moins imprégnés de détergent. Plus important, ils n'abiment pas vos vêtements. Ils utilisent beaucoup moins de détergent, beaucoup moins d'eau, mais les vêtements ressortent beaucoup plus propres, plus doux, et durent plus longtemps.*
>
> *Nous avons passé du temps à discuter en famille du compromis que nous voulions. On a fini par parler beaucoup de design, mais aussi beaucoup des valeurs de notre famille. Est-ce que c'était plus important que le linge soit lavé en une heure plutôt qu'une heure et demie ? Ou bien est-ce que c'était plus important que les vêtements soient vraiment doux et durent plus longtemps ? Est-ce que c'était important d'utiliser quatre fois moins d'eau ? Nous avons passé deux semaines à en parler tous les soirs au diner.*

Steve Jobs attendait de tous ceux qui travaillaient avec Apple qu'« ils tombent amoureux » de l'entreprise et de ses produits.

Comme Barney Pell, Steve Jobs s'est employé à créer une culture de l'excellence. Comme il l'a dit, « Ma meilleure contribution est de ne prendre que des choses vraiment bien, dans les moindres détails. C'est mon boulot – faire en sorte que tout soit au mieux ».

Dans la prise de décisions, Steve Jobs voyait les détails comme l'expression de valeurs clés qu'il ne fallait pas négliger.

Comme nous le verrons, l'intérêt que Jobs porte au *design* et aux *valeurs* de la famille sont des thèmes clés dans son schéma de réussite. Mais son attention aux détails et son insistance sur l'excellence ne sont qu'une partie de l'histoire. Il a également encouragé la créativité, suscité l'intelligence collective et activement facilité la culture du leadership.

Jobs a expérimenté des changements dans la structure organisationnelle chez Apple, et lorsqu'il a lancé NeXT il a tout simplement abandonné les structures corporatives. À la place, l'entreprise était organisée comme une « communauté » avec des « membres » plutôt que des employés. Il n'y avait que deux niveaux de salaires différents à NeXT jusqu'au début des années 1990 ; et celui que les gens recevaient dépendait du moment où ils avaient intégré l'entreprise et non de leur position dans l'organisation.

Le succès de Pixar est également considéré comme un résultat direct des attitudes et comportements de Jobs, y compris sa tendance à inspirer les employés et la confiance qu'il avait en eux. Jobs a établi un environnement sans pratiques de gestion strictes ni hiérarchie rigide. Il a construit un lieu de travail social qui encourageait la coopération, le travail d'équipe et les échanges ouverts entre tous les niveaux d'employés. La qualité et les aspirations des employés qu'il a recrutés a assuré un haut niveau de créativité et d'imagination de tous les individus travaillant dans l'entreprise. Le personnel de Pixar est connu pour être plus engagé dans son travail et sa créativité que son désir d'argent.

Steve Jobs a également vu la créativité comme une partie nécessaire d'une culture de l'excellence. Il a mis en place un environnement de travail qui encourageait la coopération, le travail d'équipe et les échanges ouverts entre tous les niveaux de l'équipe.

Ce sont des marques de l'approche de leadership transformationnel de Steve Jobs. Comme il l'a dit dans la citation précédente, « Il s'agit des personnes que vous avez, comment vous êtes dirigé, et à quel point vous le sentez ». Jobs l'a expliqué de la façon suivante :

> *Si [les gens] travaillent dans un environnement dans lequel on attend l'excellence, alors ils feront un excellent travail sans rien d'autre que de l'automotivation. Je parle d'un environnement dans lequel l'excellence est remarquée et respectée et intégrée dans la culture. Si vous avez cela, vous n'aurez pas besoin de dire aux gens de faire un excellent travail. Ils le comprennent par leur environnement.*

La référence de Jobs à « un environnement dans lequel l'excellence est remarquée et respectée et intégrée dans la culture » est une description claire de ce dont nous avons parlé plus haut sous le nom de « champ ». Comme l'indique Jobs, la motivation et les standards deviennent une partie de l'environnement et sont « comprises comme le cadre » plutôt que de venir du renforcement de comportement individuels ou de règles établies. Ce type de champ est critique pour la réussite durable à long terme de toute entreprise, et il est indispensable que les valeurs centrales et l'expression de ce champ soient pleinement incarnées par le leader de l'entreprise. Juste comme le pilote dans l'exemple du Miracle sur l'Hudson, les réponses et actions du leader sont le point de repère des autres dans le système.

L'engagement inébranlable de Steve Jobs dans la réalisation de la vision large ainsi que son intérêt constant pour l'innovation et l'excellence ont été des facteurs clés de succès dans ses réussites successives en tant que leader et pour la réussite de ses entreprises. Selon John Lasseter, responsable de la créativité pour Pixar et Walt Disney Animation Studios, et Edwin Catmull, actuel président de Walt Disney Animation Studios et Pixar Animation Studios :

> *Steve était un visionnaire extraordinaire, notre très cher ami, et notre phare dans la famille Pixar. Il a vu le potentiel de ce que Pixar pourrait devenir bien avant le reste d'entre nous, et au-delà de tout ce que personne avait jamais imaginé. Steve a pris le risque avec nous et a cru en notre rêve fou de faire des films animés par ordinateur ; ce qu'il disait toujours, c'était « rendez-le génial ». C'est grâce à lui que Pixar est devenu ce que nous sommes, et sa force, son intégrité, son amour de la vie ont fait de nous de meilleures personnes. Il est à jamais une part de l'ADN de Pixar.*

D'après Steve Jobs, un environnement et une culture de l'excellence créent un type de champ dans lequel les gens « font un excellent travail » sans avoir besoin de quoi que ce soit de plus que leur « auto-motivation » pour les y encourager.

Vers l'infini et au-delà! Steve Jobs était congruent avec une vision qui allait au-delà de la conception d'ordinateurs, et il l'a prouvé en aidant Pixar à prendre son essor en tant que studio d'Animation 3D.

Un Orchestrateur de l'Innovation

Mon beau-père actuel, qui était directeur technique senior chez IBM dans les années 1980, parle de Steve Jobs comme d'un *orchestrateur de l'évolution*. Selon lui l'atout majeur de Jobs a été d'être « un sélecteur, développeur et intégrateur de bonnes idées » plutôt qu'un développeur de technologies fondamentales. Le fait que Jobs embrasse ce rôle d'« orchestrateur d'innovation » au service de la vision, mission et ambition de ses entreprises a clairement été une clé importante de sa réussite. Réfléchissez au commentaire suivant de Jobs :

> *Donc lorsqu'une bonne idée arrive... une partie de mon travail consiste à la faire tourner, juste voir ce que différentes personnes en pensent, faire parler les gens à son sujet, en débattre avec les gens, mettre des idées en marche dans ce groupe de 100 personnes, rassembler des personnes différentes pour en explorer différents aspects tranquillement, et, vous savez – juste explorer les choses.*

Steve Jobs était un « orchestrateur de l'innovation, » encourageant l'intelligence collective et la collaboration générative entre les membres de son équipe.

Par certains aspects, cette déclaration capte l'un des facteurs de succès les plus significatifs de Jobs : sa capacité à promouvoir l'intelligence collective et la collaboration générative au sein de son équipe.

C'est remarquable que Jobs dise, « quand une bonne idée arrive ». L'implication claire est que l'idée ne vient pas nécessairement *de* lui, mais plutôt *à travers* lui. Comme s'il était le canal d'un champ de possibilités. C'est une qualité que j'ai trouvée chez tous les grands entrepreneurs et leaders. Peu importe à quel point ils peuvent être égoïstes ou arrogants dans d'autres domaines de leur vie, ils sont humbles en ce qui concerne leur vision, parce qu'elle ne vient pas de leur ego. De la même façon que lorsque Martin Luther King a dit « J'ai fait un rêve » il ne parlait pas d'un rêve personnel de lui-même, pour lui-même, la vision d'un entrepreneur comme Steve Jobs n'est pas de lui-même pour lui-même.

La sagesse vient en s'asseyant ensemble pour confronter véritablement nos différences, sans le besoin de les changer.
– **Gregory Bateson**

La chose la plus importante, d'après Jobs, est de « faire tourner l'idée, » « voir ce que différentes personnes pensent » et « faire parler les gens à son sujet ». Ces activités favorisent trois processus cruciaux de l'intelligence collective : résonance, synergie et émergence (voir le *Volume 2 de la Modélisation des Facteurs de Succès* pour plus d'informations à ce sujet).

L'engagement commun vers une vision plus large crée une culture qui peut même faire de la place au débat sans s'y laisser prendre ni se diviser. C'est ce qui a permis à Jobs de « débattre avec les gens » sans que cela devienne un « déballage d'ego » mesquin et ne régresse dans le conflit et la lutte. Comme l'a dit l'anthropologue Gregory Bateson, « La sagesse vient en s'asseyant ensemble pour confronter véritablement nos différences, sans le besoin de les changer ». Lorsque vous pouvez faire cela, quelque chose au-delà de tout point de vue individuel émerge. Ceci est clairement un facteur clé de réussite dans la capacité à « orchestrer l'évolution ». Comme l'a décrit Jobs :

Mon modèle pour les affaires, c'est les Beatles : ils étaient quatre types qui surveillaient mutuellement leurs tendances négatives ; ils s'équilibraient. Et le total était supérieur à la somme des parties. Les grandes choses dans les affaires ne sont pas faites par une personne, elles sont faites par une équipe.

De façon intéressante, l'un des bénéfices de l'apparent manque de sensibilité relationnelle de Steve peut avoir été d'éviter l'une des potentielles conséquences négatives des groupes très soudés appelée la « pensée de groupe ». La *pensée de groupe* est la façon de penser adoptée par les personnes dans les groupes et équipes lorsque « la volonté d'unanimité des membres passe au-dessus de leur motivation à évaluer réalistement les actions alternatives ». Le phénomène de « pensée de groupe, » par exemple, a été considéré comme responsable d'un certain nombre de politiques américaines « désastreuses » comme l'incapacité à anticiper l'attaque japonaise sur Pearl Harbor en 1941 et le fiasco de l'invasion de la Baie des Cochons en 1961. Jobs a expliqué :

Steve Jobs ne s'intéressait pas qu'à ses propres idées ; il voulait les « meilleures » idées. Son approche du travail avec son équipe encourageait la pensée indépendante et la reconnaissance de perspectives multiples. Ceci servait à faire émerger et filtrer les idées les plus innovantes et de la plus haute qualité.

[Notre culture] récompense effectivement la pensée indépendante, et nous avons souvent des désaccords constructifs – à tous les niveaux. Il ne faut pas longtemps à une nouvelle personne pour voir que les gens se sentent bien dans le désaccord ouvert avec moi. Cela ne veut pas dire que je ne peux pas être en désaccord avec eux, mais cela veut dire que la meilleure idée gagne. Notre attitude est que nous voulons le meilleur. Ne vous attachez pas à qui détient l'idée. Prenez la meilleure, et en avant.

Donc, en plus du brainstorming, la concentration sur la vision de Jobs et sa stratégie pour mobiliser l'intelligence collective et la collaboration générative l'ont également aidé à suivre le pouls des besoins et motivations en évolution de ses clients. La capacité à collecter et garder de multiples perspectives potentiellement contradictoires aide à trouver les points de résonance autant qu'à apprécier les différences. Ces points de résonance révèlent des besoins et motivations communs. Comme Jobs l'a expliqué :

Il ne s'agit pas de culture populaire, et il ne s'agit pas de berner les gens, et il ne s'agit pas de les convaincre qu'ils veulent quelque chose qu'ils ne veulent pas.

Nous savons ce que nous voulons. Et je pense que nous sommes très bons à mettre en œuvre la discipline adaptée pour trouver si beaucoup d'autres personnes vont vouloir la même chose.

La « discipline » d'aller chercher et intégrer des perspectives multiples a non seulement permis à Jobs et son équipe d'identifier plus clairement les besoins et désirs « perçus », mais elle leur a aussi pointé des besoins et désirs « latents » plus inconscients qui étaient dans le « champ » mais pas encore dans la conscience des gens. Jobs a affirmé, « Bien souvent, les gens ne savent pas ce qu'ils veulent jusqu'à ce que vous le leur montriez ».

L'Innovation Ouverte et la Puissance des Partenariats

La capacité de Jobs à favoriser l'intelligence collective et orchestrer l'évolution l'a aussi amené à embrasser et pratiquer l' « innovation ouverte ». L'idée centrale derrière l'*l'innovation ouverte* est que pour accélérer l'innovation et lever des ressources, les entreprises ont besoin de créer des partenariats et alliances gagnant-gagnant avec d'autres organisations et entités. La majeure partie de la technologie fondamentale pour l'interface graphique de l'ordinateur Macintosh, par exemple, a été développée au centre de recherche de Xerox à Palo Alto (Xerox PARC). La souris de l'ordinateur a été initiée par Douglas Engelbart et le Stanford Research Institute (SRI). Je me souviens très bien d'avoir bénéficié en 1982 d'une démonstration de l'utilisation de la souris sur un ordinateur avec des fenêtres et des menus déroulants au PARC alors que j'étais impliqué dans un projet de modélisation chez Xerox. Peu après ils ont inéluctablement fait la même démo à Steve Jobs. Le génie de Jobs a été de voir le potentiel pour ces innovations sur un ordinateur personnel et de les intégrer dans un ensemble esthétiquement agréable et facile d'utilisation.

Steve Jobs a également embrassé la pratique de l'« innovation ouverte » qui implique de créer des partenariats gagnant-gagnant avec d'autres entrepreneurs et entreprises pour accélérer l'innovation et lever des ressources.

Douze ans après l'introduction du Macintosh, en 1996, lorsque Jobs est réapparu chez Apple comme DG (après l'acquisition de NeXT Computer par Apple), l'entreprise était en difficulté et proche de la faillite. En 1985 Jobs avait été suspendu de ses fonctions managériales chez Apple suite à un conflit de pouvoir avec John Sculley, que Jobs lui-même avait recruté comme DG d'Apple. Jobs avait ainsi démissionné de l'entreprise qu'il avait lui-même créée. Onze ans après, Jobs est retourné dans une entreprise au bord de la faillite. L'une des premières actions de Jobs a été de mettre en place un partenariat stratégique avec le géant du logiciel Microsoft, avec lequel, sous Sculley, Apple s'était engagé dans une longue et coûteuse bataille juridique sur des droits de brevets. En 1997, au Boston Macworld Expo, Jobs est monté sur scène pour faire l'une de ses célèbres allocutions. Il a stupéfié son auditoire – pour qui le monde se définissait désormais par la bataille juridique entre le « perdant » Apple et la toujours plus « toute puissante » Microsoft Corporation – avec l'annonce suivante.

> *Apple vit dans un écosystème et elle a besoin de l'aide d'autres partenaires ; elle a besoin d'aider d'autres partenaires. Et les relations destructives n'aident personne dans cette industrie aujourd'hui. Donc durant ces dernières semaines nous avons étudié certaines des relations, et il en est ressorti une qui n'a pas très bien fonctionné, mais qui a, je pense, un grand potentiel pour les deux entreprises. Et j'aimerais annoncer l'un de nos premiers partenariats aujourd'hui, un partenariat qui a beaucoup, beaucoup de sens. Et ce partenariat est avec Microsoft...*

Nous devons abandonner cette notion que pour qu'Apple gagne, Microsoft doit perdre... l'ère de la compétition entre Apple et Microsoft est révolue en ce qui me concerne. Il s'agit d'assainir Apple et... il s'agit qu'Apple soit capable d'apporter des contributions formidables à l'industrie informatique, de retrouver la santé et la prospérité.

L'accord a posé un certain nombre de dispositions pour la concession réciproque de licences de brevets. Il garantissait que Microsoft continuerait à sortir des produits Microsoft Office pour la plateforme Mac. Apple a commencé à faire de Microsoft Internet Explorer le navigateur par défaut sur tous les nouveaux produits Mac. Microsoft acheta également 150 millions de dollars d'actions Apple sans droit de vote au prix du marché avec la promesse de ne pas les vendre avant trois ans. Cela signifiait que Microsoft était maintenant une partie prenante en plus d'être un partenaire et avait donc un intérêt direct à voir le prix des actions d'Apple augmenter et non s'effondrer. Lorsque la nouvelle de l'accord a atteint le marché, les actions d'Apple ont augmenté de 35% !

Cet exemple montre le pouvoir des partenariats et pourquoi ils sont une partie si importante du Cercle de Succès. Et, à nouveau, c'est l'engagement de Steve Jobs pour la vision et mission plus larges d'Apple qui étaient à la base de la démarche. Son affirmation que « Il s'agit d'assainir Apple et... il s'agit qu'Apple soit capable d'apporter des contributions formidables à l'industrie informatique, de retrouver la santé et la prospérité, » est une affirmation claire du lien entre le fait de mettre l'ambition au service de la plus grande identité et la mission de l'entreprise.

Steve Jobs a encouragé l'« innovation ouverte » et sauvé Apple de la faillite en créant un partenariat avec Microsoft, que beaucoup considéraient à l'époque comme l'ennemi mortel d'Apple.

Créer l'Avenir

L'iPod et l'Élargissement de la Mission d'Apple

La pratique du processus d'innovation ouverte par Steve Jobs est également particulièrement bien illustrée par le développement de l'iPod, un produit qui a changé à la fois Apple et toute l'industrie de la musique. Avant son introduction, les lecteurs MP3 étaient le domaine de petites entreprises à budgets limités qui ne pouvaient pas fournir du contenu. Après l'iPod, toute l'industrie a évolué et grandi à tel point que les plus grandes entreprises informatiques du monde ont des intérêts dans l'industrie de la musique numérique.

Lorsque l'iPod a été conçu, Apple n'avait pas les ressources internes nécessaires pour faire un appareil de musique attractif. Au lieu d'essayer de développer un nouveau dispositif complet, Apple a acquis la licence de la plateforme logicielle d'un tiers, PortalPlayer. De même, elle a acquis à l'extérieur les logiciels pour concevoir iTunes et embauché des experts en logiciels de musique et des ingénieurs en matériel informatique venant de l'extérieur, les intégrant à une équipe de vétérans Apple. Apple a contracté avec une autre entreprise, Pixo, pour aider à concevoir et mettre en œuvre l'interface utilisateur sous la supervision directe de Steve Jobs.

L'iPod est un exemple clair de la façon dont Steve Jobs appliquait l'innovation ouverte et stimulait la collaboration générative pour créer le futur.

Jobs a grandi à la période où la musique rock and roll était en train de changer le monde. Il a affirmé que la musique était « bonne pour l'âme » et qu'il écoutait de la musique comme catalyseur de créativité pour stimuler son propre processus d'imagination et de rêve. Il a également vu l'amour commun de la musique comme un moyen de se connecter à une toute nouvelle génération d'utilisateurs de technologie.

En raison de sa passion quant au pouvoir de la musique, Steve Jobs a joué un rôle très actif dans le projet iPod, programmant des réunions fréquentes avec les concepteurs. Pendant ces réunions il leur expliquait en détail ses enjeux pour l'appareil, que ce soit l'interface, la qualité du son, ou la taille de la molette de défilement.

Pour Jobs, l'iPod incarnait la vision et la mission d'Apple. Il a vu quelque chose qui « changerait vraiment le monde » en aidant à « ramener la musique dans la vie des gens d'une façon vraiment pleine de sens ». Selon ses termes :

> *Si un produit a catalysé la raison d'être d'Apple, c'est bien (l'iPod). Parce qu'il combine l'incroyable base technologique d'Apple avec la légendaire facilité d'utilisation d'Apple et le formidable design d'Apple... c'est ça, c'est ce que nous faisons. Et si quelqu'un se demandait pourquoi Apple est sur terre, je lui montrerais ça comme un bon exemple.*

La référence de Jobs à l'« incroyable base technologique d'Apple, » la « légendaire facilité d'utilisation d'Apple » et « le formidable design d'Apple » est une réponse claire et concise aux questions, « Quelle sont votre contribution et service uniques par rapport à la vision pour vos clients ? Quelles sont les ressources, capacités et actions spéciales que vous allez développer et mettre en œuvre pour atteindre votre vision pour vos clients ? » L'une des grandes forces d'Apple en tant qu'organisation est le sens clair de la mission instillé par Steve Jobs en tant que leader.

L'Importance de l'Intelligence Esthétique

Le souci du détail bien connu de Jobs, caractérisé par son rôle dans le développement de l'iPod, pointe un autre de ses facteurs de réussite majeurs qu'on pourrait appeler l'*intelligence esthétique*. Les produits Apple sont connus depuis longtemps autant pour leur design élégant et innovant que pour leur fonctionnalité et leur facilité d'utilisation. Il s'agit d'une expression directe des valeurs de Jobs et respecte le côté positif de sa rigueur méticuleuse par rapport au style et aux particularités des produits Apple. Comme il l'a expliqué :

> Dans le vocabulaire de la plupart des gens, design équivaut à habillage de surface, vernis. C'est la décoration d'intérieur. C'est le tissu des rideaux ou du canapé. Or pour moi rien ne pourrait être plus éloigné de la signification de design. Le design est l'âme fondamentale d'une création d'origine humaine qui s'exprime au final dans les différents niveaux du produit ou du service.

Comme Léonard de Vinci qui aspirait à l'« harmonie et à la proportionnalité » dans ses inventions aussi bien que sa peinture et autres travaux, Steve Jobs percevait que « le design est l'âme fondamentale d'une création d'origine humaine ».

Le *design* est défini comme « décider de l'allure et du fonctionnement » d'un produit. Le fonctionnement concerne l'utilisation pragmatique d'un produit. Son « allure » concerne son attrait esthétique. Les contributions les plus durables et les plus marquantes, quel que soit le domaine, sont celles où l'esthétique et le talent artistique (élégance, harmonie et beauté) sont intégrés au pragmatisme et à l'utilité (accomplissement technique et applications pratiques). Cela s'applique à tout depuis les chaussures et les vêtements jusqu'aux bâtiments, en passant par les voitures et même les théories scientifiques.

Un facteur majeur de l'impact et de la réussite de Steve Jobs a été son intérêt pour l'intelligence esthétique. Il a affirmé que, « Le design est l'âme fondamentale d'une création d'origine humaine qui s'exprime au final dans les différents niveaux du produit ou du service ».

Les contributions les plus durables et les plus marquantes dans n'importe quel domaine sont celles où l'esthétique et le talent artistique sont intégrés au pragmatisme et à l'utilité.

L'intelligence artistique consiste donc à apporter « l'harmonie, l'équilibre et la beauté » dans ce que l'on fait ou crée. Elle peut être définie comme « l'utilisation consciente de savoir-faire et d'imagination créative pour produire un travail de beauté ». Comme l'a définie l'anthropologue Gregory Bateson, « les raisons du cœur » s'« intègrent aux raisons de la raison ».

Selon De Vinci, l'harmonie et la proportionnalité résultent de la relation entre les parties d'un système et leur « intention » par rapport à l'ensemble du système. Jobs comprenait et attachait beaucoup d'importance à ce point de vue. Aucune partie, aucun détail n'était sans importance. Il a expliqué :

Steve Jobs a appliqué à sa propre vie les mêmes valeurs de passion, utilité et esthétisme sur lesquelles il insistait avec ferveur dans ses entreprises.

> *Si vous êtes un ébéniste réalisant une magnifique commode, vous n'allez pas utiliser du contreplaqué pour en faire le dos, même s'il se retrouve contre le mur et que personne ne le verra jamais. Vous saurez qu'il est là, alors vous allez utiliser une belle pièce de bois pour faire le dos. Si vous voulez bien dormir la nuit, l'esthétique, la qualité, doivent être mises en œuvre du début à la fin.*

C'est ce niveau d'esthétique et de qualité « mis en œuvre du début à la fin » qui faisait quelque chose de « démentiellement génial ».

Jobs a appliqué les mêmes valeurs de passion, d'utilité et d'esthétique à sa propre vie. Ce sont elles qui ont fait qu'« elle valait la peine d'être vécue ». Selon ses termes :

> *Être l'homme le plus riche du cimetière ne m'intéresse pas... Aller me coucher en me disant que nous avons fait quelque chose de merveilleux... c'est ce qui m'importe.*

« NOUS AVONS FAIT QUELQUE CHOSE DE MERVEILLEUX AUJOURD'HUI »

Synthèse des Facteurs de Succès de Steve Jobs

J'ai dit au début de l'étude de ce cas que Steve Jobs était énigmatique :

- Il pouvait être agressif et exigeant, mais il était également extrêmement innovant et poussé à faire « quelque chose de merveilleux ».
- Jobs était perçu comme arrogant et égoïste, mais il était également reconnu comme profondément inspirant et motivant.
- Il était contrôlant et obsédé par les détails, mais il était également profondément esthète et encourageait l'intelligence collective et la collaboration générative.

Selon les termes de son biographe Walter Isaacson :

> *Steve était plein de contradictions. C'était un rebelle de la contre-culture qui est devenu milliardaire. Il fuyait les objets matériels mais fabriquait des objets de désir. Il parlait, parfois, de sa lutte intérieure avec ces contradictions. Sa contre-culture d'origine combinée à son amour de l'électronique et des affaires a été déterminante pour les produits qu'il a créés. Ils combinaient le talent artistique et la technologie.*

Comme l'indique Isaacson, les contradictions de Jobs étaient en fait l'un des piliers de sa créativité. Les qualités apparemment contradictoires du caractère de Steve Jobs sont ce que nous appelons des « complémentarités génératives ». Ses forces et ses faiblesses peuvent toutes être vues comme des aspects nécessaires de ces traits complémentaires. D'une certaine façon, l'un ne va pas sans l'autre ; ou tout au moins le potentiel pour l'autre. De la même façon que connaître la joie c'est connaître la tristesse (et vice-versa), ou connaître l'amour c'est connaître la souffrance, les traits positifs et négatifs de Jobs fonctionnaient nécessairement main dans la main. Vous n'avez pas l'un sans l'autre. La lumière porte toujours une ombre quelque part.

Ces traits complémentaires sont en essence une même caractéristique qui s'exprime d'un côté à travers l'Ego et de l'autre à travers l'Âme. L'ambition, le contrôle, l'arrogance, l'obsession, l'anxiété, etc. sont tous des traits de l'Ego. La vision, la contribution, l'inspiration, la connexion et l'appréciation de l'harmonie et de la beauté sont des traits de l'Âme. La clé de la réussite, comme je l'ai souvent mentionné, est de trouver un rôle dans lequel l'ambition est mise au service de la mission et de la vision.

L'exemple de Steve Jobs illustre le pouvoir et l'importance des « complémentarités génératives ». Ses forces et ses faiblesses étaient des aspects essentiels de son génie créatif.

J'aime souligner que plus votre ambition est grande, plus votre vision doit l'être pour diriger cette ambition. De même, plus votre vision est grande, plus votre ambition doit l'être pour réaliser cette vision. Lorsqu'il y a beaucoup d'ambition et peu ou pas de vision, la conséquence est l'arrogance égoïste. Lorsqu'il y a beaucoup de vision et pas d'ambition, il en résulte des rêves non réalisés. Lorsque les deux s'assemblent dans un partenariat gagnant-gagnant, la conséquence est la passion et l'enthousiasme à propos de ce que l'on fait, une direction claire, et un type de charisme qui apporte de l'énergie et de la motivation aux personnes avec lesquelles on travaille. Cela soutient également la capacité à rebondir dans l'adversité et à transformer l'échec en feed-back. Cela semble avoir été le cas avec Steve Jobs. Il l'a résumé ainsi :

Lorsque l'ambition est au service de la vision il est possible à la fois de prendre des risques et de demander de l'aide. Comme l'a affirmé Steve Jobs, « Si vous avez peur d'échouer vous n'irez jamais très loin ».

> *Je n'ai jamais trouvé quelqu'un qui refuse de m'aider si je le lui demandais... J'ai appelé Bill Hewlett (co-fondateur du géant de l'électronique Hewlett-Packard) quand j'avais douze ans. Il vivait à Palo Alto. Son numéro était toujours dans l'annuaire. Et il a décroché le téléphone lui-même. Il a dit, « Oui ? » Et j'ai dit, « Bonjour, je suis Steve Jobs et j'ai douze ans. Je suis élève au collège et je veux construire un compteur de fréquence, et je me demandais si vous auriez des pièces détachées que vous pourriez me donner. Il a ri et m'a donné les pièces pour construire ce compteur de fréquence. Et il m'a donné un travail cet été-là chez Hewlett-Packard pour assembler les écrous et les boulons sur la chaîne de montage des compteurs de fréquence. Il m'a donné un travail là où on les fabriquait. Et j'étais au paradis.*
>
> *Je n'ai jamais rencontré personne qui ait dit « non » ou raccroché le téléphone quand j'ai appelé. J'ai juste demandé. Et quand quelqu'un me demande quelque chose, j'essaie d'être aussi réactif pour payer cette dette de gratitude.*
>
> *La plupart des gens ne décrochent jamais le téléphone pour appeler. La plupart des gens ne demandent jamais. Et c'est parfois ce qui sépare les personnes qui font des choses de celles qui se contentent d'en rêver.*
>
> *Vous devez agir, et vous devez être prêt à échouer. Vous devez être prêt à mordre la poussière, avec les gens au téléphone, avec le lancement d'une entreprise, avec quoi que ce soit.*
>
> *Si vous avez peur d'échouer vous n'irez jamais très loin.*

Le Cercle de Succès de Steve Jobs

Au centre du cercle se trouvait la passion et le désir de Jobs de réaliser « quelque chose de merveilleux, » un profond sens de la direction, et le courage issu d'une forte croyance en lui-même et en son destin. Selon ses termes :

> *Vous ne pouvez pas relier les points en regardant vers l'avant ; vous ne pouvez les relier qu'en regardant en arrière. Vous devez donc avoir la confiance que les points vont se relier d'une façon ou d'une autre dans votre futur. Vous devez vous fier à quelque chose – vos tripes, votre destin, votre vie, votre karma, ce que vous voulez. Cette approche ne m'a jamais déçu, et elle a fait toute la différence dans ma vie.*

Ceci était lié à son intelligence esthétique et son engagement dans le *design* comme valeur fondamentale et guide dans sa vie. Ces qualités, associées à sa capacité à se convaincre et à convaincre les autres de croire en presque n'importe quoi, lui ont permis de créer le soi-disant « *champ de distorsion de la réalité* » qui pouvait faire paraître l'impossible possible. Comme il l'a affirmé dans sa publicité « Think Different », les gens qui sont assez fous pour penser qu'ils peuvent changer le monde sont généralement ceux qui le font.

Par rapport aux clients et au marché, la passion de Jobs s'exprimait comme une *vision de capacitation personnelle et d'enrichissement par la technologie* et la création de *produits « démentiellement géniaux »* combinant *la beauté et la fonctionnalité*. La vision et la passion de Jobs lui ont donné un profond sens de la connexion avec ses clients et avec le marché et la possibilité de faire une différence positive dans la vie des gens. Il a expliqué dans une interview de 1996 :

> *Je l'ai ressenti la première fois que j'ai visité une école. Ils avaient des élèves de troisième et quatrième année d'école primaire dans une classe pleine d'Apple II. J'y ai passé quelques heures et vu que ces élèves grandissaient d'une toute autre façon que moi parce qu'ils disposaient de cette machine.*
>
> *Et ce en quoi cela m'a frappé, c'est que cette machine avait été conçue par très peu de personnes ; environ quatre dans le cas de l'Apple II. Ils l'ont apportée à des personnes qui ne savaient pas comment la concevoir, mais qui savaient comment la réaliser, la fabriquer. Ils pouvaient en fabriquer une grande quantité. Et ils l'ont apportée à des personnes qui ne savaient pas la concevoir ni la fabriquer, mais qui savaient comment la distribuer. Ils l'ont apportée à des personnes qui ne savaient pas la concevoir, la fabriquer ni la distribuer, mais qui savaient écrire des logiciels pour elle.*

Au centre du Cercle de Succès de Steve Jobs il y avait sa passion de faire une différence positive dans le monde, sa croyance en lui-même et sa destinée, et une profonde intelligence esthétique. Ceci a créé un type de « champ de distorsion de la réalité » qui lui a permis de se convaincre et de convaincre les autres que ce qui semblait impossible était possible.

Exprimée vers les clients potentiels, la passion de Steve Jobs a produit une vision de capacitation personnelle et d'enrichissement par la technologie et la création de produits « démentiellement géniaux » combinant la beauté et la fonctionnalité.

Créer l'Avenir

Cette sorte de pyramide inversée a progressivement grandi, et lorsqu'elle est arrivée entre les mains de nombreuses personnes, elle a éclos à partir de cette petite graine. Cela semblait une incroyable quantité de mobilisation. Et tout avait commencé avec une simple idée. Et voilà que cette idée avait traversé toutes ces étapes, et que le résultat était une classe pleine d'enfants grandissant avec des idées et des expériences fondamentalement différentes que je trouvais bénéfiques pour eux, grâce à ce germe d'idée quelques années plus tôt.

Et c'est un sentiment incroyable ; de savoir que vous y êtes pour quelque chose et de savoir que ça peut être fait. De savoir que vous pouvez planter quelque chose dans le monde et que ça va pousser et changer le monde un tant soit peu.

Avec respect pour les membres de son équipe, Steve Jobs s'employait à leur inspirer de « tomber amoureux d'Apple » et à « les améliorer ». Il a établi un environnement et une culture dans laquelle l'excellence était « remarquée, » « respectée » et intégrée dans le « cadre ».

Jobs avait le don de planter les bonnes « graines ». Sa préférence pour l'absence de hiérarchie et sa capacité à « faire tourner les idées, » « voir ce que différentes personnes pensent » et « faire parler les gens » à leur propos lui ont permis de ne pas s'enfermer dans une « tour d'ivoire » et de rester en contact avec le « *pouls* » des besoins, intérêts et désirs des gens. Il a également eu le courage de continuer à faire évoluer l'expression de sa vision et de ne pas la laisser se figer dans l'idéologie ou le dogme.

Par rapport à ses *employés et membres de l'équipe*, Jobs s'est employé à les inspirer et « les rendre meilleurs » et a mis en place une culture d'excellence dans laquelle l'excellence était « remarquée, » « respectée » et intégrée dans le « cadre ». Sa question « *Pourquoi êtes-vous ici ?* » est un exemple de sa profonde concentration sur le niveau de la mission. Sa préoccupation principale était de savoir si les membres de son équipe « tomberaient amoureux » de l'entreprise et de sa vision. Il a encouragé l'intelligence collective et la collaboration générative par les échanges ouverts entre personnes de tous les niveaux de l'organisation et par l'« évangélisme ».

La capacité de Steve Jobs à former et lever des partenariats et des alliances gagnant-gagnant en tant qu'« orchestrateur de l'innovation » lui a permis d'attirer et intégrer des technologies fondamentales de multiples sources.

La capacité de Jobs à former et mobiliser des *partenariats et alliances* constitue un autre élément clé de sa réussite. Son rôle d'«*orchestrateur de l'innovation* » a fait de lui un partenaire de travail attractif. En tant que « sélecteur, développeur et intégrateur de bonnes idées, » Jobs a fait bon accueil à l'*innovation ouverte* et est allé chercher pour les associer des technologies fondamentales de différentes sources, comme pour le Macintosh, l'iPod et l'iPad. Son rôle d'orchestrateur de l'innovation l'a aussi motivé à faire des partenariats et encourager les développeurs à créer de nouvelles applications et logiciels. Son partenariat révolutionnaire avec Microsoft en 1996 a sauvé son entreprise alors qu'elle était au bord de la faillite.

En termes d'*investisseurs et parties prenantes*, l'*ambition* de Jobs de *garder une longueur d'avance* et « aller là où le palet va se trouver » était attractive et a fini par payer largement. Comme beaucoup d'autres investisseurs « chanceux », son ambition l'a motivé à rester actif, prendre des risques et demander de l'aide. Il a également fait preuve d'un *engagement total pour la réussite de l'entreprise*. Sa décision symbolique de recevoir un salaire de DG de un dollar par an en est une déclaration spectaculaire.

Une autre façon dont Jobs créait de la valeur pour les investisseurs et les parties prenantes était la *discipline*. Comme Walt Disney, un autre emblème de l'entrepreneuriat, Steve Jobs pouvait être un rêveur, un réaliste et un critique. En tant que rêveur, il était capable d'anticiper les tendances et d'appliquer la discipline pour solliciter et intégrer de multiples perspectives pour développer et enrichir de nouvelles idées. Il était aussi un réaliste, faisant preuve d'une extraordinaire discipline avec ses équipes pour valider le niveau de maturité du marché et s'assurer que tous les ingrédients du produit étaient prêts à donner un haut niveau de performance. Pour Jobs, il y avait également une connexion claire entre la grande vision et le souci du détail. Ceci impliquait d'être un critique constructif et d'instaurer la discipline du design pour garantir que l'« âme » et la qualité de ses créations seraient « présentes du début à la fin » de chaque niveau du produit. Selon les mots de Jobs, « Pour transformer des idées vraiment intéressantes et des technologies émergentes en une entreprise qui peut innover pendant des années, il faut beaucoup de disciplines ». En tant que critique, cela demandait aussi la discipline de dire « non ». Comme Jobs l'a expliqué :

> *Les gens pensent que se concentrer signifie dire oui à la chose sur laquelle vous devez vous concentrer. Mais ce n'est pas du tout ce que cela signifie. Cela signifie dire non aux centaines d'autres bonnes idées qui existent. Vous devez choisir avec soin. Je suis en fait aussi fier des nombreuses choses que nous n'avons pas faites que de celles que nous avons faites.*

L'ambition de Steve Jobs de garder une longueur d'avance et d'« aller là où le palet allait se trouver » l'a motivé à rester actif, prendre des risques et demander de l'aide. Cela a également amené un engagement total dans la réussite de son entreprise qui a attiré les investisseurs et autres parties prenantes.

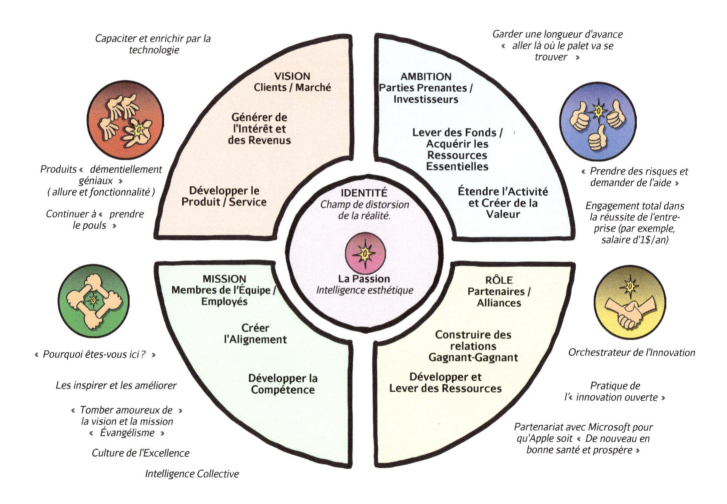

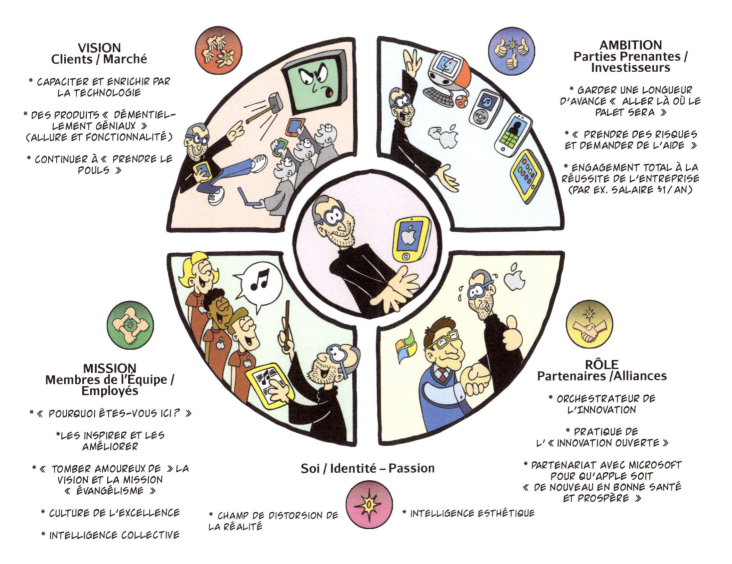

Dernières Remarques à propos de Steve Jobs

Le *rôle* d'« orchestrateur de l'innovation » de Steve Jobs lui a permis de mettre son *ambition* en œuvre pour vivre sa propre vie, garder une longueur d'avance et aller là où « le palet allait se trouver » au service de la *vision* d'individus capacités utilisant une technologie et des produits « démentiellement géniaux ». Il a aussi soutenu sa *mission* de créer ces produits par la collaboration générative et la discipline esthétique.

Chez Jobs, qui a adopté le Bouddhisme, nous voyons la présence des « trois joyaux » du zen-trepreneuriat que nous avons mentionné au chapitre 2 : ses *Dharma* (apporter aux autres par la technologie), *Bouddha* (vivre sa propre vie) et *Sangha* (faire quelque chose de merveilleux avec les autres). Ce qui fait de Steve Jobs un emblème de la réussite n'est pas seulement ses chiffres d'affaires phénoménaux, c'est son désir de faire « quelque chose de merveilleux » avec les autres et son engagement à vivre *sa* vie à sa façon, en accord avec ses valeurs. Comme il l'a dit :

> Durant ces dernières années (38), je me suis regardé tous les matins dans la glace en me demandant : « Si aujourd'hui était le dernier jour de ma vie, est-ce que je voudrais faire ce que je m'apprête à faire aujourd'hui ? » Et dès l'instant que la réponse était « Non » pendant trop de jours d'affilée, je savais qu'il était temps de changer quelque chose.

Bien que clairement imparfait, Jobs a vécu sa vie en s'employant à aller « se coucher le soir en disant que nous avons fait quelque chose de merveilleux » et se lever chaque matin en voulant « faire ce que je m'apprête à faire aujourd'hui ». Que nous aimions ou non Steve Jobs en tant que personne, ou que nous appréciions ce qu'il a créé, il est intéressant et inspirant d'imaginer vivre nos vies en encadrant nos journées par ces deux critères.

La réussite de Steve Jobs peut être vue comme le résultat du voyage épique d'un entrepreneur en quête d'équilibre et d'intégration de son ego et de son âme. Ce n'est pas étonnant que ses derniers mots aient été, « *Oh Wow. Oh Wow. Oh Wow* ».

Le rôle d'«orchestrateur de l'innovation» de Steve Jobs lui a permis de mettre son ambition à l'œuvre dans sa propre vie, garder une longueur d'avance et continuer à avancer là où « le palet allait se trouver » au service de sa vision d'individus capacités utilisant de la technologie et des produits « démentiellement géniaux ».

Résumé du Chapitre

La vision est une expression importante du centre du Cercle de Succès vers les clients. Comme l'illustre l'exemple de la vision de John Kennedy d'« envoyer un homme sur la lune et le ramener sain et sauf sur terre », une vision exigeante élargit et teste le meilleur de nos capacités.

Comme l'a indiqué Steve Artim, la vision entrepreneuriale est un type de « jalon dans le sol du futur » qui sert de point de référence pour coordonner les actions de l'entrepreneur et de son équipe. Il est également important pour l'entrepreneur d'avoir une vision « périphérique » pour percevoir et pister les influences qui émergent sur l'« écran du radar ».

L'exercice de la Vision Générative vous aide à mettre en œuvre votre vision pour générer des contenus et des détails plus spécifiques pour votre projet ou entreprise en dirigeant cette vision vers un groupe de clients précis. Le tableau des « Plus de/Moins de » peut vous aider à focaliser la vision encore plus.

Communiquer votre vision avec charisme est un savoir-faire essentiel pour les entrepreneurs. Cela implique de « la connaitre, » « la ressentir » et « la libérer » dans le champ de conscience de votre auditoire de façon à le toucher et l'inspirer. Votre charisme authentique vient de la connexion à un sentiment de fierté, de confiance, d'espoir et d'enthousiasme qui se ressent en parlant depuis votre centre et votre potentiel.

Les visions les plus puissantes sont celles qui nous incitent à contribuer à quelque chose au-delà de nous-mêmes en tant qu'individus. Ceci est relié à un sens de la finalité et de la *mission*.

Les types de missions qui nous conduisent à la réussite sont plus que de simples idées inspirantes, elles sont traduisibles en actions. L'énonciation d'une mission traduisible en actions (a) reflète les valeurs centrales, (b) exprime nos compétences fondamentales et (c) établit la contribution essentielle que nous apportons à des gens (pour qui) et pour une finalité (pour quoi).

Souvent, une mission est difficile à exprimer uniquement en termes littéraux. Il s'avère souvent utile d'exprimer une mission de plusieurs façons ; citer une référence personnelle en lien avec la mission, utiliser un symbole et une métaphore, créer un mouvement, ou définir un projet qui incarne la mission d'une certaine façon. Le Guide d'Expression de la Mission peut vous aider à décrire et présenter votre mission en utilisant plusieurs de ces différents modes d'expression

Pour libérer l'énergie et initier l'action, il est également important que la vision et la mission soient connectées à votre ambition et rôle. Nos ambitions naissent de notre désir inné de faire ou réaliser quelque chose et de notre « volonté de croissance et de maitrise ». Les entrepreneurs ne se satisfont pas de ce qu'ils savent déjà pouvoir faire ; ils veulent trouver des opportunités de croissance qui « mettent la barre plus haut » et qui leur permettent d'explorer et élargir leur compétence et leur maîtrise en trouvant la « difficulté juste gérable ».

Nos croyances à propos de nos capacités influencent notre niveau d'ambition. Les croyances liées à la capacitation nous encouragent à prendre des risques et faire reculer la limite de notre ratio performance/capacité. Les croyances limitantes peuvent créer des « ombres, » nous amener à surcompenser des manques ou faiblesses perçues et créer une « illusion d'incompétence ».

Identifier des modèles de rôles, conseillers, concurrents nous aide à trouver des références concrètes et des comparaisons pour établir, mesurer et valider nos ambitions. La façon la plus importante de vérifier que nous avons une ambition saine et réaliste est de nous assurer qu'elle est *alignée avec notre vision et notre mission*. Les entrepreneurs de la nouvelle génération ont la vision d'un monde dans lequel les individus accèdent au bonheur et à la réussite en coopérant avec les autres pour développer le bonheur et la réussite de tous en « en créant un monde auquel les gens veulent appartenir ».

Le Guide de Travail sur l'Ambition vous accompagne à devenir plus spécifique à propos de votre ambition et identifier les modèles de rôle, sponsors, mentors et concurrents appropriés pour la rendre plus concrète pour vous-mêmes, vos investisseurs et parties prenantes potentiels. Le Guide d'Évaluation des Motivations vous aide à clarifier vos motivations à prendre en charge votre projet ou entreprise et explorer comment elles s'alignent ensemble. Il vous aide également à réfléchir à la façon dont elles se superposent ou s'opposent à celles des autres individus ou groupes clés qui pourraient avoir une influence significative sur votre réussite.

Établir un rôle qui aligne et soutient vos vision, mission et ambition est un autre facteur de réussite significatif pour créer le futur. Clarifier le rôle du projet ou de l'entreprise aide également à attirer et créer des partenariats et alliances avec d'autres projets et entreprises. Lorsque vous établissez le rôle de votre projet ou entreprise, il est important d'être aussi clair que possible à propos de ce que vous faites et des compétences spéciales que vous avez. Si vous êtes trop vague, il est difficile pour les partenaires potentiels d'évaluer les avantages d'une alliance.

Le Guide de Travail sur la Vision et l'Ambition pour les Nouvelles Entreprises et Projets vous accompagne pour résumer la vision, la mission, l'ambition et le rôle de votre projet ou entreprise. Vous pouvez les intégrer dans votre Cercle de Succès pour obtenir une synthèse solide à partir de laquelle orienter et créer le futur de votre projet ou entreprise.

Peut-être qu'aucun autre individu ne personnifie mieux la nouvelle génération d'entrepreneurs que Steve Jobs. Bien que difficile et énigmatique en tant que personne, Steve Jobs a clairement incarné la majorité des facteurs de réussite identifiés jusqu'ici dans ce livre. Le *rôle* de Steve Jobs d'« orchestrateur de l'innovation » lui a permis de mettre son ambition en œuvre pour vivre sa propre vie, garder une longueur d'avance et aller là où « le palet allait se trouver » au service de la *vision* d'individus capacités utilisant une technologie et des produits « démentiellement géniaux », et soutenir la *mission* pour créer ces produits par la collaboration générative et la discipline esthétique.

Références et Lectures Complémentaires

Le Héros Aux Mille et Un Visages, Campbell, J., Éditions Oxus, France, 2010.

L'Origine des Espèces, Darwin, C., Flammarion, France, 2008.

Photo de Martin Luther King
 http://www.drmartinlutherking.net

Ambition : How We Manage Success and Failure Throughout Our Lives, Brim, G., Basic Books, 1992.

Rodin, Judith ; *Aging and Health : Effects of the Sense of Control* ; Science Vol. 233, September 19, 1986, pp.1271-1276.

Imagined Worlds : Stories of Scientific Discovery ; Andersen, P., and Cadbury, D., Ariel Books, London, 1985.

Steve Jobs, Walter Isaacson, Simon & Schuster, New York, 2011.

The Little Kingdom, Michael Moritz, William Morrow & Co., New York, 1984.

The Second Coming of Steve Jobs, Alan Deutschman, Crown Business, New York, 2001.

iCon : Steve Jobs, by Jeffrey S. Young & William L. Simon, Wiley, New York, 2006.

Success Factors of Innovative Disruptions, Robert Dilts & Benoît Sarazin, September 2008.

2005 Stanford Commencement Address by Steve Jobs

Steve at Work, Romain Moisescot ; allaboutstevejobs.com, 2012.

Conclusion
Construisez votre « Elevator Pich »

« Décidez que les choses peuvent et doivent se faire, et nous trouverons comment. »
Abraham Lincoln

Qu'est-ce qu'un Elevator Pitch ?

Un elevator pitch est un descriptif succinct et concis de votre projet ou entreprise.

Vous avez maintenant achevé votre premier parcours complet du Cercle de Succès – et vous avez à ce stade une bonne idée de votre identité et votre passion ; votre vision et vos clients ; votre mission et votre équipe ; votre ambition et vos parties prenantes ; et enfin votre rôle et vos partenaires. Ce sont les fondations incontournables pour construire une entreprise réellement couronnée de succès. Il est temps de résumer cette exploration et de synthétiser ce que vous avez appris concernant les différents niveaux de facteurs de succès sous la forme d'un « elevator pitch » pour votre entreprise.

La notion d'elevator pitch vient du monde à cadence rapide de la Silicon Valley. Dans un environnement aussi dynamique, un entrepreneur doit être capable de communiquer l'essence de sa vision et de son entreprise à quelqu'un le temps d'un trajet de quelques étages en ascenseur avec cette personne. Ce sera parfois votre seule chance de susciter l'intérêt d'un investisseur potentiel, d'un partenaire ou d'un membre de votre équipe pour vos projets. D'où le terme *elevator pitch* qui est devenu synonyme d'une brève description concise de votre projet, idée ou entreprise.

Un elevator pitch doit être une description succincte, soigneusement réfléchie et bien rodée de vous, votre entreprise ou de votre produit/service que votre interlocuteur-cible peut comprendre en l'espace de temps nécessaire pour se déplacer de quelques étages en ascenseur. Que vous soyez un entrepreneur de start-up à la recherche d'investisseurs, un jeune diplômé en quête d'un emploi, un parent avec des idées pour améliorer la classe, ou le membre d'une œuvre caritative recherchant des dons, un bon elevator pitch peut vous aider à susciter l'intérêt pour votre projet ou votre entreprise.

L'idée d'un elevator pitch n'est pas de transmettre un maximum d'informations en un temps record. Comme nous l'avons étudié dans l'exercice sur la communication de votre vision avec un charisme authentique, un elevator pitch bien construit devrait susciter l'émotion autant que la compréhension cognitive. Voici les trois caractéristiques fondamentales d'un bon elevator pitch :

1) *précision*
    - Vous devriez être capable de l'exprimer en seulement deux minutes.
2) *passion*
    - Les clients, les investisseurs, les membres de l'équipe et les partenaires potentiels attendent de l'énergie et de l'implication de la part des entrepreneurs.
3) *demande*
    - À la fin de votre pitch, vous devez formuler une demande. Voulez-vous leur carte de visite, un rendez-vous pour une présentation complète, une mise en relation, etc. ?

Votre elevator pitch doit répondre à six questions :

1. *Quel est votre projet ou votre entreprise ?*

    Exposez votre vision et votre mission ; c'est-à-dire ce que vous avez l'intention d'apporter au monde au travers de votre projet ou entreprise, et comment vous allez le faire.

2. *Qui sont vos clients, votre marché ?*

    Identifiez le groupe démographique cible de votre vision et de votre mission. Quelle taille de marché représente-t-il ?

3. *Quel est votre business modèle ?*

    Expliquez comment vous pensez gagner de l'argent ou subvenir aux besoins de l'entreprise ou du projet.

4. *Qui est impliqué dans le projet ou l'entreprise ?*

    Présentez en quelques mots votre parcours, vos réalisations et ceux de votre équipe. Si vous avez un comité consultatif puissant, indiquez à votre interlocuteur qui en sont les membres et ce qu'ils ont réalisé.

5. *Qui sont vos concurrents ?*

    Identifiez et décrivez rapidement les autres projets ou entreprises similaires à la vôtre, qui ils sont et ce qu'ils ont réalisé. Ayez à l'esprit que la présence de concurrence est la preuve d'un besoin dans votre domaine.

6. *Quels sont vos avantages concurrentiels ?*

    C'est également important de communiquer clairement sur ce qui distingue votre entreprise de ses concurrentes, et en quoi vous avez l'avantage sur elles. Qu'avez-vous d'unique et pourquoi allez-vous réussir ?

Un elevator pitch bien construit devrait susciter l'émotion autant que la compréhension cognitive.

Construire votre Pitch

Prenez une feuille blanche, ou ouvrez votre traitement de texte, et écrivez une première ébauche de votre « elevator pitch ».

Vue d'ensemble du Projet ou de l'Entreprise

Passez en revue les éléments clés de votre projet ou entreprise (250 mots ou moins). Répondez aux questions :

- *Quelle est votre vision globale de votre projet ou entreprise ?*
- *Quelle est votre ambition ? Quel est votre « trait de génie » ? Comment faites-vous reculer les limites ?*
- *Quelle est votre mission ? Qu'y a-t-il d'unique dans votre projet ou entreprise et ses résultats possibles ?*
- *Qu'est-ce que votre projet ou entreprise va permettre aux personnes de faire plus, plus rapidement, mieux, à moindres frais ?*
- *Pourquoi allez-vous « faire un tabac » ?*

Si c'est important, assurez-vous d'inclure le calendrier de réalisation de votre projet ou d'évolution de votre entreprise jusqu'à son fonctionnement satisfaisant.

Ressources nécessaires

Indiquez de quel type de ressources ou de soutien vous avez besoin pour réussir votre projet. Pensez en termes de clients/consommateurs, investisseurs, membres de l'équipe, informations, contacts, liens Internet, ouvrages, etc.

Partenariats et Investissements

Identifiez à quels types de partenariats, investissements ou autres formes de collaboration vous êtes ouvert ou qui vous intéressent.

Demande

Formulez une demande explicite. Commencez votre demande par « ce que je recherche, c'est… »

Exemple de préparation de Pitch pour la « Communauté Générative d'Entreprises »

À titre d'exemple, vous trouverez ci-dessous la préparation d'un pitch que j'ai écrit sur la vision que mon frère John et moi-même avons conçue pour ce que nous avons appelé une « communauté générative d'entreprises».

Vue d'ensemble du Projet ou de l'Entreprise

Quelle est votre vision globale de votre projet ou entreprise ?

La vision est celle d'une « communauté générative d'entreprises » (C.G.E.) constitué autour des principes de la Modélisation des Facteurs de Succès et des visions de ses membres. La communauté va s'agrandir et prospérer grâce à la passion et aux contributions de ses membres. Elle sera structurée de façon à former une boucle d'interactions positives entre la réussite des individus et le développement de la communauté.

Quelle est votre ambition? Quel est votre « trait de génie » ? Comment faites-vous reculer les limites ?

- *Amener la Modélisation des Facteurs de Succès à un niveau supérieur*
- *Constituer et renouveler un réseau d'au moins 1000 entrepreneurs de la nouvelle génération chaque année*
- *Construire un site Internet qui présente un nombre toujours croissant d'exemples de réussites*
- *Susciter l'intérêt d'organismes existants au niveau international pour qu'ils soutiennent la nouvelle génération d'entrepreneuriat dans leurs entreprises*

Quelle est votre mission et qu'y a-t-il d'unique dans votre projet ou entreprise ainsi que ses résultats possibles ?

Le Dilts Strategy Group dispensera des formations et du coaching avec la méthodologie SFM pour apporter l'inspiration, la détermination et l'organisation permettant aux entrepreneurs de la nouvelle génération de s'épauler mutuellement dans la création d'entreprises réussies. Cela permettra aux entrepreneurs de rester en lien et de poursuivre leur collaboration pour augmenter mutuellement la valeur et les chances de réussite de leurs entreprises respectives.

Qu'est-ce que votre projet ou entreprise va permettre aux personnes de faire plus, plus rapidement, mieux, à moindres frais ?

- *Créer une feuille de route pour une entreprise couronnée de succès*
- *Développer un état d'esprit optimal*
- *Se connecter à leur passion et l'exprimer sous forme de vision*
- *Mobiliser l'intelligence collective*
- *Découvrir leur charisme et inspirer les autres*
- *Renforcer leur leadership et leur résilience*

Pourquoi allez-vous « faire un tabac » ?

À la différence de ce qui leur serait offert chez un incubateur traditionnel, les membres du C.G.E. vont partager les principes et modèles de la Modélisation des Facteurs de Succès et pourront indéfiniment échanger des ressources, y compris des recommandations, du coaching, des services professionnels, des pistes d'investisseurs, etc., et bénéficier de ces contributions. Ils pourront également échanger des parts dans leurs entreprises respectives.

Ressources nécessaires

- *Support technique pour le site Internet*
- *Aide pour diffuser le message à des entrepreneurs*
- *Sponsors pour les évènements et les cursus de certification en Modélisation des Facteurs de Succès*
- *Des formateurs, consultants et coachs expérimentés qui pourront apporter un accompagnement suivi aux membres du C.G.E.*
- *Autres idées/apports*

Partenariats et Investissements

Je cherche à créer un réseau de personnes qui se passionnent pour la nouvelle génération d'entrepreneuriat – c'est-à-dire qui vivent leurs rêves et créent un monde meilleur – pour lancer les bases du C.G.E. En retour, les membres du réseau recevront de la visibilité, du travail rémunéré avec certains des entrepreneurs et groupes de sponsors, et un intéressement au C.G.E.

Demande

Je recherche des partenaires désireux de m'aider à créer des produits, construire le site internet, réaliser les entretiens et études pour la Modélisation des Facteurs de Succès et/ou en promouvoir la vision auprès de sociétés existantes ainsi que de nouveaux entrepreneurs.

Présenter avec Passion

Une fois le contenu de votre elevator pitch prêt, il est important de vous préparer aux aspects comportementaux pour le communiquer de façon efficace et convaincante. À de nombreuses reprises, nous avons vu le pouvoir et l'importance de la capacité de l'entrepreneur à communiquer sa vision de façon à ce que les autres ressentent la même inspiration et le même enthousiasme que lui. Les investisseurs, par exemple, choisissent rarement d'investir seulement dans une idée, un produit ou un plan. Ils misent sur l'entrepreneur, sa vision, sa mission, son ambition, sa passion et son implication à les concrétiser. Il en va de même pour d'autres collaborateurs potentiels. Comme Steve Jobs, vous devez créer une sorte de « champ de distorsion de la réalité » pour convaincre les autres que votre rêve de projet ou entreprise est désirable et réalisable.

Vous aurez besoin de présenter l'elevator pitch de votre entreprise de façon à captiver votre auditoire. Comme nous l'avons étudié, la puissance de votre présentation découle de compétences comportementales et de qualités telles que :

La Vision : *Inspirer et toucher vos auditeurs avec votre vision.*

Le Rapport : *S'investir totalement dans la relation avec vos auditeurs et gagner leur confiance et leur respect.*

L'Empathie : *Faire preuve d'une compréhension de l'ensemble des besoins et motivations des clients, des parties prenantes et/ou des autres collaborateurs.*

La Passion : *Porter et transmettre un fervent enthousiasme pour votre projet ou entreprise.*

La Clarté : *Communiquer vos idées de façon nette, claire et facile à comprendre.*

La Confiance : *Projeter une « autorité humble » et être convaincant quant à votre capacité à faire face aux risques et obstacles et à mener à bien votre projet ou entreprise.*

L'Alignement : *Vous exprimer et exprimer votre message de façon congruente, authentique et crédible.*

Pensez à utiliser les trois principales modalités de représentation pour présenter les points clés de votre elevator pitch : verbale, visuelle et somatique. Prenez également le temps de revoir la partie Communiquer Votre Vision avec Charisme dans le chapitre précédent. Ces mêmes principes s'appliquent à la totalité de votre elevator pitch.

C'est aussi une bonne idée de vous entraîner avec un ami ou un collègue qui peut vous donner un feedback à la fois sur la clarté de votre présentation et sur la passion avec laquelle vous la présentez.

Un facteur clé pour exprimer un elevator pitch efficace est de développer la capacité à communiquer votre vision de façon à ce que les autres ressentent la même inspiration et le même enthousiasme que vous.

Et après...

Si l'élaboration de votre elevator pitch est le point d'orgue de ce premier tome de la Modélisation des Facteurs de Succès, par bien des aspects ce n'est que le début de votre voyage. Dans les tomes suivants, nous allons explorer comment enrichir, développer et préciser dans le détail votre vision et votre entreprise par l'intelligence collective et la collaboration générative. Nous allons également vous fournir des modèles, des outils et des exercices pour vous aider à développer vos capacités de résilience et de leadership. Nous allons aborder des sujets tels que Agrandir le Gâteau, Faire l'Impossible, Créer Quelque Chose à partir de Rien, Rebondir dans l'Adversité, et Se Mettre en Condition pour le Futur.

J'espère que vous déciderez de poursuivre votre voyage dans le monde passionnant et gratifiant de la nouvelle génération d'entrepreneuriat.

Postface

J'espère que vous avez apprécié cette exploration de la Modélisation des Facteurs de Succès (SFM™) et du Cercle de Succès. Si vous souhaitez approfondir vos connaissances sur les principes et techniques de la Modélisation des Facteurs de Succès, il existe d'autres ressources et outils pour aller plus loin dans l'assimilation et l'utilisation des distinctions conceptuelles, stratégies et compétences décrites dans ces pages.

Dilts Strategy Group

Le *Dilts Strategy Group* est un organisme qui prône la mise en œuvre de la Modélisation des Facteurs de Succès, dont Entrepreneurs Nouvelle Génération, L'Intelligence Collective et Leadership et Innovation, par le biais de formation, de conseil et de coaching. Le Dilts Strategy Group parraine également des projets qui favorisent le développement de nouveaux modèles et l'identification des facteurs évolutifs de réussite dans le monde socio-économique dynamique dans lequel nous vivons. Le Dilts Strategy Group propose des cursus de formation et des programmes de certification en Modélisation des Facteurs de Succès dans le monde entier.

Pour plus d'informations, merci de contacter :

Dilts Strategy Group
P.O. Box 67448
Scotts Valley CA 95067
USA
Phone : (831) 438-8314
E-Mail : info@diltstrategygroup.com
Adresse du site: http://www.diltstrategygroup.com

Indépendamment des programmes que je propose avec le Dilts Strategy Group, j'anime par ailleurs dans le monde entier des séminaires et des ateliers sur différents sujets en lien avec le développement personnel et professionnel.

Pour plus d'informations sur les programmes proposés, merci de consulter mon site : http://www.robertdilts.com ou de m'écrire à : rdilts@nlpu.com.

Journey to Genius (Voyage vers le Génie)

J'ai également écrit de nombreux autres ouvrages et élaboré des enregistrements audio sur les principes et particularités de la Modélisation des Facteurs de Succès et la PNL. Par exemple, j'ai publié plusieurs productions sur la base de mes modélisations des Stratégies de Génie dont des enregistrements audio décrivant le processus créatif de génies tels que Mozart, Walt Disney et Léonard de Vinci.

Pour plus d'information sur ces produits et autres ressources, merci de contacter :

Journey to Genius
P.O. Box 67448
Scotts Valley, CA 95067-7448
Téléphone: (831) 438-8314
E-Mail : info@diltstrategygroup.com
Adresse du site : http://www.journeytogenius.com

NLP University (Université de la PNL)

Je suis également co-fondateur, directeur et formateur à *NLP University*, un organisme dédié à la PNL qui dispense des formations de base et avancées de la plus haute qualité, et promeut le développement de nouveaux modèles et applications de la PNL dans les domaines de la santé, des affaires et des organisations, de la créativité et de l'apprentissage. Tous les été, NLP University programme des formations résidentielles à l'UCLA (University of California at Santa Cruz), proposant des séminaires de formation approfondie aux savoir-faire de la PNL, y compris dans les domaines du conseil et du coaching.

Pour toute information, merci de contacter Teresa Epstein à :

NLP University
P.O. Box 1112
Ben Lomond, California 95005
Téléphone : (831) 336-3457
Fax : (831) 336-5854
E-Mail : Teresanlp@aol.com
Adresse du site : http://www.nlpu.com

Produits et Illustrations de la Modélisation des Facteurs de Succès

Antonio Meza et moi-même avons créé cette collection d'ouvrages dans l'intention de vous proposer quelque chose de différent, de ludique et riche sur le plan visuel. Tout au long des pages de cet ouvrage et des tomes suivants, vous découvrirez de nombreux dessins et personnages pour vous aider à vous connecter au contenu de l'ouvrage et à l'intégrer.

Nous avons créé une boutique en ligne dédiée dans laquelle vous trouverez différents articles tels que des posters, des T-shirts, des mugs, etc., qui pourront vous aider à rester connecté aux idées majeures de La Nouvelle Génération d'Entrepreneuriat.

Pour plus d'information sur ces produits et autres ressources, vous pouvez aller sur :

Le site de la Modélisation des Facteurs de Succès
Adresse du site: http://www.successfactormodeling.com

Boutique en ligne de la Modélisation des Facteurs de Succès
Adresse du site : http://society6.com/successfactormodeling

Antonio Meza illustre des livres, des articles et des présentations, il assure également la facilitation graphique lors de conférences et séminaires. Il est par ailleurs consultant, formateur et coach dans l'équipe du Dilts Strategy Group.

Si vous êtes curieux du travail d'illustrateur d'Antonio, vous pouvez le contacter à :

Antoons
E-Mail : hola@antoons.net
Adresse du site : http://www.antoons.net

The Successful Genius Mastermind
(Groupes de réflexion Mastermind)

Le Successful Genius Mastermind est un programme exclusif de croissance accélérée pour les entrepreneurs et les propriétaires d'entreprises qui réussissent. Successful Genius enseigne les sept stratégies fondamentales partagées par des personnes reconnues dans le monde pour leur réussite. Ce programme fournit aux participants une feuille de route claire et un avantage compétitif considérable pour une plus grande réussite, une croissance accélérée et un impact positif. On compte parmi les membres actuels des leaders influents de différents domaines qui ont eu un impact positif sur la vie de centaines de millions de personnes.

Successful Genius a été créé par l'auteur Robert Dilts, Mitchell Stevko (un expert en développement de la Silicon Valley qui a aidé plus de 150 entrepreneurs à réaliser leurs rêves, en levant plus de 5 milliards de dollars de capital) et le Dr. Olga Stevko (un médecin Russe experte en thérapie des croyances – Belief Medicine™ – spécialisée dans le travail avec des professionnels de haut niveau). Le programme Successful Genius Mastermind n'est accessible qu'après validation de candidature et entretien ou recommandation par un membre.

Si vous êtes prêt à emmener votre affaire à un tout autre niveau d'impact et d'influence, vous trouverez plus d'informations et la possibilité de poser votre candidature auprès de :

E-Mail : Mitchell@SuccessfulGenius.com

Adresse du site : http://www.SuccessfulGenius.com

Logical Levels Inventory (L'inventaire des Niveaux Logiques)

Le Logical Levels Inventory (*lli*) est un outil innovant de profilage de leadership en ligne basé sur les différents niveaux de facteurs de succès que nous avons explorés dans cet ouvrage. *lli* identifie les qualités fondamentales que les leaders doivent posséder pour tirer parti des opportunités et continuer à réussir en périodes d'incertitude et de crise. Développé comme un prolongement direct du premier programme de certification en Modélisation des Facteurs de Succès, *lli* vous conduit à travers un processus d'autoévaluation qui vous permet de mettre à jour les forces dominantes qui sous-tendent vos actions et de cerner en quoi vous pouvez évoluer pour devenir un leader plus performant quel que soit votre domaine.

E-Mail : info@lld.uk.com

Adresse du site : http://www.logicallevels.co.uk

Annexes : Les projets de Modélisation des Facteurs de Succès en cours

Comme je l'ai mentionné dans la préface de ce livre, depuis début 2015 différents projets utilisent la Modélisation des Facteurs de Succès pour étudier les tendances importantes pour les entreprises existantes ou nouvelles. L'un d'eux sur la « nouvelle génération d'entrepreneuriat » est parrainé par l'Institut REPÈRE à Paris. Un autre sur « l'intelligence collective dans les organisations » est parrainé par Vision 2021 à Avignon. Les présentations qui suivent résument ces deux projets et leurs objectifs.

L'Entrepreneur Authentique, ou La Nouvelle Génération d'Entrepreneuriat

Un entrepreneur est généralement défini comme « une personne qui organise et dirige une entreprise ou une société et qui endosse la responsabilité conséquente des risques inhérents à son devenir ». Le terme est généralement utilisé pour désigner une personne prête à se lancer dans une nouvelle aventure, un projet ou une entreprise, à créer de la valeur en proposant un produit ou un service, et en endossant la pleine responsabilité des conséquences. L'entrepreneuriat consiste intrinsèquement à prendre des risques personnels, professionnels et financiers pour se saisir d'une opportunité. En ce sens, l'entrepreneuriat ne concerne pas seulement les individus ou les petites entreprises ; c'est un facteur décisif de réussite face aux changements rapides du monde des affaires d'aujourd'hui. Les principes de l'entrepreneuriat sont nécessaires pour tous les types de croissance, innovation et changement.

Ces dernières années a émergé une nouvelle génération d'entrepreneurs qui recherchent plus que le profit financier ; ils s'attachent aussi à vivre leurs rêves et à créer un monde meilleur au travers de leurs projets ou entreprises. Beaucoup ont pris en conscience la décision de devenir plus passionnés, déterminés et créatifs. Ceci se traduit par une augmentation de la motivation, de l'innovation et de la détermination. Les entrepreneurs de cette nouvelle génération veulent créer une entreprise ou une carrière qui soit à la fois réussie et porteuse de sens ; en combinant l'ambition à la contribution et la mission, et au désir de développement personnel et de réalisation. Ils cherchent également à attirer et collaborer avec d'autres personnes qui partagent la même vision, mission et ambition. En d'autres termes, la nouvelle génération d'entrepreneuriat implique de créer un monde auquel les gens souhaitent appartenir. Cette nouvelle génération d'entrepreneuriat conduit et modifie la façon dont les affaires se règlent et prépare notre futur tant social qu'économique.

L'objectif de cette étude était d'identifier les dernières tendances adoptées par cette nouvelle génération d'entrepreneuriat pour relever les défis et saisir les opportunités dans l'environnement économique actuel. Les enseignements tirés de cette étude sont destinés à améliorer la productivité, la profitabilité et la satisfaction d'une nouvelle génération d'entrepreneurs et intrapreneurs.

Le projet comportait des entretiens avec 18 « *Entrepreneurs de la Nouvelle Génération* » sélectionnés. Un entrepreneur de la nouvelle génération était défini comme :

Quelqu'un qui crée une affaire ou un projet durable pour vivre son rêve, tout en fournissant un produit ou un service qui fasse une différence positive dans le monde et en se développant personnellement dans le processus.

Les quatre critères incontournables de sélection des participants étaient :
- Vivre ses rêves et se passionner pour autre chose que l'argent
- Créer une différence positive dans le monde
- L'entreprise est à minima économiquement viable sinon en croissance
- Fournir quelque chose de nouveau et d'innovant

Les participants ont été sélectionnés pour représenter un large éventail d'entreprises, dont :
- Différents domaines d'activité

  Industrie, Services, Technologie, Environnement, ONG, etc.
- Différentes tailles d'entreprise

  PME, Intrapreneurs de grandes entreprises ou multinationales, Entrepreneurs sociaux, etc.
- Différentes étapes de la vie de l'entreprise

  Start-up, en Croissance, en Expansion, à Maturité
- Différents cercles de réputation et notoriété de l'entrepreneur

  La réputation entre pairs pouvait être locale, régionale, nationale, internationale

Les tendances principales feront l'objet d'articles dans des magazines d'affaires sélectionnés et sur le site du Dilts Strategy Group.

Cette étude a été menée en collaboration avec l'Institut REPÈRE à Paris, France.

Pour plus d'informations, merci de contacter :

Institut REPÈRE

78 Avenue du Général Michel Bizot

75012 Paris, France

+ 33 1 43 46 89 41

commercial@institut-repere.com

http://www.institut-repere.com

L'intelligence Collective

Travailler de concert avec d'autres, en groupes et en équipes, est un élément de réussite de plus en plus important dans le monde des affaires modernes. Les groupes et équipes hautement performants démontrent des caractéristiques de l'intelligence collective ; un phénomène qui accroît considérablement à la fois l'efficacité et la créativité. L'intelligence est définie comme : la capacité à interagir avec succès avec son environnement, en particulier face à un défi ou un changement. L'intelligence collective concerne une intelligence partagée ou de groupe qui émerge de la collaboration et de la communication entre les individus d'un groupe ou autre système interactif.

En pratique, l'intelligence collective est liée à la capacité des membres d'une équipe ou d'un groupe à partager des connaissances, à penser et agir de façon alignée et coordonnée pour atteindre des résultats déterminants. Dans les organisations, cela suppose que les personnes travaillent de façon coopérative pour atteindre des objectifs communs en échangeant des informations et en complétant mutuellement leurs compétences et expériences respectives. Cette somme et cette intégration de savoir-faire et compétences individuelles sert également de socle au développement de nouvelles perspectives, idées et capacités. Par conséquent, la mise en œuvre de l'intelligence collective a pour avantage majeur l'évolution plus rapide des membres d'un groupe, et l'amélioration de la capacité de résolution créative des problèmes dans l'organisation par un meilleur accès à la connaissance et à l'expertise.

L'objectif de cette étude est d'identifier les tendances et idées actuelles générées par les équipes et les organisations pour développer l'intelligence collective afin de relever les défis et saisir les opportunités de l'environnement économique actuel. Les membres du Dilts Strategy Group ont proposé à un certain nombre d'équipes et entreprises de participer à des entretiens et autres activités pendant une heure à quelques jours. Ces équipes et entreprises ont été sélectionnées sur la base de leur réputation de leaders de l'intelligence collective reconnue par leurs pairs.

Les thèmes suivants sont explorés:

- Quels sont les défis et les opportunités que l'entreprise ou l'équipe rencontrent actuellement.
- Comment voient-ils et évaluent-ils l'intelligence collective comme un moyen clé pour réussir dans le monde des affaires d'aujourd'hui.
- Comment ont-ils modifié leur stratégie d'affaires et leurs pratiques managériales pour encourager et développer l'intelligence collective.
- Quelles étapes spécifiques ont-ils mis en place pour soutenir l'intelligence collective sur le plan pratique.

Comme pour l'étude sur la nouvelle génération d'entrepreneuriat, les tendances principales feront l'objet d'articles dans des magazines d'affaires sélectionnés et sur le site du Dilts Strategy Group.

Cette étude a été menée en collaboration avec VISION 2021 à Avignon, France.

Pour plus d'informations, merci de contacter :

Vision 2021
3 Avenue de la Synagogue
84000 Avignon, France
+ 33 4 90 16 04 16
Gilles Roy <gilles.roy2@orange.fr>
www.intelligence-collective.net

Glossaire

Alignement : Le placement des choses dans les « positions relatives correctes ou appropriées ». Dans le cadre de la Modélisation des Facteurs de Succès, cela se rapporte à l'intérêt convergent que les membres de l'équipe portent à la vision et au but plus larges de l'entreprise pour coordonner efficacement leurs actions. L'alignement implique également de s'assurer que tous les niveaux de facteurs de succès viennent en appui de la vision plus large du projet ou de l'entreprise. Précisément, que la vision soit adéquatement soutenue par la mission, l'ambition, le rôle, les valeurs, les croyances, les capacités, les comportements et l'environnement incarnés à la fois par l'entreprise elle-même et par les personnes concernées.

Alliance : Une union ou association basée sur des intérêts communs et formée en vue de profits mutuels. Former des alliances et partenariats concluants est une part essentielle du succès entrepreneurial.

Alliance Stratégique : Une relation formelle (et parfois informelle) entre organisations à travers laquelle elles coordonnent des activités techniques et d'affaires et partagent des ressources pour réaliser leurs objectifs plus rapidement, à moindre coût ou plus facilement, et pour créer un avantage concurrentiel.

Ambition : Le désir et la détermination d'obtenir le succès pour soi-même. Elle est définie comme « un fort désir de faire ou réussir quelque chose qui demande de la détermination et un travail important ». Nos ambitions sous la forme d'aspirations sont inhérentes à une dynamique vers la croissance et la maîtrise. L'ambition est une force majeure pour les entrepreneurs. C'est l'une des premières sources d'énergie pour créer le futur et c'est ce qui attire les investisseurs et autres parties prenantes.

Âme : La partie la plus profonde de la nature d'une personne, elle est décrite comme une qualité spéciale « d'énergie ou de présence émotionnelle ou intellectuelle ». L'âme est la force de vie, l'essence ou l'énergie unique avec laquelle nous venons au monde et qui s'exprime dans le monde à travers nous. En s'associant à l'« ego » l'âme constitue notre sentiment identitaire. Les motivations de l'âme sont orientées vers les systèmes plus vastes dont nous faisons partie et incluent la contribution, le service, la relation et la finalité. L'« âme » d'une organisation ou d'une entreprise est liée à la contribution ou au service qu'elle apporte à ses clients et à la société.

Avantage du Précurseur : Avantage compétitif acquis par une entreprise en proposant, de manière pertinente, ses produits et services sur le marché plus tôt que les autres qui s'intéressent au même segment de marché.

Benchmarking, ou étalonnage : Le processus de mise en place d'indicateurs dynamiques de mesure ou d'évaluation. Un produit peut, par exemple, être considéré comme « la référence en matière de qualité ». Un benchmark (ou étalon) est donc un élément de référence auquel on peut comparer d'autres processus ou phénomènes de même ordre et par rapport auquel on peut les évaluer. Dans le monde du travail, le benchmarking est souvent associé aux outils de mesure de la performance conjugués à des démarches d'amélioration de la mesure comparative des performances opérationnelles et à l'identification des Bonnes Pratiques. Dans un environnement dynamique, les benchmarks ne peuvent pas être figés et doivent être ajustés en permanence aux situations et circonstances. Le benchmarking doit donc être une démarche continue. Combiné à des études de Bonnes Pratiques, le Benchmarking devient une forme de modélisation puissante.

Bonnes Pratiques : La démarche de partager, discuter et comparer les pratiques professionnelles ou les étapes comportementales et de rechercher celles qui produisent les meilleurs résultats. Les groupes et réseaux de bonnes pratiques comparent leurs approches de problèmes et objectifs communs pour identifier les pratiques qui vont globalement améliorer le fonctionnement des membres.

Branding, ou gestion de l'image de marque : Action d'établir les caractéristiques uniques ou l'identité propres à un produit, service, ou domaine d'activité particulier. Elle s'exprime généralement par un symbole, un slogan ou un visuel reconnaissable qui distinguent un produit ou une compagnie de ses concurrents.

CA-Conseil d'administration : Les personnes choisies par les actionnaires pour superviser la gestion d'une entreprise dans l'intérêt des actionnaires.

Canaux de Distribution : Les moyens par lesquels les produits et l'information sur les produits d'une entreprise atteignent les consommateurs/clients.

Capacités : Les compétences, cartes mentales, plans et stratégies spécifiques qui conduisent au succès. Les capacités déterminent comment des comportements et actions spécifiques sont sélectionnés et pilotés.

Capital Risque, ou Venture Capital : Fonds accessibles aux start-up et aux petites entreprises au potentiel de croissance exceptionnel. Le capital-risque est de l'argent investi dans une entreprise par des gestionnaires professionnels de fonds spéciaux destinés à être investis dans de nouvelles entreprises ou start-up. Les ressources pour l'expertise technique et managériale sont souvent également fournies.

Catalyseur d'Entreprise : Une personne ou un groupe (un fonds) qui investissent à la fois de l'argent et d'autres ressources dans une start-up pour accélérer sa croissance et réduire le temps nécessaire à un « débouché » viable (c'est-à-dire, acquisition ou introduction en bourse).

Cercle de Succès : Un modèle essentiel pour les entrepreneurs qui définit les cinq éléments fondamentaux que les créateurs de nouvelles entreprises doivent déterminer et auxquels ils doivent accorder une attention particulière pour réussir : 1) eux-même et leur passion personnelle sous la forme de leur vision, mission et ambition, 2) leurs clients et leurs produits, 3) leurs investisseurs et parties prenantes, 4) leurs partenaires stratégiques et alliances et 5) les membres de leur équipe ou collaborateurs. Les entrepreneurs qui réussissent partagent leur attention à parts égales entre ces cinq perspectives fondamentales.

Champ de l'Innovation : L'état du système ou du contexte plus large dans lequel la passion et l'intention de l'entrepreneur prennent forme. Ce « champ » est une fonction de l'évolution des dynamiques socio-économiques ainsi que des développements techniques. Un tel champ est composé de besoins et attitudes latents et émergents, ainsi que de besoins, attitudes et opinions avérés. C'est l'état de ce vaste champ de possibilités qui détermine si l'idée d'un entrepreneur est perçue comme faisable et désirable. Les entreprises qui réussissent le mieux sont celles qui produisent une innovation qui « change la donne ». Cela se produit lorsqu'elles sont capables de « surfer sur la vague » d'une tendance émergente dans le champ environnant.

Clients : Le premier et le plus significatif des quadrants du Cercle de Succès (SFM Circle of Success™). Les clients sont les destinataires et les premiers bénéficiaires de la vision de l'entrepreneur, ce sont eux qui achètent ou payent pour les produits ou les services de l'entreprise. C'est par la relation avec leurs clients que les entrepreneurs développent leurs produits et services et finalement leur entreprise. Pour parvenir à une réussite durable, les entrepreneurs doivent générer suffisamment d'intérêt et de revenus pour soutenir leur entreprise – en prenant à la fois suffisamment de notoriété et de parts de marché.

Coaching : Le coaching est le processus qui consiste à aider une autre personne à agir au maximum de ses aptitudes. Les méthodes du coaching personnel viennent d'un modèle d'entrainement sportif, qui favorise la prise de conscience des ressources et aptitudes, et le développement de la compétence consciente. Elles impliquent de dégager les forces d'une autre personne par l'observation attentive et le feed-back, et de l'aider à remplir sa fonction de membre d'une équipe. Un vrai coach observe le comportement d'une personne et lui donne des conseils et des indications et le guide pour se perfectionner dans des contextes et situations spécifiques. Le coaching met l'accent sur le changement génératif, en se concentrant sur la définition et la réussite d'objectifs spécifiques.

Comité consultatif : Un groupe de personnes qui apporte des conseils et ressources aux start-up. Ces personnes ont généralement une expertise ou de l'expérience dans un domaine essentiel à la réussite de la start-up.

Compétences Comportementales : Les processus cognitifs et interpersonnels qui constituent souvent les aspects subtils ou intangibles des affaires. Les compétences comportementales incluent des capacités cognitives et relationnelles telles que la communication, la créativité, le leadership et la résolution de problèmes. Les compétences comportementales peuvent être distinguées de la pratique des affaires, en lien avec les tâches à accomplir pour subvenir aux besoins d'une entreprise et la développer. Les pratiques des affaires doivent être étayées par les compétences comportementales pour produire leur plein effet. Les compétences comportementales cruciales pour la création d'une nouvelle entreprise comportent la vision, le rapport, la seconde position, la passion, la clarté, la confiance et l'alignement.

Compétences Fondamentales : Les principales aptitudes, compétences et méthodologies (telles que le leadership, la communication, la résolution de conflits, etc.) nécessaires pour lancer une entreprise et en faire une affaire viable.

Croyances et Valeurs : Un niveau de programmation intérieure qui permet le renforcement ou l'inhibition de certaines capacités et actions. Elles sont reliées au pourquoi les personnes prennent une direction plutôt qu'une autre, et aux motivations profondes pour lesquelles elles agissent ou persévèrent. Les valeurs, et les croyances associées, déterminent la façon dont les évènements et les communications sont interprétés et prennent sens. Elles sont donc la clé de la motivation et de la culture. Le fait que l'entrepreneur croie en l'entreprise, en l'équipe et en lui-même ou elle-même est un facteur de réussite majeur pour une nouvelle entreprise.

DAF-Directeur des Affaires Financières : L'administrateur responsable de la planification financière et de l'obtention des financements pour une entreprise.

Déficit de Financement, ou Funding Gap : Une période d'investissement dans les entreprises émergentes entre la phase d'amorçage (early stage) et la phase du capital-risque. Ce financement répond aux premiers besoins financiers d'une entreprise avant qu'elle ne soit prête ou capable d'attirer des investissements en capital-risque.

DG-Directeur Général : L'administrateur responsable de l'activité d'une entreprise, généralement le président ou le président du Conseil d'administration.

Directeur des Opérations : L'administrateur responsable de la gestion quotidienne du fonctionnement interne d'une entreprise.

Directeur Marketing : L'administrateur responsable du développement de la notoriété de la marque et autres activités conduisant à la vente des produits ou des services d'une entreprise.

Directeur Technique : L'administrateur responsable de la stratégie technologique de l'entreprise, de son développement et sa mise en œuvre.

Économie du Savoir : Un système économique dans lequel les produits de base sont liés à l'acquisition et au transfert de connaissances. Une économie du Savoir est caractérisée par les tendances suivantes :

- Changement technologique rapide – Nécessité d'être capable d'« apprendre à apprendre »
- Accélération du changement et de la demande de réponse – «Temps Internet »
- Demande d'innovation accrue
- Frontières d'entreprise flexibles – Entreprise étendue
- Accent mis sur le développement des Relations et des Alliances – Créations d'interactions Gagnant-Gagnant

Ego : Une des forces majeures, avec l'« âme », qui constitue l'identité d'un individu ou d'une organisation. Il a trait au sens de soi-même en tant qu'entité indépendante et séparée. Les motivations de l'ego incluent la survie, la reconnaissance, le bénéfice personnel, la sécurité et le contrôle. « L'Ego » d'une organisation est composé de ses propriétaires ou actionnaires, qui s'occupent de la pérennité et de l'efficience de l'organisation, de façon à obtenir un retour positif sur leur investissement. Il est important et nécessaire pour les entrepreneurs et les organisations d'avoir un ego sain. Un ego surdimensionné ou un déséquilibre de motivation dans la direction de l'ego conduit à l'égoïsme, à l'arrogance et au conflit.

Elevator Pitch, ou Argumentaire Express : Un descriptif succinct et concis de vous-même, de votre entreprise ou de votre produit/service que votre interlocuteur-cible peut comprendre en l'espace de temps nécessaire pour se déplacer de quelques étages en ascenseur. Un elevator pitch est un résumé d'environ 200 à 250 mots que l'on peut exprimer oralement en deux minutes

Entrepreneur : Une personne qui organise, dirige et assume les risques d'une affaire ou d'une entreprise. De la même racine que le verbe entreprendre, le nom « entrepreneur » est également utilisé en anglais. Il est généralement utilisé pour désigner une personne qui démarre un nouveau projet ou entreprise.

Entreprise, Projet à risque : Le nom anglais « Venture » (entreprise ou projet) est de la même racine qu'« aventure », notion que l'on retrouve dans venture capital (voir capital-risque). Un voyage ou un projet audacieux ou risqué, dont l'aboutissement comporte une part d'incertitude. Une entreprise professionnelle ou une spéculation dans laquelle on prend un risque dans l'espoir du profit.

Entreprises Emergentes à fort potentiel de croissance : Les entreprises qui se développent rapidement grâce à la mise au point et à la commercialisation de produits technologiques hautement évolutifs. Les entreprises émergentes à fort potentiel de croissance se sont multipliées avec les nouveaux savoir-faire technologiques, le réseau Internet et la « nouvelle économie ».

Équipe, Membres de l'Équipe : Le groupe de personnes qui travaillent en étroite collaboration avec l'entrepreneur pour réaliser la mission de l'entreprise. Pour réussir, les entrepreneurs doivent réunir une équipe de personnes compétentes, impliquées et alignées sur la mission de l'entreprise. Un succès durable s'obtient en faisant monter l'équipe en compétence au fur et à mesure que l'affaire gagne en maturité. Les membres de l'équipe constituent un des quadrants essentiels du Cercle de Succès.

Ère de l'Information : Désigne une époque de l'histoire humaine au cours de laquelle l'information et les connaissances deviennent la matière première de l'économie.

Facteurs Comportementaux : Ils constituent la chaîne d'actions spécifiques mises en œuvre pour réussir. Ils impliquent ce qui, précisément, doit être fait ou réalisé pour réussir.

Facteurs Environnementaux : Les circonstances et caractéristiques externes qui déterminent les opportunités ou les contraintes effectives que les individus et les organisations doivent identifier et auxquelles ils doivent réagir pour réussir. Les facteurs environnementaux se rapportent à où et quand les actions doivent être entreprises.

FAI – Fournisseur d'Accès Internet (acronymes anglais ISP, IAP) : Une société de services qui propose la connexion à Internet, généralement contre un paiement mensuel. Certains FAI proposent des services sur Internet tels que des sites ou du développement de sites web.h

Fonds : Pour financer ou garantir. Également, la somme réunie par un groupe d'investisseurs, dont le but est d'investir dans des entreprises répondant à certains critères (comme ceux d'une société d'investissement, d'un fonds de capital-risque ou d'un fonds commun de placement).

Fonds Business Angel : Un fonds de Business Angel est un fond d'amorçage qui investit généralement de petites sommes dans un certain nombre de start-up différentes. Les fonds de

Business Angels sont généralement beaucoup moins importants que les fonds de capital risque traditionnels, mais ils offrent un potentiel de bénéfices nettement supérieur parce qu'ils permettent de prendre des parts à un tarif beaucoup plus bas dans des entreprises en phase d'amorçage.

Globalisation, ou Mondialisation : La tendance en hausse vers une interconnexion à l'échelle mondiale de la technologie, des investissements et des affaires en général.

Identité : Le sentiment de ce qu'un individu ou un groupe pensent être, et de ce que les autres pensent qu'ils sont. L'identité d'un individu ou d'une entreprise est reliée aux caractéristiques uniques de son produit, service ou activité et c'est ce qui distingue un produit ou une entreprise de ses concurrents ; c'est-à-dire son image de marque. L'identité organise les valeurs, les croyances, les capacités et les comportements correspondants en un système unique.

Imaginiérie : Un procédé mis au point par Walt Disney et ses animateurs qui permet d'amener les idées et les rêves à leur réalisation. Le terme est une combinaison de « imagination » et « ingénierie ». Le processus d'imaginiérie s'articule autour de l'équilibre et de la coordination de trois processus fondamentaux : le rêveur, le réaliste et le critique. L'imaginiérie est le socle de l'entrepreneuriat réussi.

Incubateur, ou Pépinière : Un incubateur d'entreprises est une structure d'accompagnement des start-up et très jeunes entreprises destinée à leur permettre de réussir leur développement. On trouve généralement dans les incubateurs :

- Un soutien proactif, l'accès à des outils, des informations et des contacts clés qui seraient autrement inaccessibles ou financièrement inabordables
- Des ressources partagées telles qu'un hall/service de réception, des salles de réunion, des fax et photocopieurs, des équipements audio-visuels, un service de secrétariat, et une cuisine
- Des bureaux individuels, des boxes, laboratoires ou espaces de production
- L'accès à du conseil technique et d'affaires, et la mise en relation privilégiée avec des réseaux de fournisseurs de services, de mentors et soutiens financiers potentiels
- Un programme organisé de formation, d'accompagnement individuel ou de mentorat (ou mentoring)

Les incubateurs technologiques soutiennent le développement d'entreprises tournées vers les technologies émergentes. Ces incubateurs s'occupent de la commercialisation de la technologie ainsi que de recherche et développement.

Infrastructure : Les ressources (telles que la technologie, le personnel, les bâtiments ou l'équipement) nécessaires pour une activité ou un système important. Les navigateurs, les lignes de communication, les moteurs de recherche, les terminaux intelligents, les systèmes de gestion, etc., font partie de l'infrastructure d'Internet.

Intranet : Un réseau privé qui utilise des technologies de type Internet pour fournir des services en interne dans une organisation.

Intrapreneur : Une personne qui encourage le développement et le marketing de produits innovants dans son entreprise. Un intrapreneur est en fait quelqu'un qui développe des activités entrepreneuriales au sein d'une organisation.

Introduction en Bourse : Le terme désigne le placement d'une entreprise sur un marché boursier public (comme le Dow Industrial ou le NASDAQ). C'est une étape capitale pour toute entreprise ; le prix des actions augmente souvent après une entrée en bourse, quelquefois de façon spectaculaire. C'est ce qui a permis à de nombreux entrepreneurs de la Silicon Valley d'amasser des fortunes considérables.

Investisseur : Une personne qui engage des fonds dans une entreprise pour obtenir un gain financier en retour. Quelqu'un qui investit dans une start-up est typiquement quelqu'un qui a un excédent financier qu'il ou elle souhaite placer à long terme. Les investisseurs deviennent généralement des parties prenantes en possédant une part de l'entreprise, habituellement sous forme d'actions. Obtenir des investissements suffisants est un facteur clé de réussite pour une nouvelle entreprise.

Investisseur à Valeur Ajoutée : Un investisseur, comme un business angel ou un investisseur stratégique, qui apporte une contribution au-delà de l'argent à la start-up, par exemple des conseils ou des relations d'affaires.

Investisseur Business Angel : Un nouveau type d'investisseur qui a émergé dans la Silicon Valley et d'autres pôles technologiques dans le monde. Les investisseurs business angels comblent souvent l'insuffisance de financement dans de nouvelles entreprises pour lesquelles ce type de financement d'amorçage est plus adapté qu'un apport de capital-risque. Les business angels investissent souvent leurs fonds propres dans les start-up, avec un montant relativement modeste mais significatif en échange d'une position d'actionnaire dans l'entreprise. Les business angels sont souvent des investisseurs « à valeur ajoutée » dans la mesure où ils utilisent leurs relations et leur expertise pour accompagner l'entreprise vers la réussite.

Investisseur de Capital Risque, ou Venture Capitalist : Une personne ou un groupe (un fonds) qui investit des sommes conséquentes dans une entreprise en contrepartie de propriété, généralement sous la forme d'actions. Les investisseurs de capital-risque espèrent bénéficier de l'augmentation de la valeur de leur placement lors de son introduction en bourse ou de son acquisition.

Mentorat, ou Mentoring : Dans la Mythologie Grecque, Mentor était le sage et fidèle conseiller du héros Ulysse. Durant son Odyssée, la déesse Athéna devint sous l'apparence de Mentor la protectrice et préceptrice de Télémaque, son fils. De là, la notion de mentor désigne la double fonction de (a) conseiller et (b) guider, former. Dans les organisations, le mentorat se présente comme une relation parfois informelle dans laquelle un senior ou une personne d'expérience prend le rôle de conseiller d'une personne nouvellement embauchée ou prenant de nouvelles fonctions.

Mission : La finalité auquel un individu ou un groupe se consacrent, en lien avec les systèmes plus vastes dont ils font partie. Notre mission se rapporte à notre contribution à quelque chose au-delà de nous-mêmes. La mission d'une personne, d'une équipe ou d'une organisation correspond aux dons, ressources, capacités et actions qu'ils apportent au système plus vaste au sein duquel ils agissent pour contribuer à atteindre la vision de ce système. Les membres d'une équipe et les employés doivent avoir une bonne compréhension de la mission pour fonctionner efficacement.

Modèle de revenus, ou Business Modèle : La planification structurée selon laquelle l'entreprise prévoit de générer des revenus à partir de ses produits ou services.

Modélisation : L'identification et la structuration de caractéristiques et schémas de fonctionnement adaptés à la réalisation d'un but ou à la simulation d'un processus. La modélisation implique d'analyser des exemples de réalisations réussies (une combinaison de benchmarking et d'analyse de la réussite) ; parfois par comparaison avec des réalisations qui ont échoué. L'objectif du processus de modélisation n'est pas d'aboutir à une « bonne » ou une « vraie » description d'un phénomène particulier, mais plutôt d'établir une feuille de route, une carte fondamentale qui nous permette de mettre en œuvre utilement ce qui a été modélisé. Une « carte pratique » est une carte qui nous permet d'agir plus efficacement – son « exactitude » ou sa « réalité » sont moins importantes que son « utilité ».

Modélisation des Comportements : Un processus qui met à jour et codifie les schémas comportementaux et cognitifs spécifiques associés aux réalisations réussies. La modélisation des comportements implique l'observation et la cartographie des processus concluants qui sous-tendent une performance humaine d'exception. Il s'agit de décomposer un évènement complexe ou une série d'évènements en éléments assez simples pour pouvoir en dresser un récapitulatif. L'objectif de la modélisation du comportement est de créer un guide pratique ou un « modèle » de ce comportement pour permettre à une personne intéressée de reproduire ou imiter une partie de cette performance.

Modélisation des Facteurs de Succès : Une méthodologie développée par Robert et John Dilts pour identifier les facteurs de réussite déterminants - sous la forme des pratiques professionnelles et de savoir-faire comportementaux- mis en œuvre par les start-up de la Silicon Valley et d'autres entrepreneurs qui ont réussi. La Modélisation des Facteurs de Succès (SFM™) est utilisée pour définir des modèles, des outils et des compétences qui permettent aux entrepreneurs et à leurs entreprises d'augmenter considérablement leurs chances de réussite, et aux entreprises traditionnelles de stimuler et accompagner l'innovation et l'esprit entrepreneurial dans leur organisation.

Niveaux d'Apprentissage et de Changement : Ce sont les niveaux de facteurs de réussite qui influencent la performance et le changement réussis : notre environnement (où et quand nous agissons), notre comportement (ce que nous faisons), nos capacités (comment nous réfléchissons et élaborons), nos valeurs et croyances (pourquoi nous pensons et agissons comme nous le faisons), et notre identité (qui nous pensons être) ainsi que notre sentiment de finalité (pour qui ou pour quoi nous nous engageons).

Notoriété : Le degré de conscience de la marque d'un produit ou d'une société chez ses consommateurs/clients potentiels. La notoriété se distingue de la part de marché, qui est liée au pourcentage réel des ventes qu'un produit ou société réalise sur une base existante de consommateurs/clients. Pour une start-up, la notoriété est plus importante que la part de marché (par exemple Amazon.com).

Nouvelle Économie : Désigne les changements intervenus dans les interactions financières et sociales suite aux progrès de la technologie des communications (telles que les télécommunications sans fil, la technologie des réseaux, les services Internet inter-entreprises (B to B) et de diffusion multimédias) et l'explosion de l'utilisation d'Internet. La « nouvelle économie » se caractérise par le commerce électronique, les réseaux sociaux, les équipes virtuelles et le marché mondial.

Parrainage, ou mécénat, ou sponsoring : le parrainage implique de créer des circonstances dans lesquelles les autres peuvent agir, grandir et exceller. Le parrain (ou mécène, ou sponsor) n'est pas nécessairement un formateur ou un modèle pour la personne ou le groupe parrainé. Le parrain fournit plutôt un cadre, des contacts et des ressources (y compris financières) qui permettent au groupe ou à la personne de se concentrer sur ses propres savoir-faire et compétences, de les développer et les utiliser. Il implique de s'engager à mettre en avant quelque chose qui existe déjà chez la personne ou dans le groupe, mais qui ne se manifeste pas encore au maximum de ses capacités.

Part de Marché : La proportion du marché existant accessible au produit d'une société en particulier. La part de marché est calculée en pourcentage des ventes du produit ou du service d'une société par rapport à ses concurrents sur un marché donné.

Partenariat : Une relation gagnant-gagnant qui permet à un entrepreneur de se développer ou de lever des fonds ou d'augmenter sa visibilité. Les partenaires se distinguent des membres de l'équipe et des actionnaires par le fait que leurs relations avec l'entreprise se font d'égal à égal ; c'est-à-dire que la réussite de l'entreprise ne dépend pas de la réussite du partenaire. De ce fait, le degré de dépendance et de risque est faible par rapport aux bénéfices potentiels. Les partenariats et alliances les plus réussis sont ceux dans lesquels les rôles des partenaires potentiels se complètent, en créant une synergie effective entre leurs ressources. Les partenariats clés et les alliances stratégiques constituent l'un des quadrants essentiels du Cercle de Succès.

Parties Prenantes : Toute personne ou groupe lié à un projet ou une entreprise et qui : influe sur les décisions ; est affecté – positivement ou négativement – par les conséquences des décisions et leurs résultats attendus ; peut entraver ou faciliter l'obtention des résultats attendus ; ou dispose de ressources ou compétences qui peuvent avoir une incidence significative sur la qualité des résultats. Le terme anglais stakeholder (littéralement : « le tenant des poteaux ») vient de l'ancienne pratique de délimiter une propriété par une série de poteaux en bois, indiquant qu'elle appartient au propriétaire des poteaux. Il a évolué pour désigner une personne ou un groupe possédant un pourcentage significatif des actions d'une société, ou une personne ou groupe ne possédant pas d'actions mais concerné par ou ayant un intéressement sur ses opérations. En règle générale, les parties prenantes sont des individus ou des groupes qui contrôlent l'accès à des ressources indispensables à la réussite de l'entreprise. Les parties prenantes forment un des quadrants essentiels du Cercle de Succès.

Phase d'amorçage, ou Early Stage : Comme le terme l'indique, il s'agit de l'étape de démarrage d'une nouvelle entreprise, généralement avant les levées de fonds importantes (voir Start-Up). L'investissement en phase d'amorçage est généralement à risque, mais il offre les meilleures opportunités de retour sur investissement parce-que la cotation de l'entreprise est très basse.

PNL – Programmation Neuro-Linguistique : La science comportementale qui forme la base de la Modélisation des Facteurs de Succès. La PNL étudie les schémas ou « programmes » créés par l'interaction entre le cerveau (« neuro »), le langage (« linguistique ») et le corps. Du point de vue de la PNL, c'est cette interaction qui produit les comportements tant efficaces qu'inefficaces, et qui est responsable des processus qui sous-tendent l'excellence humaine comme la pathologie. De nombreux savoir-faire et techniques de la PNL ont été déduits de l'observation des schémas d'excellence chez des experts de différents champs de la communication professionnelle dont : la psychothérapie, les affaires, l'hypnose, le droit et l'enseignement.

Positions Perceptuelles : Un point de vue particulier que l'on peut adopter dans une interaction. Les positions perceptuelles les plus courantes comportent la Première (ou soi-même), la Seconde (l'interlocuteur) et la Troisième (ou observateur). Les positions perceptuelles jouent un rôle clé dans la réflexion stratégique et les négociations.

Pratiques de Fonctionnement : Les activités de base (les « détails pratiques ») nécessaires à la gestion d'une entreprise. Les pratiques de fonctionnement comprennent la réalisation de business plans, l'élaboration de stratégies de marketing, la protection de la propriété intellectuelle, le recrutement des salariés, et ainsi de suite. Les pratiques de fonctionnement sont des activités concrètes, simples à mesurer et tracer. Les pratiques de fonctionnement se distinguent des compétences comportementales, les « facteurs humains » dynamiques cognitifs et comportementaux, qui influencent la façon dont les pratiques de fonctionnement sont mises en œuvre. Les entreprises qui réussissent doivent intégrer à la fois des pratiques de fonctionnement et des compétences comportementales efficaces.

Protection de la Propriété Intellectuelle/des Brevets : Les droits qu'un individu ou une organisation peuvent juridiquement établir sur un produit, un service, une expression ou une idée. Les brevets, les droits d'auteur et les marques déposées sont des exemples de propriété intellectuelle. Ces dispositifs juridiques donnent à leur propriétaire le droit exclusif de mettre en œuvre, vendre et jouir de l'usage de la « propriété » et d'empêcher des tiers de l'utiliser ou d'en tirer des bénéfices sans autorisation ou licence. Les droits sur la propriété intellectuelle sont un des moyens qui permettent aux start-up de créer des « barrières » pour empêcher leurs concurrents d'empiéter sur leur marché cible.

Rapport : La mise en place de la confiance, de l'harmonie et de la coopération dans une relation.

Révolution Internet : Un changement radical dans les interactions économiques et sociales dû à l'apparition d'Internet comme moyen principal de communication et de vente. La révolution Internet est l'un des piliers de la « nouvelle économie ». Fonctionnant à la fois comme une place de marché et une autoroute de l'information, Internet permet à des personnes d'interagir rapidement et directement à distance, de partager de grandes quantités d'information en direct et de faire des affaires par voie électronique.

Rôle : La « fonction assumée ou le rôle tenu » par une personne ou une entité. Le rôle d'une personne, d'une équipe ou d'une organisation est le reflet de ses compétences fondamentales et de ses actions. Il est lié à la fois à la position qu'ils occupent par rapport aux autres et aux compétences et comportements attendus dans cette position. Les personnes, équipes et organisations réussissent mieux dans des rôles compatibles avec leurs caractéristiques et compétences, et qui soutiennent la réalisation de leur vision, mission et ambition. Une compréhension claire du rôle permet aux entrepreneurs d'établir des partenariats gagnant-gagnant qui augmentent ou donnent accès à des ressources-clés.

Seconde Position : Un point de vue qui consiste à se mettre « à la place » d'une autre personne. L'analyse depuis la seconde position est un savoir-faire essentiel de la Modélisation des Facteurs de Succès.

Silicon Valley : Une partie de la région de la Baie de San Francisco réputée pour le développement technologique. Baptisée d'après le silicium (silicon en anglais) utilisé dans les microprocesseurs et les puces informatiques, la Silicon Valley est le berceau de compagnies comme Intel, Hewlett Packard, Apple Computer, Cisco Systems, Sun Microsystems, Oracle, et des milliers d'autres entreprises de technologie qui ont amené la Révolution Internet et la nouvelle économie.

Société de Portefeuille : L'une des sociétés du groupe dans lequel un fond d'investissement en capital-risque a investi.

Start-Up : Une start-up est une nouvelle entreprise à ses tous débuts. En général, les start-up ont de bonnes idées, une équipe peu nombreuse mais impliquée, mais elles ont besoins de ressources – telles que des finances, des services d'affaires (juridiques, financiers, marketing, etc.) et de coaching sur les savoir-faire comportementaux – pour se développer et réussir.

Taux d'épuisement du capital, ou Burn Rate : Pour une startup à croissance typiquement rapide avec un déficit financier, il s'agit du montant des pertes financières, habituellement calculé par mois. Le taux d'épuisement détermine le montant prévisionnel de fonds nécessaires au lancement d'un produit ou service sur le marché, et le laps de temps avant une nouvelle levée de fonds.

Technologie de l'Information (en anglais IT) : Outils et ressources utilisés pour envoyer, recevoir et traiter l'information, incluant les ordinateurs personnels, les téléphones cellulaires, les smartphones, les tablettes, les web-cams, les outils liés à Internet et autres dispositifs électroniques ou informatiques.

Valorisation : Le fait de déterminer la valeur d'un bien ou d'une entreprise. La valorisation d'une start-up est exprimée par le prix de ses avoirs multiplié par le nombre d'actions en circulation et réservées pour émission.

Vision : La capacité de voir au delà des limites du « ici et maintenant » – une image mentale de ce que le futur sera ou pourrait être. En général, la vision est liée à l'imagination de scénarios futurs et à la perception que les personnes ont du système dont elles font partie. Elle donne l'orientation générale pour l'équipe et définit la finalité de leurs interactions ; c'est-à-dire pour qui ou pour quoi on a choisi une action ou une voie donnée. La vision est essentielle pour les entrepreneurs, elle leur permet de naviguer dans le marché mondial, d'anticiper les changements et faire des ajustements, et de devancer la concurrence.

Zen-trepreneuriat : Une forme émergente d'entrepreneuriat qui combine le mode de pensée occidental traditionnel avec la philosophie asiatique de recherche de réponse aux challenges de la vie quotidienne et professionnelle. Il trouve une résonance chez les personnes qui traversent un changement de direction et de finalité dans leur vie et ont pris en conscience la décision de devenir plus passionnées, déterminées et créatives. L'entrepreneuriat social et le zen-trepreneuriat reflètent un nouveau modèle qui passe d'une réflexion limitée au bilan financier à un système de pensée élargi à un bilan mixte. Celui-ci est fondé sur la conviction que les organisations peuvent et doivent bénéficier à la société et contribuer à la durabilité de l'écosystème de notre planète, tout en produisant des retours financiers qui rémunèrent raisonnablement la prise de risque et l'implication des parties prenantes.

Bibliographie en Anglais

- *From Coach to Awakener*, Dilts, R., Meta Publications, Capitola, CA, 2003.
- *Tools for Dreamers*, Dilts, R. B., Epstein, T. and Dilts, R. W., Meta Publications, Capitola, CA, 1991.
- *Strategies of Genius Vols I, II & III*, Dilts, R., Meta Publications, Capitola, CA,1994-1995.
- *Alpha Leadership: Tools for Leaders Who Want More From Life*, Deering, A., Dilts, R. and Russell, J., John Wiley & Sons, London, England, 2002.
- *Visionary Leadership Skills*, Dilts, R., Meta Publications, Capitola, CA, 1996.
- *Modeling with NLP*, Dilts, R., Meta Publications, Capitola, CA, 1998.
- *Encyclopedia of Systemic Neuro-Linguistic Programming and NLP New Coding*, Dilts, R. and DeLozier, J., NLP University Press, Santa Cruz, CA, 2000.
- *Effective Presentation Skills*, Dilts, R., Meta Publications, Capitola, CA, 1994.
- *Skills for the Future*, Dilts, R., Meta Publications, Capitola, CA, 1993.
- *NLP II: The Next Generation*, Dilts, R. and DeLozier, J. with Bacon Dilts, D., Meta Publications, Capitola, CA, 2010.
- *The Hero's Journey: A Voyage of Self-Discovery*, Gilligan, S. and Dilts, R., Crowne House Publishers, London, UK, 2009.
- *Innovations in NLP*, Hall, M. and Charvet, S., Editors ; Crown House Publishers, London, 2011.

Bibliographie en Français

- *Alpha Leadership : Les 3 A : Anticiper, Aligner, Agir*, Deering A., Dilts, R., Russel, J., De Boeck, 2009
- *Changer les systèmes de croyance avec la PNL*, Dilts, R., Intereditions, 2009
- *Croyances et santé*, Dits, R., Hallbom, T., Smith, S., Brouwer, 1994
- *Des outils pour l'avenir*, Bonissone, G., Dilts, R., Brouwer, 2003
- *Être coach : De la recherche de la performance à l'éveil*, Dilts.R, Intereditions, 2008
- *Leadership visionnaire : Outils et compétences pour réussir le changement par la PNL*, Dilts,R., De Boeck, 2009
- *Le voyage du héros Un éveil à soi-même*, Dilts, R., Gilligan, S., Intereditions, 2011
- *Modéliser avec la PNL, Voyage au coeur des comportements et des pratiques efficaces*, Dilts, R., Intereditions, 2014
- *Stratégies du génie : Aristote et Einstein*, Dilts, R., Brouwer, 1996
- *Stratégies du génie : Mozart et Disney*, Dilts, R., Brouwer, 1996
- *Stratégies du génie : Vinci et Holmes*, Dilts, R., Brouwer, 1992
- *Stratégies du génie : Freud et Tesla* Dilts, R., Brouwer, 1992

Photos

- Photo de John Dilts avec la permission de Robert B. Dilts
- Page 27 - Martha Graham par Yousuf Karsh (1948)
  en.wikipedia.org/wiki/Martha_Graham
- Page 30 - Capitaine Sully Sullenberger
  www.northjersey.com/arts-and-entertainment/sully-s-new-book-a-testament-to-american-values-1.461531
- Page 41 - Elon Musk
  twitter.com/elonmusk
- Page 43 - Portrait de Walt Disney par Robert B. Dilts
- Page 48 - Richard Branson
  twitter.com/richardbranson
- Page 64 - Jeff Bezos par Amazon Press Room
  phx.corporate-ir.net/phoenix.zhtml c=176060&p=irol-images_videos
- Page 66 - Muhammad Yunnus
  istock par Getty Images
- Page 68 - Blake Mycoskie
  bteam.org
- Page 82 - Steig Westerberg
  twitter.com/steigw
- Page 86 - Marwan Zebian et Ronald Bur
  www.westlakevp.com/
- Page 94 - Ed Hogan
  www.venturastpatricksdayparade.com/
- Page 102 - Barney Pell
  www.linkedin.com/in/barneypell
- Page 116 - Samuel Parlmisano par IBM News Room
  www-03.ibm.com/press/us/en/biography/36420.wss
- Page 137 - Don Pickens
  twitter.com/donpickens
- Page 156 - Mark Fizpatrick
  linkedin.com/pub/mark-fitzpatrick
- Page 163 - Cindana Turkatte
  Sous-titres de l'entretien filmé de John et Robert Dilts
- Page 194 - Steve Artim
  www.linkedin.com/pub/steve-artim
- Page 208 - Martin Luther King Jr
  www.tutufoundationusa.org/
- Page 252 - Steve Jobs
  istock par Getty Images
- Pages 253, 254 - Images extraites du spot télévisé Macintosh 1984 Superbowl
  www.tuaw.com/

« La Nouvelle Génération d'Entrepreneurs - Modélisation des Facteurs de Succès Tome 1 » a été réalisé avec :

- Aurulent Sans - par Stephen G. Hartke
- Roman Serif - par Mandred Klein
- COMIC GEEK - WWW.BLAMBOT.COM
- Comic Book - www.pixelsagas.com
- BADABOOM BB - WWW.BLAMBOT.COM

Robert B. Dilts – Auteur

Robert Dilts – Auteur

E-mail: rdilts@nlpu.com
http://www.robertdilts.com

Robert Dilts est reconnu depuis la fin des années 1970 comme coach, formateur en compétences comportementales et consultant. En tant qu'expert, Robert a apporté des développements majeurs dans le domaine de la Programmation Neuro-Linguistique (PNL), et dispensé du coaching, du conseil et de la formation à un large éventail de personnes et organisations à travers le monde.

Avec son frère John, Robert a été à l'avant-garde des principes et techniques de la Modélisation des Facteurs de Succès (SFM™) ; il est l'auteur de nombreux ouvrages et articles sur leur application pour renforcer le leadership, la créativité, la communication et le développement des équipes. Son livre Leadership Visionnaire : outils et compétences pour réussir le changement par la PNL est issu de l'étude approfondie de Robert sur les leaders de l'histoire et du monde de l'entreprise ; il présente les outils et compétences nécessaires pour « créer un monde auquel les gens veulent appartenir ». Alpha Leadership : les 3 A : Anticiper, Aligner, Agir (avec Ann Deering et Julian Russell) reprend et partage les pratiques les plus récentes du leadership efficace, proposant des approches pour réduire le stress et développer la satisfaction. Être coach, de la performance à l'éveil propose une feuille de route et un ensemble d'outils aux coachs pour leur permettre d'aider leurs clients à atteindre des objectifs à différents niveaux d'apprentissage et de changement. Le voyage du Héros : un éveil à soi même (avec Stephen Gilligan) concerne la façon de se reconnecter à ses aspirations les plus profondes, de transformer ses croyances limitantes et ses habitudes, et améliorer le regard sur soi.

Parmi ses clients et sponsors, on compte Apple Computer, Microsoft, Hewlett-Packard, IBM, Lucasfilms Ltd. et la Compagnie Nationale des Chemins de Fer Italiens. Il a donné de nombreuses conférences sur le coaching, le leadership, l'innovation, l'intelligence collective, l'apprentissage organisationnel et le management du changement et réalisé des présentations et des discours pour l'International Federation of Coaching (ICF), HEC, Paris, Les Nations unies, L'Organisation Mondiale de la santé, Harvard University et l'International University of Monaco. En 1997 et 1998, Robert a supervisé la conception de Tools For Living, la partie sur la gestion des comportements du programme utilisé par Weight Watcher's International.

Robert a été professeur associé de l'ISVOR Fiat School of Management pendant plus de 15 ans, aidant à développer des programmes sur le leadership, l'innovation, les valeurs et la pensée systémique. De 2001 à 2004, il a occupé les fonctions de directeur scientifique et président du conseil d'administration de ISVOR DILTS Leadership Systems, une joint-venture avec ISVOR Fiat (l'ancienne université d'entreprise du groupe Fiat) qui proposait un large éventail de programmes de développement global du leadership innovant à de grandes entreprises.

Co-fondateur du Dilts Strategy Group, Robert a également fondé et dirigé Behavioral Engineering, une entreprise qui développait des logiciels et des accessoires informatiques pour le changement comportemental. Robert est diplômé en technologie comportementale (Behavioral Technology) de l'University of California à Santa Cruz.

Antonio Meza – Illustrateur

Aussi loin que ses souvenirs remontent, Antonio Meza a toujours fait des croquis, mais son travail d'illustrateur professionnel n'a commencé que récemment dans sa vie.

Né à Pachuca, au Mexique, Antonio est Maitre Praticien et Enseignant en Programmation Neuro-Linguistique (PNL). Il est diplômé en Sciences de la Communication de la Fundación Universad de las Américas Puebla, titulaire d'un Master en Études Cinématographiques de l'Université de Paris 3 – Sorbonne Nouvelle, d'un diplôme de Cinema Scriptwriting from the General Society of Writers in Mexico (SOGEM), et d'un diplôme en Films Documentaires de l'École Nationale des Métiers de l'Image et du Son (La Fémis), France.

Il a récemment été certifié en Coaching Génératif avec Robert Dilts et Stephen Gilligan à l'Institut REPÈRE de Paris.

Au cours de sa carrière, Antonio a travaillé dans la recherche en marketing, la publicité, le branding, l'image de marque, la production cinématographique et l'écriture de scénarios. Son travail de photographe professionnel a été exposé au Mexique, en Belgique et en France.

Il a travaillé avec des start-up de dessins animés au Mexique avant de venir s'installer en France où il travaille comme consultant, coach et formateur, spécialisé dans la pensée créative et l'intelligence collective. Il propose ses services sous sa marque : Akrobatas.

Sa clientèle d'ONG et Fondations comporte le Groupe Européen sur les Traitements du SIDA (European AIDS Treatment Group – EATG), OXFAM, le European HIV/AIDS Funders Group, la Fondation pour une Société Ouverte (Open Society Foundation – OSF), l'Alliance Européenne de Santé Publique (European Public Health Alliance – EPHA). Il a animé des ateliers de formation pour des écoles de commerce comme ESCP-Europe et des organisations internationales comme IABC (International Association of Business Communicators).

Antonio est également un orateur expérimenté membre de Toastmasters International. En 2013 il a été nommé troisième meilleur orateur au Concours International du District 59, couvrant l'Europe Continentale.

Ses croquis et illustrations ont été publiés par l'Université Panthéon-Assas (Paris 2) ; il a signé les illustrations de deux livres de Jean-Eric Branaa: « English Law Made Simple – Le Droit Anglais Facile » et « American Government Made Simple – Le Gouvernement Américain Facile » publiés chez Ellipses à Paris. Il utilise par ailleurs ses compétences de dessinateur et de formateur pour collaborer à des séminaires, conférences et sessions de brainstorming en tant que facilitateur graphique.

Il a plusieurs projets d'illustration en cours, dont les trois volumes de la série *Modélisation des Facteurs de Succès* avec Robert Dilts.

Antonio Meza – Illustrateur

E-mail: hola@antoons.net
Adresse du site: http://www.antoons.net

Milton Keynes UK
Ingram Content Group UK Ltd.
UKHW050005300724
446174UK00008B/54

9 780996 200431